LE ROCHER DE SÜSTEN
Mémoires (1942-1982)

JEAN-NOËL JEANNENEY

LE ROCHER DE SÜSTEN

Mémoires (1942-1982)

ÉDITIONS DU SEUIL
57, rue Gaston-Tessier, Paris XIXe

ISBN 978-2-02-146151-0

www.seuil.com

1

Politique, dès l'enfance

Un rocher et la mort. – Grenoble sous la botte. – Président paria, président requis. – Un hiver à l'hôtel de Matignon. – Retour en Isère. – L'école de la rue Jean-Bocq. – Mort d'un petit frère. – Mme Garnache, institutrice. – À Paris, Montaigne et Louis-le-Grand. – Philippe Sainteny. – Une visite à Paul Fort. – Littérature. – Premier jury, Salon de l'enfance. – Octave Monod et la « tribu ». – Les protestants. – Marie Chavannes et Marie d'Agoult. – Les Jozon, républicains sous l'Empire. – Avenue Mac-Mahon. – Deux photos dédicacées. – La statue de Clemenceau. – Le 13 Mai au lycée. – De Gaulle, oui ou non ? – Fils de ministre.

Un soir, la mort me frôla. Il s'en fallut d'une seconde ou deux. J'avais dix-huit ans. C'était en 1960, le 7 août. Je revenais d'un voyage en Grèce, de ceux que le XIXe siècle, en France, jugeait comme d'initiation opportune pour les jeunes gens favorisés par le sort. Le bonheur m'avait été grand d'aller débusquer et admirer tant de traces évoquées à l'école. Nous avions organisé une randonnée de six camarades, répartis dans deux voitures. Au retour, les automobiles s'étaient séparées. Nous ne roulions plus qu'à trois garçons, désormais, David, l'ami américain, Claude et moi.

Nous avons franchi le Saint-Gothard dans l'après-midi, dîné à Andermatt, une station de ski qui était endormie en été. Nous avons hésité à continuer notre chemin mais décidé d'aller dormir de l'autre côté du col du Süsten. Parvenus à celui-ci, nous avons mis notre 2 CV Citroën sur un parking. Le soir était tombé. La météo était menaçante. Nous nous sommes demandé si nous devrions coucher dans l'auberge du sommet où nous nous étions arrêtés un moment pour une boisson chaude. Une vieille dame qui passait, frileuse, sous son parapluie noir, nous indiqua que, quatre kilomètres plus bas, un hôtel était plus confortable. Claude avait oublié son imperméable sur une patère. Il fit arrêter notre voiture pour aller le rechercher : bref délai. Nous avons entamé la descente. Nous avons fait halte au premier tournant pour admirer la montagne ennuagée en dessous de nous, où brillaient quelques lumières jaunes. Un peu plus bas, la visibilité devint exécrable. Il pleuvait plus fort. Nous sommes entrés dans un brouillard épais. Nous avons rattrapé, après deux kilomètres environ, une grosse voiture américaine qui roulait plus lentement encore que nous-mêmes. Nous avons suivi avec précaution ses feux arrière. Je notai ces gros yeux de poisson. Je fis observer qu'ils portaient vers nous un regard sardonique. Nous avons passé plusieurs tunnels.

Soudain un mouvement insolite se produisit. De petites pierres roulèrent sur la route. Puis nous vîmes une énorme masse grise qui glissait devant nous avec un bruit sourd et, presque en même temps, deux jaillissements de lumière rouge. David freina violemment et notre voiture s'arrêta à deux mètres de l'obstacle incertain. Nos pauvres phares éclairèrent tant bien que mal une scène qui nous sidéra. L'automobile américaine parut broyée sous quelque chose d'indistinct. Et presque aussitôt un cri déchirant jaillit des flammes, en allemand : « *Hilfe, Hilfe !* À l'aide, à l'aide ! » Nous ne voyions que du flou, devant nous comme au-dessus de la route.

Aucune aide ne nous parut possible, sauf à appeler des secours. David, qui avait éteint instinctivement le moteur, le ralluma de la même façon et il recula de soixante mètres jusqu'au tunnel qui était derrière nous. Là, un téléphone d'urgence (je revois mon doigt tremblant sur le clavier) puis une voiture qui descendait la route nous permirent de donner l'alarme. Claude remonta avec elle jusqu'au col. Quand il raconta ce qui arrivait, l'aubergiste sortit d'une boîte du Mercurochrome et des bandes Velpeau. La suite, dans ma mémoire, n'est qu'émotion brute, un peu hébétée. Un même mouvement, quasi instinctif, nous fit redescendre vers l'accident. Impuissants, mais peut-être... À présent, de hautes flammes éclairaient le rocher. Des cris encore, mais bientôt étouffés. Les secours arrivèrent, après des minutes interminables. Des hommes couvrirent la voiture, pour ce qu'elle avait d'accessible, avec de la neige carbonique.

Le lendemain matin nous vîmes un bulldozer enlever le rocher. En glissant sur lui-même, celui-ci avait écrasé l'automobile qui nous précédait. Les cinq membres de la famille qui l'occupaient étaient morts, deux femmes et deux enfants tués sur le coup et, après un délai, le conducteur, celui qui avait hurlé et dont le visage marquait encore, nous dit-on, la souffrance. Je n'ai jamais su leur identité. Dans les pages de mon carnet, je retrouve insérée une photo de journal qui fixe la catastrophe à laquelle nous avions échappé.

Une seule autre fois, la camarde s'était approchée tout près de moi. Beaucoup plus tôt. On m'a tant raconté l'épisode qu'il m'est arrivé d'imaginer que je me le rappelais. Mais comme je n'étais âgé alors que de dix-neuf mois, la chose est invraisemblable. Au matin du 2 décembre 1943, j'étais en train d'absorber une paisible bouillie matinale dans le lit de mes parents, à Grenoble, lorsque tout à coup les vitres des fenêtres se trouvèrent projetées dans la chambre. Un dépôt de munitions allemand venait d'exploser à proximité. Des résistants tchèques avaient voulu célébrer de la sorte l'anniversaire de la naissance de la République en 1919. Nul de nous trois ne fut blessé. Le verre coupant était passé près de nos têtes.

Sur la part de la contingence dans le destin des hommes, tout historien est conduit à s'interroger et cela vaut aussi bien pour son propre itinéraire. Sans qu'il se dispense d'invoquer, d'un même mouvement, les forces durables qui dessinent les conjonctures successives où le hasard vient s'inscrire – un hasard qui laisse sa place au large éventail de la liberté, éprouvée comme irréfragable. J'aime à considérer sous cette lumière mon enfance et ma jeunesse telles que j'ai pu les vivre parmi l'éventail des possibles, à la rencontre de la chance et de logiques profondes. Ces *Mémoires*, dont voici le premier volume, se situent à ce confluent. Ils diront la protection et la stimulation d'un milieu, la bonne fortune d'atouts hérités, les défis à surmonter, le poids précoce de la politique : comme curiosité, comme atout, comme séduction, comme leçon. Un déterminisme ? Pour une bonne part, mais aussi des choix de liberté.

*

Tout parisien que je m'éprouve, aujourd'hui, profondément, je ne suis « monté » dans la capitale qu'au seuil de ma onzième année, en 1952. Mon père, qui enseignait depuis 1937 l'économie politique à la faculté de droit de Grenoble, fut alors élu à Paris par ses pairs, selon un *cursus honorum* bien établi. Ma prime enfance dauphinoise, auparavant, fut choyée et protégée contre les tragédies de l'époque. Une répartition ordinaire des tâches, dans la bourgeoisie de cette époque, voulait que ma mère s'occupât des siens à plein temps. Deux sœurs, Delphine et Sylviane, m'avaient précédé. Elles avaient six et quatre ans quand je vins au monde. Laurence suivit, en janvier 1944. Et cette situation centrale donnait, en ces temps-là, beaucoup de confort à ma situation de seul garçon dans la nichée.

Ma mère me transportait sur le panier de sa bicyclette parmi les patrouilles hitlériennes, au long du cours Gambetta – rebaptisé avenue du Maréchal-Pétain. Quelques mois après ma naissance, survenue en avril 1942, l'invasion de la zone sud y avait durci le climat. Grenoble fut d'abord occupée par les Italiens, non sans quelque nonchalance (on disait qu'ils « tenaient leur mitraillette comme une mandoline »), mais ils laissèrent bientôt la place aux Allemands, bien plus rudes, en septembre 1943. La ville se distingua dans la lutte contre l'occupant et le général de Gaulle la fit compagnon de la Libération.

Mon père se dressa tôt contre Vichy, ce qui fut ressenti à la faculté et parmi ses étudiants (je n'ai pas cessé d'en recueillir des témoignages). Mais il n'adhéra pas à un réseau de résistance. Ma mère aurait souhaité qu'il rejoignît Londres. Je crois qu'il n'y songea pas sérieusement. Fils unique et très aimant de ses parents, il fit un choix dont il rend compte dans ses souvenirs, intitulés *Une mémoire républicaine*, parus en 1997 et qu'il rédigea en complicité avec Jean Lacouture. Il décida que son premier devoir était de protéger la vie de mon grand-père, président du Sénat depuis 1932, dont il était l'enfant unique. Une vie qui était, à l'évidence, menacée.

Sur ce qu'était alors l'état d'esprit de Jules Jeanneney, nul doute. J'ai publié, je le dirai, au début des années soixante-dix, le *Journal* inédit qu'il avait tenu depuis les premiers jours de la guerre jusqu'en juillet 1942 et qui reflète ses attitudes avec une précision exempte de tout maquillage ultérieur. Sur son souhait que fût refusé l'armistice, en juin 1940, et que le gouvernement se transportât en Afrique du Nord pour continuer la lutte. Sur sa présidence de l'Assemblée nationale du 10 juillet (c'était le nom, à l'époque, de la réunion des deux Chambres) qui, à l'instigation de Pierre Laval, avait confié des pleins pouvoirs à Pétain avec quelques réserves destinées à être bientôt bousculées. Sur son choix, après qu'il eut songé à voter non, de ne pas prendre part au vote. Sur la question juive enfin : après la rafle du Vel' d'Hiv', il rédigea et fit signer avec lui par Herriot, président de la Chambre des députés, le 30 août 1942, cette lettre au grand rabbin, qui fut reproduite, à tout risque pour lui, dans la presse clandestine et que j'ai souvent relue : « Nous avons, dès leur apparition, réprouvé les mesures législatives et autres qui sont prises en France, depuis deux ans bientôt, contre les Israélites. Nous avons suivi avec indignation le déroulement des iniquités et des spoliations ainsi commises. Devant les mesures qui viennent d'être infligées – en zone libre comme en zone occupée – aux Israélites proscrits de leur pays qui avaient trouvé asile dans le nôtre, devant la barbarie du traitement que subissent leurs enfants, c'est de l'horreur qu'on éprouve. Nous la ressentons toute. Nous vous prions de joindre l'expression de notre profonde sympathie à ceux qu'une telle méconnaissance du droit humain et des traditions françaises n'a pu manquer de vous valoir. »

Jules Jeanneney avait vite pris la mesure de la perversion d'un régime emmené par un homme à propos duquel le souvenir de la Grande Guerre avait pu égarer, un temps, beaucoup de républicains. Il l'avait fréquenté de près au temps glorieux de la Victoire, quand lui-même appartenait au gouvernement de

Georges Clemenceau. Il s'efforça, dès le voile déchiré, c'est-à-dire dès l'automne 1940, de conduire contre Vichy une résistance juridique et administrative. Celle-ci fut digne et honorable mais vouée, en face d'un régime sans foi ni loi, à l'impuissance. Les bureaux des deux Chambres furent dissous par le régime de Pétain à l'été de 1942, en violation des engagements pris. Mon grand-père quitta alors la bourgade de Châtel-Guyon où il avait été confiné depuis 1941, pour rejoindre, avec sa femme, Grenoble et la famille de son fils.

Michel Debré, actif dans la Résistance, était un ami proche de mon père depuis les bancs de la faculté de droit. Leur intimité intellectuelle y avait été forte. Ils avaient voyagé ensemble. Le président du Sénat avait été témoin à son mariage. Il était le parrain « laïc » de ma sœur Sylviane. Il envoya à celle-ci, un jour du printemps 1944, une carte postale disant que l'air de la montagne ferait du bien à la santé de son grand-père. Celui-ci alla donc se cacher dans le village d'Izeaux, au-dessus de Grenoble. C'est là qu'il apprit, dans la douleur, que les Allemands avaient brûlé, en juillet 1944, sa maison de son village de Rioz. Il y avait regroupé toutes ses archives et les biens matériels auxquels il était le plus attaché – au cœur de cette chère Haute-Saône qu'il avait représentée sans discontinuité, à la Chambre puis au Sénat, quarante années durant, de 1902 à 1942.

Mon grand-père refusa, en 1944, tout contact avec Pétain et les siens quand ceux-ci s'efforcèrent, étant aux abois, de renouer avec le Parlement de 1940. Il avait communiqué avec de Gaulle, par des intermédiaires, et lui avait adressé, à sa demande, une longue note sur les institutions à imaginer après la Libération. En septembre, peu après la libération de Paris, le Général le fit chercher en avion pour lui proposer, ce qu'il accepta d'emblée, d'entrer dans son gouvernement provisoire comme ministre d'État, numéro deux, symbole d'une transition républicaine. Mon père fut son directeur de cabinet et par là mêlé de près à tous les dossiers qu'il eut à traiter : notamment la création de l'École nationale d'administration, la réforme de l'École libre des sciences politiques et l'organisation du référendum destiné à préparer la mise en place d'une Assemblée constituante – sans compter le lourd intérim du chef de gouvernement quand celui-ci se rendit à l'étranger.

Nous logeâmes en famille à l'hôtel de Matignon, parce que de Gaulle avait choisi, symboliquement, de s'installer au ministère de la Guerre, à l'hôtel de Brienne, rue Saint-Dominique. La chronique familiale veut que j'aie fait tomber un lourd presse-papier à l'endroit où un garde républicain était assis quelques minutes plus tôt. Heureusement, celui-ci était allé conter fleurette à une femme de chambre : le hasard, décidément. On admettra que si je l'avais estourbi, dès mes trois ans, cet événement aurait mal auguré, pour moi, de la suite. Je sais aussi qu'en ce lieu même on me présenta au général de Gaulle. Ma mère lui dit que je répondais au souhait qu'il avait exprimé hautement de voir naître « de beaux bébés pour la France ». À quoi le Général avait répondu : « Mais non, celui-ci ne compte pas, il est né auparavant ! » Je ne devais plus le revoir face à face avant le 30 décembre 1969 : une rencontre dont le récit viendra à son heure.

Nous revînmes ensuite à Grenoble. L'ambiance était celle d'un milieu universitaire, d'une bourgeoisie intellectuelle tournée vers le droit plus que vers les lettres. On s'y fréquentait beaucoup entre collègues. Claude-Albert Colliard, André Tunc, André Mathiot, bientôt Georges Lavau, tous juristes reconnus, étaient des amis de mes parents. René David, spécialiste de droit comparé, venait souvent retrouver à Grenoble une maison où il avait enseigné aussi. Il était auréolé de son évasion d'un camp de prisonniers et de ses combats ultérieurs : membre du « bataillon de choc », il avait été grièvement blessé lors de la reconquête de l'île de Malte. Il était l'auteur de constitutions pour des États neufs, chose impressionnante. Il souffrait toujours du dos, mais sa joie de vivre irradiait. Il aimait arriver dans les dîners en marchant sur les mains – ce qui surprenait.

*

Mon éducation fut, naturellement, celle de l'école publique. Je conserve une gratitude infinie envers mon institutrice de l'école de la rue Jean-Bocq. Renée Garnache était une grande dame qui portait haut les valeurs de l'enseignement laïc et de la méritocratie républicaine. Elle me raconta un jour, bien plus tard, dans une lettre, qui dit sa noblesse et ma bonne fortune, comment elle m'aida à surmonter un deuil familial : la disparition d'un petit frère, Claude, né en 1946, quatre ans après moi, emporté, âgé de quelques mois seulement, par une méningite. Ma mémoire me restitue l'image, qui m'avait stupéfié, de mes parents en pleurs. « Après sa mort, m'écrivit Mme Garnache, tu as été très atteint, je ne te reconnaissais pas, tu ne parlais plus, tu ne jouais plus, tu n'écoutais pas ce qu'on te disait, tu restais enfermé dans ta douleur et cela durait... Je ne savais pas que faire pour t'arracher à ta peine, à ce présent trop dur pour un enfant. »

Elle sut que faire, pourtant. « Je te dis, au moment du conte journalier : "Jean-Noël, tu connais l'histoire du petit sapin. Je suis fatiguée, peux-tu la raconter à ma place ?" Je pensais à l'histoire du sapin qui veut des feuilles d'or, puis de verre... Tu es allé devant tes camarades, lentement – je te vois encore, tu es resté un moment silencieux, tes camarades attendaient dans une immobilité et un silence inhabituels, puis tu commenças d'un ton grave : "Il était une fois deux sapins qui étaient frères et ne pouvaient ni parler ni marcher comme les hommes. L'un était en Amérique et l'autre ici. Ils auraient voulu se rejoindre"... J'étais si émue et étonnée que je me suis souvenue pendant des années de tes phrases exactes. Je ne me rappelle aujourd'hui que le débit et le déroulement des propos. Pendant un quart d'heure – et c'est long, un quart d'heure, pour des enfants –, il s'agissait des difficultés insurmontables qu'avaient les deux sapins à se rejoindre et des moyens qu'ils inventaient pour pallier leurs insuffisances. Les enfants étaient graves comme toi. Puis, petit à petit, l'atmosphère s'est détendue, tu as imaginé je ne sais quels moyens, on a commencé à respirer, puis les moyens et l'action sont devenus de plus en plus abracadabrants, les rires se sont déchaînés et toi, entraîné par ces rires, tu inventais, tu inventais, tu mimais et tu riais aussi avec tous. Et ce fut terminé. Tu avais rejeté la tristesse de la mort, de la séparation, tu redevins toi-même... »

*

Je fréquentai ensuite, en classes de neuvième et de huitième, le lycée de filles où étudiaient mes sœurs aînées. Anticipant sur la suite, cet établissement était mixte dans le « petit lycée ». Je me retrouvai cependant seul garçon en huitième, ma mère ayant été mal renseignée. Une photographie de classe me montre au premier rang, en culottes courtes, nullement malheureux. Une petite fille y figure que j'aimais spécialement et qui fut engloutie, l'été suivant, par une dune de sable où elle avait creusé un tunnel instable. Elle s'appelait Odile.

Je fus élève ensuite, en septième, au lycée de garçons, qui portait le nom de Champollion, et j'étais âgé de dix ans lorsque, mon père ayant été élu à la faculté de droit de Paris, il me fallut le quitter, au milieu de l'année de sixième, pour le lycée Montaigne, au bord du Quartier latin. Cet établissement était tout près du 102 de la rue d'Assas, où ma famille s'installa. Elle s'était enrichie encore d'une fille, Brigitte, en 1949, et d'un garçon, Pierre-Alain, cette même année 1952.

À ce temps je dois ma première amitié forte, qu'aucun nuage n'a jamais obscurcie depuis son aube. Je sympathisai avec Philippe Sainteny, rencontré dès mon arrivée à Montaigne. Nous discutions de l'existence de Dieu à l'arrêt de l'autobus 83. À l'époque, il y croyait. Pas moi. Avant d'autres, il enseigna au petit citadin que j'étais, familier surtout du bitume, en un temps où cette conscience n'était pas répandue, les périls qu'encourait la nature. Son admiration pour son père, grand résistant, le marquait. Jean Sainteny était une personnalité qui avait compté, en 1945 et 1946, au côté de Leclerc et en proximité d'Hô Chi Minh. Il avait prôné une solution de désengagement raisonné de la France en Indochine. Il n'avait pas été écouté et, à juste titre, il ne s'en consolait guère. Le livre où il racontait ces moments essentiels s'intitulait *Histoire d'une paix manquée*.

Cette hérédité compta dans le destin de son fils Philippe. Celui-ci déployait déjà, dès cette enfance, une curiosité des gens et des choses qui fit de lui, plus tard, un journaliste aigu. Il ne laissa jamais aucun cynisme dégrader sa capacité de s'engager ou de s'indigner. Toute l'histoire du cinéma lui était familière, comme celle de la chanson (il aimait tellement Charles Trenet !) et même les chroniques du sport, rugby en tête – un terrain où il ne réussit pas à m'entraîner. Son talent littéraire fut bridé peut-être par un doute secret de lui-même : il préféra à la presse écrite la télévision et ses fragiles prestiges, la radio et sa présence sans pareille. À RFI, où je le fis venir quand je présidai cette chaîne internationale, à partir de 1983, comme responsable de l'information et des programmes, il développa pour l'Afrique, ses attraits et ses ambivalences, un goût passionné dont il put témoigner plus tard dans d'importantes productions filmées. Il multiplia, sur les ondes, les entretiens de haute tenue : car il aimait célébrer les talents, à partir du sien, et en comprendre les arcanes. Par quoi il se grandissait lui-même.

En classe de troisième, je rejoignis Louis-le-Grand, de l'autre côté du jardin du Luxembourg. Le mode d'enseignement, très compétitif, n'était pas adapté à des tempéraments plus fantasques et plus originaux que le mien. Mais il me convenait bien. En ces temps reculés, on distribuait encore solennellement aux plus studieux, à la fin de l'année, de beaux livres reliés. L'aspiration au prix d'excellence me stimulait. Je ne fléchis quelque peu qu'en seconde et première, lorsque je me trouvai dans cette filière qu'on appelait « A prime » et où l'on mettait les bons élèves des lettres et des sciences, avec un programme qui était, de ce fait, plus lourd. Les « sciences exactes » pesèrent alors sur mes résultats. Nos maîtres étaient inégaux, mais je dois beaucoup à plusieurs, ceux des lettres surtout. Ils s'appelaient Billot, Lecerf, Lescale. Je pense à eux lorsque me revient en mémoire tel ou tel vers appris sous leur férule, et plus encore les rigueurs de la grammaire et du bon usage, avec le plaisir d'un vocabulaire chatoyant, dont ils encourageaient la profusion. En histoire, je suis fidèle au souvenir de Lucien Genet, bon serviteur de la grandeur républicaine et dont l'esprit de laïcité était farouche.

Je ne me caricature pas en enfant trop sage. Mais la façon de jeter notre gourme, parmi mes camarades, fut assez maîtrisée. Je peux avouer aujourd'hui qu'à plusieurs garnements nous développâmes quelque temps une pratique que chacun jugera à son gré fort répréhensible, gentiment anodine ou aimablement farfelue, mais qui aurait valu au petit groupe qui s'y adonna, s'il avait été découvert, une rigoureuse réprimande. Dans lequel de nos esprits fertiles cette idée saugrenue était-elle née ? Je ne le sais plus. Il s'agissait, à trois ou quatre, de monter les escaliers des immeubles du boulevard Saint-Michel (il n'existait pas à cette époque de codes à l'entrée), en échappant à la vigilance de la concierge, puis, à l'un des étages, d'entourer de ficelles les gros boutons dorés qui ornaient les battants des portes. Ensuite de sonner et de trouver un vif amusement, avant de filer, aux hauts cris poussés par les habitants de l'appartement. C'était anodin et idiot. Nous ne fûmes jamais attrapés. Il y a prescription.

D'autres activités périscolaires étaient plus convenables. C'est ainsi qu'à deux ou trois, en classe de troisième, nous fîmes visite à Paul Fort, dont nous avions su qu'il habitait derrière la rue Soufflot, à proximité de la rue Saint-Jacques et de notre lycée Louis-le-Grand. Le « prince des poètes » – c'est le titre qui lui avait été conféré par ses pairs avant la guerre – était surtout connu pour des vers devenus fameux : « Si tous les gars du monde / Voulaient se donner la main... » Son béret, qu'il souhaitait légendaire, était vissé sur une tête émaciée. Son accueil fut étonné – et chaleureux. Il nous affirma que, pour être heureux, nous devions nous faire accompagner toute la vie par la poésie : un propos dont j'étais prêt à faire un viatique. De cette rencontre j'ai conservé une anthologie dédicacée et un bref poème autographe sur papier quadrillé que Paul Fort me dédia et qui ne peut guère aspirer à l'immortalité. Il s'intitulait « La Cène » et était ainsi formulé : « Ne nous vient-il pas un petit courant d'air ? dit Jésus – Non, répond Jean le bien-aimé. Le judas est fermé. »

Telle fut ma première visite à un personnage important au déclin de son âge. J'en raconterai d'autres, au fil de ces *Mémoires*. J'ai aimé de tels entretiens. Pas seulement pour les choses apprises, mais aussi au gré d'une certaine fascination pour la transmission et les rebonds de la longue durée, de siècle en siècle. J'entendis un jour Alfred Fabre-Luce raconter que, tout enfant, vers 1900, il avait sauté sur les genoux d'une très vieille dame qui pouvait murmurer : « Louis XV disait à mon mari... » Celui-ci avait été, encore adolescent, le page du souverain à l'extrême fin de sa vie et marié très âgé à la jeune fille qui était devenue depuis lors cette douairière. Chacun peut calculer que la chronologie tient debout. Voilà qui protège, compte tenu de l'allongement de la vie, contre l'idée d'une accélération générale de l'Histoire. J'ai écrit un livre, bien plus tard, pour en combattre l'obsession.

*

Ces années de l'enfance et de l'adolescence, jusqu'à ma quinzième année, me furent celles des bonheurs de la lecture et de toutes les découvertes qu'elle portait à profusion – en marge des précieux enseignements littéraires reçus à l'école et au lycée. Les vacances de Rioz, à la campagne, s'y prêtaient spécialement et, si je m'y livrais tard dans la nuit, aucun réveil matinal ne m'était sévèrement imposé. Je ne songe pas à produire un inventaire exhaustif, qui serait peu original dans ma génération. Seulement à citer quelques phares, au hasard de la mémoire.

Du grand Hergé l'œuvre entière me demeure proche. J'ai toujours veillé à l'évoquer dans mes cours, ne fût-ce que pour vérifier que les références demeuraient familières à mes auditoires, de génération en génération. Un cran au-dessous de Tintin, je goûtai presque autant ses complices belges de la « ligne claire », Jacques Martin avec Alix l'intrépide, Edgar P. Jacobs avec Blake et Mortimer : nous avons dessiné la « Marque jaune », à la craie, sur les murs du lycée Montaigne. À la récréation, nous nous opposions aux tenants de Franquin et de son héros Spirou, qui nous semblait trop naïf et trop débridé. J'attendais chaque semaine le numéro du *Journal de Tintin* avec impatience : j'en conserve la collection.

Je fus l'adepte, à l'école primaire, de la « Bibliothèque rose » et de la comtesse de Ségur. J'ai su plus tard que le jeune Charles de Gaulle considérait que la phrase qui ouvrait le dernier chapitre des *Vacances* était l'une des plus mélancoliques de la littérature française : « Les vacances étaient près de leur fin. Les enfants s'aimaient tous de plus en plus. » Ma mère trouvait la comtesse bien papiste et elle balançait son influence avec les romans de Mme de Pressensé, qu'elle considérait comme son équivalent bienvenu du côté du protestantisme : l'un de ces titres, *Une joyeuse nichée*, lui convenait spécialement.

Je passai à la « Bibliothèque verte » et à la collection « Rouge et or », puis aux jolis livres blancs des Éditions Nelson. Je collectionnai les « Contes et légendes » tirés de sources multiples. J'aimai Paul Féval et Paul d'Ivoi, *Robinson Crusoé* et *Le Dernier des Mohicans*. Je fréquentai presque tout Jules Verne et beaucoup Alexandre Dumas (*Le Comte de Monte-Cristo* plus encore que *Les Trois Mousquetaires*). Arsène Lupin de Maurice Leblanc, Rouletabille de Gaston Leroux furent mes compagnons. La Pléiade commença de dominer ensuite – avec cette odeur spécifique de colle blanche qui demeure attachée pour moi aux précieux *Thibault* de Roger Martin du Gard. Parmi la profusion ultérieure, quand j'eus treize, quatorze ou quinze ans, mon souvenir fait émerger les Américains, avec Faulkner et Hemingway, les Russes avec Tolstoï et Dostoïevski, les Anglais avec Dickens et la *Forsyte Saga* de Galsworthy. *Le Mouron rouge* contre-révolutionnaire de la baronne Orczy m'indignait et m'entraînait tout à la fois. Je lus beaucoup Anatole France, chose aujourd'hui désuète. À côté de Balzac, de Jules Vallès et de Victor Hugo, Stendhal me fut d'emblée fraternel, et il l'est resté. La littérature contemporaine ne prit pleinement sa place qu'un peu plus tard (sauf Gide, Camus, Mauriac et Aragon, et même Montherlant) dans mes curiosités et dans mes fidélités. Proust survint après.

J'ai présidé, dans ma vie, des jurys littéraires. Je commençai tôt. Le lycée me désigna en 1955 pour faire partie de celui qu'organisait le Salon de l'enfance : il s'agissait de couronner un livre destiné à la jeunesse. Je conserve une photographie d'un journal qui fixa cet aréopage en herbe. Il me revint d'annoncer le résultat à un micro : l'Institut national de l'audiovisuel a retrouvé récemment l'archive d'une voix encore enfantine, mais assez assurée. J'avais onze ans. Nous choisîmes *Le Cheval sans tête*, de Paul Berna, que je relis avec amusement : l'histoire d'une bande de gamins du côté des « fortifs ». Nous sympathisâmes avec l'auteur. Sa réputation s'élargit ensuite dans le monde de la littérature enfantine.

Dans les carnets de mon adolescence – vers quinze ou seize ans – je retrouve, entre ironie et attendrissement, l'exposé de mes émois très mobiles devant les demoiselles des « surprises-parties » – et davantage devant celles rencontrées lors des premiers voyages que j'ai pu faire hors de France. De l'une d'entre elles, allemande, que j'avais rencontrée lors d'un séjour en Angleterre, durant l'été de 1957, je viens de prendre plaisir à retrouver la trace, grâce à Internet, du côté de Berlin. Traductrice, elle se reconnaîtra peut-être si ces lignes venaient à tomber sous ses yeux. Une autre aussi, en Allemagne, qui s'appelait Dagmar, sœur aînée d'un garçon avec qui j'avais fait un échange pour apprendre un peu la langue germanique du côté de Düsseldorf. J'avais lu Aragon et *Le Roman inachevé*, paru l'année précédente : « J'aimais déjà les étrangères / Quand j'étais un petit garçon… » Je ne les ai qu'effleurées. Leur image est pâlie. Leur nom me reste cher.

*

La politique, cependant, se frayait déjà impérieusement un chemin dans ma jeune existence. Au cœur du foyer familial, elle était omniprésente et, aussi loin que remonte ma mémoire, constamment proche des préoccupations, des curiosités, des élans, des tristesses. Ma culture, dans ce domaine, s'est ébauchée à la rencontre des courants que mes grands-parents incarnèrent, différents et, en vérité, complémentaires. Je ne pus connaître que deux d'entre eux, mais des deux autres l'influence compta aussi, indirectement.

Octave Monod, mon grand-père maternel, avait disparu prématurément en 1934, à l'âge de cinquante-sept ans. Médecin, il avait été marqué par l'expérience de la guerre. Il l'avait faite en grande partie dans les ambulances, tout près du front, mais aussi, durant quelques mois, au cabinet de Justin Godart, sous-secrétaire d'État au Service de santé militaire. Celui-ci lui avait confié la mission d'inspecter les hôpitaux accueillant les blessés de guerre à l'arrière. De cette expérience il avait conservé une réticence envers les lourdeurs administratives. Après la guerre, il avait été l'un des fondateurs de l'Institut du radium, dans la proximité des Curie et du docteur Roux.

Dans mon ascendance, il représentait une lignée qui avait été présente dans tous les débats et affrontements qui avaient secoué, au XIXe siècle, la « religion prétendue réformée » – du côté de sa branche libérale. La famille des Monod était proliférante. Elle descendait des « Douze », les enfants de Jean Monod et de sa femme Louise de Coninck, fille d'un armateur de Copenhague. Lui, jeune pasteur suisse, avait été le précepteur des frères cadets de Louise : d'où leur idylle – très féconde. Mariés en 1793, ils s'installèrent ensuite à Paris, où il fut le premier pasteur de l'Oratoire, un temple créé en 1811. On peut y voir son portrait. Cette « tribu », comme disaient volontiers ses membres, toute dispersée qu'elle fût désormais, entretenait régulièrement son unité. La Tout-Monod, célébrant le centième anniversaire du mariage fondateur, avait été spectaculaire. Chacun était attentif à la branche à laquelle il appartenait : la huitième, pour ma part. La dernière réunion, en 2018 (qui me valut de prendre la parole au temple de l'Oratoire, pour parler un peu d'histoire), a réuni sept cents de ces descendants – dont il paraît qu'on en décompterait deux mille sur la Terre entière. Quelques-uns sont illustres.

La présence des Monod dans les professions médicales et juridiques, et plus encore dans les temples huguenots, était assez visible, au XIXe siècle, pour qu'à l'extrême droite elle ait suscité la haine d'un Charles Maurras. Celui-ci consacra à notre famille, avant et après la Grande Guerre, des écrits haineux, au cœur de ses philippiques de l'Action française contre les « quatre États confédérés », les Juifs, les francs-maçons, les « métèques » – et les protestants. J'ai su très tôt ce que signifiaient ces combats, et que l'un des Monod, Guillaume, avait provoqué Maurras en duel, au début du siècle, et l'avait blessé – légèrement. Ce courageux était le fils de Gabriel Monod, fondateur de la *Revue historique*, qui avait joué un rôle important, parmi les intellectuels engagés dans le combat pour Dreyfus.

J'y repensai, bien plus tard, au printemps de 2018, lorsqu'une cabale imbécile voulut reprocher au Haut Comité des commémorations nationales d'avoir inscrit Maurras dans ses listes, selon sa vocation qui était d'évoquer (mais nullement de célébrer) des personnalités marquantes du passé. Ce malencontreux épisode mit fin à une instance où j'avais siégé plus de vingt ans ; ses membres donnèrent en bloc leur démission, à l'initiative de Pascal Ory et à la mienne – sauf deux (dont Danièle Sallenave, sa pusillanime présidente) –, après avoir été désavoués par Françoise Nyssen, alors ministre de la Culture. Je ne crus pas devoir montrer patte blanche, sur le moment même, mais je ne me privai pas du plaisir de rappeler ensuite cet honorable précédent familial dans le texte que je donnai, pour raconter l'affaire, au *Débat* de Pierre Nora et Marcel Gauchet.

Mon grand-père, Octave Monod, comme sa femme Marie Chavannes, avait rompu, très jeune, avec la foi de ses ancêtres mais, comme elle aussi, il demeurait, ainsi qu'en témoignent ses choix de vie, modelé par une tradition de rigueur et d'austérité. Celle-ci était enrichie, dans son cas, par l'attention qu'il portait aux mouvements d'émancipation sociale, souvent affirmée contre les réflexes bourgeois qu'il rencontrait parmi les siens. Il entretenait un sens élevé de la responsabilité personnelle devant soi-même, qui impliquait des solidarités en acte, de ceux dont la Seconde Guerre mondiale a offert, chez les huguenots, tant d'exemples admirables. Lui-même avait déployé, au front, entre 1914 et 1918, au service des corps souffrants, tout ce que la médecine d'alors, efficace souvent, consolatrice toujours, pouvait apporter pour adoucir le malheur. Ma mère pensa que le poids écrasant de cette expérience avait dû abréger sa vie. Qui le sait ?

Pour ma part, si toute croyance en un Dieu personnel m'est étrangère, je ne doute pas d'avoir été marqué par la culture protestante et que ce soit l'une de mes sources. J'en admire les rigueurs, le refus des absolutions confortables, le courage dans les épreuves. Je salue le principe du libre examen. J'apprécie le rôle décisif des huguenots dans la défense et l'illustration de la Troisième République, dans le combat dreyfusard. Cependant, pour tout dire, j'apprécie surtout le protestantisme quand il est minoritaire et lorsque l'on peut échapper à ses étroitesses, parfois hypocrites, du côté des modes de vie. J'aurais détesté vivre dans la Genève de Calvin – presque autant que dans la Florence de Savonarole. Car l'intolérance, alors, y pesait aussi lourd que chez les autorités catholiques qui étaient au pouvoir ailleurs.

Il se peut qu'Octave Monod lui-même – son abondante correspondance en donne l'impression – n'ait pas échappé à la méfiance envers le meilleur des bonheurs matériels et des dons profus d'un épicurisme bien compris. Dès mon adolescence, sur les bords du protestantisme, les principes moraux les plus précieux et les plus exigeants me parurent se dégrader parfois en préceptes rétrécis, notamment sur les choses de la vie affective et les plaisirs de la séduction. (Ah ! l'insupportable dénonciation des femmes « peintes », entendez celles qui se permettaient quelque maquillage bienvenu !) J'ai tâché d'être fidèle aux principes, autant que je le pouvais, mais sans me laisser soumettre à l'oukase des interdits. Cependant, je les ai sentis parfois resurgir en moi à des moments inattendus – même si leur justification n'était pas rationnelle pour un esprit qui se voulait libéré des règles imposées du dehors par quelque religion que ce fût et attaché à cette morale néo-kantienne dont l'école publique avait imprimé la force à ma jeunesse.

J'ajoute que j'ai souri parfois, comme d'autres, de ce sentiment de supériorité inégalement maîtrisé qui ne se dissimule pas toujours, chez les « parpaillots », sous l'affichage d'une austérité ostentatoire. On pense à André Siegfried, prototype du grand bourgeois protestant, qui écrivait dans ses souvenirs d'enfance que, « comme le juif » dont il se sentait proche, le protestant était un « ferment », avec le « point faible » d'être conscient de son succès dans les choses de ce monde. Adolescent, il en arrivait à se dire de bonne foi, il l'a raconté lui-même : « Mon Dieu, je te remercie de ce que je ne suis pas comme le reste des hommes ! » Un jour de novembre 2017 où le pasteur Samuel Amédro, du temple du Saint-Esprit, rue Roquépine, m'invita à traiter de la fraternité dans l'histoire de France, en compagnie d'un rabbin, d'un imam et de lui-même, après avoir beaucoup parlé de la lumière de 1848, j'en vins à expliquer que, si la vanité était certes un piège (au demeurant fort répandu), je ne parvenais pas à voir dans l'humilité une vertu, puisqu'elle risquait de désarmer l'énergie. Le président de la Fédération protestante de France vint m'en faire reproche à l'issue de la rencontre. J'invoquai alors, en souriant, l'ombre de son célèbre prédécesseur, Marc Boegner, qui, avec tout son talent et tout son rayonnement, me paraissait avoir assez bien résisté à la tentation de l'humilité. Il me tourna le dos.

*

Bien plus que d'Octave Monod, ce grand-père maternel disparu huit ans avant ma naissance, j'ai subi l'influence de ma grand-mère, sa femme. Je l'ai connue de près – j'avais vingt-quatre ans lors de sa disparition, survenue en 1966 pendant que j'étais en Extrême-Orient –, et je l'ai beaucoup aimée, sans jamais cesser d'évoquer sa mémoire avec tendresse. Marie Chavannes était issue, elle aussi, d'un milieu huguenot, enraciné en Suisse. Un de ses ancêtres français avait franchi le lac de Genève en bateau, en 1602, pour échapper aux pressions du duc Emmanuel de Savoie servant la Contre-Réforme. Mais sa famille, toute riche de pasteurs qu'elle ait été également, se trouvait tournée plus que les Monod vers la spéculation intellectuelle. Un de ses ancêtres, Édouard-Louis, dont j'ai hérité le portrait, fut professeur de botanique à l'université de Lausanne. Son père était ingénieur aux Chantiers de La Buire, à Lyon.

Elle nous a laissé des *Souvenirs* inédits qui nous donnent à connaître son destin et sa grâce. Elle fut influencée par son demi-frère Édouard, né d'un premier lit de son père. Normalien, camarade, à l'École, de Romain Rolland (on le voit passer dans le *Journal* de celui-ci, intitulé *Le Cloître de la rue d'Ulm*), il se spécialisa tôt dans le chinois et, après ses voyages dans l'empire du Milieu, il fut élu au Collège de France à l'âge, tendre au point d'être presque prodigieux, de vingt-huit ans. Une chercheuse chinoise, Mengying He, vient de lui consacrer une thèse qui rend hommage à son œuvre et à son rayonnement. Lorsque je fus moi-même reçu rue d'Ulm, ma grand-mère en éprouva, elle me l'écrivit, un bonheur intense en souvenir de celui qui l'avait encouragée dans sa vocation : celle de l'Histoire.

En 1937, devenue veuve, elle publia une biographie de « Daniel Stern », comtesse d'Agoult, célèbre pour son *Histoire de la révolution de 1848* et pour ses amours tumultueuses avec Franz Liszt. Dans son livre elle donnait de Marie d'Agoult – dont elle partageait le prénom – ce portrait où je ressens qu'elle dut mettre beaucoup d'elle-même : « Ne gardant du passé que les leçons et les expériences, le regard tourné vers l'avenir, [elle] le scrute avec passion, cherche à en distinguer les linéaments dans les événements contemporains. Elle va d'instinct aux solutions nouvelles. Une passion domine sa vie intellectuelle : celle de la liberté. Liberté des nations opprimées, liberté de conscience et liberté de parole, liberté sociale enfin, dans le sens de la possibilité pour tous d'accéder à l'instruction, à l'aisance, à la beauté, au pouvoir. Elle ne craint pas les excès de cette liberté, car elle la conçoit sous sa forme dernière comme la soumission à un ordre librement consenti, à une loi faite et acceptée par ceux qu'elle doit contraindre. »

Sur le féminisme de Marie d'Agoult, ma grand-mère insistait, citant cet autre mot d'elle dans ses *Esquisses morales* : « Pourquoi les hommes redoutent-ils si fort une femme philosophe et souffrent-ils avec tant de complaisance une femme coquette ? » Et elle-même de commenter : « Éternelle question dont la naïveté voulue fera toujours sourire les hommes. » Des lettres de Mme d'Agoult adressées à ses filles, Blandine Ollivier et Cosima Wagner, témoignent de son inquiétude pour leur sort : elle les plaint, en lucidité, de vivre à l'aube d'une longue période de glaciation pour les femmes qui relèvent des diverses bourgeoisies.

Marie Chavannes, qui signa plus tard « Marie-Octave Monod », vécut au cœur de ce temps si difficile pour son épanouissement. À Lyon, munie du brevet supérieur (le baccalauréat étant alors réservé aux mâles), elle fut l'une des toutes premières à fréquenter l'Université pour obtenir le certificat nécessaire à l'enseignement secondaire. Le jeune Édouard Herriot y brillait alors, en littérature, et il épousa plus tard la plus chère amie de ma grand-mère, Blanche Rebatel, fille d'un industriel lyonnais. Lorsque Herriot mourut, en mars 1957, celle-ci écrivit à son amie de soixante ans son indignation d'avoir vu le cardinal Gerlier, primat des Gaules, s'imposer au mourant pour proclamer son ultime retour à la foi catholique, dans l'angoisse du trépas. Ce fut la réplique exacte de ce que Roger Martin du Gard avait imaginé pour son *Jean Barois*. Je n'ai pas retrouvé, malheureusement, après la disparition de ma grand-mère, dans ses papiers, la lettre, qu'elle m'avait fait lire, de Blanche Rebatel.

En Histoire, Charles Seignobos et Sébastien Charléty furent les maîtres de Marie Chavannes. Sous la direction du second, elle édita, en 1902, un texte exhumé des archives publiques : le *Mémoire sur le gouvernement de Lyon*, de l'intendant Lambert d'Herbigny, daté de 1697. Elle échoua à l'agrégation dont elle avait préparé le concours au collège Sévigné. On n'y recevait guère, alors, que les élèves de la jeune École normale de filles, à Sèvres. Elle en fut affligée sans en être étonnée. Elle se serait assez bien vue, au fond, servir de collaboratrice à un savant reconnu : ainsi une domination masculine était-elle, en ces temps-là, psychologiquement intégrée par un talent aussi clair que le sien.

Une romance avec Ernest Babut, normalien, auteur d'une thèse sur saint Martin, resta virtuelle. Il fut tué plus tard, au front, en 1916. Dans les années cinquante, Henri-Irénée Marrou, fameux spécialiste des Pères de l'Église, railla dans un livre le travail de Babut qu'il jugeait aveuglé par le matérialisme. Ma grand-mère lui écrivit, pour protester, une lettre affligée – qui demeura sans réponse. J'y songeais lorsque je suivis les cours de Marrou à la Sorbonne. Petitesse d'un grand savant : le rencontrant dans un train, quelques années plus tard, je lui dis un mot du message de ma grand-mère. Il écarta mon propos d'un geste agacé et m'emprunta un billet pour payer son taxi.

Dès la fin de la Grande Guerre, durant laquelle Marie Monod avait été accablée par les devoirs privés que lui imposait une famille tentaculaire, elle s'était attachée à concrétiser son idée du féminisme. Elle avait fondé, en 1920, avec son amie et complice Marie Bonnet, directrice de la Maison des étudiantes à Paris, une Association des Françaises diplômées des universités, organisme qu'elle présida dix ans, attaché à promouvoir les études et les carrières des femmes. À cette fin elle avait encouragé la distribution de bourses pour Françaises et étrangères. Elle avait organisé à Paris le deuxième congrès de cette AFDU, qui réunit trois cents participantes en provenance de dix-sept pays. Toutes étaient convaincues, comme les fondatrices de l'Association, que l'éducation des filles constituait à la fois un facteur de paix et la clé de la promotion des femmes.

En 1939, elle avait publié un *Lexique international des termes universitaires*. Rédigé en français et en anglais, cet *opus magnum* présentait en détail les dispositifs universitaires du monde entier dans l'espoir – pour nous fort moderne – de faciliter les échanges. Elle avait présidé la commission d'éducation du Conseil national des femmes françaises qui avait organisé en 1929 des « États généraux du féminisme » destinés à présenter une synthèse des revendications. Durant la Seconde Guerre mondiale, elle s'était appuyée sur le réseau de l'AFDU pour aider de nombreuses intellectuelles réfugiées en France – polonaises, tchèques ou danoises – à survivre et à passer en zone libre ou en Suisse.

Elle s'était, comme son mari, je l'ai dit, détachée de la foi chrétienne et ils ne firent pas baptiser leurs enfants, mon oncle Noël – un petit garçon adopté en 1911 – et ma mère, Marie-Laure, née en 1913. Ce qui ne me fait que mieux mesurer, dans son cas, quelle empreinte le protestantisme, tel que, rigoureux, on le lui avait inculqué dans son enfance, pouvait laisser dans les âmes. Nous aimions la taquiner lorsqu'à table elle nous disait : « J'ai l'impression que cette poire, qui risque de devenir blette, a besoin d'être mangée… – Mais voyons, grand-maman, ne suffit-il pas qu'elle te fasse plaisir ? » Toute plainte était pour elle malvenue et si elle endura, dans les dernières années de sa vie, des rhumatismes qui la firent cruellement souffrir, ce fut avec un stoïcisme qui s'enracinait dans les préceptes que ses jeunes années avaient assimilés. Avec cela, elle était douée pour le bonheur. Dans une lettre qu'elle m'adressa le 3 juillet 1963, pendant que je faisais une « période » militaire dans la Champagne pouilleuse de Mourmelon, je pus lire : « Plus je vais et plus je trouve que la gaieté, quand elle est de bon aloi, est une *vertu*. Je te souhaite de garder la tienne… »

Elle avait toujours un livre à portée de main. Sa culture littéraire, élargie à l'Angleterre, à l'Allemagne, à l'Italie et à la Russie, était plus grande que celle de mes parents et elle contribua à notre complicité. J'aimais à parler de mes lectures avec elle. Le 22 juillet 1961, elle m'écrivait : « J'ai pris la liste des "livres de poche" pour en emporter un ou deux à la campagne. J'ai constaté avec effarement que, des cinq cents volumes publiés, j'avais lu les neuf dixièmes, et qu'il ne me restait qu'un choix très mince. Il est vrai que je sais lire depuis soixante-dix-huit ans et que j'ai toujours aimé cela… »

Elle me transmit un message : celui que, pour une âme bien née, le prestige des diplômes l'emporterait toujours sur les succès d'argent. Lorsqu'elle évoquait, en termes mystérieux, tel cousin qui avait « une belle situation dans les affaires », on ne pouvait guère attendre d'autre précision. Elle reléguait celui-là du côté de la « HSP », la « haute société protestante », qu'elle considéra toujours avec suspicion, bien que la plupart des Monod se targuassent d'en faire partie. La « bonne société protestante », la BSP, voilà où elle préférait inscrire les Chavannes. Eux avaient compris, et c'est un message qu'elle voulut me transmettre, que le sort qui nous avait fait naître dans un milieu si privilégié quant à la culture nous obligeait à des générosités et des solidarités spécifiques. Nul prêche moralisateur, en l'occurrence, simplement une préconisation résolue.

Enfant, en décembre, une fois par an, je lui prêtais main-forte lors d'une séance, organisée chez elle, de sa « Société de lecture ». Elle l'avait fondée, peu après son mariage, au tout début du siècle, pour assurer une convivialité mensuelle d'amis attachés à choisir par scrutin des livres récemment parus qui circuleraient ensuite de foyer en foyer. Elle m'avait expliqué que le parti pris initial avait été de ne regrouper dans ce petit cénacle que des protestants et des juifs. Le premier « sociétaire » catholique ne fut coopté que dans les années trente et il resta isolé. Tel était l'effet de l'affaire Dreyfus dont elle fut la première à me faire ressentir l'importance pour les attitudes de toute une génération – et bien au-delà : des connivences indissolubles, quand on avait été du même bord, des froideurs perpétuées dans le cas contraire et un renvoi constant aux Lumières, dont elle avait pratiqué de près tous les auteurs. Encore célibataire, puis en partenariat dans le jeune couple qu'elle avait formé avec Octave en 1902, elle avait suivi passionnément les développements de l'Affaire, et dans sa bibliothèque, après sa mort, j'ai retrouvé, jaunis, les volumes de Zola, Jaurès et Clemenceau, tous trois paladins du combat pour la justice et la vérité. Je lui dois d'avoir inscrit ce moment décisif au centre de ma culture personnelle, en réservoir inépuisable de références et de réflexions.

*

Je n'ai guère pu connaître ma grand-mère paternelle, puisqu'elle mourut d'une crise cardiaque peu après la Libération, en 1946. Mais je prends la mesure de l'influence qu'elle avait eue sur mon père et la place de sa lignée. C'était celle des Jozon, issue à quelque distance de la paysannerie aisée de la Brie, qui s'inscrivait dans la tradition d'une bourgeoisie passionnément républicaine. Celle-ci s'était enracinée à la fois dans une opposition farouche au Second Empire et dans une méfiance sourcilleuse envers le cléricalisme. Rien qui ne me convînt bien, à bonne distance de temps.

Les deux fils de Dominique Jozon, notaire à La Ferté-sous-Jouarre, et dirigeant sous l'Empire du Parti républicain en Seine-et-Marne, brillèrent. Paul Jozon, avocat de talent, fut poursuivi par la justice de Napoléon III dans un « procès des Treize » qui fut fameux à l'époque. Député proche de Gambetta, après la guerre de 1870, il aurait pu connaître une brillante carrière politique s'il n'était mort prématurément à l'âge de quarante-cinq ans, peu de temps avant le tribun admiré. Ses lettres de combattant, en 1870-1871, en même temps que celles de son frère Marcel, également engagé volontaire, ont été publiées par mon cousin issu de germain, Pierre Allorant, professeur d'histoire du droit à l'université d'Orléans : il s'est attaché à restituer, à partir d'abondantes archives familiales, la couleur et la force d'une lignée qui est aussi la sienne. Marcel est mon arrière-grand-père. Ancien élève de l'École navale, polytechnicien, il fut ingénieur des Ponts et

Chaussées, prêt, en 1870, « à faire sauter les ponts comme à les reconstruire ». Il fut le commissaire général de la France lors de l'Exposition universelle de Milan en 1906 et il finit sa carrière à la tête du Conseil supérieur de son corps. Mon père, qui a pu le connaître, enfant, hérita beaucoup de ses goûts.

J'ai vécu quelques mois auprès de Jules Jeanneney, mon grand-père paternel, en 1952, du fait de notre transfert à Paris, dans son appartement de l'avenue Mac-Mahon. M'impressionnait-il ? Probablement quelque peu. Mais j'ai gardé surtout la mémoire de la précision avec laquelle il répondait à ma juvénile curiosité. Il évoquait volontiers ses ancêtres paysans ou tanneurs dans le village de Fondremand, en Haute-Saône. Il était lui-même le fruit de la méritocratie républicaine. Son grand-père laboureur avait quitté sa terre après la mort de sa femme, victime du choléra, au début des années 1830 pour aller se faire gérant d'un hôtel modeste à Besançon, la grande ville voisine. Son père, d'abord saute-ruisseau, avait passé sa capacité en droit et avait acquis une charge de commissaire-priseur. Son frère aîné, Alfred, fut militaire et mourut à la veille de la guerre d'une chute de cheval : une mort doublement absurde.

Jules, pour sa part, brillant au lycée, fit ensuite des études de droit pour devenir avocat à Paris. Il avait été deuxième à la « Conférence du stage », qui distingue les plus valeureux à l'entrée de la carrière, derrière René Viviani – qui présida le gouvernement en août 1914. Son cabinet était prospère. Il le ferma, par principe, lorsqu'à l'incitation de Waldeck-Rousseau, président du Conseil, son éminent confrère du barreau, il se présenta à la députation, dans sa chère Haute-Saône, en 1902, au temps du « Bloc des gauches » et qu'il y fut élu, de justesse, contre un « nationaliste » sortant. Il ne s'était épanoui, politiquement parlant, qu'à compter de 1909 au Sénat, où il avait acquis assez vite un prestige incontesté. Il y était demeuré jusqu'à la Seconde Guerre mondiale, élu à sa présidence pendant dix années de suite à partir de 1932. J'ai conservé la traduction, dans la collection « Budé », de *L'Odyssée* par le grand helléniste Victor Bérard, lui-même élu de la Corse au palais du Luxembourg, édition dédicacée à mon père où il était dit que Jules Jeanneney portait « le nom le plus respecté du Sénat ».

Je retrouve, recopiée alors pour moi de sa main, la complainte des *Quatre-z-étudiants* de Léon Xanrof d'où resurgissait, mystérieuse, sa jeunesse fantasque au Quartier latin – sur laquelle ma curiosité est demeurée inassouvie.

Je sais une complainte
De quatre-z-étudiants
Fait' pour donner la crainte
Des p'tites femmes aux jeunes gens
L'premier faisait des lett'
Le s'cond du droit romain
L'troisième faisait des dettes
L'quatrième faisait rien…

Je l'interrogeais sur le sens de deux photographies qui étaient au mur de son bureau et qui sont aujourd'hui dans le mien. Sur l'une figurait Clemenceau, avec cette dédicace : « À mon ami Jeanneney, souvenir affectueux des grands jours. » Il avait servi le Tigre, tout près de lui, comme sous-secrétaire d'État et secrétaire du Comité de guerre dans le gouvernement de 1917. L'autre photo était dédicacée en ces termes par de Gaulle, datée du 10 mars 1947 : « Au président Jules Jeanneney, artisan et témoin, au sein du gouvernement, des deux cruelles victoires de la France, celle de 1918 et celle de 1945. » Le Général lui savait gré d'avoir accepté d'incarner la pérennité républicaine dans son gouvernement provisoire. Mon grand-père s'était montré, continûment, pour des raisons qui ne me sont pas claires, peu attiré par le pouvoir exécutif.

J'eus droit longuement à l'évocation de Clemenceau, sur lequel je l'interrogeai. Le culte qu'il lui portait était inentamé. Il avait présidé, le premier, la Fondation du musée organisé dans l'appartement de la rue Franklin où le Tigre vécut et mourut. Mon père, peu avant sa propre disparition, me fit promettre – pas seulement parce que j'avais beaucoup écrit sur ce grand homme – que si on me sollicitait j'accepterais cette même charge. J'ai honoré cet engagement. Quant à de Gaulle, l'admiration que mon grand-père ressentait pour lui n'était pas moindre que celle qu'il vouait à Clemenceau. Chaque année, en janvier, le Général, avec une admirable fidélité (car quoi de plus désintéressé ?), lui rendait visite. C'était l'occasion pour mon grand-père de redire à l'exilé du pouvoir sa tristesse qu'il ne fût plus aux commandes de la France.

Il suivait avec douleur les malaventures de la Quatrième République. Brièvement, en juin 1954, l'espoir lui revint lorsqu'un gouvernement d'exception accéda au pouvoir – espoir bientôt tari par sa chute après quelques mois. Nonagénaire, il envoya alors à Pierre Mendès France (il avait été son collègue au gouvernement en 1945) un message écrit en grosses lettres, car il était presque aveugle : « Avec quelle joie je vous avais vu, l'an dernier, entreprendre d'assainir nos errements politiques, vouloir que les problèmes soient réglés avant d'être pourris, qu'ils aient des solutions courageuses et point celles de maquignonnages interminables et sordides entre les partis. C'est à ré-entreprendre... Quel chagrin pour moi de ne plus pouvoir retrousser mes manches pour être à vos côtés ! »

Le gouvernement de Pierre Mendès France était né d'une nécessité : la paix en Indochine. J'ai en mémoire l'émotion que j'éprouvai, en mai 1954, à voir à l'étal d'un kiosque, place Edmond-Rostand, le grand titre de *France-Soir* annonçant la chute de Diên Biên Phu. C'est dans cette conjoncture que l'épisode « PMF » fut accueilli très favorablement à la maison. Je lisais *L'Express*, son premier soutien, que Jean-Jacques Servan-Schreiber et Françoise Giroud venaient de lancer avec succès et qui brillait dans le monde intellectuel. Simon Nora était membre du cabinet du président du Conseil. Il avait suivi les cours de mon père à Grenoble, au temps de Vichy, avant une résistance dans le Vercors dont il n'avait réchappé que par miracle. Il vint plusieurs fois à la maison. Sa femme, Léone Georges-Picot, qui appartenait à la même équipe, l'accompagnait. Tous deux étaient en confiance. Lui, que Jorge Semprún appelait « Simon le Magnifique », était un séducteur, au gré d'une intelligence limpide. Elle marquait sa place avec une grâce singulière, dans les tonalités d'une douceur très maîtrisée. Je recueillais avidement ce qu'ils disaient des événements et de la marche du cabinet, vu de l'intérieur.

*

Telle était l'ambiance où je baignais et je n'ai pas de peine, aujourd'hui, à mesurer l'influence qu'elle put avoir sur ma première formation civique. Il faut dire que mon père associa souvent ses enfants, et son fils aîné au premier chef, aux rencontres qu'il organisait. Je dis un jour à ma grand-mère que je contredisais rigoureusement sa chère Marie d'Agoult quand celle-ci écrivait, en 1849, dans ses *Esquisses morales* : « On inflige sans s'en douter à l'enfant qu'on élève dans la famille un odieux supplice : celui de vivre perpétuellement avec des êtres d'un autre âge. La nature veut que l'homme vive en société de ses contemporains. Quelle tristesse n'envahirait pas notre âme si nous étions condamnés à la compagnie exclusive de vieillards voisins de la caducité ! L'enfant souffre, par notre continuelle présence, des peines analogues. »

Une photographie parue dans *Le Figaro* me perpétue une mémoire exactement contraire : le 11 novembre 1957, je me rendis avec mon père à la cérémonie annuelle du dépôt de gerbe, devant la statue de Clemenceau, aux Champs-Élysées (j'y suis toujours resté, depuis lors, immanquablement fidèle). C'était en compagnie de ma sœur Brigitte et de mon petit frère Pierre-Alain dont la blondeur paraît, sur le cliché, gentiment étonnée. Du président Coty, qui me serra la main ce jour-là devant le monument des Champs-Élysées, je notai dans mon carnet l'aimable obligeance et je saluai la sveltesse du jeune président du Conseil trentenaire, Félix Gaillard, qui conversait avec Jacques Chaban-Delmas, depuis quelques jours ministre de la Défense nationale. Serais-je, comme eux deux, inspecteur des Finances, un jour ?

En classe de philosophie, à Louis-le-Grand, en 1957-1958, la politique était omniprésente dans les préaux – l'affaire algérienne au centre de tout. Raymond Aron aurait dit de Valéry Giscard d'Estaing, chef de l'État, un jour de 1979 : « Le drame, c'est que ce jeune homme ne sait pas que l'Histoire est tragique. » Pour ma part, si je relis mes premiers carnets, il me semble que je n'ai jamais douté qu'elle le fût. Les discussions enfiévrées se déroulaient sous les arcades du bon vieux bahut et se prolongeaient dans le jardin du Luxembourg. Je dénonçais devant moi-même, le 21 mars 1958, « le brouillard épais » dont s'enveloppaient « nos adversaires de droite » : « drapeau tricolore, intégrité nationale, présence française », et je m'amusais à citer à ce propos le « "grand homme d'État" de Prévert qui, trébuchant sur une phrase creuse, tombait dedans ». J'écrivais : « Chaque jour, je m'affermis dans la conviction qu'il faut la paix en Algérie, que, dans le monde moderne, il n'est de vraie domination qu'intellectuelle et économique et que celle-là, nous pouvons encore la conserver, à condition d'agir très vite. » J'ajoutais, *expressis verbis*, six ou sept semaines avant le 13 Mai, du haut de mes seize ans : « J'espère ardemment en un retour du général de Gaulle qui a l'autorité nécessaire aux vraies concessions et au muselage d'une certaine droite fasciste dont l'essor est inquiétant. »

Durant les semaines qui suivirent, la situation se durcit. Le 16 avril, j'observai : « Félix Gaillard disparaît dans la trappe d'une droite imbécile. "Doué", certes, il est apparu, mais prudent, louvoyant (qui donc a parlé de l'impétuosité de la jeunesse ?), ferme encore en paroles, et brillant, mais entraîné au trot des événements cahotants ou de certains extrémistes sur lesquels il n'a pas su un instant poser la poigne de sa détermination. Ne peut-on donc dénicher un député de gauche qui ne se retrouve pas ministre de droite, qui voie qu'il peut exister au Palais-Bourbon une majorité pour une politique intelligente, à long terme, en Afrique du Nord ? Guy Mollet prendra la figure, aux yeux de l'Histoire, du grand coupable de cette période. »

De Gaulle... Mon grand-père était mort en avril de l'année précédente, ne conservant plus d'espoir dans un redressement possible de la Quatrième. Il avait pu, peu auparavant, en janvier 1956, juste avant les élections législatives qui aboutirent à l'arrivée au pouvoir de Guy Mollet aux dépens de « PMF », écrire au Général : « Ma vie n'est plus que de méditation, morose, hélas ! devant les affaires publiques. Depuis notre entretien du printemps, la dépravation des pratiques parlementaires s'est accrue encore. Je m'alarme de voir l'homme du 18 Juin à l'écart d'une œuvre de redressement que la France ne peut plus attendre sans péril de mort. Jamais plus qu'en ce jour mes vœux n'ont imploré santé et bonheur pour vous et inséparablement pour la France... » Un jour que je lui faisais la lecture du *Monde*, comme j'en avais pris l'habitude pour secourir sa vue défaillante, il m'avait montré ce message. Je n'ai pas retrouvé la réponse de De Gaulle, mais sa lettre de l'année suivante, la dernière qui figure dans sa correspondance : « Cher monsieur le président, il n'est pas de souhaits qui m'honorent et me touchent autant que les vôtres. [...] Je sais bien que vous et moi désirons la même chose pour la France, du même cœur... »

Je mesure quelle pouvait être, sur mon jeune âge, l'influence de cette atmosphère, sous l'effet d'une double fidélité, à la gauche républicaine et à la personne du Général. Comme il se trouva que mon père était parti le 11 mai pour accomplir un voyage d'économistes en URSS (avec François Bloch-Lainé, Raymond Barre et plusieurs autres) et qu'il ne revint que quand tout fut joué, mes réactions aux conséquences du 13 Mai en Algérie et au retour de De Gaulle aux affaires furent laissées, à la maison, libres de son influence immédiate. Sur les réactions au jour le jour, les notes que je prenais me renseignent, sans déformation d'après coup.

« Mercredi 14 mai 1958. Rébellion militaire à Alger. Hier soir, formation d'un Comité de salut public sous le général Massu. Dieu merci ! Pflimlin a été investi, le réflexe de défense républicaine ayant convenablement joué. Et il doit pouvoir lutter contre le fascisme grandissant. Car l'heure est grave, et la rue le ressent. Au Quartier latin où les journaux s'arrachent, l'atmosphère a changé, sans que transpire, semble-t-il, une grande anxiété. Commentaires passionnés au lycée. Réunion étudiante antifasciste à la Sorbonne. L'affluence est nombreuse et *La Marseillaise* est vibrante, mais la foule ne donne guère l'impression d'y croire. Ce jour marque peut-être pourtant le début d'une terrible aventure : d'aucuns évoquent les débuts du franquisme – qui finirait infailliblement dans une victoire du communisme ou une dictature d'extrême droite. Que fera de Gaulle ? Je garde confiance en lui – comme le font aussi, je crois, une grande partie des Français. Mais qu'il prenne garde que le prestige d'un homme peut fondre cent fois plus vite qu'il ne s'est créé. Dans les jours qui viennent et même contre lui la République devra être par chacun désespérément sauvegardée. »

« Jeudi 15 mai 1958. À 17 heures, cet après-midi, proclamation du général de Gaulle qui se déclare prêt à "assumer les pouvoirs de la République" : ce sont des mots lourds... À Alger, l'insurrection l'acclame. À Paris règne une inquiétude. Nous n'accepterons pas un de Gaulle prisonnier de la droite, qui en vienne à "faire don de sa personne à la France"... Mais je veux croire que je le calomnie et que le général de Gaulle reste semblable à lui-même, non pas tel que le voudraient les Jacques Soustelle et les Michel Debré. *Wait and see !* Tout cela reste passionnant, qui demeurera dans l'Histoire. J'envie ces hommes qui, en ce moment même, tiennent un conseil des ministres à l'Élysée. Et qui agissent... »

« Mardi 3 juin 1958. La crise française vient de se dénouer, au moins provisoirement, au prix d'un immense pari. De Gaulle est dictateur pour six mois ; jamais peut-être la France n'a tant joué sur la probité d'un homme. Le risque est si grand – fou s'il s'agissait de tout autre que de De Gaulle – que l'on comprend le déchirement des gauches républicaines. Je me suis demandé violemment si, député, j'aurais voté la levée de toutes les assurances démocratiques dans l'espoir que ce soit pour une rénovation de cette démocratie elle-même. Je crois qu'enfin j'aurais dit oui. Certes, il s'agissait bien d'un "chantage odieux", comme l'a dit Claude Bourdet, et on ne peut trop déplorer la manière de ce retour, mais ce n'est pas bafouer des principes supérieurs que d'accepter, avec une limitation dans le temps, une délégation des pouvoirs à un homme qui est parmi les plus grands. C'est la manière romaine, et Rome a-t-elle jamais eu un pareil Cincinnatus ? Quelques pages des *Mémoires de guerre* relues hier m'ont persuadé que de Gaulle a été la France, une France habile par son intransigeance même, et qui avait la flamme des plus grands jours. Il fallait tenter de connaître à nouveau cette France-là. Hors quoi rien ne dispense chaque Français, dans les jours et les semaines qui viennent, de la plus stricte vigilance. Ce que le mot peut avoir chez l'individu de ridiculement impuissant doit créer, mille, dix mille et cent mille fois multiplié, le grand rempart où se brisera ce fascisme, ramifié lentement dans l'ombre et maintenant si puissant, une fois découvert. Je suis membre d'un comité antifasciste de Louis-le-Grand. Son mérite, son action est d'exister, de pouvoir au besoin se bouger. Là comme ailleurs s'agitent les communistes. Là comme ailleurs, le malaise que crée leur hypocrisie ne doit rien paralyser.

« Qu'ont donc été ces trois semaines où l'Histoire s'est écrite sous nos yeux ? Elle se chargera d'en retracer les péripéties. Mais je veux noter l'indifférence apparente de la population. Seul le Quartier latin – bondé d'agents agressifs – montrait une certaine fébrilité, et rien n'était nulle part au diapason de mon excitation qui m'empêchait complètement de travailler. J'aurais voulu être à cette grande manifestation de la Nation à la République, où trois cent mille Parisiens ont crié leur attachement à la démocratie, que mon bon camarade Jean Mettas, qui y était, m'a dit avoir été "unique". Mais j'ai eu scrupule à braver l'interdiction d'une mère inquiète de ma sécurité. » Dans le cercle familial, qui était en cette conjoncture strictement féminin, je me suis fait « le défenseur ardent de la légalité républicaine ». Les principes de liberté qui étaient les nôtres « constituaient un bien précieux dépassant infiniment les hommes médiocres qui les concrétisaient : aucun dégoût de ceux-là ne [devait] être le motif d'annihilement de ces libertés ». Je me jurai, juvénile, de « travailler toute ma vie à les défendre quand elles seraient en péril ».

La notation suivante date du lundi 24 novembre : « Élections terriblement à droite. Succès de l'UNR, sur une équivoque. Elle s'est dite, malgré "Ses" ordres, le gaullisme que cherchait la France et "Il" n'a pas cru devoir démentir. D'où la réussite de ce label dont on sait bien mal ce qu'il recouvre. PMF est écrasé. Il n'y aura personne à gauche. Aveuglement. Et pourtant la République est le moins mauvais des régimes… »

Moins de deux mois plus tard, mon père fut nommé ministre de l'Industrie dans le premier gouvernement de la Cinquième République, Michel Debré étant Premier ministre. De Gaulle se rappelait l'avoir connu après la Libération. Il avait apprécié son rôle au sein du comité d'experts présidé par Jacques Rueff et dont le rapport avait préparé les décisions économiques qui marquèrent, avec succès, les débuts du règne. Le Général demanda explicitement à ses ministres – c'était une autre époque – d'occuper leur appartement de fonction afin de signifier qu'on était désormais entré dans le temps d'une permanence du pouvoir exécutif, après les intermittences du régime défunt. Nous émigrâmes donc en famille pour le 101 rue de Grenelle, siège du département dont mon père allait avoir la responsabilité.

2

En khâgne : une île et le monde

Un choix primordial. – Du droit, entre parenthèses. – Jacques Berès. – Des maîtres, en gratitude. – Composite, cabaliste, papillonne. – Une hypokhâgne chez Blanche-Neige. – Escapade au petit écran. – Guillaume Budé et Clément Rosset. – De l'amitié. – « Quelque chose de fou » : un voyage en Grèce. – David Rockefeller Jr. – Mon père, un portrait. – Notre intimité. – Ma mère, à son côté. – Edgar Faure en pied. – René Capitant. – Une bataille laïque. – Gouverner l'Industrie. – Raymond Barre, un bras droit. – La « semaine des barricades ». – Plastic rue d'Assas. – Michel Debré : un lien se défait. – Le putsch des généraux. – Mes parents en Algérie. – Ils s'échappent. – Le concours, malgré tout.

L'École normale nous fut à tous, nous qui étions élus en son sein par le labeur et par la chance, un lieu de liberté magnifique. Nous débarquâmes dans le « cloître de la rue d'Ulm », comme on disait cent ans plus tôt – si peu cloître, désormais – avec les yeux éblouis d'une taupe sortant de son tunnel. Nous allions y découvrir et y goûter les bonheurs de l'intelligence et du cœur, autorisés désormais à marcher pour un temps à l'aventure – gratuitement. Le privilège en fut grand, et délectable. Je le dirai. Mais c'est le moment antérieur, celui de ce tunnel-là, que j'aspire à célébrer d'abord.

Au fond des choses, tout au fond, il y avait dans nos têtes, quand nous fréquentions la khâgne, le sentiment que notre choix de nous trouver là était libre, purement volontaire, et qu'aucune règle d'État, aucun impératif familial ne nous avaient contraints à prolonger ainsi le temps du « bahut » au-delà du baccalauréat : ce sésame dont nos camarades, pour la plupart, s'étaient saisis avidement pour sortir des murs qui avaient enserré leur adolescence. À eux, au lieu des blouses grises de nos camarades pensionnaires, le pimpant des demoiselles ; à eux la chance d'en terminer avec ce monde unisexué qu'une tradition absurde et contre-nature imposait aux lycées de cette époque-là (nos enfants ont peine à le croire) ; à eux la fin des contrôles de présence, des bulletins trimestriels, des « pions » en blouse grise et des sonneries aigrelettes ; à eux le monde des adultes, multiple et chatoyant.

Nous savions bien, pour notre part, ce que nous perdions en y renonçant provisoirement et à quelle rude discipline nous nous soumettions, au moins pour la durée des années prochaines : deux, trois, quatre peut-être ? N'exagérons pas. Ce n'était plus la caserne humide et sombre d'où mon grand-père, adolescent exilé de sa Franche-Comté et placé en internat, avait, vers 1881 ou 1882, décampé au bout d'un mois, pour rejoindre une faculté de droit à Dijon : il me l'avait raconté dans son grand âge. Quoi qu'il en soit, je n'ai pas le souvenir d'avoir un seul instant, étant rivé sur ces bancs-là, regretté le choix que j'avais fait.

Celui-ci n'avait pas été déterminé sans quelque zigzag. Au sortir de la classe de philosophie, je m'étais interrogé sur la suite et, comme je marquais à mon père mon désir de jouer un rôle, un jour, dans les affaires publiques, il m'avait expliqué qu'il lui paraissait illogique de faire ce détour (dans son esprit, attaché constamment à une rationalité bien dominée, cet argument était décisif), qu'il vaudrait mieux choisir directement la faculté de droit, puis la Rue Saint-Guillaume. Je m'inscrivis donc en licence de droit. Mais je ne fus pas long à déchanter. Les « travaux dirigés » n'étaient guère stimulants. Le désordre du grand amphithéâtre de la faculté de médecine, à côté de l'Odéon, où les professeurs donnaient leur cours en robe, me parut moins jubilatoire que vulgaire. La verticalité des gradins, destinés à l'observation aisée d'une dissection, se prêtait à tous les chahuts – plus proches de l'esprit des monômes de la Troisième République que des mouvements qui survinrent dix ans plus tard au

Quartier latin. Ces jeunes gens choisissant le droit déployaient un égoïsme bourgeois, sûrs qu'ils étaient, pour la plupart, par héritage, de leur avenir confortable, dans la basoche ou ailleurs.

Même l'autorité de Georges Vedel n'y résista pas toujours et sa misogynie notoire provoqua des remous le jour où il interpella deux jeunes filles qui bavardaient en riant, en haut à droite de l'hémicycle. « Ne m'obligez pas, mesdemoiselles, à citer Valéry : "Les cris aigus des filles chatouillées..." » Propos d'époque. Pour être précis, je me dois d'admettre qu'il ne parla pas du *Cimetière marin* mais de Mallarmé : je ne me crus pas en situation de le corriger par quelque cri de protestation et personne sur les bancs de l'amphithéâtre ne parut s'en apercevoir. Il faut dire que, dans l'intervalle des broncas, Georges Vedel réussissait à me donner le goût, que j'ai conservé, du droit constitutionnel : il commentait à mesure, avec une parfaite clarté, ce qu'on apprenait de la nouvelle Constitution en cours d'installation.

Dès le mois de décembre, ma résolution fut prise de revenir au lycée, en classe préparatoire. Je n'ai pas, pour autant, regretté cette parenthèse en forme de suspens. Tout en me donnant les gants de passer les examens de droit de la première année, je lus encore beaucoup cette année-là, sachant que ce loisir ne me serait pas, d'ici quelque temps, à nouveau proposé. Heureux qui a pu s'assurer ce socle, avant les temps de plus d'intensité.

J'approfondis aussi des amitiés. Au premier rang celle de Jacques Berès. Dès la classe de philosophie, je m'étais lié avec lui. À mes yeux, il avait le prestige de se rattacher au milieu des arts ; sa mère tenait une galerie quai Voltaire, son père – remarié – était un libraire notoire et prospère, dont le commerce était familier à tous les bibliophiles de la place. Il possédait des éditions, Hermann, et publiait de beaux livres. Il nous invita un soir, dans son appartement de la rue du Bac avec Jacques Merleau-Ponty, notre excellent professeur de philosophie à Louis-le-Grand. Dans un couffin dormait un bébé : Pervenche, destinée à devenir une « eurodéputée » socialiste pendant plus de vingt ans.

Jacques donnait parfois l'impression de surjouer la nonchalance au service de son élégance. Sa vêture était raffinée. Il paraissait détester qu'on le cernât tout entier. Il entretenait quelque mystère sur ses relations féminines, en un temps où la plupart d'entre nous devions nous contenter encore du rêve parmi nos encriers. Il dépensait beaucoup d'argent par intermittence, généreux. Il avait des curiosités larges, des messages subtils, des attentions qui tranchaient sur quelques relations de garçons sans délicatesse. Je n'ai su que bien plus tard, grâce à des confidences qu'il donna à France Culture, en 2019, dans la série « À voix nue », de quelle angoisse d'abandon, depuis la guerre, avait été marquée son enfance, de quelle frustration il avait souffert en ne parvenant pas à se faire agréer comme philosophe. Sa vie fut pourtant rare, consacrée à la médecine de guerre, qu'il exerça sur tous les théâtres où la fureur des hommes, au long de cinq décennies, a fait couler le sang et martyrisé les corps. S'il disparut un jour de mon univers, ce ne fut pas de mon fait, à peine du sien : à cause d'une passion inassouvie dont j'avais été le témoin – sans y pouvoir mais. Son orgueil ne le supporta pas. Je ne le revis que près de soixante ans plus tard, grâce à France Culture, en éprouvant l'étrange sentiment de renouer une conversation récemment interrompue.

*

En septembre 1959, je retrouvai l'austérité du lycée Louis-le-Grand. J'aimai l'hypokhâgne et la khâgne. Dès que je fus sur ces bancs, je ne doutai pas de l'opportunité de ma décision. Une certitude s'imposait à moi désormais : je me voulais universitaire, assuré que jamais ma liberté d'expression et de refus, quelles que dussent être les échappées que je ferais au-dehors, ne serait soumise à aucune hiérarchie, à aucune dépendance.

Pour l'heure, je ne jurerais pas qu'un peu de narcissisme n'ait pas compté dans les satisfactions que mes camarades et moi nous trouvions à notre travail : le sentiment que nous échappions à la masse des grands nombres, que nous étions différents des autres, sentiment renforcé par l'ardeur de tous ces garçons doués que la province nous avait délégués, au mieux des talents littéraires. Mais je n'ai pas oublié que nos maîtres, afin de nous protéger contre la suffisance, nous avaient étrillés, au début de l'hypokhâgne, par des notes assez médiocres pour qu'elles nous rappellent, s'il en était besoin, à une saine modestie. Le 3 sur 20 que porta ma première copie en français, attribué par ce petit homme hargneux et si dévoué à sa tâche que nous appelions « le Clebs », fut une claque salutaire pour l'esquisse de ma prétention. Il m'irrita, mais il eut raison.

Une impression qui me saisit d'emblée et ne me quitta pas jusqu'au concours fut essentielle dans ma satisfaction, aussi rudes que fussent les exigences du quotidien : l'intensité de ce que nous pouvions apprendre dans ces murs était hors de pair. Nos professeurs m'ont laissé, pour ces deux années, des souvenirs inégaux, comme il est naturel. Mais j'observe qu'à la différence du temps antérieur, pour lequel beaucoup d'entre ceux qui me formèrent ont disparu de ma mémoire, il n'est aucun de ceux-là dont je ne retrouve sans effort le nom, le visage, la démarche, le regard. Je revois Charles Pieri, en latin et littérature, fin, compréhensif et d'une intelligence subtile et sensible. Je revois Maurice Savin, le philosophe (qui était peintre aussi), élève d'Alain dont il avait édité les *Propos* dans la « Pléiade », jaillissant, toujours mobile, et qui avait la pensée constamment joyeuse. Je revois Marc Santoni, sa belle tête droite enrichie d'une barbe poivre et sel, rare en ces temps-là – celle de Maurras, qui, je crois bien, était son maître –, une lavallière, une élégance naturelle, une langue recherchée, coulante et frappée à la fois, et qui se mouvait avec noblesse parmi les prestiges de la Grèce antique ; il consentait aussi, non sans quelque condescendance, mais très efficacement, à nous initier aux exigences, un peu mécaniques, du thème latin. Je revois les historiens, Marc Bonnefous et Jean Monnier, qui nous donnaient, avec probité, un récit plus linéaire que multitemporel, plus narratif que problématique, mais clair, en somme, de l'Antiquité et de la Révolution. La plupart sont devenus ensuite inspecteurs généraux de l'Éducation nationale.

Il se nouait avec eux, pas toujours dans l'harmonie mais assurément dans la proximité, une relation dont je n'ai jamais retrouvé l'équivalent, plus tard, du côté de la Sorbonne ou de la Rue Saint-Guillaume. Certes, nous ne nous interdisions à leur endroit ni les ironies ni même les brocards, d'autant moins que nous étions tous avides de n'être pas dépendants ; rien de plus étranger, pour nous, que la révérence. Mais nous voyions que ces maîtres, issus de l'enseignement secondaire, formaient l'élite de ceux qui avaient choisi de renoncer aux prestiges de la recherche et de l'Université. Nous leur en savions gré. Nous comprenions qu'ils aimaient (c'est d'ailleurs pourquoi, dans l'ensemble, ils le faisaient si bien) à structurer nos intelligences et à aiguiser les curiosités de nos esprits avec une capacité d'influence dont nous n'aurions pas pu trouver, ailleurs, l'équivalent. En relisant mes copies de ce temps-là, je suis frappé par l'attention qu'ils y portaient, par la précision de leurs commentaires, par la fécondité de leurs critiques. Au service, en particulier, du meilleur d'une rhétorique.

Au cœur du propos de nos maîtres, on trouvait l'ambition de nous apprendre à apprendre : *Chtema es aei*, comme aimait à le répéter, en citant Thucydide, notre jeune cuistrerie – « un acquis pour toujours ». Il m'est arrivé, depuis lors, d'avoir à choisir des collaborateurs proches : quand ils avaient été assez heureux pour profiter de la marque de la khâgne, il fut rare que je n'aie pas salué et promu la tournure d'esprit, entre rigueur et ductilité, qu'ils avaient acquise de la sorte. Que ces rhéteurs se dégradent en sophistes, cela a pu survenir, dans le cas de quelques-uns, mais la faute n'en était pas à l'enseignement reçu : puisque Socrate y était constamment célébré.

Plus tard, rencontrant les trois passions primordiales repérées par Charles Fourier et définies par lui dans *Le Nouveau Monde industriel et sociétaire* en 1829, la « composite », la « cabaliste » et la « papillonne », je m'avisai qu'elles étaient assez bien servies et honorées dans ces classes et que le prophète du phalanstère aurait eu plaisir à les saluer pour cela. En ce qui concerne la composite – autrement dit la tendance à s'intéresser à plusieurs choses à la fois et assurant, si possible, un équilibre entre les activités du corps et de l'esprit –, je ne suis pas, pour être franc, sûr de mon fait. Plusieurs de mes camarades, fidèles à l'ironie originelle qui les voyait cagneux, n'ont retrouvé le chemin des stades qu'après le concours, à l'École, grâce au « Ruffin », aimable précepteur de nos gymnastiques. La plupart d'entre nous abandonnaient, auparavant, la prescription *mens sana in corpore sano* aux pages roses du Petit Larousse.

Encore suis-je injuste : notre hypokhâgne vécut une expérience rare et malheureusement sans lendemain, que nous nous rappelons les uns aux autres, quand nous nous revoyons au hasard de nos routes, avec gaieté et presque avec émotion. L'idée vint à je ne sais quelle autorité inventive de nous proposer une « classe de neige » dans les Alpes. Nos professeurs, s'étant réunis, en acceptèrent l'idée. Et nous voilà partis pour trois semaines, au printemps de 1960, dans une station qui avait l'habitude d'accueillir les marmots des écoles primaires de la région parisienne. Nous nous adaptâmes avec amusement, transportés chez *Blanche-Neige*, aux pupitres enfantins, aux lits superposés et aux minuscules encriers de porcelaine blanche. Nous travaillions le matin et l'après-midi nous dévalions des pistes ensoleillées et désertes. Il n'y eut qu'une jambe cassée. Son propriétaire, Jean Mosconi, qui s'en est remis, est devenu plus tard professeur de philosophie à la Sorbonne. Je me rappelle notre retour dans les salles de classe du premier étage, tout près de l'autre hypokhâgne. Ses élèves nous parurent avoir, par comparaison, un teint de poireaux et, de l'avis du proviseur, nous témoignâmes, ensuite, d'une énergie qui les laissa, par comparaison, sur place. C'est au moins ce que me dit ma mémoire – trop enthousiaste peut-être.

Au reste, évoquant cette comparaison qui fut à notre avantage, je traite déjà de la deuxième passion fouriériste, la cabaliste, qui conduit à s'intéresser grandement aux affaires des autres et qui fonde l'esprit de concurrence. Celle-ci avait, dans nos classes, toute sa place. Il y avait, parmi nous, une écrasante majorité de « bons élèves », bien entendu, c'est-à-dire qu'ils étaient habitués de longue main aux plaisirs et aux mesquineries de la compétition. Ai-je, là encore, un souvenir trop tendre, que je tirerais du côté de la sépia ? Il me semble que nous éprouvâmes les plaisirs plus que nous ne cédâmes aux mesquineries. Évidemment nous n'étions pas rebelles, par définition, aux pratiques de notre système scolaire de l'époque, avec ses classements permanents, et nous ne détestions pas les âcres satisfactions de ces stimulations, même si nous nous flattions (à tort !) d'être capables, envers elles, d'un flegme assez distancié.

Quant à la papillonne, enfin – entendez le goût de varier constamment occupations et curiosités –, elle trouvait amplement l'occasion de se déployer. Nous savions que bientôt il nous faudrait choisir notre chemin, avec le risque, repéré, de savoir de plus en plus de choses sur des sujets de plus en plus étroits. Mais, pour l'heure, nous aimions à jouer de l'éventail entier des disciplines littéraires, en découvrant que leur diversité pouvait permettre que l'une reposât de l'autre. Ce fut une de mes découvertes les plus marquantes et les plus plaisantes. Dans le secondaire, auparavant, tout semblait cloisonné ; mais voici que les sciences « exactes » une fois larguées – sans nostalgie pour ma part ! – il devenait possible, en hypokhâgne, de mieux éprouver les liens, naguère quasiment ignorés, qui rapprochaient la philosophie du grec, la littérature de la philosophie, le latin de l'histoire. Je me souviens d'avoir vu s'affirmer une certaine unité de la connaissance dont les pratiques antérieures ne nous avaient fourni qu'une idée théorique. Et c'est ainsi que « papillonner » d'un champ à l'autre, bien loin qu'on y ressentît une dispersion, suscitait des joies intellectuelles de rencontres et de voisinage.

Un bref épisode me sortit un instant, dès l'hypokhâgne, de cette thébaïde. Ce fut une plaisanterie qui compta un peu pour moi. Un de mes camarades ayant entendu dire que la télévision cherchait des candidats pour un jeu télévisé, nous nous présentâmes dans les studios de la rue Cognacq-Jay : pour nous amuser, sans y attacher d'importance – une sorte de blague. Je fus sélectionné. Le jeu s'intitulait « Tous contre un ». Il s'agissait de répondre à des questions simples ayant agité l'actualité – en remontant en arrière d'année en année. Les quatre animateurs étaient Guy Lux, Pierre Bellemare, Jean-François Chiappe et, jeune encore, Alain Decaux. Il n'était guère difficile de répondre juste, le plus souvent, pour quelqu'un qui avait lu *Paris-Match* depuis longtemps. Donc, triomphant de la plupart des « colles », je gagnai cette première partie, concernant les années cinquante, qui devait être suivie d'autres, de semaine en semaine, et, en arrière, de décennie en décennie. J'y pris un plaisir immédiat – mais très court.

Nous ne possédions pas de récepteur de télévision à la maison et je n'avais en rien mesuré la formidable influence que le nouveau média était en passe d'acquérir. Cependant, plus d'un million de ces appareils étaient déjà installés dans les foyers français et Paris en était spécialement pourvue. Il n'existait qu'une seule chaîne. Je constatai dès le lendemain matin le puissant écho de cet épisode. Je fus interpellé dans l'autobus. Le général de Gaulle, le seul téléspectateur assidu qui ait jamais occupé l'Élysée, félicita mon père après le Conseil des ministres, à la grande surprise de celui-ci qui n'avait rien vu venir – pas plus que moi. Au lycée, les commentaires furent nombreux, y compris, allusifs, dans la bouche des professeurs. L'ironie dominait et, à vrai dire, elle ne me parut pas injustifiée. Mon amusement de surface se mua en inquiétude, comme si j'avais cessé, un temps bref, de m'appartenir, l'événement m'échappant. Je soupçonnai soudain, de surcroît, ce que ma naïveté n'avait pas d'abord aperçu, que le fait que mon père appartenait au gouvernement avait pu compter dans le choix que les animateurs avaient fait de moi. Cela ajouta à mon désagrément.

J'éprouvai comme insupportable, dans ces conditions, l'idée de continuer dans la série d'émissions prévue. Je cherchai l'issue. Nous convînmes avec mon père qu'il annoncerait qu'ayant appris mon exploit après coup, il m'avait interdit de persévérer, afin de ménager mes études. Ainsi fut fait, à mon soulagement. C'était ridicule, mais efficace. Pendant des années encore, des gens de tous milieux continuèrent de m'en parler. Beaucoup plus tard, Bernard Pivot, m'accueillant à « Bouillon de culture » à propos d'un dictionnaire de l'audiovisuel – *L'Écho du siècle* – que je venais de publier, en 1999, me prit gentiment par surprise en me demandant si j'aimais les jeux télévisés. Ne songeant à rien, j'eus une moue – et il fit aussitôt, joyeux, surgir des profondeurs de l'Institut national de l'audiovisuel un extrait de l'émission de 1957. Je ne pus qu'en rire de bon cœur. Je forcerais le trait si je disais que cette petite aventure me donna l'envie de m'intéresser à l'histoire des médias dans toutes leurs dimensions culturelles et politiques. Mais, après tout, il se peut que cette expérience ambivalente ait joué, dans cela, quelque rôle.

*

J'ai conscience qu'en restituant de la sorte ce que furent, pour moi, ces années, je risque de décrire une sorte de communauté insulaire plus ou moins séparée du monde. Or, l'époque, celle du tout début de la Cinquième République et d'une guerre d'Algérie allant vers sa fin, était traversée de passions civiques et de drames collectifs. Les unes et les autres ne nous étaient pas étrangers et les répercussions s'en ressentaient souvent dans nos salles de cours, non sans qu'en résultent des clivages plus ou moins marqués. Mais je ne me souviens pas que les affrontements aient alors atteint l'intensité qui s'exprima rue d'Ulm, ensuite. Il devait exister une sorte d'accord implicite entre nous, qui nous retenait de laisser la houle extérieure agiter par trop le navire où nous naviguions de conserve, complices et concurrents, vers un cap qui exigeait que nous nous consacrions à l'idée fixe d'y atteindre.

Je songe à ces séances consacrées au « petit latin » et au « petit grec ». Il fallait s'y « coller » à deux pour ne pas fléchir dans l'effort. Je fis affaire avec Clément Rosset, qui vint souvent rue de Grenelle. Nous nous étions choisis, et je ne sais plus bien ce qui nous avait rapprochés, afin de faire ensemble cet exercice. Il s'agissait, dans le langage des khâgnes, pour préparer l'oral du concours, de s'attacher à des traductions « de chic » vérifiées aussitôt, dans les éditions « juxta » des collections « Guillaume Budé », sur la page de droite. Rosset était alors « bica », autrement dit dans sa troisième khâgne. Il avait eu le courage imprudent de publier déjà un livre, intitulé *La Philosophie tragique*, agaçant ses maîtres et impressionnant ses camarades. Il cultivait une apparence d'ours mal léché, comme pour évoquer Diogène. Avec ses vêtements fripés, sa barbe mal taillée (« sans elle, me disait-il, j'ai l'air d'une fesse »), il me rappelait les socialistes du XIXe siècle. Il manifestait une énergie vitale et un goût du farfelu qui me le rendaient attachant, aussi différents que nous fussions.

Le plus remarquable, à mes yeux, dans sa personnalité, était sa totale indépendance envers les coteries et les modes de la philosophie, envers toute révérence automatique. Il affichait un refus du monde et un désintérêt pour les autres qui devaient être moindres qu'il ne les proclamait mais qui marquèrent son itinéraire ultérieur. Un jour, à la mi-juin de 1961, nous quittâmes, après quelques vers traduits, l'*Électre* d'Euripide – « un insupportable drame bourgeois », dit-il avec dégoût –, et ce fut l'occasion pour lui, le « Budé » une fois refermé, de théoriser la hiérarchie qu'il faisait des grands écrivains. Il jugeait Euripide déplorablement proche du théâtre de notre siècle dont la scène avait connu surtout des « stylistes trop habiles », tel Giraudoux, « aimable mais qui n'avait pas su faire l'œuvre vraiment parfaite ». Il disait son mépris pour les « moralistes insupportables qui écrivaient comme des pieds, ces crétins de Malraux, de Camus, de Sartre – crétins au sens étymologique du terme » ! Et gaiement : « On ajoute toujours cette formule, pour atténuer ! »

Un rejet aussi péremptoire, mais qui n'était pas grinçant et me semblait exempt du simple plaisir d'être paradoxal, m'impressionnait et me stimulait, même quand je regimbais. Les très grands auteurs, à ses yeux, ceux qui avaient fait œuvre « pleine », c'étaient Shakespeare, Balzac, Eschyle... Homère surtout, dans le chant XVI de *L'Iliade* où se forgeaient les armes d'Achille, l'émouvait aux larmes. Ceux-là seuls engageaient l'homme tout entier, disait-il, la plénitude de sa sensibilité. L'homme peut nourrir, m'expliquait-il, en dehors de l'intelligence, des émotions de trois genres : l'instinct et le désir sexuels, l'amour-passion et enfin le sentiment esthétique. Ce dernier n'était imparti qu'à une élite rare et privilégiée. On pouvait le cultiver, mais il fallait en avoir le germe en soi. Clément Rosset l'éprouvait en musique surtout et devant la sculpture : « une expérience sans pareille qui mouille les yeux et dresse les cheveux, qui vous engage tout entier, implacablement ». Certes, la foule pouvait s'efforcer d'apprendre à apprécier, mais on n'aboutirait jamais qu'à de brillantes dissertations – telles celles de René Huyghe, « qui était de l'Académie française pour avoir parlé d'esthétisme en ignorant complètement l'émotion artistique », ou même de Paul Valéry, « rabougri dans ses petits problèmes restreints d'intelligence ». Je notai que visiblement il me mettait (gentiment, car il était bon) dans le même sac – et probablement n'avait-il pas tort. « Cela dit, ajoutait-il courtoisement, il peut y avoir de belles vies même pour des non-artistes, du genre de Thucydide, des gens de réflexion qui sont… intéressants. »

Il ajoutait qu'il pensait que les grands problèmes de l'homme ne se posaient et ne se discutaient que dans la solitude. Il concédait seulement : « ou avec de très grands auteurs ». « En fait, je ne crois pas, disait-il, à l'intérêt profond d'autrui (sauf pour la sexualité). Il faut seulement trouver un certain contact à hauteur de l'humour. » Et plusieurs fois : « Je ne crois pas aux discussions graves, je ne crois pas à leur utilité. » Le jour où il développa tout cela, je crus pouvoir lui dire : « Tu sens bien que tu ne m'as pas convaincu. L'humour pour communiquer, oh oui ! Mais je ne peux te rejoindre ni sur les vertus exclusives de la solitude, car autrui multiplie les dimensions du moi, ni sur la supériorité écrasante du sentiment sur l'intelligence, ni sur la hiérarchie que tu établis en conséquence entre les grands auteurs. » Je conclus, en me voulant irénique : « Et pourtant, j'ai aimé notre conversation. Tu m'as bousculé, mais tu m'as apporté quelque chose. » Alors lui, avec un grand rire : « Ah ! Eh bien, tu as de la chance ! »

Clément Rosset, loin des agitations parisiennes, poursuivit par la suite une œuvre originale, riche d'une quarantaine de volumes, et qui rayonna. Je ne m'étonne pas de lire, dans l'un d'entre eux, *La Force majeure*, publié en 1983, cet hymne personnel à la joie, par laquelle il bousculait allégrement la doxa de ses camarades philosophes de l'École et dont la liberté me convient assez bien : « Il y a dans la joie un mécanisme approbateur qui tend à déborder de l'objet particulier qui l'a suscitée pour affecter indifféremment tout objet et aboutir à une affirmation du caractère jubilatoire de l'existence »… Le dernier livre de Rosset, posthume, constitué d'entretiens avec Alexandre Lacroix, s'intitule *La joie est plus profonde que la tristesse* : juste sentence. J'eus le plaisir, bien plus tard, quelques années avant sa mort, survenue en mars 2018, d'accueillir ses manuscrits à la Bibliothèque nationale de France et de le revoir à cette occasion. Il évoqua alors avec bonne grâce, ce qui me toucha, comme il me l'avait écrit dans une lettre qu'il m'envoya dès les résultats du concours connus, l'agrément qu'il avait trouvé dans notre « fructueuse collaboration ».

Nous fûmes reçus ensemble, quelques semaines plus tard. Il m'écrivit son étonnement que notre « petit latin » n'ait pas plus prospéré, dans son cas, tout en saluant affectueusement notre collaboration. « C'est un grand privilège que de n'avoir peiné que deux ans pour être normalien », m'écrivait-il, et il ajoutait : « Pour ma part, après quatre ans, j'en sors un peu abruti. » Il me raconta (nonchalamment ?) qu'en le recevant Jean Hyppolite, alors directeur de l'École et examinateur en philosophie, lui avait dit « avoir été gêné par sa médiocrité ». Ainsi vont les dérapages de la lucidité.

*

Il fallait, l'été au moins, loin de nos classes et de nos préaux, respirer. J'éprouvai, à cette époque de ma vie déjà, vivement, le besoin d'échapper, au moins par saccades, aux limites d'une éducation scolaire très réglée – même si, dans l'ensemble, je m'y trouvais bien – et à une famille qui, quelque aimante qu'elle fût, pouvait se faire étouffante. Bref, de voyager autant qu'il était possible. Avec, en prime, ces satisfactions de bonne camaraderie que les escapades favorisaient.

Je me souviens qu'avec Clément Rosset nous traduisîmes un jour ce passage du *De amicitia* de Cicéron, qui date de 44 avant Jésus-Christ : « Les autres privilèges auxquels les gens aspirent n'existent qu'en vue d'une seule forme d'utilisation : les richesses, pour être dépensées ; la puissance, pour être courtisée ; les honneurs, pour susciter les louanges ; les plaisirs, pour en tirer jouissance ; la santé, pour qu'on n'ait pas à subir la douleur et qu'on dispose des ressources de notre corps. L'amitié, elle, pour sa part, contient une foule de possibilités. Dans quelque direction qu'on se tourne, elle est là, secourable, n'est exclue d'aucune situation, n'est jamais importune, jamais embarrassante. C'est pourquoi eau ni feu, comme on dit, ne nous font plus d'usage que l'amitié. » Nul monopole, dans l'amitié, et d'ordinaire, point de jalousie. « Une foule de possibilités », dit Cicéron : toute la modulation des choses partagées et des degrés de l'intimité.

Les voyages favorisaient décidément cela. Je les pratiquai tôt. La première de ces aventures s'était déroulée à bicyclette, tout autour du lac de Constance, à l'été de 1958 – un peu assombrie par l'accident d'un réchaud qui blessa l'un d'entre nous, le joyeux Alain Pasticier. Nous eûmes plaisir à nous dire que nous avions pu parcourir, dans cette géographie spécifique – et plate par nature –, cinq pays différents. L'année suivante, à l'été de 1959, nous allâmes, à plusieurs, en Scandinavie : une expédition interrompue un peu brutalement lorsqu'en Norvège, où nous arrivions, notre 2 CV Citroën se heurta à un conducteur suédois qui avait oublié que, contrairement à la règle, alors, de son propre pays, on y roulait à droite. Heureusement notre voiture fut seule estourbie, sans rémission, et abandonnée sur place. Nous fûmes privés des fjords.

*

Mon plus profond bonheur pérégrin, à cette époque, fut le voyage en Grèce que nous organisâmes, à l'été 1960, après l'hypokhâgne. J'ignorais encore, alors, l'appel lancé par Clemenceau à Claude Monet, dans une lettre de mai 1896 – mais tel était bien notre état d'esprit : « Dans huit jours, je pars pour la Grèce... Voulez-vous venir avec moi regarder le Parthénon ? Si oui, j'en serais bien heureux. On s'embarque à Marseille. Trois jours après on est au Pirée. Venez, venez... » Et son propos à Jean Martet, vingt ans plus tard : « La Grèce est quelque chose de fou. [...] Oui, il faut passer par la Grèce pour aller n'importe où. Je crois que l'humanité a atteint là son sommet. Avec une telle joie, une telle aisance... »

Nous avions projeté de louer une 2 CV à plusieurs. Sur quoi le hasard voulut qu'un banquier américain, qui avait croisé mon père à la Libération, eut l'occasion de le rencontrer à nouveau et de lui demander si j'accepterais de servir de compagnon à son fils pour un voyage d'« initiation culturelle » en Europe. Je lui suggérai plutôt de se joindre à nous, en apportant une seconde « deuche » en contribution. Ainsi fut fait et nous pûmes partir en expédition de six complices. Le banquier dont je parle portait un nom qui entraînait avec lui un écho impressionnant. Il s'agissait de David Rockefeller. Il appartenait, avec ses frères, à la troisième génération des descendants du fondateur de la Standard Oil, qui avait amassé, jadis, une énorme fortune. Il présidait alors la Chase Manhattan Bank, était important dans le monde de la finance et actif dans plusieurs organisations internationales d'influence, tel le mythique groupe de Bilderberg, que le « complotisme » a toujours entouré d'un halo sulfureux. Son fils, David Jr., était mon contemporain.

Celui-ci, comme tous les siens, que j'appris plus tard à connaître, apprécia, je crois, la simplicité d'une relation avec cinq autres voyageurs libres des arrière-pensées, plus ou moins intéressées ou fascinées, qui, aux États-Unis et ailleurs, circulaient dans les têtes, lorsque son nom, synonyme de ploutocratie, surgissait soudain : les mâchoires, alors, se décrochaient. Nous aimions, en complicité avec lui, à le présenter, aux compatriotes rencontrés en route, français ou américains, sous le nom de « Rochefeuille ».

Je tissai avec David Jr. une amitié qui a duré depuis lors sans nuages et qui s'est renforcée dans bien d'autres rencontres, d'un bord à l'autre de l'Atlantique. C'est lui qui conduisait la voiture lors de l'événement du col du Süsten sur lequel j'ai ouvert ce livre. Il me sembla, comme j'apprenais à le connaître, qu'il avait réussi à organiser en lui-même, au sortir de l'adolescence, un commerce équilibré de son esprit et de son cœur avec ses privilèges hérités et la symbolique de son nom – rude défi en soi. Sans faire semblant de refuser les avantages de la situation où il s'était trouvé au berceau, au service, en particulier, de sa passion pour la voile et pour la musique (il avait une belle voix de basse), il consacra par la suite une bonne partie de son temps aux missions que la Fondation Rockefeller s'assignait, selon le principe américain, au service d'œuvres intellectuelles et sociales et de la protection de la nature. Alors que la tradition familiale penchait du côté des Républicains, où brilla son oncle Nelson, qui fut vice-président des États-Unis, il alla toujours du côté des Démocrates. Le tout dans une ambiance de religiosité tolérante, de spiritualisme diffus que permet le protestantisme quand il ne se dégrade pas du côté de l'évangélisme.

J'ai souvenir des quelques jours où, plus tard, j'accompagnai ses parents qui avaient choisi, pour leurs vacances, de parcourir la France en péniche sur des canaux, avec sa petite sœur et son frère cadet : occasion de développer avec David Rockefeller Sr. des relations d'affection marquées par la simplicité et la confiance – dès lors qu'il fut rassuré sur mon désintéressement matériel, en contraste avec tant de pique-assiettes dont je pus plus tard, aux États-Unis, apercevoir autour de lui quelques spécimens représentatifs. Nous faisions des escapades à bicyclette, à partir du bateau. Nous arrivâmes dans cet équipage à l'entrée d'un grand restaurant de Vienne où j'allais pouvoir améliorer une culture œnologique dont on était tout à fait dépourvu dans ma famille. Le chasseur nous jeta un regard de mépris – jusqu'à ce que le nom fût donné. Alors tout changea d'un coup, l'homme se confondit en excuses et se saisit du guidon du premier des vélocipèdes avec les égards qu'il aurait eus, autrefois, pour le plus noble destrier.

L'accueil de David Jr., ensuite, plusieurs fois, dans le Maine, où je fus convié avec ma sœur Laurence – et initié à la navigation à voile –, fut, comme celui de son père, sur place et à New York, infailliblement chaleureux et attentif. Nos enfants, à leur tour, se lièrent plus tard d'amitié. En juin 2019, j'aimai à participer à l'hommage qui fut rendu aux siens à travers sa personne, à l'occasion de l'anniversaire du traité qui mit fin à la Grande Guerre. Sa famille avait joué un rôle majeur, dans les années trente et cinquante, pour la préservation du château de Versailles que menaçait le poids des ans.

Pour l'heure, la Grèce ! Jacques Berès, Jacques Gillet, Bernard Hurez, Claude Mainfroy-Pelliot (le troisième homme du col du Süsten) étaient nos autres compagnons. Tous de fort caractère et de joyeuse compagnie. Ce fut un bonheur agité et chaleureux – parfois rugueux aussi, d'une voiture à l'autre, la bleue et la grise, qui se perdaient sans cesse, car on était bien avant le temps des téléphones portables. Le bonheur d'aller là-bas, nos souvenirs de lycée dans la tête, arpenter les lieux les plus précieux, Athènes, Sparte, Épidaure, Olympie, Argos ou Corinthe. Avec, en prime, la Yougoslavie de Tito, âpre, pauvre et belle, et, en Italie, la découverte de Florence à l'aller et de Venise au retour. Nos cultures livresques purent se confronter, en Grèce, aux paysages qui sortaient des pages de nos manuels, à ce que l'Histoire en avait fait, au contraste entre l'éclat de l'héritage et les rudesses du présent, aux ambivalences d'un tourisme qui commençait d'imposer, sans encore les masses d'aujourd'hui, quelques caricatures de curiosité collective.

À Byron, mort à Missolonghi, nous rendîmes un hommage appuyé, après avoir salué son buste, du côté de l'endroit vaseux et nauséabond où la cité touchait à la mer. Il y eut aussi le rituel des châteaux médiévaux : David grimpait seul tout en haut, en quête d'une brune châtelaine qui depuis cinq siècles attendait d'être par lui délivrée ; il ne la trouvait pas, généralement, et il redescendait un peu triste mais à peine découragé. Au reste, rien de cela ne compta vraiment au regard des temps plus anciens. À Olympie, *Guide bleu* en main, nous vîmes, heureux puis fourbus, surgir des pierres désordonnées les temples d'Héra et de Zeus, la fontaine du riche Hérode Atticus, le gymnase et le stade. À Sparte, rabougrie, nous cherchâmes en vain des hilotes ivres et les renards qui mangeraient le ventre d'enfants impavides. Nous regrettâmes qu'Agamemnon ne fût pas présent pour nous accueillir à Argos : il est vrai que sa femme l'avait estourbi. Dans le théâtre d'Épidaure, David, enthousiasmé par la qualité de l'acoustique, et restituant en rêve la foule hurlante des grands jours, décida qu'il y reviendrait plus tard avec la chorale de Harvard envolée dans un tour du monde. À Mycènes, nous décrétâmes que nous ne laisserions pas oublier les trésors que profana Schliemann ni oblitérer la majesté du site par les jeunes touristes américaines que souciaient seulement leurs coups de soleil, et que dominaient, dédaigneuses et primitives, les lionnes de la porte ; elles les mitraillaient, avec leurs Kodak, sans les saisir, nous en étions certains ; en haut, nous nous vengeâmes d'elles en récitant, toujours khâgneux, Valéry à tue-tête : « À ce point pur, je monte et m'accoutume »... À Athènes, nous nous forçâmes à ne pas nous chagriner de l'invasion d'une prolifération de constructions incongrues autour du Parthénon. À Corinthe, nous nous indignâmes qu'un guide français ait paru préférer faire admirer le fini des vespasiennes plutôt que le temple d'Apollon. À Éleusis, devant l'enclos sacré, nous fîmes effort pour oublier les petites maisons blanchâtres, toutes sales, qui entouraient l'enclos et pour comprendre que des hommes aient cru y voir Pluton régner sur son temple et Déméter sur son autel, qu'ils aient frémi extatiquement, sur cette grand-place carrée, sombre et solennelle, devant l'initiation aux Mystères. À Delphes, dans le stade des Jeux, nous nous lançâmes dans une course d'aller et retour frénétique en imaginant le regard complice d'Apollon pythien. Aux Thermopyles, nous fûmes navrés de constater que la mer ayant reculé, elle avait libéré un large passage au lieu du fameux défilé. Mais même cela ne parvint pas à entamer notre félicité.

*

Tout au long de la décennie qui marqua la participation de mon père au pouvoir, depuis son accession au ministère de l'Industrie, en janvier 1959, jusqu'à l'échec du référendum le 27 avril 1969, qu'il avait préparé comme ministre d'État, je suivis de près son action. L'influence qu'il exerça sur moi s'affirma à ce moment-là.

Lorsque j'acceptai, en 2015, de présider le jury du prix François-Mauriac, destiné à couronner des œuvres de fiction autant que des essais de toute nature, il me fut donné de lire des romans contemporains dont la concurrence d'autres ouvrages me détournait trop souvent. Un fait me frappa (était-ce seulement une mode ?) : le nombre d'auteurs qui se vouaient à traiter des relations, toujours compliquées, souvent âcres, qu'ils avaient entretenues avec leur père. Par quoi j'ai réfléchi, à nouveaux frais, aux raisons pour lesquelles j'avais été si proche du mien, sans qu'ait jamais surgi entre nous aucun de ces orages dont témoignaient ces récits si généralement douloureux.

Ce fut un long compagnonnage, qui ne s'acheva qu'à sa mort, survenue au seuil de sa cent unième année. J'étais déjà, en 2010, âgé de soixante-huit ans et je me sentis définitivement orphelin – songeant après cela, quelquefois, à ma propre disparition, ce que je ne faisais guère auparavant : comme si je m'étais trouvé soudain en première ligne. Lors du décès de ma mère, quelques années plus tôt, je n'avais pas éprouvé la même béance. Aujourd'hui encore, il m'arrive souvent de ressentir comme cruel de ne pas pouvoir partager avec lui tel ou tel événement personnel, discuter d'un enjeu, apprécier une conjoncture, raconter un bonheur intellectuel ou civique. Si notre relation fut une réussite, s'il m'a tant appris, pour ma gratitude, ce n'est pas par l'effet de je ne sais quel mimétisme recherché ou imposé, mais au contraire parce que son caractère, sa personnalité ont organisé entre nous un système précieux : celui de la différence, acceptée tôt et bientôt par moi revendiquée, par lui plus qu'admise, saluée.

Enfant tardif d'un père prestigieux, il avait eu avec celui-ci une relation de dépendance morale et affective dont je crois que ma mère souffrit parfois, l'éprouvant comme excessive. Fils chéri et comblé de cent attentions matérielles, il installa son action à proximité immédiate de son ascendance. Pierre Massé, l'ancien commissaire au Plan, qui m'avait pris en affection, m'écrivit, en mai 1982, que mon père lui avait expliqué, en je ne sais quelle occasion : « Quand un problème difficile se pose à moi, je me pose toujours la question de savoir comment aurait réagi mon propre père et j'y trouve toujours une inspiration. » Un jour où de Gaulle lui dit : « Votre père aurait été fier de vous », lui qui maîtrisait tant ses émotions laissa couler une larme. Et il m'arriva de penser que sa dévotion pour le Général constituait, à certains égards, comme un prolongement de cela.

Lorsqu'il avait songé, adolescent, à préparer, dans la ligne de son grand-père maternel, le concours de l'École polytechnique, il laissa ses parents le détourner de ce projet au motif que son oncle André Jozon y avait échoué : il nous le rappelait volontiers, sans reproche envers les siens. Quand Jules Jeanneney fut nommé ministre d'État, en septembre 1944, il lui sembla naturel de le suivre à Matignon, lieu de ce pouvoir, comme directeur de son cabinet pour appuyer son grand âge. Et ce fut en parfaite fidélité à son endroit qu'il reconstruisit, largement pour lui, la maison chérie de Rioz brûlée par les Allemands.

Par contraste, le fait que j'eusse cinq sœurs et un frère, Pierre-Alain, de dix ans plus jeune (un autre était mort, je l'ai dit, encore nourrisson, à Grenoble, en 1946), m'épargnait le lourd fardeau de l'enfant unique qui avait pesé sur mon père, entouré – mais emprisonné – par une tendresse de dévotion. Non qu'il n'ait pu parfois projeter sur moi un désir de transmission professionnelle : celui que ma sœur Sylviane, professeur de science économique, qui fut la deuxième femme à réussir dans ce difficile concours, a comblé avec tant de compétence, au côté de son collègue, complice et mari, Patrick Guillaumont.

Après ma classe de première, mon père m'imposa de faire « mathélem » – c'était le nom, à l'époque, de la terminale scientifique – en m'expliquant que mon attrait pour les lettres appelait un complément du côté du plus concret. Mais quand je lui expliquai, après un mois, que je souffrais doublement de l'ennui de ces choses martelées et de la frustration de ne pas faire, ou quasiment pas, de philosophie, il ratifia sans réticence mon passage d'une classe à l'autre. Semblablement, à la rentrée suivante, mû par sa logique géométrique, il me poussa, je l'ai dit, vers la faculté de droit, me sachant désireux de m'intéresser spécialement à la chose publique et me recommandant de ne pas faire de « détour inutile ». Or, c'est précisément de ce faux « détour » que j'avais l'envie et le besoin. Dès la rentrée du Nouvel An, je sus que j'irais en khâgne. À nouveau, il approuva : « Tu le ressens fortement ainsi, donc tu as raison de le faire. »

« Je connais bien, notai-je un jour d'août 1970, cette tendance naturelle de mon père à justifier admirablement les décisions qu'il a prises, les événements passés, à rationaliser ses motifs d'être satisfait de son sort du moment. C'est une belle clé pour la sérénité de l'âme, c'est le grand bonheur des nécessités acceptées. Mais quelquefois – revers de la médaille – ce caractère le prive du ressort d'insatisfaction qui serait peut-être nécessaire à de fortes actions, à des imaginations créatrices. » Il avait un tempérament d'ingénieur, attaché au plus pratique, au plus concret, prompt à déterminer toujours ce que les situations pourraient permettre à sa détermination et à son réalisme, en termes pratiques. Il me fallut quelque effort pour lui faire entendre, en vacances, que le bricolage, le pressage des pommes et le jardinage (qu'il pratiquait avec une satisfaction jamais entamée) m'ennuyaient intensément, volés sur le temps des lectures. Il mit quelque temps à le comprendre, donc à s'y résigner, puis à en sourire.

En économie, ses travaux les plus influents se situèrent, significativement, du côté de l'analyse des situations et des évolutions concrètes, et il trouva une satisfaction constante, dans les années cinquante, à diriger le Service d'études de l'activité économique que son maître respecté, Charles Rist, avait fondé rue Michelet avec le soutien de la Fondation Rockefeller. S'inscrivit dans la même logique la belle œuvre que fut, après son départ de la vie politique, la création, appuyée par Raymond Barre, son ancien directeur de cabinet, alors Premier ministre, de l'Observatoire français des conjonctures économiques. Il présida plus de dix ans cette instance qui continue aujourd'hui de compter dans la vie publique. Après sa retraite, dans les deux dernières décennies de sa vie, il rédigea, sans jamais s'en lasser, plusieurs livres qui étaient riches de propositions économiques et politiques, et qui trouvèrent quelque écho.

Entre ses ministères et au retour de son ambassade de 1962, dans l'Algérie indépendante, sur laquelle je reviendrai, il travailla avec ardeur à des rapports pour le Conseil économique et social, auquel il appartint brièvement, et son autorité s'affirma à la tête d'une commission vouée (avec l'aide de Simon Nora qui fut son rapporteur) à reposer les bases de la coopération avec les « pays en voie de développement », dans la suite des guerres coloniales : le retentissement en fut notable. Son intérêt pour les réflexions constitutionnelles, qu'il développa jusque dans son grand âge, figure au même chapitre.

En face de quoi il manifestait de l'indifférence envers un bon nombre des activités humaines, dans l'ordre du culturel. Certes, il aimait l'architecture – une vocation dont hérita avec talent ma dernière sœur, Natalie. Il la pratiqua quelque peu, en amateur, dans l'exercice de son mandat de maire de son village de Rioz

– exercé pendant une vingtaine d'années, comme jadis l'avait fait son propre père –, ou dans la reconstruction, à la fin des années quarante, de la maison familiale détruite par l'occupant. Mais il était peu féru de peinture et de musique – celles-ci manquèrent à mon éducation initiale et je dus m'attacher à combler ce manque, plus tard. Le cinéma n'avait guère de place dans sa vie et il était tout à fait indifférent aux charmes de la chanson ou de la bande dessinée qui était déjà en plein essor.

Il était attentif lorsque j'abordais avec lui ces domaines – mais c'était par le désir de partager et de comprendre ce que j'aimais plutôt que par une pente naturelle. Il était conscient de ses manques mais il ne s'en affligeait guère. Lui qui excellait dans le champ de l'analyse et de l'action pratique avait choisi tôt de cantonner sa vie à ce qui le rendait heureux : sa curiosité était intense dans tous les domaines qu'il élisait, et son intérêt pour la personnalité de nos amis qui venaient à la maison fut toujours manifeste. Il pouvait aussi s'attacher longuement à des questions très précises mais parfois triviales à mes yeux. Il n'en faisait pas moins, par moments, un effort pour connaître quelque chose des rivages où je m'étais porté. Quelques mois avant sa mort, il me dit : « Il faudrait tout de même que je réussisse à comprendre comment est construit le génie de Marcel Proust, puisqu'il semble faire les délices de bien des gens – tels que toi par exemple… » Je lui proposai des passages qui me parurent propres à l'intéresser et où la politique et la diplomatie se réfractaient, à mes yeux, magnifiquement. Il me rendit le volume quelques jours plus tard, en souriant : « J'ai essayé, je n'y parviens pas. Ces phrases sont interminables : des labyrinthes où je ne réussis pas à pénétrer… »

Au cours d'un débat qu'il eut avec Gaston Defferre, maire socialiste de Marseille, à la radio, en janvier 1966, son interlocuteur lui lança : « Vous êtes bien optimiste. » À quoi il répliqua : « Vous me faites plaisir. Léon Blum, un jour, dit à mon père : "L'avenir est aux optimistes." » Il pouvait avoir beaucoup de gaieté, mais l'humour n'était pas son fait. Je m'amusais parfois à tenir des propos farfelus pour susciter, tendrement, une légère inquiétude dans son regard : mon fils est-il sérieux ?

Sa séduction, qui pouvait être grande, trouvait d'autres ressorts. Ceux d'une intelligence précieusement didactique : je n'ai pas cessé, ma vie durant, de croiser de ses anciens étudiants qui me rappelaient le profit qu'ils en avaient tiré et la gratitude qu'ils en conservaient. Il aimait à passer des heures avec les administrés de son canton et de son village, en traitant avec chacun, à parts égales et sans l'ombre d'une morgue, de toutes questions concrètes – apprécié, je crois, de ce fait, par ceux qui sentaient que son attitude n'était ni feinte ni complaisante. Quel que fût son courage, que j'admirai, il n'était pas le moindrement aventureux. Il était passionné par les mouvements du monde, de la politique et de l'économie, mais peu désireux d'y aller voir de plus près : les voyages au long cours n'étaient pas de son goût et je me souviens de m'être étonné un jour qu'il n'ait jamais eu l'envie, par exemple, de mettre les pieds dans ce Japon que, pour ma part, j'avais tant aimé découvrir et retrouver. Lorsqu'il accepta l'ambassade d'Alger, juste après les accords d'Évian, ce fut moins par intérêt spontané que par devoir assumé.

Son caractère était stable, irrité seulement par les menus incidents de la vie quotidienne dont il avait été, depuis son jeune âge, généreusement protégé. Il avait peu de vanité – moins que la plupart des hommes d'action que j'ai pu rencontrer. Fort capable d'égoïsme inconscient, il était austère, mais pas par principe, plutôt par tempérament. S'il aima toujours travailler avec des collaboratrices intelligentes, dans son activité de chercheur plus que dans ses ministères – je ne le vis jamais introduire, dans ces relations, l'ombre d'une ambiguïté. Il fut l'homme d'une seule femme et il s'en accommoda fort bien. Lorsque, adolescent, un jour, je décidai de l'interroger sur ses principes à cet égard, il me dit que c'était son choix mais qu'il ne cherchait point à l'imposer, qu'il en comprendrait d'autres, m'incitant seulement à garder un sens élevé de responsabilité dans le domaine de l'amour. Puis il revint très vite, un peu rosissant, à la conjoncture politique et à tel entretien récent qu'il souhaitait me raconter.

Il ne mettait rien d'ostentatoire dans cette austérité, fille de ses goûts plutôt que de ses principes, mais elle le tint à distance de certains. S'il eut bien des raisons politiques de ne pas s'entendre avec Georges Pompidou, dont le talent lui parut toujours entravé par un tempérament conservateur, ce facteur compta aussi. Il me raconta qu'un jour où il l'avait rejoint, à Matignon, au cœur de la crise de Mai 68, après un déjeuner de ministres auquel il n'avait pu participer, il refusa à la fois un café (il ne buvait que du thé et le maître d'hôtel n'en avait pas), un cigare (il ne fuma jamais) et un alcool qu'il ne songeait pas à consommer au milieu de la journée. Le Premier ministre s'écria : « Eh bien ! vous ne devez pas être drôle à vivre tous les jours ! » Bien que mon père n'eût pas l'idée de donner de leçons à personne – seulement de se comporter à sa façon –, certains éprouvèrent sûrement son attitude comme moralisante. Jean Mauriac, journaliste à l'AFP, a raconté dans son livre intitulé *L'Après de Gaulle* que plus tard, à l'Élysée, parlant de lui, en un temps où il s'était éloigné du parti post-gaulliste, Pompidou s'écria : « Quel gâchis ! Il me rappelle, avec toutes ses qualités, ce vers de Racine : "Seigneur, que de vertus vous me faites haïr !" » (J'observe, pédant, qu'il s'agissait en fait de Corneille, dans *La Mort de Pompée*, à l'acte III, dernier vers et que l'original était le suivant, dans la bouche de Cornélie commentant la générosité de César : « Ô ciel, que de vertus vous me faites haïr ! »)

Dès lors qu'on n'empiétait pas sur son quant-à-soi, qu'on ne bousculait pas tel ou tel des principes éthiques – républicains – qu'il avait assimilés dès son plus jeune âge, mon père manifestait beaucoup de tolérance. Celle-ci n'était pas exempte de quelque indifférence envers celles ou ceux qui n'étaient pas de son cercle proche, affectivement étroit : le principal rôle y étant joué par une famille qu'il avait voulue nombreuse pour avoir souffert de sa solitude d'enfant grandi seul entre des parents âgés et sur laquelle il s'appuya toujours dans les moments difficiles. Si des tensions y survenaient (que les séjours partagés dans la maison familiale de Rioz étaient voués à susciter, larvées ou bruyantes), son premier souci était de protéger sa femme, quoi qu'elle fît ou dît, au cœur d'un équilibre qui lui était primordial.

En bon bourgeois de sa génération, il parut trouver naturel et commode que ma mère, qui avait pourtant prêté serment d'avocat, chose encore rare, pour une femme, en son temps, ne travaillât pas au-dehors et lui servît de collaboratrice privilégiée, quelle que fût la frustration qu'elle pût en éprouver. Celle-ci se trouva accrue, après tant de compliments reçus à la suite de la guerre pour avoir mis tant d'enfants au monde, lorsque, plus tard, ses cinq filles entrèrent l'une après l'autre dans la carrière que chacune avait choisie. Et, le moment venu, par le fait que mon père n'aurait visiblement pas imaginé qu'aucune de celles-ci n'exerçât pas un métier. Je lui parlai un jour de cette contradiction. Il se réfugia dans un propos vague sur l'évolution des mœurs et il changea de sujet.

Ma mère aurait pu s'épanouir dans une activité professionnelle, qu'elle aurait, j'en suis sûr, ayant l'esprit le plus pratique possible, développée efficacement du côté d'activités judiciaires. À défaut de quoi elle fut conduite, comme il advint souvent, en ces temps-là, pour celles qui vivaient dans cette situation sociale, à surinvestir son action parmi les siens. Armée d'un courage moral et physique que l'époque tumultueuse de la guerre, en particulier, lui donna plusieurs fois l'occasion de manifester, elle déployait en famille une énergie qui se nourrissait d'une générosité spontanée envers son clan : fils aîné situé au milieu de cinq sœurs et avant le seul frère dont me séparait une demi-génération, j'en ai souvent éprouvé les bienfaits et le confort affectif. Elle adorait les petits enfants, parmi lesquels elle s'éprouvait spécialement à l'aise. Elle conduisait sa maisonnée avec une autorité qui y souffrait mal la concurrence : ses filles, en particulier, en subissaient parfois les contrecoups et il leur fut peut-être moins aisé qu'à moi de prendre envers elle, au moment de l'adolescence, l'indispensable distance.

Elle aurait aimé, me semble-t-il, plus d'escapades, ces voyages dont, sauf quelques exceptions, la privait le calme casanier apprécié par mon père. Dirai-je davantage ? Il m'est arrivé de songer que, sans qu'elle se l'avouât à elle-même, elle dut éprouver parfois obscurément, au long de ses soixante-dix années de fidélité conjugale, quelque chose de ce manque qu'évoquait au XVIIIe siècle la cantatrice Sophie Arnould, célèbre pour son esprit : « Les honnêtes femmes sont inconsolables des fautes qu'elles n'ont pas commises. » Portée vers le concret plus que vers les abstractions, ma mère était péremptoire, au quotidien, à la différence de ma grand-mère, dans ses jugements sur les êtres et les choses : elle les fondait sur des principes moraux (notamment quant aux choses sexuelles), hérités d'une culture protestante dont elle n'avait guère l'envie ou la capacité d'examiner les ressorts et qui étaient d'autant plus rigoureux chez elle, paradoxalement, qu'ils étaient détachés de toute foi religieuse et devaient donc s'autojustifier. Elle s'exprimait souvent – spécialement en direction des « pièces rapportées », cette laide formule définissant les conjoints de ses enfants – avec une franchise dont elle ne savait pas brider la vivacité au service de l'harmonie collective. Sans que perdît de sa force l'amour qu'elle répandait à profusion dans le cercle familial qu'elle avait construit avec mon père.

*

À travers les récits prodigués par celui-ci, je me trouvai en situation de suivre de près les tours et les détours de la politique nationale. J'assistais aux déjeuners où il réunissait de temps en temps un quatuor de journalistes choisis (notamment le petit club que formaient Georges Altschuler, Jacques Fauvet, Jean Ferniot et Bernard Lefort). Même si la préparation du concours, de 1959 à 1961, à Louis-le-Grand, occupait largement mes journées, je me réservais le loisir de beaucoup d'observations et de quelque réflexion.

Certaines rencontres étaient piquantes. Je consignai celle d'Edgar Faure. Il avait la figure d'un personnage singulier. Je ne pouvais pas imaginer qu'il m'adviendrait de lui succéder un jour, dans son ultime responsabilité, à la Mission du bicentenaire de la Révolution, et cela ne fait qu'aiguiser mon plaisir de retrouver ce que j'en vis alors. Le 22 juin 1960, il était à la table de mon père. J'introduisis après coup dans le vocabulaire familial, en son honneur, l'adjectif dû à Charles Pieri, notre professeur de khâgne : « moitrinaire ». Edgar Faure l'était à un point d'incandescence. Il montrait devant les flatteries un aveuglement d'autant plus remarquable que celui-ci se manifestait chez un homme dont la souplesse intellectuelle s'affirmait avec ostentation : devant elle on hésitait sans cesse entre la méfiance et la fascination. Il était passionnant et exaspérant. À table, il parla beaucoup de ses démêlés électoraux et, en grande différence d'échelle, de « sa Chine » sur laquelle il avait publié quelques années plus tôt, sous le titre *Le Serpent et la tortue*, un livre brillant et rapide. À Marcel Prélot, sénateur démocrate-chrétien du Doubs, gras et fin, qui lui lançait une pointe, il rétorqua, avec ce léger zézaiement qui était une part de son charme : « Voilà, mon cher Prélot, une attaque bisontine et byzantine ! » C'était facile, mais l'on glissait.

Au moment du café, j'eus l'honneur de sa conversation. Pousser Edgar Faure à parler de lui-même était le moindre des exploits. J'ai quelquefois joué, dans ma vie, à voir jusqu'à quel point la flagornerie peut être déployée sans que celui envers qui elle s'adresse éclate de rire : un exercice à ne pratiquer, bien sûr, pour sa propre dignité, que lorsque, contrairement au renard, on n'attend strictement aucun avantage personnel du corbeau. D'observation courante, la marge est grande. « J'ai vu avec vif intérêt, dis-je, monsieur le président, l'annonce de votre *Turgot*, etc. » Edgar Faure s'en montra heureux et fier à bon compte. Il m'affirma, paraissant un instant s'intéresser à moi pour revenir aussitôt à lui-même : « Vous avez bien raison de préparer l'École normale. Rien ne vaut, je crois pouvoir le marquer à bon escient, la culture en profondeur. Je suis plus cultivé que mes collègues. C'est très important en politique, je vous le dis tout droit, puisque, naturellement, de la politique, vous en ferez. »

Après sa défaite aux législatives de novembre 1958, il avait songé, vaguement encore, me dit-il, à se présenter à l'agrégation d'histoire du droit. Il en avait parlé à Jean Gaudemet, professeur éminent dans cette discipline (il loua à ce propos chaudement la sociologie religieuse de Gabriel Le Bras). « Cela m'embêterait d'être collé. » D'où ses études sur le Bas-Empire et surtout sur ce Turgot dont il avait « redécouvert une loi géniale ». C'est en songeant à cette conversation que je suis allé, plus tard, le moment venu, quand il eut franchi le pas d'une candidature, assister, à la faculté de droit, à l'une de ses leçons en droit romain. Il s'agissait de la « puissance paternelle ». Sa maîtrise était éclatante. Il se jouait des notions qu'il maniait et il se moulait avec brio dans les règles qui lui étaient imposées par le rituel. Cette fois, j'admirai sans réticence le courage qu'il lui avait fallu pour prendre ce risque, cette confiance en lui-même et en sa supériorité rhétorique qui lui permit d'obtenir que le jury se sentît plus flatté de sa candidature qu'irrité, selon l'*invidia* ordinaire, par son prestige politique. Il fut reçu premier.

Je le revis plus tard rue de Grenelle, dans la cour du ministère, au début de janvier 1962. Mon père le raccompagnait jusqu'à la porte. Élégant, il portait des souliers à boucles et un manteau en cachemire beige. Il se montrait ravi de son succès au concours et de son nouveau « job ». Il s'apprêtait à parler de Colbert et de Richelieu à la faculté de droit de Dijon, où il avait été nommé, mais il craignait, me dit-il, « de ne trouver dans son public que des journalistes, la première fois, et plus personne ensuite ». Je lui racontai ma présence à l'une de ses leçons. « Ah, comment m'avez-vous trouvé ? » et, sans écouter la réponse, il enchaîna sur les compliments qu'on lui avait faits de tous côtés et sur l'art, que lui-même maîtrisait à merveille, de n'être pas ennuyeux. Il fit mine de partir, puis il revint sur ses pas pour me demander : « Vous n'allez pas faire l'agrégation d'histoire du droit ? » J'observai qu'il me faudrait d'abord licence et doctorat, nulle équivalence n'étant concédée à qui n'avait pas toutes les plumes du juriste. « Bien sûr, les pauvres ! S'ils ouvraient cette voie, il n'y aurait plus un seul agrégé qui vienne de chez eux ! Mais c'est bien dommage. Vous verriez, il y a vraiment des choses passionnantes à restituer, pour un esprit libre et curieux. Tenez, le dictateur au clou, à Rome, voilà un extraordinaire archaïsme. » Sur quoi il pivota sur lui-même et s'en alla allègrement vers la voiture qui l'attendait.

C'est ce jour-là ou un autre qu'il avait demandé audience à mon père en y venant avec un homme d'affaires, Pierre Bordeaux-Groult, pour solliciter une licence d'importation (il s'agissait de tapioca) qui avait été refusée, pour telle ou telle raison, comme impossible. Des années plus tard, en août 1980, mon père rencontra le solliciteur débouté qui lui dit, évoquant l'entrevue : « Un vrai honnête homme, le président Faure ! Dans l'antichambre il m'a dit : "Mon vieux, le coup est raté : je déchire le chèque." »

D'autres visites étaient réconfortantes. Telle celle, qui me marqua, de René Capitant, grand honnête homme. Professeur de droit, il s'était, à la fin de la Quatrième République, manifesté avec éclat, et à tous risques, contre la torture en Algérie. Il s'était fait nommer ensuite, pour prendre du champ, directeur de la Maison franco-japonaise de Tokyo. Même après le retour imprévu aux affaires de De Gaulle dont, résistant reconnu, il avait été, après la Libération, ministre de l'Éducation nationale, il n'avait pas cherché à abréger son mandat. Quand il vint à la maison, le 12 octobre 1960, je fus heureux de constater qu'on pouvait être « gaulliste de gauche » avec autant d'élégance et de détermination. Il nous dit que, depuis l'autre bout du monde, il avait observé avec admiration, dans l'affaire algérienne, la démarche du Général. « Si Dieu lui prête vie, il réussira à conduire le pays, sans guerre civile, vers l'indispensable indépendance. » De trop près, ajoutait-il, « les arbres risquent de cacher la forêt – surtout aux yeux de la gauche ». Il y insista cependant : puisque l'assainissement des finances publiques avait réussi, il était temps de faire des réformes sociales afin que tous en bénéficient. Lorsque, six ans plus tard, René Capitant se présenta à la députation dans le Ve arrondissement de Paris, je me fis inscrire sur les listes de cette circonscription, en me rattachant à la rue d'Ulm, afin de voter pour lui. Jean Tiberi, jeune magistrat et futur maire de Paris, était son suppléant. Un jour, beaucoup plus tard, je surpris celui-ci en lui disant qu'un jour, dans le passé, il avait bénéficié de ma voix.

*

Au gouvernement, la première tourmente, survenue à la fin de 1959, concerna l'enseignement qu'on disait « libre ». Du côté du catholicisme militant, une vive pression s'exerçait sur le cabinet afin d'obtenir crédits et faveurs diverses. Une commission présidée par Pierre-Olivier Lapie avait défini diverses voies. Mon père se trouva en parfaite connivence avec André Boulloche, résistant prestigieux, socialiste et ministre de l'Éducation nationale, qui n'acceptait que des crédits publics fussent accordés au privé que si un « conventionnement » prévoyait que l'État payât directement les maîtres, sous certaines conditions de capacités et sous réserve d'un contrôle vigilant. Du côté du Premier ministre Michel Debré et de son directeur de cabinet, Pierre Racine, fort marqué à droite, on était porté à préférer le principe de l'« agrément » impliquant qu'on abonderait le budget des écoles privées moyennant de vagues exigences sur le niveau des études. Mon père eut l'impression que de Gaulle, qui était peu au fait de ces questions, penchait vers cette seconde solution. Le 26 novembre, au déjeuner, déployant sa serviette d'un air sombre, il nous annonça sa probable démission : « Eh bien ! À moins d'un miracle, nous ne serons plus ici dans quinze jours ! » On va voir que le miracle survint, mais je doutai qu'il ait été le fait du Très-Haut.

Mon père mena une activité fractionnelle en allant voir sur ce sujet les ministres qu'il connaissait le mieux et appréciait le plus. Il me rapporta qu'il avait reçu beaucoup d'encouragements à la résistance, aucun n'allant, il est vrai, jusqu'à l'idée d'une démission. Le 30 novembre, André Boulloche et René Brouillet, alors directeur de cabinet du président de la République (et déjà bien introduit au Vatican), vinrent débattre du dossier rue de Grenelle. L'après-midi, mon père résuma sa position devant Georges Lavau et j'assistai à la conversation.

Il expliqua que son obsession était que l'on n'en revînt pas aux « deux jeunesses » dont Waldeck-Rousseau, l'inspirateur de son père, avait jadis, au début du siècle, soixante ans plus tôt, dénoncé la possible émergence. L'universitaire qu'il était pouvait accepter que l'on donnât de l'argent public à l'enseignement privé, alors même que les facultés en manquaient cruellement, mais à la stricte condition que ce fût selon un conventionnement. Cela voudrait dire que l'on marcherait, à terme, vers une forme d'unité et que suffisamment de gens, à gauche, pourraient s'en convaincre dès à présent. En revanche, disait-il, le système de l'agrément simple serait, sur le long terme, un crime contre la nation, coupée en deux, et, à court terme, une lourde faute politique. J'avais rarement vu mon père aussi déterminé au service d'une conviction. Dans ce gouvernement, disait-il, « issu d'un quasi-coup d'État, s'appuyant par nécessité sur le patronat et donc de tendance réactionnaire », ce gouvernement qui n'avait pas su se concilier l'intelligentsia de gauche, il considérait qu'il représentait un contrepoids, avec Boulloche et quelques autres. Il évoqua les remerciements des députés socialistes du Nord et de la CFTC après son action en faveur des syndicats miniers. Infléchir vers la gauche la marche du régime nouveau deviendrait impossible dès lors qu'on se l'aliénerait définitivement par des subventions incontrôlées à l'Église et à ses établissements. Si son camp était battu, ces considérations suffiraient à justifier son départ.

Dans les jours suivants, les choses parurent évoluer heureusement dans le bon sens, l'Église ayant donné instruction aux démocrates-chrétiens du MRP de modérer leurs ardeurs, ainsi que le confirma à mon père Henri Rochereau, ministre de l'Agriculture, bien introduit dans ces milieux. Seul Antoine Pinay, alors ministre des Finances, tâcha d'envenimer la situation, pour en faire une opération politique. Michel Debré voyait dans le comportement de celui-ci l'espoir de le remplacer à Matignon, en donnant un coup de barre vers la droite, l'extrême droite et les tenants de l'« Algérie française ». Dans une conférence de presse, un peu plus tard, Pinay traita mon père – son collègue au gouvernement – de « socialiste », ce qui le réjouit, et moi plus encore. Maurice Schumann rapporta devant moi que de Gaulle aurait dit, en l'occurrence, de l'homme « au petit chapeau » qu'il avait été « ignoble ». Sa manœuvre, au demeurant, échoua et il démissionna bientôt, dans l'attente de jours qui fussent plus favorables à cette ambition violente qu'il dissimulait sous les apparences d'une fausse modestie et qui se serait évidemment épanouie, l'année suivante, en août 1962, si de Gaulle avait été tué lors de l'attentat du Petit-Clamart.

Antoine Pinay n'était guère populaire auprès des autres ministres. Robert Buron raconta plus tard à mon père, en janvier 1962 (c'était le seul collègue, avec Michel Debré, qu'il tutoyât, je ne sais pourquoi – autre époque) : « Tu te rappelles, au moment de l'affaire scolaire, tu avais dit en Conseil que tu étais agnostique et Pinay s'était ensuite écrié : "Quel snob, ce Jeanneney, avec son agnosticisme !" Et pourtant – ajouta Buron – je peux dire que le snobisme n'est pas ton trait majeur ! » Alors Malraux : « Oh ! Pinay ne devait pas savoir non plus ce que c'était que le snobisme ! » Et Louis Terrenoire, ministre de l'Information, de surenchérir : « Et "agnostique" ! Il devait penser que c'était une secte bizarre… » Les bons camarades !

Finalement, le projet de loi d'André Boulloche l'emporta – mais malheureusement ce fut sans lui. Au Conseil des ministres, Michel Debré accepta un amendement parlementaire sans grande conséquence mais qui exaspéra la rigueur du ministre de l'Éducation. « On a cédé sur un détail, s'écria-t-il, on cédera partout. » Et il rendit son tablier. Dans la soirée, mon père tâcha vainement de l'en détourner, en lui faisant valoir qu'ils avaient gagné ensemble, en somme, la partie, et qu'on aurait besoin de lui pour tenir le cap. « Courez donc le retenir, lui dit Raymond Barre devant moi, ou le camp clérical jubilera ! » Mon père jugea que l'ultime faiblesse de Michel Debré s'expliquait par l'influence pieuse et droitière de son premier collaborateur, Pierre Racine. J'y songeai quarante-sept ans plus tard, ne pouvant pas prétendre ne pas m'intéresser aux dynasties, lorsque des manœuvres peu honorables, que je raconterai à leur heure, me conduisirent à transmettre les clés de la Bibliothèque nationale de France à son fils Bruno.

Sur le moment, je retins deux leçons de cet épisode. La menace d'une démission était une arme précieuse, mais qui devait être maniée avec sagacité, sur des questions simples et claires et, à l'avance, didactiquement limpides devant l'opinion. Je m'en suis souvenu à l'aube de la Mission du bicentenaire, en 1988, et une seconde fois au cours de ma brève carrière ministérielle, en 1992, pour empêcher la suppression de la redevance audiovisuelle. D'autre part, sur le fond du sujet, je décidai que le marqueur de la laïcité devrait être, dans l'avenir de mon action ou de mon influence, quelles qu'en seraient les dimensions, primordial et que le principe n'en devrait jamais souffrir, de ma part, la moindre concession. Lorsque je défilai, en famille, en 1994, dans la manifestation contre les projets néfastes du gouvernement Balladur déséquilibrant le secteur au profit de l'école privée, j'avais encore en tête l'épisode de 1959.

Mon père sortit renforcé de cet épisode. À telle enseigne qu'un an plus tard, en janvier 1961, de Gaulle l'invita avec insistance à traverser la rue de Grenelle pour devenir ministre de l'Éducation nationale. Il refusa. Fit-il bien ? Je ne sais. Pour ma part, en tout cas, égoïstement, je m'en sentis soulagé. Je n'avais pas envie, à l'aube du concours, d'être figé, dans le climat du moment, comme le fils du ministre chargé de ce secteur. Je notai dans mes carnets que mon père considérait (outre son souhait d'avoir le temps de poursuivre son œuvre à l'Industrie) qu'avant la fin de la guerre d'Algérie une action efficace dans ce champ serait interdite – j'y repensai en Mai 68 – à un universitaire libéral, au sens anglo-saxon du mot, pour « la grande rénovation du secteur universitaire » qui lui paraissait indispensable. Mon père s'imaginait écartelé, lors d'une nouvelle querelle telle que celle provoquée par le « Manifeste des 121 » qui avaient défendu, en septembre précédent, le droit à l'insoumission en Algérie et l'aide au FLN, entre la solidarité gouvernementale et sa conviction que l'indépendance était inévitable, pour ne pas dire nécessaire – comme il avait été le premier des ministres à le dire en Conseil des ministres, lors d'un fameux tour de table provoqué par de Gaulle.

J'assistai à une longue conversation qu'il eut avec Maurice Duverger où celui-ci fit valoir, sans emporter son adhésion, ses arguments contraires. « Vos pairs, lui dit-il, seront plus flattés que jaloux, et comme professeur de faculté, vous êtes extérieur aux querelles essentielles, celles du primaire et du secondaire. » Et il parla d'une tâche « peut-être impossible mais certainement magnifique ». Cependant, à de Gaulle, en tête à tête, mon père demanda « de ne pas lui demander d'accepter ». Il lui dit que dans l'Histoire il n'y avait guère eu de grand ministre de l'Instruction publique qui fût universitaire. « Mais si ! répliqua le Général : voyez Victor Duruy, Paul Bert »... Généreusement, il n'insista pas davantage.

*

Mon père était heureux dans sa tâche : des diverses fonctions qu'il exerça, je crois que ce fut celle de l'Industrie qui correspondait le mieux à son tempérament. Il acquit la considération du monde économique, quitte à y susciter des irritations. Lorsqu'il monta avec succès son projet d'un groupe public de raffinage et de distribution qui s'intitula UGP (Union générale des pétroles), devenue plus tard Elf-Aquitaine, ce fut en triomphant d'une violente campagne provoquée en sous-main par la CGP (Compagnie générale des pétroles), qui était privée à 60 % et indépendante de fait, et qui détestait l'idée d'avoir une rivale française gouvernée par l'État. Son président, Victor de Metz, ingénieur des Mines, utilisa abondamment dans la presse le ressort de l'argent publicitaire, non sans effet. Seule *La Croix*, qui échappait à cette emprise, prit parti pour le projet public. Antoine Pinay, rue de Rivoli, défendit naturellement la CGP. Mais Michel Debré, à Matignon, fut cette fois solidaire de mon père. « Il faut que tu saches, lui dit-il, que tous les versements d'argent des pétroliers à l'UNR – le parti gaulliste – ont été supprimés. Mais tiens bon ! » Cet épisode, dont je suivis de près le déroulement, m'impressionna. J'y ai souvent pensé par la suite, à propos des relations entre la puissance publique et les intérêts privés.

Mon père travaillait en prise directe avec ses directeurs, à qui sa porte était constamment ouverte, et un cabinet réduit à quelques-uns, où se distinguaient le jeune économiste Jean-Claude Casanova, prompt à toutes les curiosités en dehors de sa discipline, Ange Carli, un Corse imaginatif et généreux, et le préfet Pierre Voitellier, un ami de très longue date : depuis la classe maternelle du lycée Duruy, en 1914… Ce principe d'une équipe restreinte autour du patron a été affirmé, beaucoup plus tard, au temps de la présidence d'Emmanuel Macron. Je l'ai toujours trouvé de bonne pratique, mais il ne peut être efficient que si le ministre a toute liberté de changer les directeurs *ad libitum* et de choisir seul ses collaborateurs, qui ne doivent être liés que par leur loyauté envers lui.

En l'occurrence, le choix du directeur de cabinet avait été bienvenu. Il s'agissait de Raymond Barre. Mon père avait distingué celui-ci lorsqu'il avait siégé – avec Lucien Febvre (franc-comtois !) et quelques autres – au jury de l'agrégation d'économie politique qui l'adouba en 1950 : ainsi Barre fut-il nommé à l'université de Caen. Le manuel bientôt rédigé par lui, en appui à André Marchal d'abord, puis sous son nom seul, pour la collection de manuels « Thémis » que dirigeait Maurice Duverger, commença une carrière qui en fit le bréviaire de plusieurs générations d'étudiants.

Au 101 rue de Grenelle, où siégeait le ministère de l'Industrie, la désignation de Raymond Barre surprit d'abord l'administration et elle l'inquiéta, dans un poste que les ingénieurs des Mines avaient l'habitude de monopoliser. Bien qu'il enseignât déjà à Sciences Po, il était inconnu dans le monde où il pénétrait. Ce tandem d'universitaires saurait-il tenir les manettes, sans trop d'abstraction ? Là où j'étais, les considérant à la tâche, je les vis affirmer promptement une double autorité qui profitait, chez l'un comme chez l'autre, de l'absence de tout sentiment d'infériorité intellectuelle ou culturelle envers les hauts fonctionnaires qu'il s'agissait d'animer. Raymond Barre offrait alors déjà, à l'observateur que j'étais, ce contraste que la France entière apprit plus tard à connaître entre l'arrondi de la silhouette et la vivacité de l'œil en mouvement. Sa placidité affichée se voulait, non sans efficacité, l'expression d'un solide sang-froid. Trentenaire, il ne s'enveloppait pas encore de cette componction dont, la maturité venue, devant les Français, il colorerait son autorité et sa parole publique. Il montrait parfois quelque humour et une culture classique (et aussi cinématographique) dont, sans en faire étalage, il laissait volontiers percevoir l'étendue.

J'observais son attitude envers mon père. L'un et l'autre – que séparaient quinze ans d'âge – répugnaient par tempérament à toute familiarité. Ni tutoiement, bien sûr, ni l'usage des prénoms. « Barre » d'un côté, « Monsieur » de l'autre. Le code n'était pas explicité. Une simplicité de contact chez le patron, peu de flatterie chez le collaborateur (bien que j'en aie perçu parfois quelques signes, comme on verra). Cette unité dans la retenue contribuait paradoxalement à la fluidité de leurs relations, que je ne vis jamais, en ces temps-là, altérées. À peine Raymond Barre laissait-il entrevoir déjà, au fil de quelque propos, un conservatisme, en matière sociétale en tout cas, qu'il manifesta ensuite fortement. Ma sœur Laurence l'entendit un jour, plus tard, en mai 1979, expliquer qu'il était malvenu de nommer des ministres féminins : « Trop sensibles, pas assez de sang-froid. » Il paria un jour cent francs avec le Premier ministre du Québec, René Lévesque, que Mrs. Thatcher serait forcément battue, parce que femme, à l'élection britannique de 1979 : il perdit son argent. Ève Barre, quant à elle, fondait sur son origine hongroise un anticommunisme virulent et elle exprimait un conformisme absolu, notamment, quant au rôle d'une épouse dans un couple équilibré. Lorsque Laurence, qui avait épousé, très jeune, un diplomate, Jean-Claude Paye (il appartint lui-même, ensuite, aux équipes de Barre), engagea une carrière personnelle, elle lui fit une aigre remontrance : il n'était pas pour ma sœur de destin plus heureux que d'accompagner son mari autour du monde, d'ambassade en ambassade, et l'idée qu'elle pût dessiner son propre chemin professionnel constituait un dévoiement blâmable.

Il reste qu'entraîné par mon père – à moins qu'il ne le rejoignît spontanément – Raymond Barre signifiait alors un goût de la réforme que nous vîmes, plus tard, quand il fut lui-même en première ligne, souvent recouvert ou contredit par l'obsession de l'équilibre de l'économie générale. En face, rue de Rivoli, l'opposition d'Antoine Pinay, ministre des Finances, se nourrissait d'une répugnance, spontanée autant que doctrinale, envers toute politique ambitieuse d'intervention directe de l'État dans la vie économique : elle ne désarma pas. Il ne dénonça pas seulement l'entreprise pétrolière que j'ai dite, mais il attaqua publiquement le projet, élaboré chez mon père, de créer un Bureau d'investissement public dans l'industrie : ce ne pourrait être que « pour soutenir des canards boiteux ». Auprès de lui, son secrétaire d'État Valéry Giscard d'Estaing, à un autre niveau intellectuel, désapprouvait tout interventionnisme qui prétendrait ne pas laisser leur efficacité aux seules lois du marché, en dénigrant comme creuse la formule fameuse du Général sur le Plan salué comme une « ardente obligation ».

Je rejoignis alors définitivement, pour ma part, dans le climat du ministère de l'Industrie, la conviction qu'exprima si bien de Gaulle, dans ces mêmes années, à Alain Peyrefitte – c'était le 12 décembre 1962. « Le marché, il a du bon. Il oblige les gens à se dégourdir, il donne une prime aux meilleurs. Mais en même temps il fabrique des injustices, il installe des monopoles, il favorise les tricheurs. Alors ne soyez pas aveugle en face du marché. Il ne faut pas imaginer qu'il réglera tout seul les problèmes. Le marché n'est pas au-dessus de la nation et de l'État. C'est l'État, c'est la nation qui doivent surplomber le marché. » Conviction appelant à de longs combats contre une droite tout à la fois idéologue et majoritairement préoccupée de ne pas affronter les milieux d'affaires toujours soucieux de garder les mains libres.

Antoine Pinay, affichant son chagrin devant tant de « dirigisme », démissionna en janvier 1960 et de Gaulle le remplaça par Wilfrid Baumgartner, qui était gouverneur de la Banque de France depuis deux décennies. Mon père, revenant d'une visite à celui-ci, me rapporta le climat de cette rencontre. Le nouvel occupant de la Rue de Rivoli, incarnation prestigieuse de la puissance de l'Inspection des finances, avait été son professeur, jadis, à l'École libre des sciences politiques. Il le trouva « intellectuellement et moralement réconfortant », mais « politiquement inquiétant », tant il se montrait pessimiste sur l'avenir du régime et circonspect sur les projets « interventionnistes », les salaires d'EDF (autre dossier alors « chaud ») ou le fameux « Bureau de développement industriel » dénoncé par Pinay. Wilfrid Baumgartner ne demeura pas longtemps dans cette tâche qu'il n'aima guère. Il la quitta au bout de deux ans, laissant la place à Valéry Giscard d'Estaing, pour rejoindre la présidence plus confortable de Rhône-Poulenc. Je dirai comment ma route croisa la sienne, plus tard, à l'occasion de la soutenance de ma thèse.

*

L'affaire algérienne, cependant, continuait de dominer les esprits. La révolte dite « des barricades », à Alger, en janvier 1960, ne parvint pas à détourner les élèves de mon hypokhâgne de leurs préoccupations scolaires. Mais elle nous imposa, pour ce qui concernait les miens, des précautions. L'immeuble de la rue d'Assas avait été plastiqué peu auparavant – le même jour que celui de Françoise Sagan, ce dont nous fûmes presque fiers. Dans la deuxième nuit qui suivit l'intervention télévisée du général de Gaulle, à la suite d'un coup de téléphone de Robert Buron, qui annonçait un possible débarquement militaire (« On n'est plus sûr de personne », dit-il), ma famille se dispersa dans divers foyers amicaux. Pour ma part, je dormis chez Bernard Guitton, chef de cabinet très empressé.

La tension était extrême. Mon père évoquait déjà la nécessité de garder les mains libres pour rejoindre, en France ou à l'étranger, un gouvernement provisoire. Il m'avait raconté auparavant, sous le sceau du secret, qu'une réunion s'était tenue dans le bureau de René Brouillet, à l'Élysée, avec Maurice Couve de Murville, Edmond Michelet et Robert Buron, pour prévoir que, en cas d'assassinat du Général et de tentative de coup d'État, des avions préparés sur l'aéroport de Brétigny-sur-Orge pussent les emmener en Belgique comme détenteurs d'une légitimité nationale qu'ils y entretiendraient. Michel Debré n'avait pas été avisé de cette initiative, son cabinet paraissant contenir « quelques éléments suspects ». Je notai à chaud, pour ma part, que mes réactions, dans ce climat, demeuraient assez cérébrales. À vrai dire, je l'avoue à mi-voix, l'excitation l'emportait chez moi sur l'inquiétude et, quand on apprit, le lundi 1er février, que l'insurrection avait heureusement fait long feu, le camp retranché s'étant rendu, je me sentis vaguement frustré par la fin de l'événement.

Au demeurant, rien n'était résolu, ainsi qu'il apparut, un an plus tard, avec le *pronunciamiento* d'avril 1961. Je consignai, pour l'heure, mon regret que de Gaulle n'ait pas remanié, à cette occasion, son gouvernement pour ce « virage à gauche » que j'avais déjà espéré quelques semaines plus tôt après le conflit scolaire et que ma juvénile simplicité jugeait « indispensable ».

Louis Joxe, ministre des Affaires algériennes, dont la proximité avec le Général remontait à l'époque de la Libération, raconta à mon père qu'il aurait déclaré à celui-ci : « Vous n'avez pas le droit de laisser votre Premier ministre se noyer comme il le fait à présent. »

Le 11 janvier, Raymond Barre dit devant moi à son ministre (sincère probablement, flagorneur quelque peu) : « Désormais, votre *cursus honorum* ne passe pas d'abord par l'Éducation nationale ou par la Rue de Rivoli, mais par Matignon. Vous êtes l'homme du prochain virage de De Gaulle. Michel Debré ne pourra pas le prendre avec lui, parce qu'il n'a pas d'audience dans le pays, malgré ses récents succès parlementaires. » Cette idée commença de circuler dès ce moment dans les milieux politiques et elle brisa la relation, si ancienne, du Premier ministre avec mon père. Désormais, plus rien ne fut pareil entre eux.

Ma mère, qui était liée depuis le lycée Duruy avec Claude Debré, la sœur de Michel, s'efforça de créer une ou deux fois, plus tard, en complicité avec celle-ci, les conditions d'un rapprochement. Mais, d'une rencontre organisée entre les deux hommes, le 2 décembre 1975, mon père revint désabusé. Il avait vu l'ancien Premier ministre « obsédé par sa haine de Pompidou » et « sa détestation du monde entier », « sans grandeur et sans tenue ». Il était clair, avec le recul, que la jalousie de Michel Debré avait masqué à celui-ci la chance qu'il avait eue de disposer en mon père d'un ami qui ne lui aurait jamais été déloyal. J'observai plus tard, en considérant de plus près l'histoire des deux précédentes Républiques, mais tout autant l'actuelle, un fait patent. On ne connaît pas d'amitié privée qui ait survécu à la fréquentation simultanée des sommets de la vie publique : je défie qu'on me cite une exception – je ne parle pas des liens qu'un leader peut tisser avec des personnalités qui se placent sous son aile et qui manifestent leur volonté de ne pas entrer en compétition pour les plus hautes responsabilités. La chose est triste, à défaut d'être surprenante.

Quoi qu'il en fût, pour l'heure, Michel Debré resta en place et présenta à l'Assemblée nationale une demande de pouvoirs spéciaux. Je me glissai dans un « conseil de guerre » de mon père avec son cabinet. Il se montra irrité : le projet de loi tout ficelé était posé sur les buvards des ministres quand ceux-ci étaient arrivés à l'Élysée. Il avait des mots très durs sur Michel Debré. « Il est fini, politiquement et physiquement. Entre lui et moi, désormais, un fossé… » J'écrivais pour moi-même : « Toutes mes réserves envers le Premier ministre, étouffées par respect pour mon père, remontent à la surface quand celui-ci nous rapporte des propos de ce genre dans sa bouche de Michel Debré : "Si j'arrête Ortiz (c'était un des chefs de la révolte des barricades), il faut aussi que j'arrête Claude Bourdet, de *France-Observateur*. Cette presse de gauche est infâme, il faut saisir *Le Canard enchaîné*." » C'est ce « Michou-la-Colère », antidémocrate, au fond, qui voulait les pouvoirs spéciaux. Je jugeais cela « détestable », pour lui et pour nous.

Le putsch des généraux, survenu en avril 1961, me trouva au plus intense de ma préparation au concours. Mais je ne pus que m'en laisser détourner, au moins brièvement. Le 21 au soir, je fus convié à la Comédie-Française où le général de Gaulle accueillait Léopold Sédar Senghor, président du Sénégal. Ma sœur Laurence et moi nous avions profité de la place de mes parents : ils se trouvaient en Algérie pour une visite officielle qu'ils avaient prolongée à Saïda, où mon beau-frère Bernard Guy-Grand, mari de ma sœur aînée, accomplissait, à l'hôpital, au terme de ses études, son service militaire. Delphine y exerçait également la médecine.

Il fallait, en l'occurrence, être en habit : une époque révolue ! J'avais fait recouper celui de mon grand-père, miraculeusement préservé. Je notai, du haut de l'escalier d'honneur, le teint frais et le calme de Louis Joxe, ministre en charge des Affaires algériennes. Je saluai à distance, en Senghor et de Gaulle côte à côte, le beau compagnonnage du poète et du militaire (je n'imaginais pas qu'on me commanderait un jour, pour la télévision, un documentaire sur le premier). Je conversai avec l'avocat Jean Gallot, gendre d'Henri Queuille, dont le fils était mon condisciple et qui s'affirma bientôt comme un défenseur attitré de l'OAS. Les arrière-pensées prospéraient. On donna *Britannicus*, avec Annie Ducaux, magnifique Agrippine.

Ce fut quelques heures après qu'on apprit le putsch d'Alger, autour des quatre généraux Challe, Jouhaud, Salan et Zeller. On sut presque aussitôt que Robert Buron, ministre des Travaux publics, avait été capturé. Mais qu'en était-il de mon père ? La suite se déroula dans le bureau de Raymond Barre, où l'équipe se réunit sans relâche. Je n'hésitai pas, comme souvent, à m'y introduire. Barre était massif, manifestant une autorité qui l'installait sans rivalité au centre du jeu et qui ne détestait pas qu'il en fût ainsi. J'observai en lui, malgré le poids des inquiétudes, quelque chose comme une bonne humeur qui allégeait les tensions inutiles. Le téléphone chauffa sans discontinuer. Il s'agissait que mon père ne fût pas « pris aux pattes », comme aurait dit de Gaulle. Je notai les appels de soutien de plusieurs amis de mes parents, tel Claude-Albert Colliard, et aussi de bons camarades à moi, Alain Brouillet, Jean-François Monteil, un ancien de mon équipée suédoise, et même Clément Rosset, qui paraissait pourtant si éloigné de notre monde. On put joindre Saïda plusieurs fois et annoncer qu'un avion partirait de Vichy (oui !) pour rapatrier mes parents.

La tension, alentour, était extrême. Après le Conseil des ministres exceptionnel qui se tint à 17 heures, Pierre Sudreau, qui détenait le portefeuille de la Construction, dit à Raymond Barre que son angoisse se portait vers la nuit suivante. Alexandre Verret, socialiste ami, président des Charbonnages de France, raconta une réunion dont il sortait et où Mendès France avait marqué qu'il espérait un appel solennel du Général à la nation. On sait qu'il fut bientôt exaucé – brillamment. Chacun pensait que le sort se jouerait parmi les troupes d'Allemagne et dépendrait de leur loyauté. J'écrivais pour moi-même : « Dire que mon concours est si proche ! »

La famille émigra vers l'appartement de la rue d'Assas – inoccupé et fort poussiéreux – tandis que la radio annonçait qu'Oran était aux mains des rebelles. L'avion envoyé arriverait-il à temps ? Non ! Le dimanche 23 au matin, Ange Carli, membre du cabinet, nous annonça que la tempête qui soufflait sur le sud de la Méditerranée avait obligé l'appareil à rebrousser chemin. Barre lui commanda de réitérer son effort dès que possible, tout en tâchant de chercher un secours venu du Sahara : le GREP, puissant groupe pétrolier, pourrait envoyer depuis le sud un « Aero

Commander ». Certains journaux inscrivirent cependant mon père, avec Robert Buron, parmi les « prisonniers des rebelles ».

Mes parents rentrèrent finalement à bon port, le 25 avril, à 11 heures du matin, à l'aéroport de Villacoublay. Toute l'équipe se retrouva dans le bureau ministériel, très joyeusement. Mon père avait troqué son nœud papillon (qui constituait sa seule fantaisie) contre une cravate ordinaire, moins repérable. Il nous raconta leur échappée. Il évoqua « des aventures dignes de Tintin » – bien qu'il n'ait jamais, à vrai dire, malgré mes incitations, songé à en lire une page. Il retenait l'impression que les « civils » étaient restés fermes, la plupart des militaires de carrière se montrant mous, selon l'antienne : « Nous ne tirerons pas sur nos frères, même révoltés. » Mes parents avaient rejoint, en passant par le sud, la frontière marocaine, l'avaient longée et avaient gagné le port d'Oran d'où un navire de guerre fidèle était venu les attendre et les avait transportés jusqu'à Marseille. J'ai conservé les fausses cartes d'identité que leur avait confectionnées, à toutes fins utiles, la préfecture de Saïda.

Entre-temps, la situation avait basculé, après le discours décisif du Général, le 23 avril au soir, fustigeant un « quarteron de généraux en retraite » et un groupe d'officiers « au savoir-faire limité et expéditif ». Sa voix, portée par les postes à transistor, fit basculer beaucoup d'hésitants et rasséréna les républicains. Nous vîmes cependant avec inquiétude à la télévision, peu avant minuit, le Premier ministre Michel Debré, maquillé comme un Pierrot lunaire, appeler les Français à se porter « à pied ou en voiture » contre les « soldats trompés » qui pourraient débarquer durant les prochaines heures dans les aéroports. Au cours de la nuit du 24 au 25, je passai rue de Solférino, accompagné de mon ami Philippe Sainteny. Son père, auréolé de sa gloire de grand résistant, y présidait l'Association pour le soutien au général de Gaulle. On devait y enrôler des volontaires, en cas de besoin. Mais il était clair déjà, là comme ailleurs, que le vent tournait du bon côté.

*

J'avais séché le lycée, où d'ailleurs on n'avait guère travaillé durant ces jours-là. Mais je replongeai sans désemparer dans mes révisions. C'est dans cette ambiance que je passai les épreuves du concours. Se concentrer sur la préparation du thème latin fut un peu ardu. Mais quoi ! J'étais capable, l'enjeu étant si grand, de compartimenter les choses. De cet épisode d'où ma vie pouvait dépendre, je n'ai pas conservé un mauvais souvenir mais plutôt celui d'une tension intérieure qui avait ses vertus, pour ne pas dire sa séduction.

J'eus une bonne note en traduisant en latin un texte de Voltaire intitulé « Une impératrice philosophe », extrait de *La Princesse de Babylone*. Le thème était une mécanique qu'un exercice répété permettait de maîtriser : on avait en tête toute une série de pièges à éviter. Je notai que la version latine – du Cicéron, un extrait du *De officiis* (I, XLIV) – était facile mais qu'il fallait « bien la lécher », sous le titre « L'homme est né pour être sociable », avec cette affirmation destinée à secouer les khâgneux : « En dernier résultat, tout devoir qui est relatif au maintien de la société, de l'union des hommes, l'emporte sur celui que la prudence ou la recherche du vrai nous impose seule. » Un propos destiné à nous paraître fort ambivalent…

En philosophie on nous fit plancher sur le thème « Langage, parole, écriture », qui me stimula peu. Je tâchai de démontrer, assez banalement, que les deux dernières ne trouvaient leur pleine vertu qu'en transcendant la fonction pure de la transmission : un assez bon viatique pour la suite d'un parcours. En français, on nous demanda un commentaire sur un texte lyrique, que je trouvai quelque peu creux, d'Alfred de Vigny à propos du théâtre et des critères de la réussite. Il m'amuse de relire cette *Lettre à Lord *** sur la soirée du 24 octobre 1829 et sur un système dramatique*, maintenant que, dans mon âge mûr, sans longtemps y avoir songé, je me suis risqué à écrire pour le théâtre. « À l'avenir, le poète dramatique […] prendra dans sa large main beaucoup de temps et y fera mouvoir des existences entières ; il créera l'homme, non comme *espèce*, mais comme *individu* (seul moyen d'intéresser à l'humanité) ; il laissera ses créatures vivre de leur propre vie et jettera seulement dans leurs cœurs ces germes de passions par où se préparent les grands événements ; puis, lorsque l'heure en sera venue et seulement alors, sans que l'on sente que son doigt la hâte, il montrera la destinée enveloppant ses victimes dans des nœuds aussi larges, aussi multipliés, aussi inextricables que ceux où se tordent Laocoon et ses deux fils. » Le propos était un peu enflé mais en somme pertinent. J'imagine que je dus m'efforcer de le démontrer.

Le sujet d'histoire, pour sa part, était d'époque, au cœur de l'historiographie du moment et dans la droite ligne de l'école d'Ernest Labrousse : « Pourquoi et dans quelle mesure la bourgeoisie française est-elle, en 1789, une classe révolutionnaire ? » J'évoquai avec amusement, bien plus tard, cette dissertation, sans pouvoir malheureusement la relire, lorsque je fus nommé à la tête de la Mission du bicentenaire, en 1988.

À l'oral, en latin, je dus traduire un extrait des *Histoires* de Tacite, « la mort de Pison », proconsul en Afrique, en 69 avant Jésus-Christ. En histoire ancienne, je traitai des « métèques à Athènes » et je mobilisai le souvenir de mon voyage de l'année précédente. En histoire contemporaine, j'eus à parler de « la Chambre haute en France » de 1815 à 1914, ce qui me parut piquant, compte tenu de la personnalité de mon grand-père président du Sénat, mais qui, comme bien l'on pense, laissa chacun, des deux côtés de la table, absolument impassible. En philosophie, on m'interrogea sur « le génie », sujet sur lequel je ne dus pas me montrer très compétent : j'en dirai plus loin la preuve. En français, j'eus à commenter l'*Épître VII* de Boileau où il défend Racine contre les jaloux et les sots et l'assure, après Molière disparu, d'une sorte d'immortalité : chose, de fait, confirmée par la suite.

Durant la nuit précédant les résultats, je rêvai, naturellement, que j'étais collé. Je me réveillais, soulagé : « Ah ! un rêve ! », mais c'était pour constater aussitôt que j'étais vraiment collé et puis je me réveillais – et ainsi de suite. Dans la « vraie vie », je fus reçu 22e sur 40. J'étais 36e après l'écrit et j'avais donc gagné quatorze places à l'oral. Heureux, je poussai dans mon carnet un cri de joie pour saluer ma liberté neuve, délectable. (« Un bien essentiel », m'écrivit ma grand-mère aimée.) J'écrivis avec félicité que je serais désormais à même de « desserrer sans douleur l'étau d'une famille tout à la fois aimable et quelque peu despotique ».

3

Rue d'Ulm, à tous les vents

Un conseil de Michel Foucault. – Le choix de l'Histoire. – D'excellents camarades. – Hors des clans. – Sorbonne 61. – Chaban-Delmas l'ambitieux. – André Malraux, 10 avril 1962. – Miraculeuse liberté. – Paris est une fête. – Sciences Po, un autre monde. – François de Combret. – À Vincennes, la trace des Poilus. – Pierre Renouvin. – Sur les toits de l'École. – Pompidou archicube. – Merveilleux canulars. – Un directeur sous la Coupole. – Faux rapport du concours. – À distance : Althusser et Lacan. – Pierre Nora, déjà fraternel. – Paul Morand, de Gaulle et Vichy.

La première décision qui s'imposait, après le succès, était le choix d'une filière, qui engagerait toute la suite. La tentation est familière à chacun, dans l'âge mûr, de construire une analyse rétrospective de son itinéraire propre en oubliant la diversité des virtualités effacées : ainsi peut-on dessiner commodément, après coup, la logique impeccable d'une fausse détermination. Je m'attache à ne pas suivre cette pente. Mais je ne forcerai pas le trait en disant que je n'ai jamais regretté ma décision de pratiquer l'Histoire – bien au contraire.

La philosophie jouissait alors, rue d'Ulm, d'un grand prestige. Devais-je en écarter la perspective ? J'allai consulter les deux examinateurs qui m'avaient interrogé, à l'oral, dans cette discipline. Il s'agissait, excusez du peu, de Jean Hyppolite, dont j'ai dit qu'il était alors directeur de l'École avant de rejoindre le Collège de France, en grand spécialiste de Hegel, et de Michel Foucault, qui était à l'aube de sa renommée : son *Histoire de la folie à l'âge classique*, la première de ses œuvres majeures, fut publiée cette année-là. J'avais « planché » devant eux, je le rappelle, sur le thème : « Le génie ». Visiblement, ils doutaient du mien. Ils me dirent qu'ils avaient « besoin de métaphysiciens » et ils me regardèrent avec un sourire simultané : « Philosophie ou histoire ? Aucun doute ! Choisissez l'histoire ! »

Je fus un peu interloqué, pour ne pas dire vexé, par un jugement aussi radical. Pourtant, après tant d'années, ma gratitude va à leur franchise et à leur lucidité. Je n'avais pas la tête philosophique : rien de plus vrai ! J'aimais trop, d'autre part, la littérature pour me sentir l'envie et la capacité de gloser sur elle. La sociologie me parut manquer d'épaisseur temporelle et par trop marquée, à droite comme à gauche, de militantisme. La géographie me semblait trop descriptive, trop peu spéculative et, à cette époque au moins, écartelée entre d'autres matières – la géologie, la science politique, l'économie – dont elle peinait à faire la synthèse (elle a retrouvé depuis lors, du côté de l'écologie et de l'aménagement urbain, notamment, de nouveaux prestiges). Je serais donc historien.

J'ajoute qu'un déjeuner avec Pierre Nora – le premier d'une longue série, de décennie en décennie – pesa dans le même sens. Je venais de lier amitié avec lui, selon une continuité familiale. Il me dit s'être fourvoyé dans une licence de philosophie à la Sorbonne, où il avait trouvé l'enseignement de la discipline « sclérosé », avant de bifurquer vers Clio, pour sa satisfaction. Il avait découvert que l'Histoire était « beaucoup plus variée et amusante ». Ce dernier adjectif, quoique apparemment futile, ne me déplut pas.

Aurais-je donc rejoint l'Histoire par défaut ? Certes non. Tout un faisceau de motifs positifs, aperçus d'emblée ou révélés bientôt, me poussèrent à m'y consacrer. En tête, je posai le plaisir d'écrire : il n'était guère de domaine intellectuel, pour qui n'avait vocation ni de romancier ni de journaliste, où celui-ci pût se déployer davantage (plusieurs maîtres nous le démontraient), en un temps où le souci de la forme et du style était en risque de s'effacer dans les autres sciences humaines. D'autre part, mon intérêt atavique pour les affaires publiques s'élargissait forcément aux périodes antérieures, vers l'efflorescence des événements du passé dont, dès l'enfance, la littérature et les revues populaires (*Historia* !) m'avaient appris, sinon la teneur, du moins la saveur.

J'appréciai bientôt l'allégresse que la quête et la mise au jour d'archives inconnues pouvaient faire naître. Je constatai comment leur mise en perspective avec d'autres documents, pour leur conférer un sens, permettait de combiner, dans le meilleur des cas, la rigueur du raisonnement avec les escapades de l'imagination. Je vérifiai que l'enseignement de cette matière, dès lors qu'on était autorisé à fuir la répétition des manuels pour entraîner de jeunes esprits à poser de multiples questions sur la démarche, pouvait s'exercer sans lassitude et selon une variété d'éclairages qui donnait plus qu'ailleurs l'espoir de ne pas fatiguer les attentions.

Je me réjouis aussi de la chance offerte de me tailler dans le passé des sujets de curiosité ignorés ou quelque peu négligés : ce furent bientôt, pour ma part, en particulier, la question des forces financières et économiques pesant sur les choix publics et aussi les prestiges ambigus de l'audiovisuel – en attendant Internet. Je me félicitai enfin qu'une plus forte « demande sociale » (comme on a accoutumé de dire plus tard) permît à l'historien de ne pas se confiner dans sa tour d'ivoire, tentation asséchante, et de se porter au-devant de ses concitoyens, afin de les aider, par le rappel des précédents et des forces profondes, à une hiérarchisation des nouvelles dont les médias, par vocation, les bombardent sans relâche.

Par quoi aussi pouvait être facilité, pour qui en avait le désir, le passage de la frontière qui risque toujours de séparer la recherche savante de la vie de la cité. Dans la ligne du texte de Cicéron qu'on m'avait fait traduire au concours, bien d'autres historiens, depuis le XIXe siècle, en avaient eu l'appétit avant moi. Je pense qu'ils ont éprouvé, eux aussi, comme une confirmation ultime de leur vocation, que les décisions et les attitudes qu'ils auraient à prendre tireraient profit non seulement de la connaissance des précédents, mais aussi de l'expérience qu'ils avaient de la complexité des rythmes de la durée : l'entrelacs de ceux-ci définissant, en chaque conjoncture, la latitude d'action offerte à qui s'efforce de gouverner les hommes et de changer les choses.

*

Dans les milieux extérieurs à l'Université où j'évoluais, tout comme à la Sorbonne dont nous suivions les cours plus ou moins nonchalamment, le statut de normalien était alors valorisant. Je me souviens de cet excellent professeur d'épigraphie et d'histoire romaine, William Seston (fils d'un pasteur protestant), sous les auspices de qui je rédigeai un mémoire « annexe du principal » et consacré à « L'or des Daces » et qui me surprit en m'adressant un jour, sur une carte postale, après mon succès, un message qui commençait par l'intitulé : « Mon cher camarade ». L'usage renvoyait à nos aînés l'expression d'« archicube ».

Cette bonne camaraderie exista surtout, pour moi, parmi le petit groupe qui se destinait à l'agrégation d'histoire, avivée par deux joyeuses « expéditions géographiques » organisées, en Corse et en Italie du Nord. Après la première, en mai 1962, qui fut riche en plaisirs allègres, j'écrivais : « C'est en Corse que j'ai fait véritablement mon entrée à l'École normale. Et j'aime ça ! » Nous étions guidés par notre « caïman » (autrement dit, mais c'était plus noble, « agrégé-répétiteur ») dans cette spécialité, le pertinent et délié Marcel Roncayolo, efficacement appuyé, en Histoire, par le placide et solide Louis Bergeron. Daniel Nordman, Alain Drouard, Dominique Julia, Michel Arnaud, Philippe Levillain me furent, dans notre groupe, les plus proches. Ces liens se resserrèrent au moment de la préparation du concours d'agrégation, en 1964-1965, avant que la vie, pour plusieurs, ne les distendît.

Du côté des « littéraires », je me rapprochai de Jean-Paul Bouillon, déjà amateur passionné de la peinture des deux derniers siècles, de Paul Bady, qui partit bientôt pour s'occuper de la Chine, et de Paul Griscelli, qui retourna ensuite dans sa Nouvelle-Calédonie d'origine. Un peu plus tard, j'eus plaisir à retrouver le brio et la joyeuse finesse d'Alain-Gérard Slama. Il avait été de mon hypokhâgne, où il était survenu, depuis sa Tunisie natale, tout emmitouflé contre la froidure de l'hiver parisien. Accoutumé depuis lors à la capitale, il montrait cette vivacité d'esprit et ce goût de la littérature entremêlée avec la politique qui en fit longtemps, plus tard, à Sciences Po comme au *Figaro*, un intervenant apprécié et souvent inspiré. Les frustrations de la décolonisation le conduisirent vers la droite, en proximité avec Raoul Girardet, mais il y sauvegarda toujours sa liberté d'esprit. Il ressemblait à Trotski et il eut tort de refuser, un jour, d'interpréter son rôle au cinéma. Nous demeurons, aujourd'hui encore, en confiance.

J'avais lu beaucoup de textes sur l'École normale, avant d'y entrer, quant à ses réalités et quant à ses mythes. Alain Peyrefitte avait publié après la guerre une anthologie consacrée à l'École, qu'il réédita ensuite. Je l'avais à portée de main. Nous arrivions l'esprit tout farci de ces souvenirs dont nous nous sentions quasiment propriétaires. Je fus donc un peu surpris de ne pas trouver ce tourbillon d'amitiés solidaires, de discipline à discipline, dont l'image nous était donnée par l'ensemble de ces textes.

Si je ne me suis jamais éprouvé, rue d'Ulm, en disette d'une cordialité minimale, je me trouvai quelque peu marginalisé, dans les débuts surtout, par rapport à la petite population de l'École. Il est vrai que je choisis de rester externe la première année et de continuer d'habiter rue de Grenelle, au ministère de l'Industrie, tant il m'intéressait de suivre au plus près les événements politiques dont je pouvais être le témoin. Je ne pris une chambre à l'École qu'à partir de la deuxième année. J'ajoute que je décidai alors de m'inscrire parallèlement à Sciences Po, rue Saint-Guillaume, ce qui contribua à cette distance.

Mais surtout compta, de fait, au moins dans les débuts, la configuration politique du moment. Il m'arriva de le ressentir désagréablement. Une majorité d'élèves regardaient avec quelque suspicion le fils d'un ministre de De Gaulle. Le Général avait été insulté, lors d'une visite célèbre qu'il avait faite rue d'Ulm, en 1959, par la bravade pitoyable d'étudiants s'en prenant à sa politique algérienne. Je ressentis autour de moi ce mélange de surprise et de méfiance, et cet état d'esprit perdura au moins jusqu'aux accords d'Évian qui mirent fin à la guerre en mars 1962. Un soir, agacé, je notai à ce propos une phrase de Paul Valéry : « Toutes les chances d'erreur, pis encore, toutes les chances de mauvais goût, de facilité, de vulgarité sont avec celui qui hait. »

Dans le même temps, et en contraste, mon admiration pour de Gaulle ne faiblissait pas. Mon père me rapporta, le 1er octobre 1961, qu'à propos de la déclaration sur le droit à l'insoumission du fameux « Manifeste des 121 » le Général avait évoqué la « race » de ceux qui avaient frondé le pouvoir, mais « fait aussi la France », tels Villon ou Voltaire, et il avait cité une lettre que ce dernier avait adressée à Frédéric II pour l'encourager contre son pays, provoquant une réponse scandalisée du roi de Prusse. De Gaulle avait ajouté : « Sartre, à présent, c'est normal et ce n'est pas grave… » J'aurais bien en vain raconté cela (à supposer que je n'aie pas pratiqué une stricte confidentialité quant aux récits de mon père) à des camarades obstinément hostiles – aveuglément, pensais-je. Il fallut que des années se passent pour que tel ou tel « archicube » rencontré me confie que, même après Mai 68, il avait l'impression d'avoir méjugé le grand homme que la France eut la chance d'avoir, en ces années-là, à sa tête. Mon ami Régis Debray, qui était, rue d'Ulm, de la promotion antérieure à la mienne, a publié cette opinion et un remords rétrospectif. Il me dit gentiment, un jour : « Au fond, tu as eu de la chance, parce que ton milieu t'y aidait, de ne pas t'être égaré ! »

Au groupe actif des « talas » (ceux qui *vont-à-la-messe*, dans le jargon de la maison), je ne pouvais évidemment pas m'associer. Quant à ceux qui s'arrogeaient le droit de s'affirmer gaullistes (au moins jusqu'à la paix en Algérie, que beaucoup déplorèrent), ils se posaient du côté d'une droite arrogante, parfois mêlée de maurrassisme, dont je me sentais à cent lieues : un petit groupe se rassemblait autour de Michel Bruguière, personnage déterminé, apparemment sûr de lui, éloquent et, pour les siens, charismatique, qui fut ensuite chargé de suivre les questions de l'éducation au cabinet du même Pompidou. Je m'en tins, naturellement, tout à fait éloigné.

À vrai dire, cette situation, à l'École, me causa plus de regret que de chagrin. Et elle me préserva de tout risque d'enfermement dans ces murs. Du côté des amours, entre rêveries et proximités, j'échappai au risque (qui me paraissait tel, à l'époque, aux dépens de jubilations futures) d'une trop prompte rencontre consanguine avec une sévrienne de proche obédience – à quoi se prêtaient, main dans la main, beaucoup de mes camarades. Quant aux amitiés, précieuses et profondes, que je nouai ou renforçai en dehors de l'École, elles m'offrirent de belles échappées.

L'Université n'avait pas encore accueilli les enfants du *baby boom* qui allaient allumer les flammes de Mai 68. Il s'en fallait de deux ou trois ans. La Sorbonne ne concédait à des pratiques d'enseignement modernes que ces « travaux dirigés » qu'assuraient des assistants jeunes et motivés : ce furent notamment, pour moi, Robert Fossier, Charles de La Roncière, Denis Richet. Mais le cours magistral continuait de dominer. Nous ne nous en plaignions pas, pour bien des raisons. Non, certes, par le respect aveugle d'une tradition. Mais c'était l'occasion appréciée de plaisants rapprochements, entre garçons et filles dont la séparation des sexes au lycée, et jusqu'en khâgne, qui paraît aujourd'hui antédiluvienne nous avait privés. C'était la possibilité de sécher les prestations des ennuyeux. C'était l'occasion de profiter du talent de quelques-uns. Tel Paul Lemerle, qui nous introduisit dans l'univers de Byzance, négligé en khâgne, et nous découvrit avec brio les multiples affrontements des iconoclastes et des iconodoules. Tel Ernest Labrousse, dont l'enthousiasme pour traiter des Lumières et de la grande Révolution était porté par une éloquence un peu saccadée, mais qui ne lâchait pas ses auditeurs en chemin : j'ai souvent évoqué sa figure au moment du Bicentenaire. Tel Pierre Renouvin, le doyen de la faculté des lettres (on n'avait pas encore jeté ces beaux mots par-dessus les moulins), impressionnant de clarté et de précision pour traiter des nationalités au XIXe siècle ou de la diplomatie de la Grande Guerre. J'omettrai de citer ceux qui déroulaient leurs récits obstinément factuels comme on ferait d'un linoléum et qui nous faisaient dire : « Bon, et après ? »

Nous pouvions, de surcroît, suivre nombre de ces cours sur les ondes de Radio Sorbonne, qui connaissait ses jours de gloire, même si la diffusion en direct empêchait encore tout décalage dans l'écoute. (Nous avions proposé pour cette station une devise : « Heureux les fleuves, qui suivent leurs cours dans leur lit. ») Étiemble, du côté de la littérature comparée, pourfendeur prophétique du « franglais », y posait dans nos esprits les bases de combats futurs pour la francophonie.

*

Dans le même temps, demeuré une année, comme je l'ai dit, dans les emprises du ministère de l'Industrie, rue de Grenelle, je ne cessai pas de tirer profit des rencontres dont la situation de mon père me donnait la chance. Des personnages passaient, qui appelaient l'attention. Au bal des ambitions affichées et des spéculations erronées, j'inscrirai la figure honorable de Jacques Chaban-Delmas. En mars 1962, au moment des accords d'Évian, je fus le témoin des propos tenus par lui à mon père, par lesquels il développait le raisonnement de son ambition. Il y avait, dit-il, sept ans « creux » à passer avant que n'arrivent aux commandes les trentenaires actuels. Il fallait que le Général restât aux affaires jusque-là. « Mon général, lui ai-je dit, je ne vous demande que la moitié du temps qui sépare votre âge de celui du chancelier Adenauer. – Oh ! Chaban ! s'entendit-il répondre, dès que je sentirai que je baisse, je m'en irai. Je veux épargner au pays le spectacle de ma décrépitude. » La conclusion coulait de source : « De Gaulle seul peut présider, sans trop de heurts, *libéralement*, aux grands changements qui s'annoncent. Qu'il garde donc Michel Debré tant que les remous d'Algérie ne seront pas apaisés ! Ensuite il lui faudra, pour le tournant, un homme jeune, connu comme ouvert et progressiste, d'expérience politique. » Et de conclure avec candeur : « Il y en a peut-être d'autres que moi, mais je n'en aperçois pas beaucoup. Mon général, tenez-moi en réserve. » Chaban-Delmas ajouta encore : « Évidemment, je vois bien le danger. À force d'être tenu en réserve, on risque de n'être jamais employé du tout… Mais je suis assez jeune pour courir le risque… » Jean Lacouture nous raconta plus tard, lors d'un déjeuner de *L'Histoire*, en avril 1980, qu'il l'avait entendu dire de lui-même : « Un peu de Jaurès, un peu de Caillaux, un peu de De Gaulle, et cela fait Chaban. »

La rencontre de Malraux, surtout, me fut mémorable. Il vint dîner un soir au ministère, le 10 avril 1962, trois jours avant la fin du cabinet Debré et notre départ de la Rue de Grenelle. Étaient conviés aussi Jacques Rueff, Jean-Claude Servan-Schreiber, député gaulliste, Daniel Singer, journaliste aigu et exigeant à l'*Economist*, quelques autres encore : tous réduits au rôle de figurants. J'aimai à entendre Malraux, au détour de je ne sais plus quel propos, à table, faire soudain à son hôte un compliment en forme de gratitude – qui le fit rosir. Lorsqu'on avait évoqué en Conseil des ministres l'éventuelle entrée de l'Espagne dans le Marché commun, à laquelle beaucoup semblaient favorables au nom de l'anticommunisme, mon père était intervenu pour dire que l'Europe des Six ne comprenait que des États démocratiques, qu'elle vivait de cette force. Il souhaitait donc que cela fût pris en compte comme essentiel. « Ah ! merci, s'écria Malraux… Vous comprenez, je ne pouvais pas intervenir… Mais vous m'avez fait grand plaisir. J'en ai parlé ensuite au Général qui m'a dit : “En effet, il faudra voir cela…” »

Je trouvai l'homme un peu empâté par rapport à ses photos. Des tics lui tiraillaient le visage, mais ils disparaissaient à peu près lorsqu'il parlait – et ses silences étaient rares. Il précipitait les mots, les comprimait, comme pour s'assurer que l'attention de tous, en effort pour les saisir, était intacte. Je voyais surgir par moments en lui une jeunesse qui rejoignait les images de nos manuels de littérature. Ses yeux étaient larges. Ses mains, qui étaient belles, accompagnaient généreusement sa parole, avec de soudains retours à sa bouche, comme pour scander l'effet fulgurant de ses sentences. Il n'y avait rien de figé chez lui, en contraste avec ce qui advient souvent à des illustres que l'âge immobilise et momifie dans le personnage qu'ils ont construit. La gloire ne lui était ni masque ni carcan.

Au salon, tous se regroupèrent en cercle, debout autour de lui. Il parla presque seul. Sa femme Madeleine, élégante, était plus muette encore que les autres et l'on se demandait quels orages pouvaient prospérer derrière la grâce de son sourire. Malraux se saisissait d'une formule mondaine qui passait à portée, s'y attachait un instant puis réagissait à profusion en dérivant vers des rivages inattendus, fidèle à une pente naturelle, cependant, qui le faisait replacer toute chose dans le mouvement long de l'histoire humaine. Il créait un tel sentiment de spontanéité que l'idée d'une esbroufe, qui affleurait parfois, sc dissipait dans l'ébahissement de l'inattendu. Son propos convoquait l'anecdote et la promouvait au-delà de ses limites. Ses tirades divergeaient soudain vers des répliques brèves, vibrantes de couleurs, de rebondissements, d'éclairs. L'abscons n'était pas absent, ni le péremptoire. Il piquait, séduisait, enchantait parfois dans l'instant et on éprouvait je ne sais quelle gratitude pour la générosité de cette éloquence. Au reste, l'efflorescence était telle que le témoin s'inquiétait qu'elle glissât sur la mémoire, peinant à en restituer, ensuite, sur l'écritoire, autre chose qu'un résumé efflanqué. On regarderait alors son éprouvette à demi vide, mi-fasciné, mi-décontenancé. Je me fis l'observation que c'était peut-être le fait du poème, qui meurt sans la forme ou qu'accable une traduction, le fait d'un art, illogique, jamais bridé, source en tout cas de joie singulière.

L'éloquence de Malraux partit de la télévision : « Le grand fait du siècle, s'écria-t-il, est pour demain, peut-être, la mort du musée. » On savait qu'il avait rêvé, rue de Valois, d'avoir barre sur elle et on songeait que cela eut donné d'étranges résultats qu'on se prenait à regretter de n'avoir pas connus. « Les gens sont toujours en retard pour appréhender le nouveau. » En arrière-plan rôdait l'écrivain prophétique. « Voyez 1848… "Liberté et fraternité", le slogan triomphant, alors qu'il s'agissait déjà du capital et du prolétariat. Le Parlement actuel figure exactement ce décalage : je vois bien ce qu'on m'y demande. Pour la lucidité, il faudrait un Périclès peut-être, un Alexandre quand il mariait, génial, ses officiers aux filles perses. Notez bien qu'il s'agit toujours du même défi, qui est insondable : celui des nouvelles formes à dégager, parmi toutes les lourdeurs du conservatisme. »

Brusquement, parce que j'avais glissé, dans un bref instant où il reprenait souffle, un mot sur la khâgne, il se lança dans un éloge vibrant des prestiges de la géographie. « Observez, s'écria-t-il, cette question mystérieuse : quand l'homme a-t-il commencé à s'y intéresser ? Lorsque j'ai cherché, en avion, la reine de Saba, c'était cette question qui nous taraudait. » J'aperçus mal, comme souvent, la logique du lien proposé. Quelqu'un l'ayant alors projeté vers les espaces parisiens, il fit un détour par Kubitschek, le président brésilien, et la construction de cette Brasilia surgie de rien, dont il était allé célébrer lui-même l'inspiration. Puis il descendit en piqué vers la Cour carrée du Louvre et la satisfaction qu'il avait éprouvée à la mettre en valeur en lui restituant son fossé, avant de gagner, d'un saut, les Invalides qu'il venait de libérer de la « coque hideuse de leurs murs » : « C'était tout de même mieux, hein, que le bâtiment de l'UNESCO… » Enfin, il se porta jusqu'au Marais, qu'il fallait à tout prix protéger : une loi allait bientôt y pourvoir et il y tiendrait la main.

Surgit alors, incongrue, Mme Tallien, dont il dit qu'elle mourut au théâtre, et Dupleix, avec sa coxalgie et son oreiller de la Compagnie des Indes, et Sumer et Persépolis (« Allez-y, madame, il faut y aller ! »), et, selon une étrange asyndète, Chaban-Delmas apparaissant, à la Libération, à Bordeaux. « Était-ce un vrai général ? N'ignorez pas la puissance du rêve. » On vit aussi passer le génie oratoire de Bourguiba et les prêtres ouvriers : « Ils insistent sur le salut, pas le franciscanisme. » Quelqu'un, que je sentis effleuré par une sorte d'angoisse, et en quête d'un terrain plus sûr, poussa le nom de De Gaulle en avant. « De Gaulle ? Le plus extraordinaire, chez lui, c'est peut-être son libéralisme absolu. Cela sera évident dès qu'il sera mort. » En fait, ajouta-t-il, « il y a toujours eu deux de Gaulle – sauf aujourd'hui ». « Lesquels ? » fut l'interrogation logique alentour et : « Pourquoi aujourd'hui ? » Il suffisait, dit-il, pour le comprendre, de « songer à ces deux fous qui avaient rêvé de mettre la tour Eiffel à l'envers ». Je livrai cela, *in petto*, à la subtilité des exégètes à venir. « Au fond, le Général sait bien, enchaîna-t-il sans reprendre son souffle, que le seul problème, ce n'est pas la vie mais "ma vie" à l'heure actuelle… Imaginez un congrès où un orateur demanderait : "Que pensez-vous du problème de la mort ?" Voilà bien qui n'a aucun rapport avec le marxisme… »

Au moment où le cercle croyait devoir afficher un air chagrin, ou pour le moins contrit, Malraux éclata de rire. « La mort ? » reprit-il sans se soucier du regard désemparé que j'aperçus, sous le masque professionnel d'une fausse impassibilité, chez le maître d'hôtel qui proposait des liqueurs et des jus de fruit, lorsqu'il sembla l'interpeller personnellement : « Comparez la mort de Trotski et celle de Staline : le premier était trop bon orateur – pendant que le second plaçait ses types. On ne peut s'étonner que ce soit celui-ci qui ait duré… » Et il conclut : « Cela va loin… » – une affirmation que chacun alentour, dans l'ébriété d'une curiosité abasourdie, se montra, pour finir, tout prêt à ratifier. Le lendemain matin, Malraux remercia chaleureusement mon père : « Il était tellement agréable d'avoir pu parler librement… »

J'avais ces souvenirs en tête lorsque j'assistai, deux ans et demi plus tard, le 19 décembre 1964, au fameux discours destiné à célébrer Jean Moulin entrant au Panthéon. Grâce au voisinage de l'École, du côté de la rue d'Ulm, on proposa aux élèves quelques cartes permettant l'accès aux tribunes. Parmi la majorité de mes camarades, prédomina, selon l'air du temps, le mépris ou l'indifférence. Pour moi : une chance ! Plus encore que dans d'autres cérémonies funèbres, ma mémoire installe le noir comme dominante dans ce moment auquel j'abordai en badaud, que je vécus ému et que je quittai rêveur. Noire la frêle silhouette de Laure, la sœur du héros, noir le drap du monument sommaire qui portait le cercueil, noirs les costumes des ministres alignés, sombre André Malraux à son pupitre, dans son long manteau, depuis la tête aux cheveux de jais jusqu'aux pieds mêmes : ceux-ci paraissant tourmentés par une étrange musique intérieure. Seul de Gaulle, en uniforme kaki, tranchait par la couleur plus claire des fantassins, immobile comme un menhir, dodelinant seulement du chef par moments, et je songeai que cette différence était peut-être sa manière de montrer qu'il demeurerait, à cause de l'Histoire, indéfiniment autre. Parmi tous les compagnons de la Libération, portant leur ruban vert en sautoir, je regardais Jean

Sainteny, Pierre Messmer, Jacques Chaban-Delmas, devant la petite cohorte de ceux qui étaient des leurs. Et Pompidou, Premier ministre ontologiquement différent, qui serait leur chef et ne serait jamais vraiment des leurs – puisque, durant les années noires, il avait *attendu*.

Des années plus tard, mon père me raconta que, dans le cours d'un dîner en petit comité qui se tenait à la préfecture de Lyon, le 24 mars 1968 (il s'agissait du moment du discours du Général sur la fin possible de la centralisation), la conversation étant venue sur Malraux, quelqu'un observa qu'il avait eu de la peine à se consoler de n'avoir pas eu le prix Nobel. Alors de Gaulle, souriant : « Comment l'aurait-il eu ? Il était gaulliste... Voyez Camus, Saint-John Perse, Sartre... Il y a bien eu Mauriac, mais on ne savait pas, en 1955, qu'il serait un jour avec moi. »

*

Quand je songe à cette période de ma vie, une évidence s'impose à moi. Si je fus si heureux pendant ces cinq années de la Rue d'Ulm (on nous en offrait une dernière, après l'agrégation, sans obligation spécifique), ce fut à cause de la miraculeuse liberté qu'elle nous procurait et dont j'ai dit que je la mesurai aussitôt : don du ciel – ou plutôt de la nation. Une liberté matérielle, au premier chef, condition de toutes les autres, puisque nous étions « élèves-fonctionnaires » et rétribués en tant que tels. Si le journaliste Jean Ferniot n'avait pas utilisé la formule pour le titre de ses souvenirs, je la reprendrais volontiers : « Je recommencerais bien. »

Cette liberté se vivait, très concrètement, dans un Paris que je me contraignis à parcourir de toute part, tantôt à bicyclette tantôt dans la 2 CV Citroën que j'acquis presque aussitôt en m'endettant sur mes premiers traitements. Cette voiture, aujourd'hui mythique, symbolisa pour moi la générosité de l'*alma mater* pour ceux qui s'étaient pliés, avec succès, à ses règles traditionnelles. On était autorisé alors à ranger une auto dans la cour de la Rue d'Ulm. La mienne prit le nom d'Ébrégésile, une des premières sorties ayant été pour visiter, à Jouarre, dans la préparation d'un exposé sur les Mérovingiens, la tombe de cet estimable saint : il avait été évêque de Meaux au VIIe siècle (nous avions cru, distraits, mes camarades et moi, je l'avoue en rougissant, qu'il s'agissait d'une sainte, le confondant avec sainte Aguilberte, sa sœur). La « deuche » Ébrégésile demeura féminisée. J'espère que le saint ne m'en a pas trop voulu.

La bibliothèque de la Rue d'Ulm, où l'on pouvait tout lire et tout emprunter et où régnait l'ombre mythique (et le buste…) de Lucien Herr, l'inspirateur de Jaurès, offrait sa provende. J'entrepris, non sans quelque esprit de système, de compléter une partie des manques que l'éducation lycéenne et mon milieu familial avaient pu laisser, du côté des arts et des lettres. J'élargis ma focale vers la littérature étrangère, le théâtre (le TNP de Jean Vilar et Gérard Philipe au premier rang) et les classiques du cinéma. Jean-Marie Carzou, le fils du peintre, avait créé à l'École un ciné-club dont je lui demeure reconnaissant. Il y accueillit René Clair et plusieurs autres dans la salle dénommée en l'honneur de l'admirable comédienne et conférencière Béatrix Dussane qui y était beaucoup venue. Le temps de la lecture n'était pas concurrencé, alors, par le contenu des réseaux sociaux ni même par la télévision – balbutiante et quelque peu méprisée. Je n'y manquai pas cependant les « Portraits-souvenirs » de Roger Stéphane, *Les Heures chaudes de Montparnasse*, de Jean-Marie Drot, « Cinq colonnes à la une » – que je fis étudier plus tard dans mon séminaire sur l'histoire de l'audiovisuel – ou, en direct, les conférences de presse successives du général de Gaulle, à vrai dire fascinantes.

De ce temps-là date aussi l'approfondissement de mon amour pour Paris. Comme pour Hemingway, la ville me fut une fête. Ma vie s'était plus ou moins concentrée, jusqu'alors, au Quartier latin. Je pouvais désormais agrandir ma curiosité et en multiplier les objets. De l'île Saint-Louis au canal Saint-Martin, de Notre-Dame à Montmartre, de Saint-Germain-des-Prés à Montparnasse, du Trocadéro à Belleville, des Invalides au Marais, je m'appropriai le pavé et les statues des places et des façades. Je visitai les petits musées de la capitale qui avaient chacun leur charme et parfois leur mystère. Avec à la main le *Dictionnaire historique des rues de Paris* de Jacques Hillairet, je pris plaisir à redonner un peu partout, en amont d'Haussmann, de la profondeur temporelle aux immeubles et aux décors urbains. J'y nourris l'idée d'une anthologie des écrits littéraires ancrés dans toutes sortes de lieux – un projet que je n'ai pas encore réalisé. D'Ovide on nous avait fait traduire, au lycée, les *Tristes* et les *Pontiques*, ces chants du poète désolé que l'empereur Auguste avait relégué aux bords de la mer Noire. Les douleurs de l'exil m'ont été épargnées. Lorsqu'il m'arrive de les évoquer, c'est toujours de Paris que je m'imagine douloureusement arraché.

Je ne songeai à rien aliéner de cette miraculeuse liberté lorsqu'une proposition surprenante me vint, par le truchement de Michel Foucault. Il avait été le camarade, à l'École, du diplomate Jacques Chazelle, alors directeur de cabinet de Gilbert Grandval, qui, « gaulliste de gauche », venait d'être nommé ministre du Travail dans le premier gouvernement Pompidou. Celui-ci, probablement informé sur ma « sensibilité politique » (comme on ne disait pas encore), m'écrivit, le 6 août 1962, pour me proposer d'entrer à son cabinet à temps partiel afin de « représenter le ministre dans certaines manifestations où il ne pouvait se rendre lui-même, de contrôler, voire de rédiger en partie ses discours les plus importants et d'entretenir des relations avec les dirigeants de journaux ou certains membres de l'Assemblée nationale, sur un plan de politique générale… » Il ajoutait : « Michel Foucault m'ayant dit l'intérêt que vous portiez aux questions sociales, peut-être seriez-vous intéressé d'en découvrir les réalités à un échelon privilégié… » J'avais tout juste vingt ans et je n'étais pas encore électeur. Je dois dire que je me méfiai d'abord, quel que fût l'aspect honorable de la lettre (ou à cause de cela), de la possibilité d'un canular : je fis vérifier la chose par le secrétariat de mon père. Ce n'en était pas un. Je répondis courtoisement – et sagement – que, pour l'heure, et durant de nombreuses années encore, je me consacrerais à mes chères études.

Je tromperais mon lecteur si je me posais en adepte, alors, du farniente. Je ne laissais pas de travailler beaucoup, à partir de la deuxième année surtout, lorsque Sciences Po s'ajouta à la Sorbonne, mais c'était, en dehors de quelques obligations fixes, au gré d'horaires souvent nocturnes et largement autonomes par rapport aux enseignements proposés. Je ne prévoyais pas que la Rue Saint-Guillaume m'accueillerait, dans un avenir proche, comme chargé de conférences d'initiation, en année préparatoire, puis comme professeur attitré. Mais je voulais cette ouverture vers un autre monde, à toutes fins utiles pour la suite, et être exempt de tout sentiment d'inégalité par rapport aux futurs hauts fonctionnaires d'« autorité ». À l'époque, un normalien était dispensé de l'année préparatoire et accueilli sans difficulté en deuxième année, sans qu'on lui réclamât du tout de s'y consacrer exclusivement. Je fus diplômé, rue Saint-Guillaume, dans la section dite du « service public », en 1964, dont je sortis dans un rang convenable : j'avais pu me dispenser de « cravacher » puisque j'étais résolu désormais à ne pas entrer à l'ENA (où ma sœur Brigitte et mon frère Pierre-Alain brillèrent plus tard l'un et l'autre).

Je trouvai à Sciences Po des stimulations nouvelles. On y était beaucoup moins hostile à de Gaulle. Je suivis les conférences de Jean Dromer pour l'économie (il appartenait alors au cabinet de Couve de Murville, au Quai d'Orsay) ou, en contraste, de Guy Braibant, un rare conseiller d'État communiste, pour le droit public. Je m'amusai à résister à l'obsession du plan en deux parties qui y formait la vulgate sommaire, en contradiction avec l'heureuse rhétorique ternaire que nous avions conquise en khâgne. J'acquis dans ces disciplines une compétence certes insuffisante pour trancher de quoi que ce fût, mais qui me permettrait de ne pas m'en laisser compter. Cela me fut utile, plus tard, dans les fonctions publiques qu'il me revint d'exercer, et pas seulement quand je fus ministre à Bercy. J'y pus dire sans vergogne (et très courtoisement) aux fonctionnaires qui m'entouraient : « Sachez qu'à mes yeux, si je ne comprends pas vos explications techniques, ce sera votre faute et non pas la mienne. » J'ajoute que je développai à Sciences Po un intérêt spécifique pour les questions institutionnelles, que j'avais déjà nourri en première année de droit lorsque j'écoutais Georges Vedel, comme je l'ai dit, commenter la Constitution en genèse de la Cinquième République.

Dans le cercle de la Rue Saint-Guillaume, je forgeai des amitiés nouvelles. Denis Winckler, à proximité, témoignait d'une joie de vivre, parfois farfelue, qui l'entraînait vers des enthousiasmes successifs et parfois des poussées de mysticisme. Par lui et par ses frères, non moins énergiques, je connus son père, diplomate cultivé et chaleureux qui avait jadis servi, pendant la guerre d'Espagne, sous les ordres d'Eirik Labonne, jusqu'à Barcelone assiégée, puis avait été révoqué par Vichy. Je le retrouvai plus tard en poste à Washington et à Rabat, puis ministre délégué à Berlin, à l'aube de mon tour du monde. Il me fut donné de parcourir avec lui et les siens, en voiture, la côte Est des États-Unis. Nous lisions à haute voix Saint-John Perse, *alias* Alexis Leger – dont il mettait très haut la poésie, et déplorait l'antigaullisme forcené. Il appartenait à notre ambassade de Washington lors de la dernière visite officielle de De Gaulle et racontait comment celui-ci avait fait rayer Alexis Leger de la liste des invités. Le Général n'oubliait pas combien celui-ci lui avait nui dans l'esprit de Roosevelt au temps de la France libre.

L'une de mes plus précieuses rencontres me fut alors celle de François de Combret. Sa personnalité était originale et forte. Il pouvait être ironique et brutal, parfois contre lui-même, mais il était capable de grandes délicatesses, dans la forme comme dans le fond, partageant les soucis, les espoirs, les interrogations de l'ami. Sous l'apparence d'un bon élève conventionnel – Sciences Po, l'ENA, la Cour des comptes –, il dissimulait quelque chose d'extravagant qui faisait bouger les lignes et donnait de la profondeur aux événements. Je croyais entendre parfois le cri de l'écolier : « Pas cap' de sauter ? Chiche ! » – qui tranchait avec ma pondération spontanée. Je l'ai d'ailleurs vu devant moi se casser la jambe de la sorte en ski (la même ou l'autre, je ne sais, fut à nouveau blessée, plus tard, dans l'équipe de football de l'Élysée). Quand nous voyageâmes de conserve, au Liban et en Jordanie, je me souviens qu'il prétendit faire sa cour à des épouses voilées d'un seigneur du désert qui logeaient dans le même hôtel. J'ai retrouvé le mot doux qu'il songea à leur adresser – en anglais. La seule vue des gardes du corps patibulaires m'incita à l'en dissuader fermement.

Notre complicité, par-delà la différence de nos tempéraments (il m'appelait « sa vieille branche »), s'imposait sans avoir besoin d'être explicitée. J'aimais son refus de la révérence envers les pouvoirs dont toute sa correspondance avec moi témoigne. Il ne se lassa pas, au long de la décennie, de s'irriter de la lenteur du mouvement vers plus de justice sociale et de suggérer les moyens politiques de l'accélérer. Toute iniquité au monde lui paraissait insupportable. J'ai conservé une longue note de lui, datée du 25 avril 1973, et destinée à Valéry Giscard d'Estaing ministre des Finances – il était entré alors dans son cabinet –, sur les voies et les moyens qui pourraient contribuer à la diminution des inégalités. Ce fut toujours pour lui, j'y reviendrai, un souci primordial.

Après moi et à mon incitation, il disposa de la bourse Singer-Polignac pour un voyage autour du monde. Il alla sur mes traces au Japon et dans l'ancienne Indochine. De Cuba il m'envoya une longue analyse, distanciée et sereine, libre des passions contraires que le pays de Fidel Castro suscitait parmi la jeunesse intellectuelle. Il passa un long temps au Brésil. Le livre qu'il en tira et qu'il demanda à mon père de préfacer – *Les Trois Brésil* – vibre de sa générosité et de ses indignations. Par-delà les commisérations de surface, j'ai su qu'il ne cessa jamais, par la suite, en pleine discrétion, de travailler à alléger des misères, notamment en Roumanie, s'occupant des orphelins abandonnés.

*

En troisième année de l'École, une fois la licence acquise sans trop de peine, il fallait rédiger un mémoire destiné à obtenir le diplôme d'enseignement supérieur nécessaire à l'agrégation. Après quelques tâtonnements, je choisis le champ de la Grande Guerre et je me rendis au château de Vincennes qui recélait les archives militaires. J'y découvris un gisement qui était demeuré intact et inaccessible, selon la loi. Mais les cinquante ans tout juste écoulés ouvraient la caverne d'Ali Baba.

Le général de Cossé-Brissac, jadis camarade de De Gaulle à l'École de guerre, qui dirigeait la maison, m'accueillit avec bienveillance. Je fus guidé vers les dossiers des commissions de contrôle postal de la Grande Guerre. Elles avaient été instituées pour débusquer les mauvais esprits, les méchants pacifistes. Mais, comme ceux-là, plus rares qu'on ne le craignait « en haut lieu », ne se risquaient pas à l'imprudence de se confier à des missives qu'ils savaient étroitement contrôlées, la pêche des censeurs s'avéra médiocre. Sur quoi on s'avisa que la surveillance du courrier présentait un autre avantage : fournir des aperçus sur l'évolution du moral des combattants, au plus près des tranchées. On ouvrait toutes les lettres vers l'étranger, une sur vingt vers l'intérieur et à chaque commission il revenait de rédiger des rapports mensuels qu'enrichissaient de précieuses citations. Le doyen Gabriel Le Bras, spécialiste réputé de sociologie religieuse, avait été membre d'une de ces instances. Je lui rendis visite et il m'en restitua l'atmosphère. Il y avait là une source magnifique pour l'histoire des mentalités, de l'opinion, de la Grande Guerre tout entière. J'éprouvai comme émouvant de me savoir le premier à ouvrir ces dossiers poussiéreux qu'une ficelle fragile avait entourés cinquante ans auparavant et dont surgissaient tant de douleurs. Bien d'autres chercheurs, après moi, y ont trouvé leur provende.

Pierre Renouvin dirigea mon mémoire. Doyen, je l'ai dit, de la faculté des lettres, il était alors le grand ordonnateur de l'enseignement de l'histoire dans les universités de la France entière. Son destin personnel ajoutait au prestige de sa position et de son œuvre. Il avait perdu dans les tranchées un bras et plusieurs doigts de sa seule main sauvegardée. Sa voix avait été voilée par les gaz. C'est de lui (et aussi de l'admirable Paul Lemerle, qui nous avait si bien fait découvrir les séductions de Byzance dans son cours de licence) que je reçus un précieux héritage : la conviction qu'un cours continu de semaine en semaine tire avantage de se contraindre à traiter d'un thème spécifique, d'un bout à l'autre, à chaque séance.

Je pus craindre qu'il n'approuvât pas ma sortie vers les rivages, encore peu explorés, où je m'aventurais, ceux de l'histoire des mentalités et des sensibilités. J'avais tort : sa curiosité se portait au contraire, depuis quelque temps déjà, au-delà de l'histoire diplomatique qui était son fief, vers les « forces profondes », économiques, sociales ou culturelles, propres à peser sur les échanges internationaux – et il donnait ainsi le branle, dans le cas de la guerre, aux recherches qui renouvelèrent, dans les décennies suivantes, l'historiographie du sujet. J'ai conservé les annotations qu'il fit en marge de mon texte et qui le démontrent assez.

De ce mémoire je tirai mon premier article imprimé, que publia la *Revue d'histoire moderne et contemporaine.* J'avais choisi de braquer l'attention, dans cet écrit, sur « l'année trouble » de 1917, sur le temps de la désastreuse offensive Nivelle du mois d'avril et des mutineries qui en furent le fruit vénéneux. J'y insistai sur les questions de méthode, sur la diversité des temporalités qui se combinent à chaque moment pour définir un état d'esprit, sur les facteurs géographiques et sociaux qui étaient au travail dans ces esprits et dans ces cœurs, au centre d'une barbarie. Je portais la conviction, aujourd'hui répandue mais qui ne l'était pas à l'époque, que les mutineries n'étaient pas nées d'un mouvement organisé par des meneurs politisés. Elles étaient issues d'une révolte collective, à la fois instinctive et réfléchie, contre des décisions meurtrières de la hiérarchie militaire qui étaient perçues sur le terrain comme intolérables parce que absurdes. L'idée contraire n'avait pu prospérer que parce que des généraux avaient trouvé avantage à la diffuser afin d'alléger leurs responsabilités, tandis qu'à l'extrême gauche des voix s'étaient élevées pour faire croire à l'efficacité – illusoire – d'une propagande et d'un noyautage révolutionnaires que les événements de Russie pouvaient colorer de rouge.

Pierre Renouvin était timide probablement, déterminé assurément, rétif à tout épanchement. Il maintenait à distance. Je n'en fus que plus ému, lors de la dernière visite que je lui rendis, par fidélité, dans sa retraite, le 13 mars 1974, lorsqu'au moment de me reconduire à sa porte, en rupture brusque avec une conversation qui avait porté sur des questions d'historiographie, il me dit tout à coup : « J'éprouve un grand chagrin de ne voir aucun de mes petits-enfants manifester quelque curiosité pour les choses de l'esprit : pas forcément académiques, mais au moins… » Sa voix se voila davantage, il y eut un moment de silence et il m'ouvrit la porte de l'ascenseur. Je ne le revis pas. Il mourut quelques mois plus tard.

*

Rue d'Ulm, il me sembla qu'il fallait sacrifier, agréablement, à quelques rites, ceux-là mêmes que divers camarades, notamment chez les philosophes, regardaient avec condescendance. Je grimpai sur les toits pour saluer l'ombre de Jerphanion, dont on sait qu'il avait, dans *Les Hommes de bonne volonté*, au volume des *Amours enfantines*, songé, en provincial, depuis ce perchoir, à conquérir Paris. Jules Romains, en ces années-là, vieillissait mal, parsemant les colonnes de *L'Aurore*, qui incarnait la droite antigaulliste, de ronchonnements moroses. Il n'empêche que je m'étais nourri de son œuvre, qui éclaire un demi-siècle de notre histoire et dont on peut regretter qu'elle n'ait pas mieux survécu.

J'emportai le livre là-haut et j'en fis la lecture à haute voix. « Jerphanion interrogeait l'étendue autour de lui, à la fois mouvante et solide. Cassures et décrochements de toits, vallonnements et plaines de métal ; cheminées ; blocs de maçonnerie neuve ; une tour, un clocher, un marécage de brume. Malgré une différence de taille, d'ordre de grandeurs, qui avait de quoi donner le vertige, l'action d'un homme sur cette immensité n'était pas inconcevable. Jerphanion imaginait vaguement quelque chose partant de lui et allant s'insinuer au loin dans une fissure, un intervalle ; y faire une pesée. »

Je pris plaisir à aller rencontrer, en compagnie de Paul Griscelli, quelques « archicubes » afin de leur vendre des billets d'entrée au bal de l'École (une tradition dont je doute qu'elle ait survécu à Mai 68...). L'un d'entre eux venait de mourir et nous ne le savions pas. Mauvais effet, mauvais accueil... Georges Pompidou, quant à lui, était bien vivant. Il nous reçut à la banque Rothschild, rue Laffitte, un long moment, affable et détendu. Je le trouvai « fort, sûr, solide ». J'ajoutai dans mes notes : « le type de Barre ». Sa passion pour la chose publique éclatait. À Paul Griscelli il parla des affaires de la Nouvelle-Calédonie. Il évoqua drôlement les douches de son temps. « Il y en avait cinq seulement, affirma-t-il, pour toute l'École, ouvertes deux heures par jour. Je me suis douché tous les matins pendant mon séjour à l'École et je n'ai jamais eu à faire la queue… » La Sorbonne ? « On y allait seulement pour voir les sorbonnardes… »

Pompidou nous exposa ses vues sur l'Éducation nationale, déplorant que les universitaires ne comprissent pas assez les exigences du fonctionnement de l'État. Il y avait beaucoup à faire afin de les mettre devant les problèmes concrets. Il se félicitait d'avoir contribué à faire entrer trois normaliens à l'Élysée. « Ils ont mis de l'eau dans leur vin – Pierre Lelong par exemple – sans rien changer à leurs principes et à leur idéal. » Sur la Rue d'Ulm, il tint ce propos auquel nous fûmes naturellement sensibles : « Ce qu'il y avait de bien à l'École – la plus belle école du monde – c'était un certain désintéressement. Bien sûr, les aspects matériels comptaient (les hommes !) mais pas avant tout. On ne pensait pas, d'abord, à faire une carrière d'argent. » Je notai que les murs de la banque où il nous recevait n'avaient pas tremblé de surprise à entendre cela dans sa bouche.

J'étais arrivé rue d'Ulm, *Les Copains* de Jules Romains aidant, convaincu des dangers de l'esprit de sérieux. Je fus navré de croiser, un soir d'avril 1963, un jeune « conscrit » – entendez un élève de première année – que je ne nommerai pas, car il n'est plus, et qui me détailla avec gravité la façon dont il s'y prenait pour « réagir contre la mollesse dont on lui avait dit, ce qui l'avait d'emblée tourmenté, qu'elle régnait en maîtresse en première année ». Il me quitta brusquement : « Excuse-moi, j'ai pris vingt-cinq minutes de retard sur mon horaire de travail ce soir… »

En face, nous célébrâmes les mérites éclatants du canular. La plupart des élèves, parmi l'intensité et la ferveur des engagements politiques, me parurent insensibles à ses charmes et presque soupçonneux. Heureusement, quelques-uns en jugèrent autrement et deux ou trois coups d'éclat le signifièrent. Le plus retentissant fut la candidature à l'Académie française de notre directeur Robert Flacelière. Il venait de succéder à Jean Hyppolite dans cette fonction prestigieuse qu'avaient illustrée avant lui Victor Cousin, Fustel de Coulanges, Ernest Lavisse, Gustave Lanson, Célestin Bouglé ou Jérôme Carcopino. La plupart avaient été académiciens. C'était donc l'honneur de l'École qu'il rejoignît cette cohorte. Au demeurant, il avait déclaré à l'hebdomadaire *Candide* (dont le nom lui était fort bien adapté, en l'occurrence) : « J'ai beau être professeur de grec, je vis dans mon époque... On y fait constamment des découvertes sensationnelles... » Il fallait, évidemment, ne pas le décevoir.

Nous fomentâmes donc un joyeux complot, à quelques-uns : outre moi-même, Michel Arnaud, Jean-Paul Bouillon, Dominique Julia, Philippe Levillain et Daniel Nordman, ainsi que Jean-François Monteil, rencontré au lycée, bon camarade de longue date et compagnon de voyage en Scandinavie, qui nous rejoignit. Du beau papier fut gravé au nom de Robert Flacelière et deux fausses lettres de candidature furent rédigées, le 14 novembre 1963, de 1 heure à 3 heures du matin, adressées à Maurice Genevoix, alors secrétaire perpétuel de l'Académie. La première était tapée à la machine et s'accompagnait d'une notice sur les travaux et la carrière du prétendu candidat. La seconde était manuscrite (nous avions débattu un moment sur le point de savoir qui de nous aurait l'écriture la plus vraisemblable) et on y lisait ceci : « Monsieur le secrétaire perpétuel et cher archicube, je ne voudrais pas vous adresser cette lettre purement protocolaire sans y ajouter quelques mots plus personnels. Vous pensez bien à quelles affectueuses insistances je dois de me présenter aujourd'hui à ce nouveau concours. J'aurais aimé pouvoir vous entretenir de vive voix, mais le congrès d'épigraphie grecque de Tübingen va malheureusement me retenir loin de Paris jusqu'à la fin de cette semaine. Sachant la proximité de l'élection, je tenais à ce que ma candidature fût connue dès maintenant... » *L'Amour en Grèce*, ouvrage de notre directeur, fut adressé simultanément à divers académiciens avec des dédicaces variées. « Pour monsieur le Maréchal Juin, stratège et humaniste », « Pour Monsieur Henry de Montherlant, qui sait la Grèce », « Pour Monsieur le pasteur Bœgner, cette peinture d'un monde où l'on attendait Dieu », « Pour monsieur Jean Rostand, ce grand mystère humain... », etc.

À 16 h 30 le lendemain jeudi, deux observateurs furent délégués au Quai de Conti pour assister à la sortie des académiciens de leur séance hebdomadaire. Ils se firent discrets derrière le petit groupe des journalistes (à l'époque, ce qui se passait là attirait la presse plus qu'aujourd'hui). L'un des Immortels annonça avec satisfaction qu'un nouveau candidat s'était déclaré au fauteuil de Jean-Louis Vaudoyer, un autre – c'était le maréchal Juin – dut lâcher le nom à mi-voix, car nous entendîmes un gazetier dire : « Je crois qu'il a écrit des bouquins sur Plutarque... » C'était assez. Nous déguerpîmes.

J'ai sous les yeux une revue de presse du lendemain matin. Tous les journaux, *Le Figaro*, *Combat*, *L'Aurore*, reprenaient la nouvelle en bonne place. Robert Flacelière serait en concurrence avec le marquis de Luppé, Maurice Martin du Gard, Henry de Monfreid et Gilbert Cesbron. Le soir, *Le Monde* écrivit le nom de Flacelière avec deux « l ». C'était insultant pour l'École... Un coup de téléphone indigné au « secrétariat du directeur du journal » fut accueilli au bout du fil avec de plates excuses et la faute fut corrigée pour la seconde édition. Cependant, un certain « Xavier de La Romiguière », se présentant comme journaliste au *Monde*, appelant Robert Flacelière pour « avoir des détails », fut fraîchement reçu, comme bien l'on pense : « Monsieur, je suis étonné qu'un journal de la réputation du vôtre se soit prêté à une pareille plaisanterie et je vous prie de le dire à M. Beuve-Méry, que j'ai connu autrefois lorsque j'étais professeur à Lyon. »

Aussitôt après, une lettre « pneumatique » partit pour la rue des Italiens, qui était alors le siège du journal : nous y étions pour quelque chose. Le « candidat » disait s'autoriser de ses anciennes relations avec le directeur du *Monde* pour le mettre en garde, en l'occurrence, contre l'usage du téléphone ou du papier à en-tête, malheureusement trop facile à se procurer. Il avait en effet toutes les raisons de craindre que des normaliens – facétieux ! – ne cherchassent (l'imparfait du subjonctif était de rigueur, pour faire plus crédible) à « entourer sa candidature d'un halo de canular ». Pierre Brisson, le patron du *Figaro*, fut semblablement mis en garde et son journal en fit part après coup en nous saluant comme des « virtuoses ». Nous nous rengorgeâmes. Nous réussîmes à tenir jusqu'au samedi après-midi. *Le Monde*, s'étant résolu à envoyer un reporter rue d'Ulm sans que nous ayons trouvé les moyens de le diriger vers un faux Flacelière, put enfin publier un démenti dans sa dernière édition sous le titre « Canular sous la Coupole ». Le quotidien se crut obligé d'écrire, bien dans sa manière : « Comme on l'avait deviné » – ce qui nous fit rire.

Ainsi qu'il advient toujours, les conséquences de l'initiative échappèrent à leurs auteurs, en particulier après que *Paris-Presse*, à la pointe de l'information, eut donné un article expliquant que c'était « la médiocrité des autres candidatures » qui avait poussé le directeur de notre École à présenter la sienne et à se jeter dans cette joute – ce qui désobligea assurément ceux-là. Maurice Genevoix, pour sa part, déclara aux *Nouvelles littéraires* : « Il n'y avait rien là de bouffon ni d'absurde. Bien au contraire, les titres et la personnalité du nouveau directeur de l'École normale nous feraient accueillir très sympathiquement sa candidature. Hélas ! il paraît qu'il la dément… » Au demeurant, l'élection ayant été « blanche », on entendit ici et là, parmi des sourires, qu'il était malheureux que M. Flacelière n'ait pas été élu – ce qui aurait poussé le canular au maximum et déplacé les rieurs au profit de « la vieille dame du quai de Conti ».

Quant au principal concerné, il dit ingénument à l'un d'entre nous, qui s'était présenté au téléphone comme un « rival », le marquis de Luppé, qu'il n'avait jamais aspiré qu'à l'Académie des inscriptions et belles-lettres. Il y fut d'ailleurs élu quelques années plus tard, en 1967. Il se montra beau joueur, sur-le-champ et ensuite. En mars 1973, l'École fut vandalisée, ses murs et ses biens, jusqu'au saccage du monument aux morts, par l'agression de « gauchistes », excités du dedans ou voyous du dehors. On brisa le bras portant la flamme du combattant qui dominait le monument aux morts, sculpté par Landowski, qui avait été inauguré sur souscription en 1923 et qui fut couvert de l'inscription suivante : « Mort pour le Capital et pour les pitres qui font semblant de se souvenir ! » Robert Flacelière dut alors démissionner, le cœur lourd (sans même que Pompidou, rancunier, l'eût reçu à l'Élysée).

Dans un livre ultérieur intitulé *Normale en péril*, il expliqua que ces sinistres événements lui avaient fait regretter par contraste l'esprit potache dont il avait été entouré par notre bande de gamins poussés en graine. De notre plaisanterie il avait gardé « le meilleur souvenir », puisqu'elle avait demandé « de longs soins, une préparation minutieuse, enfin toutes les qualités intellectuelles d'imagination et d'application studieuse qu'on est en droit d'attendre des normaliens »... Rien que cela... « L'esprit de canular, ajoutait-il, ne peut s'épanouir librement que dans un climat de tolérance réciproque et d'amitié. » Et de rêver que vînt un jour où « le canular refleurirait »... C'est à peu près le moment où de Gaulle écrivait à Alain Peyrefitte, le 9 février 1964, pour le remercier de son livre réédité sur l'École : « Dans notre monde, combien de mondes ! Celui de Normale nous montre comment la puissance peut se tirer de la désinvolture... »

Dans un autre canular, dont je ne me mêlai pas aussi directement, je trouvai presque autant de délectation. L'idée vint à plusieurs camarades de rédiger un faux rapport sur le concours d'entrée à l'École pour l'envoyer aux professeurs de toutes les khâgnes de France et de Navarre. La forme et le ton en furent parfaitement imités, le lettrage même, et le papier. Le loufoque y voisinait avec le sentencieux. Le résultat était désopilant. En philosophie, il était affirmé qu'on avait interrogé, à l'oral, sur « monade et limonade », sur « tendance et intendance », sur « l'érotisme et l'école » et posé les questions suivantes : « Faut-il saluer les copains ? » ou « Aimez-vous Brahms ? » ou encore « *Quo vadis* ? », tout cela prenant sa vraisemblance parce qu'immergé parmi des sujets tout à fait « normaux ». En Histoire, on tombait soudain sur cette question toute simple et fort judicieuse : « Qu'arriva-t-il ensuite ? »

Les citations de copies imaginaires offraient aussi un champ sans limites au plus farfelu, tout en constituant de parfaits pastiches de ce type de littérature. Ainsi : « Nous sommes reconnaissants à tel candidat qui a eu la curieuse (pensions-nous d'abord) mais heureuse (comme le prouve la note qu'il obtint) idée de nous indiquer, avec le maximum d'approximation, non seulement les origines indo-européennes du catholicisme, mais encore le chiffre de production des mitres épiscopales, des soutanes vicariales et celui des objets de piété, sans oublier le vin de messe – en assortissant ses statistiques de schémas fort évocateurs : façon de procéder que nous ne saurions trop recommander aux candidats toutes les fois qu'ils peuvent y avoir recours. » Quant au latin, on pouvait lire : « Un candidat n'a pas rougi de déclarer que l'écrivain dans l'œuvre de qui les silences comptaient plus que les mots se nommait Tacite. » L'examinateur d'oral en grec saluait « l'heureuse initiative de cet amateur de "bel canto" qui avait entamé l'air fameux de *La Belle Hélène* à propos de l'*Hélène* d'Euripide »… Des protestations indignées affluèrent vers l'École de toutes les khâgnes de France, jusqu'à ce que l'arrivée du « vrai rapport » fît éclater la vérité, parmi beaucoup de sourires jaunes.

L'Oulipo, qui venait de naître sous les auspices de Raymond Queneau, n'était pas encore connu de nous, mais nous avions le goût des jeux débridés de l'esprit. Nous entreprîmes, nous rappelant le fameux *Fulgur* des années vingt, un roman à plusieurs mains, chacun ne connaissant que le chapitre précédant l'exercice de son imagination. Le titre en était : *Les réverbères viendront plus tard*. En fait, ils ne vinrent jamais, et l'œuvre s'enlisa, perdue pour la littérature.

Nous aimions aussi les pastiches. Je retrouve ce poème, daté du 29 août 1964. Je le recopie non pas pour jouer les poètes étouffés par la vie, mais pour dire notre détachement occasionnel des passions politiques et notre fidélité de potaches à tous les jeux du langage, bref pour évoquer quelques-uns de nos divertissements. Il s'intitule, Dieu sait pourquoi, « Mort de Descartes ».

Merci pour cet ersatz au suc de l'astre enfui
Tétine écartelée où le pur jus ruisselle
L'impossible s'est fait en hommage à ce zèle
Et Mars immarcescible en fut le pur appui

Un Gaulois dur surgi de l'immortel ennui
A soufflé la raison d'une folle étincelle
Alise a succombé dans sa vieille querelle,
Et de Nans à Cléron il n'est d'yeux que pour lui

Une comtesse inouïe éparpille et dépense
Un sang carambolé du trône à la potence
Où brillent à l'envi la gloire et le poison

La lyre a triomphé du crime et de l'offense
Et j'ai cru voir mêlés en une gerbe immense
La grotte sarrasine et les flots du Lizon.

Nans et Cléron sont, comme nul ne l'ignore, deux communes du Doubs, le Lizon est une rivière, sous-affluent de la Garonne. Nans, Cléron et Lizon étaient, je ne sais pourquoi, trois mots imposés par le jeu.

Toutes ces activités étaient regardées avec condescendance, quand il advenait qu'ils en eussent connaissance, par les fidèles de Louis Althusser, des esprits qui s'affirmaient déjà comme éminents : Étienne Balibar, Jean-Claude Milner, Jacques Rancière – et Jacques Bouveresse aussi, à quelque distance – auront les itinéraires reconnus et produiront les œuvres notables que l'on sait. À nos yeux, tout empreints qu'ils étaient de leur mission révolutionnaire, ils paraissaient par trop dépourvus du sens de l'humour.

Un groupe un peu différent, mais non moins exclusif, se forma autour de Jacques Lacan. Jacques-Alain Miller, reçu une promotion après la mienne, qui était destiné à épouser la fille du psychanalyste et à diffuser son œuvre dans la longue durée, contribua à faire installer le séminaire du maître dans notre chère salle Dussane. Le jour de ces rencontres, on voyait de belles voitures se garer devant l'École : je ne sais pourquoi, une splendide Ferrari rouge est restée dans ma mémoire. Quelques toilettes d'élégantes tranchaient avec nos publics habituels. Je me glissai une fois ou deux dans l'assistance. Ce fut pour constater que j'étais réticent à l'ambiance d'une dévotion prête à toutes les admirations béates pour le chef du clan, quels que fussent ses propos assénés avec une hautaine ironie, entre fulgurances et calembours. J'eus l'impression de me trouver dans l'atmosphère d'une secte prête à tout accepter du gourou, aux dépens de cet esprit de critique qui faisait notre fierté. Les intelligences se fondaient en dévotion. Et je me demandais si le maître ne prenait pas plaisir à donner tant de gravité à ses jeux de mots. Toutes réactions qui ne pouvaient être, je le sais bien, que l'effet de mon infirmité intellectuelle.

Je m'efforçai toujours d'être attentif, par la suite, à l'apport de la psychanalyse au mouvement des idées et à la littérature, en considération pour son influence sur tant de bons esprits et sur le destin de quelques amis, mais ce fut toujours du dehors, après les rencontres de la salle Dussane. J'ai dû me résigner à cet angle mort de ma culture. Ce qui m'aida à m'en consoler, ce fut l'échec des historiens qui crurent pouvoir en faire un outil à en démontrer l'utilité pour leur discipline. La réflexion de Saul Friedländer sur ce sujet tourna court, de son propre aveu, et le livre que Sigmund Freud consacra, de pair avec l'ambassadeur William Bullitt, à une investigation des replis de l'âme du président Woodrow Wilson, livre que je m'astreignis à lire en anglais lorsqu'il fut publié, un peu plus tard, ne me convainquit guère. Je ne parvins pas à comprendre, malgré les efforts des auteurs, quel lien pouvait exister entre, d'un côté, le fait que Wilson aurait rêvé d'être « l'épouse de son père » en ayant souhaité obscurément s'identifier avec sa mère (qui pourtant lui avait montré peu d'intérêt), et de l'autre son comportement en face de Clemenceau et de Lloyd George dans la négociation du traité de Versailles.

Les joyeux épisodes que j'ai dits me firent, et j'en sais gré à l'École, me forger pour toujours la conviction que sans l'humour (je ne parle pas de ce poison : la dérision) la vie intellectuelle et la vie politique risquaient toujours de prendre un tour inquiétant. La chronique des grands personnages de l'Histoire me convainquit que le sens du cocasse était, pour tout homme d'État, une qualité primordiale. Trois de ceux que j'admirais, au XXe siècle, je pense à Clemenceau, à Churchill et à de Gaulle, en étaient abondamment pourvus. J'ai toujours adoré, dans le métro, les moments rares où un voisin, lisant un livre, se mettait à s'esclaffer tout seul. *Le Rire* de Bergson, que la jovialité de Clément Rosset plaçait si haut, me devint un vade-mecum.

*

Ces années m'apportèrent, en dehors de celles de l'École et de Sciences Po que j'ai déjà évoquées, de nouvelles amitiés. Ainsi de Pierre Nora. J'appris à le connaître dès ces années soixante. Notre relation était riche de la différence de nos tempéraments – le degré d'optimisme, quant aux gens et aux choses, était inégal – et elle ne souffrit jamais, depuis lors, de la moindre égratignure. Il faut dire que notre affinité gagna du temps grâce à l'héritage de nos deux familles qui toujours se retrouvèrent, en quinconce temporel de demi-générations. Son frère Simon compta dans la vie de mes parents, comme on verra, mais l'aventure remontait plus haut. Avant la guerre, leur père, Gaston Nora, avait opéré Jules Jeanneney de la prostate, n'obtenant qu'un demi-succès qui laissa le président du Sénat quelque peu, et discrètement, handicapé. Ce qui le détourna, en 1939, de songer à la succession d'Albert Lebrun à l'Élysée, en rupture avec une tradition que la République avait honorée souvent, et contrairement à des spéculations à l'époque largement répandues.

J'ai assez dit que la prise en compte attentive de la contingence est l'un des ressorts de ce livre. Avec Pierre, dont un article notoire, plus tard, affirma, contre l'air du temps, l'importance de l'événement en Histoire, j'ai quelquefois rêvé aux conséquences de cet événement chirurgical, inévitable ou malencontreux, chose infime. On peut penser, sans s'abandonner à une uchronie dévergondée, que si Jules Jeanneney avait été chef de l'État au moment de la débâcle, il aurait invoqué les mânes de Clemenceau, qu'il n'aurait pas réagi comme Albert Lebrun, à la mi-juin, au moment de l'effondrement de Paul Reynaud, qu'il aurait réconforté celui-ci, comme il le tenta le 16 juin à Bordeaux, et que, choisissant de refuser l'armistice, il aurait entraîné le gouvernement en Afrique du Nord. Lui-même était déjà en route lorsque le tout neuf gouvernement du maréchal Pétain, que

Lebrun venait de désigner, prit la décision contraire. Quelle eût été la suite ? Nul n'en sait rien, sauf qu'elle aurait été à coup sûr différente – dès le 18 juin, à Londres.

Pierre Nora et les siens passèrent par Grenoble en 1940 et vinrent souvent à la maison, dans l'appartement de la place Gustave-Rivet. Pierre, plus jeune de dix ans que Simon, me devance en âge d'une égale dizaine d'années, mais cela ne nous a jamais empêchés de nous trouver de plain-pied. J'ai voulu qu'il fût, symboliquement, mon premier invité lorsque j'inaugurai mon émission « Concordance des temps » de France Culture en septembre 1999. Dès les années soixante, il me tint au courant de son désir de mener de front un rôle d'enseignement et une activité d'éditeur. Il m'associa à l'élaboration de deux ou trois des volumes de la collection « Archives » qui offrait des anthologies commentées de documents regroupés autour d'un thème, et qui eut du succès : ce fut le premier champ de son activité éditoriale. Je mis ainsi en forme, avec plaisir, le volume qu'Étiemble consacra aux jésuites en Chine.

Plus tard, sa confiance me fit suivre de près l'essor, en parallèle avec sa carrière universitaire, à Sciences Po puis à l'École des hautes études en sciences sociales, de son influence chez Gallimard, qui lui fit jouer, dans la vie intellectuelle de notre pays, un rôle important. Le projet des *Lieux de mémoire*, qui fleurit dans les années quatre-vingt, commençait de mûrir dans son esprit. Un texte de Maurice Clavel m'arrive sous les yeux, publié dans *Le Nouvel Observateur* du 27 septembre 1976, après une émission à laquelle il avait participé sur la pratique de l'histoire. « Pierre Nora osa, au milieu de toutes ces terreurs idéologiques [...], invoquer le mouvement immotivé de l'esprit qui peut vous pousser à ressusciter les Étrusques, pour rien, pour le plaisir grave d'ajouter au passé de l'humanité sans jeter des coups d'œil incessants et inquiets sur les comités et collèges en vue de savoir si cette recherche est orthodoxe ou traîtresse. Ce n'est pas la première fois que je trouve Pierre Nora admirable. Ce grand bourgeois de gauche m'a toujours fait penser à quelque jeune Athénien bien né et naturellement ambitieux, entre Platon et Alcibiade, dans l'attente d'une rencontre avec

Socrate ou dans son pressentiment. Cette fois l'aurait-il rencontré, en lui-même ? »

*

C'est par l'intermédiaire de Pierre Nora que je croisai Paul Morand, en décembre 1965. Celui-ci était son voisin et son commensal à la campagne et il publiait chez Gallimard. Il avait souhaité faire relire par quelque jeune chercheur un recueil de textes qu'il s'apprêtait à signer sous le titre *Monplaisir en histoire*. Pierre me l'adressa. J'habitais alors rue Guisarde, dans une sorte d'agréable grenier. On frappa, j'ouvris la porte. Devant moi, je vis, nullement essoufflé par les cinq étages gravis à la hâte, un cavalier aux jambes arquées, sec aux yeux clairs et rapides qui me tendit la main comme une flèche bandée à l'arc d'un corps. J'éprouvai l'impression qu'il avait laissé sa monture dans la rue. « Alors, pas trop con, ce que vous avez lu ? » Ce ne l'était pas. Nous partîmes, à propos de son cher superintendant Fouquet, dans des réflexions sur la double politique terrestre et maritime de Louis XIV. Il était bien informé, vivement désireux d'en témoigner à un cadet. Contrairement à beaucoup de vieillards, il montrait une capacité d'écoute, une curiosité inaltérées. Ainsi naquirent entre nous des relations qui furent un temps cordiales, nourries d'une mutuelle curiosité. La sienne se porta notamment sur mes voyages. De sa veste croisée à l'anglaise, d'une bonne coupe un peu avachie, il sortit son dernier livre et me le tendit d'un geste brusque, comme en passant, ainsi qu'il convient : « Tenez, rangez-moi ça… » et il me dédicaça plus tard un autre ouvrage, *Monplaisir en littérature* : « À JNJ, à qui j'ai emprunté des yeux jeunes pour voir un monde qui n'est plus le mien. »

Nous nous vîmes quelquefois, dans les trois ans qui suivirent. Je songeai même un moment à bâtir avec lui un livre d'entretiens, au magnétophone : « Ah si j'avais seulement eu cet appareil, s'écria-t-il, dans mes longues soirées avec Marcel Proust ! Je le quittais à 2 heures du matin, épuisé, au moment où lui-même arrivait au meilleur de sa forme. Je me jetais sur mon lit, trop fatigué pour rien écrire et, le lendemain, j'étais pris par autre chose. » Morand m'invita un jour à déjeuner à l'Automobile Club, place de la Concorde, dont il fréquentait la table, la piscine et la salle de sport, et une autre fois je lui rendis visite à l'Hôpital américain de Neuilly : il s'était « claqué les muscles du ventre » en faisant du cheval. Il s'écria : « L'équitation, une chose à laquelle il va me falloir renoncer. Mais bah ! moins il vous reste de choses à mon âge, plus on les aime… »

Je savais, sans en connaître les détails, ses complaisances pour Vichy avant son exil en Suisse, mais je n'avais pas lu, et pour cause ! sa correspondance contemporaine avec Jacques Chardonne ni son *Journal inutile*, que sa prudence ne donna à connaître au public que longtemps après sa mort. Sa séduction, longuement éprouvée, était faite, visiblement, d'une adaptation plus ou moins consciente à la cible qu'il lui proposait. La virulence de l'antisémitisme, de la misogynie, de l'homophobie que charriait ce grand talent et que portent ces écrits, il en dissimulait alors devant moi, tout à fait, les volutes.

Quand je repense à nos entretiens, je suis frappé par le soin qu'il prenait à ne pas me heurter en parlant de De Gaulle – il est vrai que celui-ci venait de lever l'opposition qu'il avait manifestée, dix ans plus tôt, comme « protecteur de l'Académie française », à son élcction par cette institution. « Il paraît, me dit-il, qu'il a écrit une longue lettre manuscrite à Lacretelle, en plein mois de Mai [on était en août 1968], pour lui dire : “Morand s'est bien comporté depuis dix ans.” » Cette missive exista-t-elle ? Je ne sais. On n'en trouve pas trace dans la *Correspondance* publiée du Général. Quoi qu'il en soit, mon interlocuteur disait le plaisir qu'il avait éprouvé à le croire. « Tout le monde prétend pourtant qu'il a une rancune d'éléphant… Eh bien ! voilà… Et puis, je peux le dire à vous, j'ai une telle somme d'admiration refoulée pour de Gaulle… Refoulée, vous voyez ce que je veux dire… » La haine de Saint-John Perse envers le Général, je le vérifiai plus tard à Washington, était encore brûlante. Morand – qui restait en bons termes avec « Alexis » – usait d'un autre ton. « De Gaulle, je ne l'aime pas, naturellement, mais quel grand type ! Depuis Charlemagne, peut-être, personne, chez nous, n'aura duré autant, marqué autant… Au fond, ajoutait-il, de Gaulle, c'est *La Colline inspirée* de Barrès. Pétain, pour la culture, ce n'était rien… »

Je notai aussi ce mot qu'il eut sur lui-même et sur son vichysme, comme pour minimiser sa responsabilité dans son choix : « J'étais à Londres. J'avais vu passer des papiers signés Pétain, Laval… J'avais été décoré par Laval. Je les connaissais. L'autre, je n'en avais jamais entendu parler. C'est comme ça que tout a commencé. » Je lus plus tard quc de Gaulle, tout admiratif qu'il pût être du style de Paul Morand, jugeait que sa conduite durant la guerre avait été « impardonnable ». Il le dit à Alain Peyrefitte en le peignant ironiquement comme « victime des richesses de sa femme qu'il était allé récupérer en Roumanie en s'y faisant nommer ministre de Vichy ».

La détestation par Morand des événements de Mai avait l'avantage, pensait-il, au cœur de son désir de plaire, de ne pas heurter mon gaullisme tel qu'il croyait le discerner. Il était alors dans son refuge de Vevey, en Suisse. Il fustigeait « la niaiserie des inscriptions murales de la Sorbonne. Un cri, ce n'est rien, ce n'est que du Sartre vomi, de l'Antonin Artaud mal digéré, du Zarathoustra de troisième zone ». Il me raconta que Ionesco, dînant chez Simone Gallimard, avait vu passer une bande d'étudiants agités dans la rue. Alors, se penchant à la fenêtre, il leur avait hurlé : « Allez, taisez-vous donc, dans dix ans vous serez tous des notaires, des notaires !… » Une pluie de pavés aurait fait voler en éclats les vitres de l'appartement.

Morand alla jusqu'à m'expliquer que, de ses récentes visites en Angleterre, un pays qu'il avait tant aimé jadis, il était revenu avec une image assez sombre. « Ce peuple a perdu tout ressort, il se recroqueville. » Ses amis britanniques, en face de « l'extraordinaire redressement français », étaient pris entre la colère et l'admiration en face du général de Gaulle. « Leur dévaluation ratée, l'abandon des positions au-delà de Suez… » Il observait, à Londres, « une étrange coexistence entre le monde figé de la City et le stupéfiant carnaval, la fête costumée dans les rues » qui lui paraissaient « signifier une revanche contre un sort si contraire ». Il ajoutait : « Lorsqu'à partir d'ici je regarde l'Angleterre, je crois retrouver l'atmosphère de mon enfance. Fachoda… »

Il tint aussi à prendre ses distances, devant moi, envers les « hussards » des années cinquante. « Je les aime encore tendrement, bien sûr, Blondin, Bernard Frank, Jacques Laurent et les autres… mais je ne les vois plus guère. Vous comprenez, ils boivent, ils en font un système, un principe de communication. Alors, quand j'arrive avec mon Coca-Cola, je sens bien que je casse l'atmosphère. C'est étrange, cet alcoolisme, ajouta-t-il. Notre génération ne buvait pas comme cela. Vous avez déjà bu, vous ? » Il n'attendit pas la réponse.

Morand aimait à philosopher sur le grand âge, à contre-courant des esprits chagrins. « La vieillesse, vous savez, c'est la plus belle époque de la vie, la plus belle. Les grandes vacances. On n'a plus de haine, on ne sécrète plus de toxines, on peut regarder les choses paisiblement. Pensez-y quand vous y arriverez. À condition, naturellement, de n'avoir pas d'infirmité, c'est-à-dire d'avoir fait du sport, de s'être gardé de deux ou trois choses faciles à éviter, de ne s'être pas trop soûlé, de ne pas avoir attrapé la vérole. Moyennant quoi, c'est merveilleux, la vieillesse. » En tête de son ouvrage *Monplaisir en littérature*, il avait reproduit cette phrase de Teilhard de Chardin : « C'est l'ancien hédonisme païen de l'école d'Épicure, la tendance d'un Paul Morand ou celle d'un Montherlant… pour qui l'idéal est de boire, sans jamais étancher – ou plutôt de façon à augmenter – sa soif, nullement avec l'idée de reprendre des forces, mais par souci de rester prêt à se pencher toujours plus avidement sur toute source nouvelle… »

Il se disait singulier, peu représentatif d'une génération et des époques qu'il avait traversées. Il évoquait sa lenteur d'expression orale, son peu de mémoire. De la télévision il disait : « Une pantoufle ou une veilleuse. » De Mauriac : « Un vieil homme depuis longtemps. » Il ne détestait pas l'anecdote. À l'Automobile Club, voyant passer un descendant du général de Galliffet, il parla de celui-ci. Durant la Commune, en pleine bataille, il alla se réfugier, étant poursuivi, chez sa femme. « Voici bien, madame, le dernier endroit où l'on songerait à venir me trouver… » Plus tard, il aurait ramené une horde de malheureux communards en direction de Versailles, entre des soldats, pour les y faire fusiller. Tout à coup, il arrêta ce troupeau : « Messieurs, s'il y a des étrangers parmi vous, qu'ils sortent des rangs ! » On se pressa pour en sortir. Alors Galliffet : « Fusillez-moi ces gens-là tout de suite ! Je ne peux pas tolérer que l'on vienne du dehors se mêler des affaires de la France ! » Morand rit et conclut : « On est loin des protestations internationales en faveur de Régis Debray. » Je détournai la conversation.

La dernière fois que je le vis, je crois bien, ce fut à l'occasion d'une soirée qu'il donna chez lui, dans sa grande demeure du Champ-de-Mars, avenue Charles-Floquet. Je n'en ai pas noté la date, mais le *Journal* de Matthieu Galey me fait penser que ce fut en mars 1969. La maison avait l'air d'une église, avec son escalier gothique qui montait vers une porte jusque sous les lambris à la façon des degrés conduisant en haut d'une chaire. Dans une grande pièce longue naviguait une table au bout de laquelle un Bouddha posait son sourire énigmatique, à côté d'une Marie Laurencin rose et noire, d'une candeur tourmentée. Les meubles paraissaient happés pour résister au vertige du plafond haut. À l'entrée, Hélène Morand, évoquant une Juliette Récamier qui fût devenue nonagénaire, allongée sur un canapé de satin blanc, accueillait les hommages de divers vieillards et de quelques jeunes gens empressés. Soudain, j'eus Vichy devant moi. Quelqu'un me signala de loin, au centre d'un groupe, Josée de Chambrun, la fille de Pierre Laval. Jacques Isorni, l'avocat de Pétain, lui parlait avec passion. On me désigna aussi deux ministres de ce temps-là. J'éprouvai que ma curiosité d'entomologiste atteignait ici ses limites. Je sortis promptement de ce lieu et, à partir de ce jour, je pris courtoisement mes distances. Je m'éloignai de Paul Morand sur la pointe des pieds.

4

Algérie année zéro

Une ambassade pour temps nouveaux. – Mon père requis par de Gaulle. – Une équipe de choc. – Coopération et méfiances. – À Rocher Noir. – La trace des douleurs. – La violence des ambitions. – Alger, Tipasa, Tizi Ouzou, Palestro. – À l'Assemblée nationale. – L'investiture de Ben Bella. – Rituels étranges. – Aït Ahmed et Ferhat Abbas. – Un théâtre d'ombres ? – Abderrahmane Farès, président d'intérim. – Gaz et pétrole : Hassi Messaoud. – Un déjeuner aux Oliviers. – Ben Bella et Boumediene. – Ben Bella, soldat français. – Kennedy et Castro. – Boumediene : « Ce colonel sera muté. » – « Revenez-nous ! » – Fin de mission.

Mon père, qui avait quitté le ministère de l'Industrie lorsque Michel Debré avait été remplacé par Georges Pompidou, en mars 1962, fut nommé quelques mois plus tard par de Gaulle ambassadeur de France – le premier – dans l'Algérie nouvelle issue des accords d'Évian. Nommé ? Requis, à vrai dire, sans qu'il songeât à se dérober. Le Général tira d'ailleurs argument, pour le convaincre, du fait qu'il avait été le premier, lors d'un fameux tour de table au Conseil des ministres, à dire qu'à ses yeux l'indépendance était inévitable.

L'occasion me fut ainsi donnée de l'y rejoindre à deux reprises. À l'automne, du 29 septembre au 14 octobre, dans le bastion de Rocher Noir puis à la villa des Oliviers et ensuite, autour de Noël, entre le 23 décembre et le 5 janvier. La villa des Oliviers avait été choisie par mon père parce qu'elle avait été la résidence historique de De Gaulle en 1943-1944 et il l'occupait avec ma mère et mes plus jeunes frère et sœurs : Laurence, Brigitte, Pierre-Alain, Natalie. Celle-ci, née en juillet 1958, n'avait que quatre ans et ses turbulences éclairaient les journées les plus tendues.

J'ouvris grands les yeux sur cette terre martyrisée, le temps nouveau d'une nation confiée à elle-même, une fois la France partie, mais demeurée en proximité inquiète avec nous. J'aperçus bien que la situation protégée qui était la mienne risquait de me faire minimiser – ou de rendre trop abstraits – les multiples drames qui se déroulèrent alors sur cette terre. Mais mes impressions furent vives, à courte vue parfois, mais en tout cas colorées.

Je fus autorisé par l'ambassadeur, selon son principe ordinaire, à assister, plusieurs fois, au fond de la salle, aux réunions hebdomadaires au cours desquelles les membres de l'équipe rendaient compte au chef de mission des événements survenus dans leur secteur, de l'interprétation qu'ils en faisaient, des interventions qu'ils proposaient : je savais bien que l'équipe ne ressentait pas comme normale ma présence dans cette enceinte et qu'elle s'en irrita discrètement. Mais mon père ayant expliqué que j'avais « l'habitude des secrets d'État », et étant le patron, chacun fit contre mauvaise fortune bon cœur. Pour moi, je m'en enrichis, en feignant de ne pas entendre les murmures.

Tous ces hommes étaient disponibles avec élan, sous les formes de la bienséance diplomatique. Maurice Couve de Murville, inamovible ministre des Affaires étrangères, avait promis à mon père de lui fournir « les meilleurs » parmi son personnel. Le numéro deux de l'ambassade était Louis de Guiringaud, professionnel rigoureux, fier de sa noblesse toulousaine, qui fut plus tard ministre des Affaires étrangères de Valéry Giscard d'Estaing, de 1976 à 1978. Porté à la mélancolie, il cultivait l'allure du cavalier, en redressant sa petite taille. Hubert Argod, fin et réservé, était le numéro trois. Philippe Rebeyrol, un normalien agrégé d'histoire, grand ami de Roland Barthes, était conseiller culturel. Deux jeunes attachés, François Scheer et Jean-Claude Paye, complétaient l'équipe. Le premier fut plus tard secrétaire général du Quai d'Orsay et ambassadeur en Allemagne, le second, qui fut secrétaire général de l'OCDE, épousa ma sœur Laurence, rencontrée dans ces circonstances.

Je ressentis fortement une cohésion que la sévérité des défis et l'autorité de l'ambassadeur assuraient mieux que ce n'aurait été le cas dans des situations plus paisibles, entre des personnalités qui étaient d'âges, de tempéraments, de fidélités variés. Tous avaient été choisis, comme mon père, pour n'avoir pas été impliqués directement dans la guerre et pour être exempts, de ce fait, d'émotions de longue durée vouées à troubler leur regard. Ils étaient ardents dans leur désir de fonder une amitié nouvelle avec la jeune République algérienne, sur un pied d'égalité. De cela témoignent les dépêches qui ont été rédigées au long de ce semestre important et publiées, en 2015, à l'initiative de mon ami Maurice Vaïsse, historien des relations internationales, par l'archiviste Anne Liskenne.

Dans cette période se concentraient, parmi les cahots de l'imprévisible et dans tous les replis de la société, les effets du passé, celui de la colonisation de cent trente ans puis de la sanglante rupture et les éléments d'un avenir qui porterait à son tour bien des drames et bien des tourments. Les traces de la domination d'un peuple sur l'autre, puis de l'arrachement imposé à la France, étaient profondes, tandis que l'attente d'un mieux-vivre au sein de la population commençait déjà de se heurter à une foule d'obstacles idéologiques, psychologiques, culturels et matériels. Les affrontements pour le pouvoir se déchaînaient entre les différentes forces qui avaient contribué à l'indépendance.

À l'ambassade, on était aux premières loges pour prendre conscience de ceux-ci, qui étaient faits pour exaspérer, sous les effets d'une surenchère spontanée, une contradiction, jour après jour, chez les Algériens. D'un côté le désir de signifier à la France que, par-delà les douleurs, ils souhaitaient son appui, notamment financier. De l'autre l'obsession de montrer jusqu'au fond des campagnes le concret d'une indépendance si chèrement acquise, aux dépens des propriétés et parfois des personnes des anciens colonisateurs, aux dépens aussi d'une efficacité agricole minimale. Il fallait à la détermination française trouver son équilibre sur tous les sujets en cause – protection des derniers colons restés sur place après le sang versé lors des premiers jours de l'indépendance, notamment à Oran, accords financiers, coopération technique, dévolution du parc immobilier. Et ne pas se tromper sur les pouvoirs en voie d'émergence.

Deux âges se cognaient sous nos yeux. L'Histoire se jouait à la fois à la surface du drame et dans la profondeur des mentalités. Je ressentis cela, sur-le-champ. On parlait d'une guerre civile évitée de peu et du succès du « groupe de Tlemcen » emmené par Ben Bella et Boumediene. Il s'appuyait sur « l'armée des frontières » et il s'était affirmé au début de septembre, à Alger, contre les wilayas III et IV. On surestimait, du côté français, l'influence des figures historiques de l'indépendance, tels Abderrahmane Farès et, au premier chef, Ferhat Abbas – sans qu'on puisse reprocher aux observateurs du temps de ne pas avoir prévu de quelles violences les rivaux rejetés dans l'opposition seraient les victimes.

*

L'Algérie où je débarquais, en ce premier automne d'après l'indépendance, offrait une ambiance étrange à qui l'abordait pour la première fois mais avait été marqué, depuis l'aube de son adolescence, par des images et des sons en profusion, des récits multiformes de passion et de brutalité. L'arrivée à Rocher Noir, où l'ambassadeur avait pris résidence, eut quelque chose de fantomatique. Devant la porte, douze serviteurs en rang d'oignons m'évoquèrent la timidité de la jeune épousée, dans *Rebecca*, le film d'Alfred Hitchcock, lorsqu'elle est accueillie dans le château de son récent époux. Le lieu paraissait hors du temps, chose étrange dans un pays qui venait d'être ravagé par tant de drames. Cet ensemble immobilier avait été construit pour y accueillir le délégué général, après les troubles de 1960 à Alger, sur un plateau en bord de mer, à une quarantaine de kilomètres de la capitale. S'y regroupaient des bâtiments encerclés par une clôture en barbelés, avec une seule porte gardée par une automitrailleuse. Dans une des villas siégeait l'exécutif provisoire créé par les accords d'Évian et présidé, d'un commun accord, par Abderrahmane Farès.

À Alger, l'impression de décalage temporel et psychologique était plus marquée encore. J'y fus promené par deux chauffeurs de l'ambassade, qui étaient, naturellement, officiers de police et qui voulurent me montrer les lieux divers où la « grande Histoire » s'était déroulée, sous leurs yeux, depuis le 13 Mai, avec la bataille d'Alger puis la « semaine des barricades », et la fusillade de la rue d'Isly, le 26 mars 1962. Le Forum, le Gouvernement général, le square Laferrière, la rue Michelet, le tunnel des Facultés… J'avais encore dans l'oreille les « flashs » d'Europe n° 1 qui donnaient vie à ce décor, dans les tonalités du tragique. L'un des policiers me raconta ses batailles contre l'OAS : « À présent, franchement, nous avons l'impression d'une vie calme et presque ennuyeuse… » On nous promena aussi, sans crainte, dans la Casbah (mais ce n'est que trente ans plus tard, comme j'y venais moi-même en visite ministérielle, que l'on me fit visiter la cachette de Yacef Saadi, l'adversaire du général Massu pendant la « bataille d'Alger »). Dans les regards de la foule, nulle hostilité – une curiosité distante. Combien paraissait prompte la bascule par rapport au passé !

Cette impression se vérifia lorsqu'un peu plus tard nous nous rendîmes par la route à Tipasa et ses ruines romaines, et plus encore en Petite Kabylie, le 7 octobre. Nous commençâmes par le secteur où avait combattu, en en connaissant tous les détours, le commandant Gilbert Chavannes, un cousin de ma mère devenu l'aide de camp de mon père. Après un arrêt à Tizi Ouzou et son marché, nous prîmes, vers l'est, une route qui suivait les crêtes et qui offrait de larges points de vue. Les versants parsemés de cactus et de bruyère laissaient discerner une terre orange sous le ciel bleu. Nous vîmes peu de Français, pas un seul à Michelet (devenue ensuite Aïn el-Hammam), où notre arrivée créa une surprise manifeste. Six mois plus tôt, ce secteur était l'un des plus dangereux d'Algérie, mais nous n'y rencontrâmes aucune marque d'hostilité. Même, quand nous déjeunâmes à cent mètres au-dessus d'un petit hameau, un berger chenu, voyant notre besoin d'eau, monta par deux fois le long d'un sentier escarpé pour nous en apporter, avec des protestations d'amitié. Le site était magnifique. Nous étions sur une hauteur qui dominait, très loin, l'oued Sebaou, maigrelet, et la route que le maréchal Randon y avait fait construire, après l'expédition de 1857, en très peu de temps (à quel coût humain ? L'histoire ne le disait pas...). Un monument de pierre blanche le rappelait encore. Plus tard, sur le chemin de retour par les gorges de Palestro – centre du « terrorisme » sanglant de naguère –, nous vîmes deux ou trois villages détruits, et les restes de camps de regroupement : on avait permis à ses habitants d'emporter portes et fenêtres en retournant dans leurs montagnes et on n'y observait plus que des fondations décrépites. La nuit tombait quand nous revînmes à la villa des Oliviers.

Un événement me parut symboliser, du côté des rituels affichés comme des propos tenus, les incertitudes, en ce moment charnière, de la prégnance du passé sur l'avenir. Ce fut l'investiture d'Ahmed Ben Bella, le 29 septembre 1962, par l'Assemblée qui venait d'être élue – sur des listes uniques dont la composition reflétait assez bien l'état des forces entre les divers rivaux qui aspiraient au pouvoir. Un télégramme conservé dans les archives du Quai d'Orsay en rend compte en détail. Il doit être de la plume exercée de Louis de Guiringaud. Mon regard était plus novice que le sien, plus libre aussi peut-être.

À l'entrée du palais Carnot, dont l'hémicycle avait accueilli, en octobre 1943, la première séance de l'Assemblée consultative provisoire et plus tard la représentation – truquée au profit des colons – de la population d'Algérie, un huissier se tenait en majesté. Il portait, avec son habit à queue de pie ressorti de quelque naphtaline, une chemise molle et une longue cravate sombre, et il me parut symboliser la particularité de cette Chambre de révolutionnaires et d'insurgés qui, après sept années de guérillas et de maquis, semblaient trouver du plaisir à se couler dans le moule d'un formalisme désuet. Il y avait quelque chose d'irréel à voir « le président du Conseil désigné », Ahmed Ben Bella, entouré de ses ministres et de ses « frères militants », se plier, pour un débat d'investiture, aux règles de la tradition parlementaire française, telles que les invoquait, depuis son « perchoir », le président de cette Chambre, le sexagénaire Ferhat Abbas.

Je regardais celui-ci officier dans ce rôle, me demandant ce qui, dans son esprit, pouvait l'emporter de la satisfaction d'un aboutissement ou de la frustration de se trouver marginalisé par une nouvelle génération, quelque flatteuse que pût être sa fonction. On savait qu'il avait longtemps incarné, depuis les dernières années de la Troisième République et durant la Quatrième, l'espoir de dessiner une union franco-algérienne fondée sur une égalité des droits et une intime coopération. Il était allé la proposer au général de Gaulle dès 1944 – éconduit au nom de priorités plus immédiates, celles de la guerre à conclure, de la victoire à parachever. Ensuite seulement il avait été conduit à entrer dans la clandestinité et à présider, figure tutélaire, le GPRA, le gouvernement provisoire de la République algérienne en exil. Sa présence en ce lieu, à cette place, rappelait crûment que la puissance colonisatrice avait toujours été en retard d'une étape et d'un courage par rapport au mouvement incoercible qui portait à l'égalité des statuts.

La même impression d'entrelacs des cultures me saisit, dès mon arrivée, à voir les soldats moustachus et farouches et l'aménokal du Hoggar, chef suprême des Touaregs, Bey ag Akhamouk, drapé dans une robe de laine et la figure dissimulée par un haut voile noir, se regrouper sagement dans le hall à grandes colonnes corinthiennes, puis pénétrer en bon ordre dans la salle des séances couverte de boiseries. On y avait placé un drapeau vert et blanc, celui de la nouvelle nation, entre deux décorations en stuc figurant la générosité de la Francc coloniale et installées là à l'occasion du centenaire de la conquête, en 1930.

Dans la tribune diplomatique, je trouvai un curieux mélange : les membres de diverses missions étrangères (elles commençaient à peine d'arriver), des dactylos de Rocher-Noir, des combattants qui semblaient émerger de la poussière des maquis. Une jeune agrégée de lettres était revenue – me dit-elle – enseigner dans son pays natal qu'elle avait quitté depuis six ans : elle appartenait aux enthousiastes qu'on commençait d'appeler les « pieds-rouges » et dont la plupart furent si tôt déçus. Jacques Vergès, muré dans une impassibilité ostensible, se tenait debout, un vague sourire accroché au visage sous ses lunettes rondes : on disait que, bras droit du nouveau ministre algérien des Affaires étrangères, il comptait être naturalisé. À son côté Louis de Guiringaud, qui incarnait la diplomatie la plus policée, faisait avec lui, envers qui il tenait beaucoup à ne pas montrer la moindre connivence, assaut d'impassibilité.

L'ombre de la Troisième République flotta jusqu'à la fin, au moment où le président de l'Assemblée mit aux voix une motion qui disait à peu près : « L'Assemblée, après avoir entendu la déclaration du président du Conseil désigné, confiante qu'il saura appliquer le programme qu'il a énoncé, passe à l'ordre du jour… » Comme quasiment toutes les interventions se firent en français et comme on renonça assez vite à assurer une traduction en arabe, le mimétisme avec le Palais-Bourbon s'en trouva encore plus frappant.

Les débats furent suivis, tard dans la nuit, avec une attention qui ne se relâcha sur aucun banc. Ben Bella, à la tribune, comme capturé par les violents projecteurs de la télévision – en ce temps-là la technique imposait sa violence –, sembla d'abord emporté par une émotion qu'il avait peine à maîtriser, les mains tremblantes, les paupières clignotantes. Mais il se ressaisit assez vite et il lut d'une voix sourde et bientôt raffermie, un peu rocailleuse, un discours de quarante-cinq minutes que n'interrompit aucune exclamation. La langue en était nette et quelquefois élégante. Après un éloge assez promptement expédié des morts de la guerre d'indépendance, il en vint vite au cœur de son propos, son intention de respecter une double fidélité : au programme de Tripoli de juin 1962 et aux accords d'Évian signés le mois de mars précédent. J'avais déjà assez conversé avec l'équipe de l'ambassade pour savoir que cette synthèse et sa possibilité étaient au cœur même des incertitudes sur l'avenir. La question de la réforme agraire, affichée comme une intention primordiale, en témoigna forcément, posant celle du maintien sur leurs terres des colons qui n'avaient pas fui.

Lorsque Ben Bella dit qu'il n'y aurait là que « des difficultés mineures qui [pourraient] et [devraient] être résolues dans le cadre d'une coopération authentique », il me sembla que la langue de bois s'imposait vite. Les propos sur l'instauration d'une « Éducation nationale populaire » – sur quel personnel faire fond ? – et sur l'exploitation des richesses naturelles – avec quelle pérennité de la France ? – me parurent envelopper les aspérités d'un voile d'optimisme forcé. À la sortie, Guiringaud me dit que l'absence de toute outrance démagogique était déjà satisfaisante : soit, mais… Au reste, en venant aux tâches les plus immédiates, Ben Bella garda le ton de la modestie : « Il échoit au gouvernement une lourde tâche. Soyez persuadés qu'il essaiera de s'en acquitter avec une foi patriotique qui ne se démentira pas. Mais nous ne sommes pas des faiseurs de miracles… »

Ensuite, deux dizaines d'orateurs défilèrent à la tribune, déversant les flots d'une éloquence généralement creuse, et cependant très applaudis car la bonne humeur était générale, couvrant le tumulte des arrière-pensées. Aït Ahmed seul parut compter. En tant que « père historique » de la libération, emprisonné avec Ben Bella et les trois autres captifs de l'avion détourné par l'armée française en octobre 1956, il chercha clairement, porté par ce prestige, à représenter « l'opposition constructive ». Il employa lui-même cette expression. Je l'observai de près dans les couloirs, où il était fort entouré par les femmes députées : grand, brun, d'une élégance ostentatoire, les traits fins, mais avec je ne sais quelle mollesse relâchée dans la bouche. On l'aurait pris volontiers pour un play-boy italien passé par la Rue Saint-Guillaume.

Il intervint d'abord pour faire obstruction au débat et pour régler un compte avec Ferhat Abbas (qui lui avait coupé la parole lors de l'installation de l'Assemblée), protestant qu'on ne pourrait pas s'exprimer sérieusement sur un discours – celui du président de Conseil – qui n'avait pas été distribué : « Ce travail bâclé est incompréhensible. » Je regardai la salle : ce propos vif fut accueilli sans approbation mais avec quelque chose comme une vague sympathie : refus de ce rejet, mais satisfaction qu'on pût le proposer… Était-ce un apprentissage ? Le président de l'Assemblée ayant passé outre, la seconde intervention d'Aït Ahmed parut presque pathologique : un méli-mélo d'abstractions entassées les unes sur les autres avec un pédantisme qui finit par indisposer une Chambre d'abord indulgente. Il parla par exemple de « causation circulaire » et de « dynamique de la mystique des masses »… Face à cette prolixe vacuité, Farès, à son banc, se forçait à demeurer impassible.

Un jeune militant, maigre et inspiré, dit se fonder sur le « bon sens populaire » pour appeler à la fin de toute paperasse et à l'interdiction immédiate de l'alcool : dans l'hémicycle, on n'applaudit pas ce point. L'orateur était, pour le moins, en avance sur son temps. Un capitaine de la wilaya IV, qui fut le seul à ne pas s'exprimer en français, et qui représentait, me dit-on, le parti vaincu par le « groupe de Tlemcen », réclama, modérément applaudi, une arabisation rapide des masses, tandis que le commandant Mayous Ahcène, de la wilaya III, appelait à une autocritique collective : « Parler d'unité entre nous, c'est du bla-bla-bla. Nous sommes usés déjà : honte à ceux qui ont préféré se disputer plutôt que de construire, qui ont favorisé les pêcheurs en eau trouble. » Le commandant Slimane, proche de Boumediene, déplora enfin qu'on n'ait pas pris le temps d'une campagne électorale « normale » : il faudrait « faire mieux à l'avenir ».

Ben Bella, qui s'était opposé à une motion de clôture, répondit aux orateurs à 4 heures du matin, en insistant beaucoup sur son « pragmatisme ». La réforme agraire pourrait être affirmée en 1963, mais certainement pas encore entrer dans les faits. « Toutes les réformes agraires ont échoué, de la Chine à Cuba. » Et il eut cette phrase qui surprit : « Nous échouerons probablement sur bien des points. Mais nous recommencerons. » Quant aux nationalisations : « Nous avons deux millions de chômeurs et une sécurité à rétablir : ce n'est vraiment pas le moment de tout chambouler ! » Pour l'armée : « L'Algérie ne peut pas se payer le luxe d'une armée de cent soixante-dix mille hommes. D'ailleurs, il n'y en avait pas quinze mille à l'intérieur au moment des accords d'Évian. »

En regagnant, à l'aube, Rocher Noir, je portai un sentiment d'optimisme, tout en me demandant, à meilleur escient, s'il ne s'agissait pas d'un « théâtre d'ombres ». On sait aujourd'hui que l'Assemblée fut bientôt humiliée, la Constitution, fondée sur le principe du parti unique, élaborée en dehors d'elle par une autre instance et Ferhat Abbas conduit à la démission dès août de l'année suivante. Il parla plus tard d'une forme de « délire ». « Il n'y avait plus de démocratie, peut-on lire dans ses Mémoires, publiés en 1984, *L'Indépendance confisquée*, le peuple étant absent et ses représentants réduits au rôle de simples figurants. » Je n'appris que plus tard que Mayous Ahcène, l'orateur dénonçant le « bla-bla-bla », avait été le bourreau de milliers de combattants, après que l'armée française avait réussi à faire croire (ce fut la fameuse « bleuite ») que ceux-ci étaient des agents infiltrés dans les rangs de la wilaya III. Peut-être – à une autre échelle – aurais-je été aussi peu lucide, si j'avais assisté aux débuts de la Convention, à la fin de 1792, sur les futurs affrontements mortels de ceux qui y rassemblaient à la fois leurs enthousiasmes et leurs rivalités féroces.

*

Il est vrai qu'une visite à Abderrahmane Farès, le 30 septembre, au côté de mon père, avait pu contribuer, chez moi, à un certain aveuglement, tant le président de l'exécutif provisoire débordait d'optimisme sur la suite. Il nous dit sa volonté de prendre du champ, de ne pas être du gouvernement Ben Bella ni non plus ambassadeur à Paris. Des vacances à Divonne-les-Bains, puis une étude de notaire à Alger… « Je veux bien, plus tard, leur donner des conseils, mais d'abord il faut les laisser se débrouiller, patauger un peu dans les affaires publiques. De toute façon il va y avoir une période instable, difficile, à laquelle il sera bon de n'avoir pas participé. Je crois que cette attente est, pour moi, la meilleure façon de servir mon pays. »

Cet homme, qui était rond avec des chaussures blanches, avait de la finesse. Sur les nouveaux acteurs, il porta des jugements précis et nuancés. De Boudiaf qui venait, quelques jours plus tôt, de marquer son hostilité au FLN à partir de son groupe politique en accusant publiquement l'équipe au pouvoir de « préparer la voie à un régime policier de dictature personnelle ou militaire », Farès dit que c'était « un aigri » qui chercherait à prendre sa revanche lors du prochain congrès du FLN. Sur Aït Ahmed, il confirma : « Il est parti à l'attaque beaucoup trop vite et il s'use à grande vitesse. C'est un intellectuel qui a beaucoup lu, qui aime trop les complications abstraites. Il n'y avait pas dix députés qui pouvaient le comprendre, l'autre soir, à l'Assemblée. D'où un effet d'humiliation... » Krim Belkacem, le négociateur d'Évian, était malade, mais il reviendrait bientôt diriger l'opposition.

Farès pensait qu'on s'orienterait vers un régime présidentiel, malgré Ferhat Abbas qui « rêvait d'être le président de la République d'un régime parlementaire ». Il déplora que Ben Bella ait désigné Slimane, « un démagogue », pour diriger la commission chargée de préparer la future Constitution et qu'il n'ait pas choisi de mettre sur pied sans délai un « gouvernement d'union ». Celui-ci aurait moins cédé à la facilité, pensait-il. Tout le monde se serait affronté de concert à la brutalité des problèmes du lendemain, qui étaient surtout la réforme agraire et l'adaptation des combattants à la vie civile. Le président Farès se préparait à un exil provisoire dans quelque Colombey mythique, mais il escomptait visiblement que ce ne fût pas « avec son chagrin », comme aurait dit de Gaulle. Il se dessinait lui-même en recours, sans discerner qu'était passé le temps des élites urbaines, des bourgeois issus de la colonisation, et que le pouvoir était en passe d'être disputé, dans la violence, en dehors de lui.

Ce climat était propice aux rumeurs, parfois les plus dévergondées. *L'Aurore*, quotidien de la droite antigaulliste, se fit l'écho d'un bruit selon lequel le consul de France à Alger, Jacques Juillet, aurait été violenté publiquement sur la plage de Sidi Ferruch, le 17 juillet. Je fus témoin d'un entretien de l'ambassadeur avec le correspondant du *Monde*, Michel Goué, pour démentir cela. Ce consul étant apparu étrange et indocile, intriguant contre l'ambassade, mon père obtint son rappel (le frère du personnage, Pierre Juillet, conseiller aulique de Pompidou, contribua ensuite à rendre leurs rapports difficiles : à quoi tiennent les choses...). Quant à la pérennité des fausses nouvelles, que Marc Bloch fut l'un des premiers, après la Grande Guerre, qui en regorgea, à considérer comme un sujet de vif intérêt pour l'Histoire, celle-ci en fut le signe. Jean-Marie Le Pen la reprit à son compte, en 2011 encore, avec gourmandise, dans l'intention qu'on devine : pour stigmatiser rétrospectivement une prétendue lâcheté de la France gaullienne.

Je suis frappé, avec le recul, de constater que la question du gaz et du pétrole tenait une place limitée dans les préoccupations de l'ambassade et les conversations entretenues avec les nouveaux dirigeants : comme si les garanties données à Évian d'une possibilité de continuer l'exploitation par la France paraissaient assez solides pour qu'on ne s'en souciât pas trop. À moins que ce fût parce que Claude Cheysson, directeur général de « l'Organisme saharien », était en prise directe sur l'Élysée, de la même façon d'ailleurs que les militaires, soucieux de préserver dans le Sud l'espace d'expériences nucléaires. L'ambassadeur se rendit néanmoins avec plusieurs de ses collaborateurs, le 30 décembre, dans le vieux DC-3 mis à sa disposition, à Hassi Messaoud, où nous visitâmes l'ensemble des installations de raffinage. Une oasis artificielle était aménagée pour offrir aux techniciens et à leurs proches une vie de petite bourgeoisie très paisible et apparemment éloignée de toutes les émotions extérieures. Celles-ci vinrent plus tard… La petite colonie animant d'autre part l'oasis de Touggourt, riche de dix mille palmiers-dattiers et où de Gaulle, peu avant d'entrer à l'Élysée, était venu saluer le Sahara français, en décembre 1958, ne trancha pas sur cette impression. On nous y offrit un cocktail très provincial.

Le 4 janvier 1963, à la villa des Oliviers, j'assistai au déjeuner donné pour le président Ben Bella, en présence du colonel Boumediene, du jeune et fringant ministre des Affaires étrangères, Mohammed Khemisti – qui fut assassiné quelques mois plus tard dans des circonstances mal éclaircies, peut-être à l'instigation de Ben Bella lui-même –, d'Abdelatif Rahal, le nouvel ambassadeur d'Algérie à Paris, et enfin de Mohammed Bedjaoui, secrétaire général du gouvernement : ce dernier avait été naguère étudiant de mon père à Grenoble et l'appelait « Monsieur le doyen »…

J'ai évoqué ce repas quelques fois, par la suite, lorsque l'on sut la violence, ouverte et cachée, de l'affrontement sans merci qui opposa plus tard Ben Bella et Boumediene, et qui aboutit au coup d'État du second détrônant le premier, en juin 1965. Pour l'heure, ils jouèrent le jeu d'une harmonie affichée. Dans cette rencontre symbolique en territoire français, mon père, toujours optimiste (trop, peut-être), vit la preuve du succès de la politique de discrétion que l'ambassade avait menée, conformément aux instructions qui lui avaient été données par de Gaulle.

Pendant les violentes luttes intestines de l'été, elle avait aidé l'un des camps – hélicoptère et renseignements – en misant au demeurant sur « le bon cheval » : entendez, toute morale mise à part, les vainqueurs de septembre. À partir d'octobre surtout, la règle fut d'éviter à tout prix de jouer au « résident » d'antan ou au technicien tutélaire, ce qui eût été néfaste étant donné la susceptibilité des Algériens à présent maîtres chez eux. La conviction était qu'il fallait les laisser « apprendre leur métier », face aux réalités, et revenir ensuite, à leur gré, d'eux-mêmes, demander conseil. Que cette rencontre fût possible à la villa des Oliviers paraissait donc le signe d'une détente, d'un état d'esprit à nouveau favorable à une coopération sérieuse. Le tournant se plaça à la mi-novembre, au moment de la séparation des Trésors et de la distance prise par les Algériens par rapport à Cuba : les « frères » mesurèrent mieux alors à quel point ils dépendaient de nous et combien peu ils pouvaient, pour l'instant en tout cas, attendre d'autres pays.

Lors du déjeuner, mon père cita à Ben Bella le mot que Léon Blum, accédant à la présidence du Conseil, avait tenu en 1936 au président du Sénat : « Maintenant, on va voir si je sais faire naître en moi un autre homme, gouvernant à bonne distance du militant que j'étais. » Je regardai beaucoup, à table, le colonel Boumediene, dont me séparait un seul convive, le conseiller Hubert Argod. Il fumait sans arrêt, à la chaîne, parlant lentement, dans un français caillouteux, de la beauté de son pays et de la pauvreté du Constantinois. Il était émacié, les joues creusées, grave, sans agressivité ni timidité. Après le déjeuner il se porta dans un coin du salon avec le général de Brébisson, « commandant supérieur interarmées » de nos troupes, quatre étoiles, l'air fin mais un peu triste, qui m'évoquait Babar avec ses grandes oreilles décollées. Les deux hommes ne s'étaient jamais vus et le désir d'une rencontre, du côté de notre général, était un des motifs du repas. Brébisson nous raconta ensuite que le contact avait été facile, avec ce mot ingénu : « Tellement facile que, par moments, j'ai dû me retenir pour ne pas lui donner des ordres. »

À un détour de la conversation, Boumediene parla des engins de transmission dont son armée avait besoin, sans bien maîtriser, visiblement, le sujet. Il parut content lorsque Brébisson lui dit : « Expliquez-moi la situation pour laquelle ils vous seraient utiles et nous déterminerons le type nécessaire », et il ajouta en souriant : « Je suis toujours gêné quand Ben Bella est là, car il a des connaissances techniques dans ce domaine, moi pas ! » Cette modestie fut toute provisoire, comme la suite nous l'apprit. Lorsque Brébisson, questionné sur d'éventuelles difficultés, sur le terrain, lui cita le cas d'un colonel Rachid, du Sahara, avec qui notre armée collaborait difficilement, Boumediene sortit un papier de sa poche, nota le nom et déclara tranquillement : « Il sera muté. »

La conversation devenant générale, Ben Bella s'illumina en évoquant devant Guiringaud, qui lui-même y avait participé, la campagne d'Italie, la « magnifique armée française », le « défilé émouvant dans Rome libérée avec le frémissement des drapeaux tricolores sous le soleil ». Il voulut nous confirmer aussi, avec une fierté non dissimulée (je me demandai si elle n'était pas « surjouée »), qu'il était l'un des trois Algériens à qui de Gaulle avait lui-même remis, à l'époque, la médaille militaire.

Lorsque mon père évoqua son odyssée à partir de Saïda, lors du putsch d'avril 1961, quand il avait échappé de justesse aux mutins, Ben Bella s'écria : « Oh oui, je me souviens très bien ! On avait d'abord dit que vous étiez captif. Nous suivions tout cela avec passion, depuis notre prison. » Au salon, le président du Conseil s'engagea dans un aparté avec mon père. Je m'en approchai. Comme Ben Bella s'entendait rappeler que son autorité, solide à certains endroits du pays, était fort contestée ailleurs, notamment dans le Constantinois, où régnait un grand désordre : « Oh ! je le sais, dit-il, mais nous comptons tenir la situation bien en main d'ici à deux ou trois semaines. » Sur le fameux commandant Slimane, dont le rôle paraissait s'affirmer, au grand dam de Farès, il eut ce commentaire : « Il est très solide et très efficace. Mais c'est une vraie dynamo. Il faut toujours lui donner du travail à faire. En Amérique, il s'est révélé excellent négociateur, bien meilleur que je ne m'y attendais. »

Je l'interrogeai sur Kennedy qu'il venait de rencontrer aux États-Unis à l'occasion de l'entrée de l'Algérie à l'ONU : « Il est très abordable, direct et sincère. Nous avons bien vu ce qui nous séparait, mais nous nous sommes bien entendus. » Le tout fut dit sur le ton d'une simplicité délibérée. Qu'en était-il de Cuba, où il s'était rendu en visite officielle quelques jours avant la « crise des fusées » du mois d'octobre ? « Les Américains n'ont pas été contents que j'y aille, mais j'avais été invité quatre fois, et puis, pour nous et nos problèmes, c'est un champ de comparaison passionnant... J'ai d'ailleurs dit nettement à Castro : "Vous avez tort d'abandonner le neutralisme, notamment à l'égard de l'Amérique du Sud. Quant à nous, Algériens, nous ne sommes pas marxistes et nous ne le serons jamais." » Ben Bella rejoignit mon père pour penser que l'affrontement entre les États-Unis et l'URSS s'était finalement bien terminé pour Cuba, qui n'avait pas intérêt à garder durablement des fusées russes sur son sol. « Tenez, une chose que je n'ai pas encore racontée : Fidel Castro ne m'a pas dit, quand je l'ai vu, qu'il y en avait. Il ne m'a pas dit le contraire, mais enfin... » Le chef du gouvernement se montra sensible à l'autorité personnelle de Castro, à l'assise de son régime. « Il y a des signes qui ne trompent pas, pour nous qui nous sommes *frottés avec les hommes.* »

Plus tard, le président du Conseil déclara : « Nous songeons à établir une sorte de service civique pour les jeunes. » À quoi l'ambassadeur répliqua : « En France aussi, on en parle, pour remplacer le service militaire – et cela pourrait nourrir une forme de coopération. Nous pourrions vous envoyer des jeunes gens dans ce cadre. » Alors Ben Bella, paraissant sincère : « Ce serait magnifique ! » À un moment, mon père désigna du doigt le dialogue de Boumediene et Brébisson : « Nos militaires ont l'air de bien s'entendre. Mais peut-être voulez-vous intervenir dans cet échange, monsieur le président ? » Sur quoi Ben Bella, souriant : « Non, non, laissons-les donc ensemble... » En prenant congé il dit simplement à ma mère, avec un grand sourire, en roulant le « r » : « Revenez-nous ! »

Mon père acheva peu après sa mission, dont il avait été décidé avec de Gaulle qu'elle ne serait que de quelques mois. Ce fut le temps d'un premier bilan, qu'il fit devant moi et que reflète son rapport final. Il fallait, expliquait-il, s'accommoder d'une réalité : les nouveaux dirigeants, même après que Ben Bella eut paru assurer son pouvoir, largement constitué contre les négociateurs d'Évian, n'avaient pas pu s'assurer une autorité décisive sur les populations rurales – dominées par des autorités de fait et animées de pulsions de revanche irrépressibles. Ils manquaient de cadres à leur main et l'abstraction d'un système doctrinaire d'exploitation des terres, plaqué, malgré les exigences de prudence du chef du gouvernement, sur un monde encore peu développé, vouait à dégrader, à court terme, la production alimentaire.

Quant aux relations entre les deux pays, il s'agissait tout à la fois de préserver les chances d'une coopération à nouveaux frais et de permettre que les garanties signées à Évian quant à l'avenir des « Européens » qui choisiraient de demeurer et à la protection des biens de tous fussent honorées. Beaucoup jouèrent le jeu. J'assistai, en bout de table, lors de mes deux séjours, à divers repas qui s'organisaient à la villa des Oliviers pour des « missionnaires » français de passage, venus dessiner les voies et les moyens d'une coopération concrète, tels des inspecteurs des Finances, des conseillers d'État (Francis de Baecque et Marceau Long) ou des dirigeants du Syndicat national des instituteurs, dans une ambiance de bonne foi et de bon sens. Le résultat apparut, à court terme, comme fort inégal aux espoirs qu'avaient formulés, après la paix, les esprits les plus généreux, dans l'ordre affectif autant que dans l'ordre matériel. Mais le pire, tel que le prévoyaient les plus sombres, fut évité et les chances du long terme partiellement préservées : le repli d'une présence naguère si intime s'étant accompli parmi d'infinies souffrances mais sans cataclysme absolu.

À nouveau, en mai 1963, je constatai que renaissaient les rumeurs portant mon père vers Matignon. Son ami Alexandre Verret, président socialiste des Charbonnages de France (cet homme de bien se tua l'année suivante dans un accident de voiture), lui tint le raisonnement suivant : « Michel Debré, élu à la Réunion, entre au Parlement. S'il pense à la présidence de la République (et il y pense sûrement) ou si de Gaulle y pense pour lui, il ne souhaitera pas être Premier ministre, poste où l'on risque toujours quelque accident. Mais s'il arrive que Pompidou, poussé ou non par-derrière, doive quitter Matignon et qu'un rival, ainsi, s'efface, il ne s'agit pas d'en susciter un autre quelconque. Or, Michel Debré ne peut avoir confiance en aucun de ses pairs ou de ses poulains, que ce soit Chaban, Frey ou Peyrefitte. Donc on a cherché l'homme qu'il pourrait trouver qui soit *sûr* à tout coup. D'où le seul Jean-Marcel Jeanneney »... Je songeai que cela impliquait que celui-ci avait acquis, depuis son entrée en politique, une remarquable estime, bien que dans un ministère de second plan, et à Alger, à bonne distance. Il m'est plaisant de relire ce que furent ces supputations dans le bal des ambitions ordinaires. Je ne le dis pas en mauvaise part, mais pour noter une fois de plus les bornes infranchissables de l'imprévisible.

5

Un mécréant au concile

Tolérance, distance, curiosité. – L'aumônier de Louis-le-Grand. – Une expérience sans pareille. – Philippe Levillain, catholique et libre. – Quatrième session : les fastes du Vatican. – Grandeurs temporelles, kermesse populaire. – René Brouillet, ambassadeur. – Son prestige et ses chagrins. – Des journalistes au travail. – Effluves d'intégrisme. – Les pères de Lubac et Daniélou. – Sur les prélats de France. – Paul Gouyon, archevêque de Rennes. – La difficile chasteté. – Un déjeuner chez Jean Guitton. – Un prédicateur cathodique. – Liberté religieuse et autres enjeux. – Dans l'aula. – Un jésuite béatifié. – Jean-Paul Ier, plus tard. – Ma grand-mère, inquiète, rassurée.

L'occasion me fut belle. Alors que l'Église catholique se trouvait au cœur de l'un de ces moments historiques qui la fit se confronter à son destin et en infléchir le cours, le concile de Vatican II, il me fut proposé de passer six semaines à Rome, lors de la quatrième et dernière session. Ce fut dans un poste d'observation rare, l'ambassade de France auprès du Saint-Siège. En cet automne 1965, le chef de poste, René Brouillet, se trouvait démuni en personnel, celui des temps ordinaires n'étant pas suffisant pour répondre aux sollicitations de l'événement. L'idée lui vint de solliciter l'École normale, dont il avait été l'élève au début des années trente, pour y trouver un jeune camarade disposé à venir prêter main-forte à sa petite équipe. Le directeur Robert Flacelière lui désigna Philippe Levillain, déjà fort versé dans les choses du catholicisme et voué à y consacrer sa carrière intellectuelle. Or, je m'étais lié, à l'École, d'amitié forte avec ce dernier. Il fut suggéré que je m'adjoigne à lui pour former un binôme. L'idée fut d'autant plus aisément agréée que René Brouillet était proche de ma famille, pour des raisons que je dirai plus tard. Il savait bien que je n'étais pas catholique, contrairement à mon complice et évidemment à lui-même. Non seulement il ne s'en inquiéta pas, mais il dut trouver là quelque chose de stimulant.

Je n'avais jamais connu, depuis ma prime adolescence, la moindre esquisse d'une tentation mystique ou même d'un penchant vers une religion révélée. Mon milieu familial m'en avait mis à grande distance. Mon grand-père paternel, étudiant, avait quitté toute attache avec le catholicisme ordinaire de ses ancêtres, en Haute-Saône, que son propre père, le commissaire-priseur, respectait mollement. Sa femme, Lucie Jozon, était issue, je l'ai dit, d'un milieu de farouches républicains, opposants inflexibles sous le Second Empire. Mon père n'avait donc, évidemment, pas été baptisé, chose rare parmi la bourgeoisie de son temps. Ma mère ne l'était pas davantage, dans la ligne d'une culture protestante dont ses parents avaient conservé, nous l'avons vu, la morale de vie sans perpétuer la foi de leurs ancêtres.

Mais, dans le même temps, j'avais appris, en famille, au lycée et ensuite, à célébrer la tolérance. Les phrases du testament de Jules Jeanneney, qu'on avait lues sur son cercueil, en avril 1957, m'étaient restées en mémoire, tant elles me convenaient bien : « Mes obsèques seront civiles. Dès mes vingt ans, et très délibérément, j'ai répudié tous les dogmes religieux. Au terme proche d'une longue vie, le problème de l'univers demeure, pour moi, l'inconnaissable. Je finirai agnostique, en grand respect de toute croyance sincère et en aversion immense pour l'intolérance. »

Je n'en avais pas moins ressenti, très jeune, à travers la littérature et mes rencontres d'enfant ou d'adolescent, une curiosité particulière pour le fait religieux. J'avoue qu'il m'était même arrivé d'éprouver quelque condescendance envers ceux qui n'avaient pas le courage ou l'audace de trouver en eux-mêmes la morale, l'énergie qui permettent de construire une vie honorable sans l'attente d'une récompense ou la crainte d'un châtiment après la mort. Je retrouve les lignes suivantes, au fil d'un carnet, à quinze ans, le 11 août 1957, écrites après que j'eus passé des vacances de Noël, en Autriche, dans un séjour organisé par les catholiques de Louis-le-Grand, et en évoquant ma sympathie pour l'aumônier du lycée. « Je me demande ce qu'il pense à mon sujet. Peut-être espère-t-il vaguement m'amener un jour dans le giron de l'Église. Je ne crois pas que cela m'arrive jamais. Certes, l'abbé Ventte-claye contribue à me garder de toute antipathie pour l'Église et à me faire même admirer certaines facettes de son œuvre. Au point que je suis probablement encore plus tolérant que le reste de ma famille. Cependant, j'en reste éloigné par un double fossé infranchissable. Mon ascendance, le milieu où j'ai été élevé, en même temps que mes aspirations personnelles me font répondre absolument "non" quand je commence à me poser la question de l'existence de Dieu. Et si, par extraordinaire, il m'arrivait d'être touché par la "grâce", je me tournerais plutôt vers le protestantisme, tant me rebutent profondément certains aspects de l'Église catholique, la hiérarchie, l'intolérance, l'orgueil de la vérité, la confession. Je n'en pense pas moins avoir tout à gagner à des relations directes avec le christianisme pour ne pas, surtout pas, vivre sur des idées reçues. Et tout en souhaitant des contacts avec des prêtres ou des catholiques, je lutterai, dès que je serai en mesure de le faire, contre toute extension du pouvoir temporel de l'Église (cette affreuse Espagne...). »

« Toute ma vie, ajoutais-je, je penserai à ce que me disait mon grand-père à ce propos. S'il se trouvait qu'il y eût un Dieu, juste et grand, il doit souhaiter la liberté de ses créatures ; il doit recevoir dans son Paradis l'homme de bien qui a lutté quelque peu pour cette grandeur humaine, que ce soit au nom de sa conscience ou de l'idée qu'il veut avoir de soi, et même s'il n'a pas cru en Lui. Il l'accueillera aussi bien – au moins – que celui qui a acquis des indulgences, est allé tremper ses doigts dans le bénitier chaque dimanche, se laver de ses péchés par la confession, brûler des cierges et de l'encens (je ne pourrai jamais que m'étonner de ce côté païen, quasi fétichiste du catholicisme). Je n'ai pas le sentiment que ceux de mes camarades de classe qui sont catholiques soient meilleurs que les autres, plus charitables, moins égoïstes. » Et je concluais, élève de première : « Je pense qu'il est grand temps que je fasse de la philosophie. »

Je me souviens d'avoir eu, avec un autre aumônier du lycée, l'abbé Petit, celui-ci plus enveloppant, un débat sur la question infinie du mal. Comme il me disait, selon la vulgate, que la possibilité du mal était indispensable à la liberté des hommes, je lui rétorquai que je ne voyais pas pourquoi, si Dieu était vraiment tout-puissant, il était contraint de se soumettre à cette logique-là, au lieu d'être le maître de la changer. Le père sourit et resta muet. Je prie le lecteur de me pardonner le caractère sommaire de ce raisonnement : j'étais tout jeune encore.

J'y revins le 31 décembre de la même année 1957. « Je pense de plus en plus que le christianisme a une influence excellente sur une quantité de gens qu'il développe et rend meilleurs, à qui il donne un idéal, l'objet d'une mystique dont ils ont besoin. Mais aussi, en dehors de toute question de *foi*, sensation renforcée d'enchaînement, d'enrégimentement presque, d'immixtion aussi, indiscrète, d'autres hommes dans des domaines qui sont absolument personnels. Voilà ce qui est insupportable et qui me donne un certain orgueil d'en être exclu – bien que j'imagine que si j'étais né de parents catholiques, l'habitude... »

Et ceci encore, un an plus tard, le 24 décembre 1958, après une conversation avec un camarade qui m'avait fait confidence de son malheur en famille : « Il est bon de le sentir partiellement apaisé grâce à sa foi et à son humilité. Mais qu'il est large, le fossé qui nous sépare ! Connaître la ferveur et le ressort de son mysticisme n'a fait que renforcer ma conviction intime du subjectivisme de la foi. Nul doute pour moi : Dieu disparaîtrait avec les hommes, à jamais. »

Tels étaient les sentiments, envers les choses de la religion, d'un « adolescent d'autrefois », pour reprendre le titre, dans une tout autre lignée, d'un livre de François Mauriac. Quelques années plus tard, arrivant au concile à vingt-trois ans, je n'avais pas changé, en somme. Aussi loin que je remonte en arrière, je n'ai décidément jamais été tenté de croire à une vie éternelle organisée par une divinité unique et tutélaire. Plus tard, connaissant mieux la chronique de l'humanité, j'y ai ajouté la constatation de toutes les barbaries que les zélateurs des monothéismes ont accomplies sur la Terre en brandissant le glaive de la fidélité à un Dieu unique : on ne connaît pas d'exception.

Voilà bien ce qui m'a toujours protégé (jusqu'au moment, en tout cas, où j'écris ces lignes) contre toute angoisse devant la mort : je me borne à une profonde frustration à l'idée que s'arrête, un jour pour moi, et désormais bientôt, le bonheur de vivre – qui en valait tellement la peine –, que je sois séparé de ceux que j'aime, et que je ne connaisse pas la suite de l'Histoire… Avec la conviction que je n'aurais eu de comptes à rendre, quant à mon action d'homme privé et public, qu'à moi-même, qu'à mon entourage affectif et, pour un temps forcément bref, à la postérité : cela dit sans grandiloquence. Ce qui n'exclut pas qu'on éprouve le désir de voir cette postérité-là durer un peu avant que tout s'anéantisse.

*

Pour moi l'expérience du concile fut enrichie par la présence de Philippe Levillain, en pleine connivence. Nous nous étions trouvés, rue d'Ulm, et très vite, spontanément proches, dans l'appétit du monde, des gens et des choses, et selon une parfaite loyauté. Il fut plus tard le compagnon d'une partie de mon tour du monde, en en partageant les curiosités intellectuelles et les gourmandises concrètes. À Rome, sa foi, sa culture et ses affinités catholiques, loin de nous éloigner, se montrèrent complémentaires de mon tempérament et de mes choix existentiels – dès lors que ma tolérance n'avait jamais cessé d'être à la fois étonnée et curieuse des choses de la religion. Lui-même m'a souvent éclairé sur des perspectives qui pouvaient m'être étrangères. Notre amitié n'a pas cessé, au long des décennies, d'être fraternelle.

Son langage profus, son style coruscant, nourris aux meilleures sources de la littérature et de l'Histoire, servent chez lui un mode d'exposition souvent plus baroque que classique – très efficace. Le goût des mots, l'aigu du regard, le sens des situations l'ont posé, en Italie en particulier, sa seconde patrie, comme une personnalité reconnue. Dans la Rome « blanche », certes, du côté du palais Farnèse, à l'École française, où il a ouvert la voie, plus tard, comme directeur des études en histoire contemporaine, à bien des recherches neuves sur l'Italie des temps récents. Mais c'est surtout dans la Rome « noire », entendez le Vatican, que ses écrits, bien au-delà du concile, dont un majestueux *Dictionnaire historique de la papauté*, n'ont pas cessé d'explorer, en indépendance, toujours en empathie, parfois en sévérité. De celle-ci, la Curie a eu la sagesse de ne pas s'offusquer, consciente de sa solidarité profonde avec l'Église, et elle a su utiliser ses talents et sa science au cœur de ses conseils. Lorsque je présidai Radio France, je l'appelai aux côtés de Jacques Le Goff, Michelle Perrot et Roger Chartier dans l'équipe des « Lundis de l'histoire », une émission à qui il revenait de rendre compte de la recherche universitaire en marche. Il y resta trente ans et il sut, dans ses choix d'invitations, échapper à tout esprit de clan ou de système.

Au concile nous assistâmes aux trois coups du dernier acte, le 14 septembre 1965, dans la basilique Saint-Pierre. L'Église y déploya tous ses fastes et je ne sache pas que depuis lors l'occasion en ait jamais surgi à l'équivalent. Nous étions placés au fond de la cathédrale, de l'autre côté du grand dais du Bernin et de l'autel. Derrière s'apercevait la coupe violette et pourpre des prélats venus du monde entier pour s'y rassembler et matérialiser le lourd tissu vivant de cette immense chose humaine – au moins humaine.

Je fus frappé, tout au long de la cérémonie, par la froideur théâtrale de cet éclat, nourri de l'autorité, de la sûreté de soi d'une expérience millénaire. L'attention était toute horizontale. Rien qu'on éprouvât comme montant vers le ciel, rien même d'une ferveur qui unît à quelque moment la foule massée autour de nous dans le chevet de Saint-Pierre par le sentiment d'une exaltation commune. Je ne la trouvai intense que dans la prière d'un tout petit prêtre qui d'un coup s'agenouilla à côté de nous, comme accablé d'émotion sacrée. Il me parut seul, au cœur de cette foule profane qu'agitaient de multiples curiosités. Il échappait au spectacle glacé qui rassemblait autour de l'autel, pour cette concélébration solennelle, la blancheur du pape Paul VI et vingt-quatre prélats. Le cadre de la basilique me parut fait, en vérité, pour entraver tout élan mystique. Le continuum des styles antique, renaissant et baroque s'affirmait sans disharmonie, mais ils accaparaient l'intelligence et la curiosité. La profusion des ors et des marbres ne conduisait pas au-delà de leurs prestiges très concrets. On cherchait le spirituel. Le matériel le refoulait, parmi ce chromatisme éclatant.

La messe s'accomplit. Le discours du pape fut applaudi quand il promit la création d'un synode ecclésiastique permanent pour l'assister (on me le dit plus tard, je n'avais pas compris son latin rocailleux), comme pour retrancher quelque chose à une puissance si ostentatoire, pour en adoucir l'orgueil. Puis l'Église catholique universelle sortit de Saint-Pierre et c'est alors qu'apparut sous nos yeux l'esquisse d'une religion plus populaire. Le spectacle changea de nature. Non qu'une spiritualité prît sa revanche, mais au moins un esprit bon enfant rendit-il un peu de liberté aux enthousiasmes populaires. Nous débouchâmes dans la lumière de la place au milieu de vingt cardinaux parfois pansus, toujours superbement pourpres : une couleur flatteuse pour ces augustes vieillards. J'aperçus à quelque distance, comme pour le jeu d'un contraste, Marc Boegner, président des Églises réformées de France, principal représentant du protestantisme français. Son autorité parmi les siens n'était pas exempte d'un attrait pour les mondanités. Mais en l'occurrence, avec son habit noir tout simple et son col de clergyman, il me parut donner une leçon salutaire à tant d'ostentation. Je saluai en moi-même la mémoire de mes ancêtres pasteurs. Et quand je le vis commencer une affable conversation avec le cardinal Liénart, évêque de Lille, fine figure aux cheveux blancs, il me parut signifier un salubre rééquilibrage.

Alentour, tandis que claquaient les portes des voitures venues chercher les prélats, une petite foule bruissante de prêtres, de petites sœurs, de fidèles s'effondrait, selon un étrange ballet, pour baiser les bagues des rouges éminences. Ces princes de l'Église, dans la différence de leur personnalité, mêlaient à des degrés divers l'expression automatique d'une paternelle bonté et une simplicité ostentatoire. Le cardinal archevêque de New York fut reconnu, au fond de sa majestueuse limousine, par des touristes américains caricaturaux, caméras sur le ventre. « *Oh ! look, here is Spellman !* » Je crus même entendre « Spelly ». Celui-ci fit ralentir son chauffeur à la barrière du public et je le vis s'efforcer de donner sa main à baiser au-dessus d'une vitre trop peu baissée, qu'il ne parvenait pas à manœuvrer. Il avait le sourire bienveillant – ravi ? – d'une vedette d'Hollywood reconnue par ses « fans ». Plus loin, le cardinal japonais, tout menu, attendait modestement une auto et ce fut soudain une immense Rolls-Royce qui le fit paraître plus petit encore. Ainsi se dispersa le « bouquet de bougainvilliers ». La formule était de Noëlle Brouillet, « l'ambassadrice », compétente par obligation, détachée par tempérament.

La journée s'acheva sur un autre moment fort de la pompe pontificale : la procession organisée pour le pape et les prélats de Sainte-Croix-de-Jérusalem à Saint-Jean-de-Latran. Mêlé à la foule massée derrière les barrières, j'éprouvais la distance de l'humour sans les facilités de l'ironie. Entre deux épaules, nous vîmes passer à pas lents, penchés sur le texte saint, violets, tous les évêques de la Terre, puis la masse rouge des cardinaux, puis enfin le pape, très brun de peau sous sa calotte blanche. Il arborait la croix contenant les reliques rapportées de Jérusalem par Hélène, mère de Constantin. À son côté, le majestueux cardinal Tisserant, alentour des carabiniers et des camériers portant le dais. Près de nous, un vieux monsieur romain nous nomma les cardinaux avec délectation, comme pouvait faire son ancêtre à Stendhal, voici cent cinquante ans.

Rien de recueilli dans cette assistance. Une atmosphère de kermesse. Les enfants couraient, et nous avec eux, en retrait des barrières, pour suivre les cardinaux et le pape. Quand nous arrivâmes sur l'esplanade qui s'étend devant Saint-Jean-de-Latran, la nuit était tombée. Des projecteurs éclairaient violemment les saints baroques de la façade et le grand autel en plein air. Le pape y monta, accueilli d'une voix forte par le cardinal du lieu. Le retour fut sur l'air du plus séculier : embouteillages monstres et klaxons frénétiques. Tout autour de nous, dans les autres voitures, le violet fleurissait. Un grand autocar convoyait trente évêques. Nous nous sommes penchés pour un coup d'œil et plusieurs nous ont fait de joyeux signes de la main.

*

L'ambassade était un lieu focal où se retrouvaient, à la table de René et Noëlle Brouillet, tout ce qui, dans l'Église, à Rome, relevait de la France, du monde francophone, y compris les envoyés spéciaux de la presse parisienne, sans compter les acteurs principaux de la curie. Croisant les uns et les autres durant ces quelques semaines, je ressentis chez les prêtres un certain intérêt pour l'incroyant, paisible, intéressé, non sectaire que j'apparaissais. Avec la plupart la conversation s'en trouvait facilitée et les échanges souvent sincères. Le père Chenu, éminent « expert » en ces lieux, nous dit un jour : « J'en ai un peu assez, de tous ces curés. » J'en profitai.

Le tout se déroulait parmi des fastes dont nul ne songeait alors, avant que le concile lui-même apportât un peu plus de simplicité, à tempérer l'éclat. On n'était pas loin du cardinal de Retz ou de Chateaubriand dont René Brouillet, un jour, nous lut quelques écrits adaptés aux actuelles circonstances. Je me revois, certain soir où une réception était donnée en l'honneur des pères conciliaires français, réquisitionné comme mon labadens pour attendre, au bas de l'escalier, entre la stèle du cardinal de Bernis et le portrait du cardinal de Polignac, accueillir et accompagner derrière deux flambeaux chaque prince de l'Église : aucun ne devait pénétrer en ces lieux sans être accueilli de la sorte à l'entrée par un représentant de l'ambassadeur et précédé par cette double lumière.

Dans le même temps, les grandeurs temporelles de la villa Bonaparte n'étaient pas faites pour favoriser l'humilité du pécheur : quand on se réveillait sous les fresques peintes pour Pauline Bonaparte et représentant « Corinne et Apollon », « Aspasie et Socrate », « Sapho parmi les femmes de Mytilène » et « Téano, fille de Pythagoras », et qu'un maître d'hôtel, dont le grave maintien évoquait une comédie, venait vous apporter un petit déjeuner dans une vaisselle d'argent. Lors des dîners solennels où figuraient tant de soutanes, entre générosités sincères et hypocrisies cléricales, je me surpris quelquefois à évoquer la petite sœur de Napoléon se promenant demi-nue pour exciter les désirs de ses amants : celle-là même, exquise, qu'a fixée Canova dans sa statue du musée Borghèse. Aller voir la princesse de marbre et la saluer en affection me fut tonique, tout comme de visiter systématiquement les vestiges de la Rome antique, avec nos manuels à la main, et de la Rome baroque – si loin de notre art classique –, lorsque l'entourage de tant de soutanes pouvait devenir un peu oppressant.

René Brouillet était profondément croyant. On s'est quelquefois demandé si la France, république laïque, ne devrait pas envoyer au Vatican un représentant qui ne soit pas de la chapelle. Ce serait un moyen bienvenu de ne pas mêler la foi d'un individu et les devoirs d'un ambassadeur, ce qui peut risquer d'entraver sa liberté et de peser sur son jugement. En sens inverse, cette proximité peut permettre d'agir plus efficacement parmi les arcanes de la curie. De cela, René Brouillet faisait la démonstration au quotidien.

Jamais il ne me fit sentir la moindre gêne de ma singularité dans ce monde qui était si loin du mien. Il faut dire qu'il appartenait à l'histoire de ma famille. Il avait été, quelques mois durant, à la présidence du Sénat, tout juste avant la guerre, le chef adjoint du cabinet de mon grand-père dont il resta proche jusqu'à la mort de celui-ci. Jules Jeanneney avait joué un rôle important dans sa vie. Avant lui, Jean Maurain, normalien, fils d'un professeur renommé de la faculté des sciences de Paris, avait été le collaborateur intime du président du Sénat, dans son cabinet. Élève de l'historien Charles Seignobos, il appartenait comme ce dernier au fameux groupe de l'Arcouest qu'on dénommait « Sorbonne-Plage » et qui réunissait en vacances, en Bretagne, les Curie, les Perrin, les Langevin, les Borel... Sa thèse avait porté, et je m'y suis référé quelquefois, à Rome et ailleurs, sur la politique ecclésiastique du Second Empire. En janvier 1939, Jean Maurain mourut en montagne, emporté par une avalanche. Mon grand-père, dont le deuil fut profond, se mit alors en quête d'un autre normalien pour le seconder.

Est-ce par le truchement de Célestin Bouglé, directeur de l'École normale, que mon père fréquentait alors ? Quoi qu'il en soit, la personnalité d'un jeune auditeur à la Cour des comptes surgit. C'était René Brouillet. À un laïc déterminé succéda un catholique pratiquant. Il demeura au cabinet du président du Sénat jusqu'à sa mobilisation en septembre 1939. Leur temps de travail commun se réduisit ainsi à un semestre, mais qui suffit pour que se nouât un lien solide. René Brouillet était désireux, en 1939, d'épouser une jeune femme divorcée qui était la mère d'une petite fille. Il s'était ouvert de son cas de conscience à mes grands-parents, tout éloignés que ceux-ci fussent de l'Église. La chaleur de ma grand-mère et la sagesse de mon grand-père l'avaient encouragé dans son dessein. Jules Jeanneney fut le témoin civil de René Brouillet et les photographies du mariage furent prises dans le jardin du Petit Luxembourg. Après l'armistice, René Brouillet était entré dans la Résistance, où il fut courageux. Il rejoignit, en septembre 1944, le cabinet du général de Gaulle, chef du Gouvernement provisoire. C'est lui que ce dernier, connaissant ses liens avec mon grand-père, envoya chercher en avion dans la région de Grenoble, où il s'était caché afin d'échapper aux Allemands, au moment, je l'ai déjà raconté, d'en faire un ministre d'État.

Mes premiers souvenirs de René Brouillet remontaient à l'époque où il occupait des postes diplomatiques à Berne et, en second, au Saint-Siège. Il venait souvent dîner à la maison. On y analysait sans relâche, entre heurs et malheurs, la situation politique de la Quatrième République. Une phrase de René Brouillet, dite généralement au moment de nous quitter, devant l'ascenseur, est restée familière parmi les miens : « Tout cela n'est pas très réconfortant ! » Après le retour du Général aux affaires, il était devenu secrétaire général à la présidence du Conseil pour les Affaires algériennes, puis, au début de la Cinquième République, il le suivit à l'Élysée. Il avait été brièvement ambassadeur à Vienne, en attendant que se libérât, auprès du Saint-Siège, un poste qu'il avait désiré et auquel chacun le jugeait spécialement adapté.

Je constatai le prestige qu'il avait acquis dans ce monde de la « Rome noire ». Tel que je l'ai observé alors, au plus près, j'ai connu la finesse et la subtilité de sa pensée, qu'il développait, oralement et par écrit, avec un sens des nuances qui en masquait parfois la fermeté à ceux que fascinaient les volutes raffinées de sa démonstration. Mais il ne fallait pas longtemps pour discerner, sous les générosités de sa courtoisie, la pierre dure d'une passion, celle de l'État. Entre cette passion et l'intensité de sa foi personnelle, il cherchait sans relâche un équilibre. La façon dont il concevait et pratiquait sa tâche d'intermédiaire inventif et subtil entre les puissances spirituelles et temporelles ne lui épargna pas une double souffrance, qu'il ne cacha pas aux jeunes collaborateurs provisoires que nous étions.

Certes, on le savait trop estimé par de Gaulle, qu'il avait servi de si près, pour que le Quai d'Orsay ne le considérât pas sans précaution. Certes, il avait l'oreille du Premier ministre Georges Pompidou, dont il avait été, rue d'Ulm, le camarade affectueux. Mais il ne pensait pas qu'à Paris – sous l'effet pervers, à ses yeux, peut-être, d'une laïcité trop farouche – on prît assez conscience de ce qui se jouait au Vatican et de l'importance de ces enjeux pour le monde, donc pour la France. Son souci inverse était plus fort encore, qui allait parfois jusqu'à la douleur : il jugeait que l'Église de France, telle qu'il la voyait rassemblée sous ses yeux, telle qu'il la recevait généreusement à sa table ou sous son toit, était traversée par une hostilité souterraine au général de Gaulle. Sur la période de Vichy, et sur l'attitude des prélats français dans leur ensemble, il n'aimait guère à s'étendre. Il avait été, je l'ai dit, un résistant reconnu. Envers *Témoignage chrétien*, né dans la clandestinité, il gardait donc de l'indulgence. Mais, pour l'heure, il estimait que la hiérarchie se laissait aller à des penchants quasiment poujadistes, incapables d'éviter une pente démagogique.

Ce chagrin s'exprima spécialement à l'occasion de proclamations hostiles à toute guerre, par principe, et de propos un peu flous, dont le concile fut prodigue, sur le mérite des organisations internationales. L'archevêque de Rennes, Mgr Paul Gouyon – dont je reparlerai plus loin –, s'y distingua en prenant la parole sur ce point, pour un propos qui, résumé en salle de presse, me parut naïf à force d'abstraction et de bonnes intentions. Il fallait que la « conscience universelle » condamnât toute nation qui commencerait une guerre. Certes, admettait le prélat, la définition de cela était parfois difficile, mais des observateurs, sur place, pourraient y pourvoir et l'essentiel était que le principe en restât vrai du point de vue de la conscience universelle. Il fallait poser que seule l'autorité internationale serait autorisée à rétablir les droits violés – tout en préservant la possibilité d'une légitime défense, dont les contours n'étaient pas moins vagues.

« En 1936, s'écriait René Brouillet, au moment de la remilitarisation de la rive gauche du Rhin par Hitler, aurait-il donc fallu condamner une intervention française qui aurait suffi, on l'a su après coup, à mettre à bas le nazisme et à éviter des dizaines de millions de morts ? Quant à l'ONU tant prônée (le pape Paul VI y fit alors une visite remarquée), ces prélats accepteraient-ils sans réagir de s'en remettre à elle de décisions à portée mondiale à la majorité simple de l'Assemblée, le jour où les pays communistes ou satellites se trouveraient, ce qui n'a rien d'impossible, posséder cette majorité ?... » Le « machin » fustigé par de Gaulle n'était pas loin de son propos.

Sans qu'il employât, ce n'était pas son style, une expression aussi brutale, il voyait de la démagogie dans l'état d'esprit qui conduisait trop de prélats, au niveau local, à se faire les porte-parole de telle ou telle organisation, de tel ou tel intérêt privé, « sans prendre le soin d'aller rendre visite au pouvoir civil, préfet ou autre, avant toute intervention, avant de jeter une grosse boule maladroite sur l'échiquier compliqué que le représentant de l'État s'efforçait de maîtriser avec lenteur et prudence » (c'étaient là deux substantifs chers à notre ambassadeur).

Une conversation fut topique, à la table de la villa Bonaparte. L'ambassadeur y avait convié le père Robert Rouquette, jésuite, collaborateur important des *Études*, une revue influente dans ce monde. À propos d'un compte rendu que ce prêtre avait donné d'un colloque organisé par René Rémond sur les catholiques et la politique en France, René Brouillet avait souhaité lui parler de ce souci qui l'obsédait : la doctrine de l'Église quant à la place et au rôle de l'État. Sa sévérité, ce soir-là, était moins tempérée que d'ordinaire par la prudence diplomatique. Devant elle, notre jésuite se déroba. J'admirai l'arsenal de ses esquives : il argua de son incompétence, feignit de ne pas comprendre, proposa des indications bibliographiques, remonta à Suárez et Bellarmin. Jusqu'à s'écrier, presque insolent : « Au fond, ce que vous voudriez, c'est un manuel du parfait ambassadeur catholique... » À ce point de la conversation son interlocuteur renonça à persévérer.

Lorsque René Brouillet réunit, ensuite, des évêques français pour parler du même sujet, en suggérant une commission de travail spécifique, d'où pourrait sortir une déclaration solennelle, ce fut pour constater que la bonne volonté de ses interlocuteurs était accablée par leur impuissance, englués qu'ils étaient dans leur « petit univers provincial »... J'entendis rarement René Brouillet presque violent, comme il le fut en le racontant. Cette Église universelle, à ses yeux, s'éparpillait en France dans un comportement le plus étroitement local. Je songeai à cela en écoutant Mgr Gouyon (jadis aumônier de Philippe Levillain au lycée Montaigne de Bordeaux) évoquer l'initiative qu'il avait prise d'une intervention sur la commercialisation du poulet breton. Il se réjouissait d'avoir pu faire signer un texte commun par tous les évêques de la région. Cautèle et soigneuse préparation justifiaient, pensait-il, cette prise de position. L'histoire ne dit pas si elle eut quelque influence sur le destin de ces gallinacés.

*

Une autre rancœur de René Brouillet allait vers la presse spécialisée. Nous avons fréquenté, durant ces semaines-là, plusieurs de ses plus notables représentants et « envoyés spéciaux permanents » puisque nous allions chaque matin assister au point de presse que donnait le père Hauptmann au sortir des débats du concile. Ses comptes rendus nous paraissaient aseptisés, visiblement soucieux de gommer les aspérités, ce qui en diminuait l'intérêt. Mais c'était un sujet de curiosité que la manière dont s'entrelaçaient le rythme de lente mutation de la vie de l'institution ecclésiastique et celui, à souffle court, des quotidiens avides, par nature et par destination, d'évoquer des épisodes d'émotion immédiate.

Du *Monde*, René Brouillet n'espérait rien de bon, sévère envers un journal en qui il voyait un « ferment de dissolution » ayant empêché les énergies de 1944 de cristalliser en de grandes réalisations. Il se chagrinait de voir son directeur, Hubert Beuve-Méry, manifester, sous le pseudonyme de « Sirius », une distance constamment critique envers le chef de l'État. L'ambassadeur était déconcerté par la personnalité d'Henri Fesquet, correspondant du journal, qui, seul laïc dans le groupe des correspondants, suivit le concile de bout en bout. L'homme était habillé d'une veste froissée et de pantalons qui s'arrêtaient à la cheville, comme d'un enfant grandi trop vite. « Chaque fois que j'écris un article, disait-il, je suis comme le danseur de l'Opéra, je me demande si je ne vais pas me casser la figure. » Il était perpétuellement sautillant et dispersé. Il ne voyait partout que complots et tripatouillages. Sa conversation avait le même caractère agité. Son regard, pendant qu'il parlait, se dérobait, créant quelque malaise. Malaise accru par le contenu de ses propos, en particulier à cause d'une certaine légèreté affichée et presque théorisée : on s'étonnait qu'il jouât avec si peu de sérieux d'idées, d'événements à si longue portée et de la réputation des hommes dont il parlait. À propos de tel point relevé dans un de ses articles, il eut devant nous cette formule : « Oh, je ne sais pas si c'est vrai, j'ai lancé la chose pour voir les réactions… »

Qu'il publiât sans hésiter des textes confidentiels qui lui tombaient entre les mains, je ne songeais pas, contrairement à René Brouillet, lui en faire reproche. Chacun dans son rôle : la responsabilité me semblait devoir être imputée à ceux qui avaient organisé les fuites. Pour Henri Fesquet, visiblement, tout ce qui gênait l'information ne pouvait procéder que de motivations basses ou retorses. Il me parut que cet homme, intelligent sûrement, fin peut-être, réagissait contre le sentiment, qui lui était cruel, des limites de son influence et de la pérennité de ses écrits par l'exercice frénétique de son pouvoir immédiat et par un dénigrement systématique du petit monde qu'il lui revenait de décrire jour après jour. Il ne disait que du mal du milieu où il évoluait, notamment des prélats français et, en somme, du concile dans son ensemble.

La Croix était représentée par le père Wenger et *Le Figaro* par l'abbé Laurentin. Le premier, directeur de son journal, affichait la fierté d'avoir été envoyé en Chine pour des contacts avec l'Église catholique tant bien que mal préservée là-bas, afin de lui porter les encouragements du Saint-Père : il donna, à la villa Bonaparte, des détails qui nous parurent bien anodins mais qui choquèrent l'ambassadeur et que celui-ci nous pria ensuite de taire comme s'ils eussent été des secrets d'État. Le second, toujours en porte-à-faux, se montrait simultanément soucieux de marquer son indépendance par rapport à la hiérarchie des évêques et préoccupé de savoir s'il leur avait déplu, que ce fût pour s'en réjouir ou pour s'en inquiéter.

On sentait l'un et l'autre mal à l'aise, pris entre deux devoirs. Ils étaient écartelés entre leur sens de la mesure, leur devoir de secret et d'obéissance à l'Église, et les exigences de l'information qui se devait d'insister sur le nouveau, l'inattendu, le baroque, aux dépens de l'équilibre de l'ensemble. Un jour, à la fin de septembre, nous vîmes le père Wenger s'obséder sur le danger qu'il y aurait – du point de vue de la foi – à ce que *La Croix* titrât sur la controverse entre l'archevêque grec melkite catholique, vicaire à Alexandrie, Elias Zoghby et le cardinal suisse Charles Journet, qui pourtant agitait tous les esprits, à propos du mariage des prêtres. Et, dans le même temps, il ne parlait que de cela.

René Brouillet était attentif à l'influence, à Rome, des milieux proches de l'intégrisme, parce qu'il avait la conviction que ceux-ci pourraient jouer un jour, en France, un rôle dangereux. Il jugeait que leur nocivité pouvait, à l'extrême droite, gonfler soudain dans tel ou tel moment de crise grave. On n'était alors qu'à trois ans de distance d'épreuves qui avaient montré qu'on ne pouvait pas prendre leur influence à la légère. Avant et après l'attentat du Petit-Clamart contre de Gaulle, le 22 août 1962, ils avaient fourni aux conjurés toute une batterie d'arguments théologiques, nourris d'un Thomas d'Aquin qu'ils déformaient pour s'assurer une bonne conscience : je l'ai raconté dans un livre depuis lors.

Un soir, Marcel Clément, directeur de *L'Homme nouveau*, accrédité au concile, étiqueté comme un « intégriste ouvert » (étrange oxymore), représenta cette famille à la table de l'ambassadeur. Curieux personnage : nez court, petites lunettes et voix fluette, il exhalait une vanité presque maladive. On apprenait vite, à Rome, que Dieu n'y protégeait guère ses fidèles de ce péché. La sienne était d'autant moins plaisante qu'il l'enveloppait d'un parfum de sacristie. Un soir, nous dit-il, à la fin d'une conférence qu'il donnait sur une question spécialement difficile, il avait « envoyé une flèche au Saint-Esprit pour demander de l'aide ». Je ne pus m'empêcher, insolent, de demander *mezzo voce* : « Elle est retombée ? »

Marcel Clément déroula longuement ses critiques à l'endroit d'un concile trop libéral : sur les insuffisances du schéma 13, consacré aux relations entre l'Église et le monde profane, et qu'il aurait voulu voir partir du message divin, non d'une « analyse phénoménologique de l'humanité », sur les rapports de la confession et de la psychanalyse, sur l'horreur d'un sacerdoce des femmes… Je découvrais un petit monde que je n'avais jamais effleuré. Il aurait été d'ailleurs, et heureusement, erroné de croire qu'il fût uni. Bien au contraire. Georges Montaron, Georges Sauge, *La France catholique*… Marcel Clément fit surgir du gris de l'anonymat un univers d'âpres rivalités et de querelles féroces dont je ne soupçonnais jusqu'alors ni la violence ni la vacuité. Pour sa part, il disait souhaiter un « œcuménisme intérieur », une réconciliation de ces hommes étranges qui, sans se vouloir prêtres, avaient choisi de vivre au cœur du catholicisme le plus refermé sur lui-même. Mais il ne paraissait guère y croire.

Quant aux prélats français eux-mêmes, au concile leur prestige intellectuel était, dans l'ensemble, limité. « Des zéros pointés » disait la méchanceté d'Henri Fesquet. C'était injuste, mais il était vrai que le contraste avec le XIXe siècle, où brillèrent tant de talents sous la mitre, était surprenant. Les évêques de 1965 étaient pour la plupart formés dans la tâche évangélique et pastorale, chanoines et curés, anciens aumôniers de lycées, de prisons… Ni intellectuels ni théologiens. Ce qui ne rendait que plus stimulante, dans ce séjour romain, la fréquentation de quelques experts échappant à la hiérarchie.

*

Au premier rang d'entre eux s'affirmait le jésuite Henri de Lubac, que j'entendis proposer une explication de ce déclin, propre, selon lui, à la France. Nous l'avions invité à déjeuner au Trastevere dans une de ces exquises *trattorias* dont Rome est riche, avant une montée au Janicule pour en contempler la ville. Affable, fragile, discret, il nous témoigna avec beaucoup de bonne grâce du plaisir qu'il avait à échapper un bref moment aux cercles conciliaires.

Le père de Lubac attribuait au mode d'élection des évêques le principal motif de l'inégalité des talents. En Allemagne, disait-il, il s'agissait de demi-élections, tandis qu'en Amérique, en Angleterre, comme en France, la décision était prise à Rome et, de ce fait, le choix s'opérait le plus souvent parmi d'anciens séminaristes romains. En Grande-Bretagne, le dernier archevêque de Westminster venait d'être imposé par le Vatican à un clergé réticent, aux dépens du supérieur des bénédictins, anglican converti. À ce propos, le père de Lubac nous dit plaisamment qu'à Londres on racontait qu'il fallait remplir trois conditions pour être évêque : 1) être du sexe masculin, 2) être baptisé, 3) avoir fait ses études au séminaire anglais de Rome. On pouvait, à la rigueur, être dispensé des deux premières conditions, mais jamais de la troisième.

Dans le cas de la France, la pauvreté de la hiérarchie en intellectuels d'autorité se serait expliquée aussi, à l'en croire, parce qu'à Rome on se serait méfié de personnages trop éminents, selon un dernier reste de crainte du gallicanisme, en dépit de la loi de 1905. Le père de Lubac y ajoutait, de façon plus incertaine (était-ce une cause ou un effet ?), le peu d'attrait pour la théologie, chez nous, et il constatait, en le regrettant, le résultat : la France n'aurait pas eu au concile, faute de représentants hors de pair, l'influence qu'on aurait pu en attendre. Les pays germaniques étaient représentés au contraire par des esprits supérieurs, notamment dans les rangs des cardinaux : König, Döpfner, Alfrink. Notation qu'il élargissait encore en observant que, dans le clergé des États-Unis, c'étaient les prélats d'origine allemande qui faisaient les meilleurs théologiens. Il citait le cardinal Joseph

Ritter, archevêque de Saint-Louis. Au fil de la conversation, le père de Lubac, comme pris de scrupule à l'idée qu'il ait pu trop insister sur la pauvreté des échanges entre les pères conciliaires, souligna le prix qu'il attachait aux liens qu'il avait noués dans les coulisses : il s'était acquis l'amitié, en particulier, de l'archevêque de Cracovie, « un ancien acteur entré tard dans les ordres et tôt dans l'épiscopat », qu'il jugeait comme une « âme d'élite ». Il s'agissait du futur Jean-Paul II, qui ferait cardinal le père de Lubac en 1983.

Quelques jours plus tard, nous le retrouvâmes parmi le public d'une conférence intégriste que donnait un certain Henri Rambaud. Professeur à l'Université catholique de Lyon et collaborateur de l'Action française avant la guerre, il s'en prenait violemment à Teilhard de Chardin. Celui-ci, « s'il pouvait se croire chrétien », ne savait pas « ce que c'était que le christianisme ». Henri de Lubac, frêle et déterminé, doux et vigoureux, se leva pour dire que ces propos étaient insupportables. Non qu'il ait lui-même suivi Teilhard dans tout son cheminement. Mais c'était un grand esprit. Il était son ami, il avait édité ses *Écrits de guerre*, en particulier une courte méditation dans les tranchées, « qui fut à la source de tout ce qui suivit ». Il venait de consacrer un ouvrage à sa pensée religieuse. La force de son propos contrastait avec la voix de l'orateur, qui s'éraillait à mesure qu'elle s'irritait. Nous le ramenâmes en voiture. Il paraissait ému encore de l'initiative qu'il avait prise : « Mais il y a des choses qu'on ne peut accepter d'entendre sans riposter. » Un peu plus tard, nous allâmes l'entendre dresser, devant un autre public, un parallèle entre Teilhard et saint Paul, qui aurait horrifié le dénommé Rambaud.

Un autre expert, un autre jésuite que nous eûmes plaisir à fréquenter était le père Jean Daniélou, lui aussi futur cardinal. Il évoqua avec émotion le jour où il avait servi la messe pour le Général, en 1944, rue Saint-Dominique. Le travail acharné auquel l'astreignaient les travaux des commissions, les escapades qu'il faisait un peu partout en Europe pour des conférences sur le concile, ses multiples rencontres avec intellectuels et journalistes, rien de cela n'entamait sa vitalité. Figure ronde, œil rond, mal rasé, dents gâtées, il était en perpétuelle exubérance. Snob, sûrement : sa conversation était parsemée par les noms de personnalités notoires qu'il lui avait été donné de rencontrer. Mais son expression était fine et sans heurt, et sa sympathie était souvent attentive. Il nous communiqua discrètement, à destination de l'ambassadeur, le premier brouillon du texte sur la liberté religieuse, avec ses propres commentaires. Nous parlâmes patristique, à propos de son ami Urs von Balthasar, cet « immense penseur qui ne participait pas, hélas, au concile », et qu'il nous dit préoccupé, dans ses recherches théologiques, de replacer la valeur du Beau, toujours ambiguë, parfois diabolique mais cependant essentielle, à la hauteur de la valeur du Bien.

Le père Daniélou nous présenta à Giorgio La Pira, ancien maire de Florence, personnalité alors fameuse et fort répandue parmi les cercles dirigeants de la démocratie chrétienne en Europe. Tout de gesticulations, d'explosions, de jaillissements et de sourires, il expliqua, dans un français rocailleux entremêlé d'exclamations italiennes, que le concile le confirmait dans son admiration pour Bossuet et dans sa conviction que la ligne de l'Histoire était dirigée par l'Esprit-Saint, selon, évidemment, une foule de détours et de circonvolutions propres à cacher aux esprits sommaires la ligne générale. Il parla de sa correspondance avec les chefs d'État du monde entier, de ses missives à de Gaulle, de ses télégrammes à Chou En-lai qui était alors en tournée africaine. Le père Daniélou nous raconta que, lors d'un voyage qu'il faisait en France avec La Pira, une discussion ayant pris feu entre eux, son ami s'arrêta dans un petit village pour envoyer du bureau de poste une dépêche au pape résumant leur controverse, signée de leurs deux noms.

Rien ne pouvait mieux incarner la distance séparant ces intellectuels du groupe des prélats que les échanges que nous eûmes avec Mgr Gouyon. Lui aussi serait cardinal, quatre ans plus tard. Il fut ouvert et franc. Sur tous les sujets où nous l'avons entraîné – en promenade païenne du côté des monts Albains et du Tusculum de Cicéron –, nous fûmes frappés de ce que ce prêtre, chaleureux et de bonne foi, pensait par juxtaposition d'exemples, sans s'élever à une généralisation intellectuelle qui semblait l'intimider. C'est comme pasteur, exclusivement, qu'il abordait la question de la liberté religieuse qui dominait cette session. L'admettre devait, à ses yeux, se fonder sur la certitude que, même si elle faisait courir globalement un risque d'égarement à quelques-uns, d'autres se sentiraient mieux dans l'Église. Le profit global en serait assez grand pour que ces risques fussent pris. La démonstration était un peu courte.

Sa culture était limitée, en dehors des choses de la pastorale, et son langage parfois incertain. Une humilité, des scrupules un peu ostentatoires mais probablement non feints s'alliaient chez lui à un goût manifeste de la fonction qu'il exerçait, de l'influence qu'elle lui donnait sur ses ouailles et du respect qu'elle inspirait. Il avait du recul par rapport à lui-même, cependant, et de l'humour. Il raconta une anecdote piquante, recueillie quand il était évêque de Bayonne. D'un tout petit hameau perché il fallait descendre les monts, jusqu'au cimetière du bourg, à dos de mulet, par un sentier escarpé. Un jour, on transporta une femme qu'on croyait morte, mais une ronce l'égratigna au passage et soudain elle bougea et gémit. On la remonta dare-dare au hameau et elle mit trois mois à « mourir pour de bon ». On redescendit alors, en mulet et en famille. Tout au long du chemin, le mari répétait avec angoisse : « Attention aux ronces, attention aux ronces ! »

*

Un déjeuner nous fut marquant, chez Jean Guitton, au 63 de la via dei Corridori, dans l'appartement que le Saint-Siège lui prêtait au Vatican. Au fil de la conversation, il dit soudain : « À peine rentrés, vous allez noter tout cela dans un journal. » Je le fis en effet, reflétant l'atmosphère particulière de ce repas partagé chez une personnalité singulière, philosophe fort reconnu dans ces milieux et auquel l'amitié personnelle du pape ajoutait une aura particulière. Son accueil était généreux. Plus tard il nous donna des aquarelles de sa main qui n'étaient pas sans inspiration.

Le plus intrigant des convives était Mgr Fulton Sheen. Évêque auxiliaire de New York, ancienne grande vedette de la télévision américaine, il portait une tête d'acteur d'Hollywood. Il s'était trouvé cassé, sept ans plus tôt, par le cardinal Spellman, qui était, disait-on, jaloux de sa gloire. Ce mystique inspiré s'était fait aménager à l'hôtel Hilton de Rome – Jean Guitton nous l'expliqua, mi-choqué, mi-fasciné, après son départ – une petite chapelle personnelle, où il entrait en extase de cinq heures à six heures du soir. Notre hôte lui avait une grande reconnaissance pour avoir parlé de lui aux États-Unis et avoir même écrit un petit livre, *Guitton at the Council*, que son héros nous montra avec fierté. Fulton Sheen, qui parlait mal le français et qui s'ennuyait à son bout de table, s'éclipsa à peine son dessert avalé. Une anecdote courait le concile, propre à illustrer son immense influence de télévangéliste, au temps de sa splendeur. Un auditeur ayant écrit au Bon Dieu pour demander une aide de cent dollars qui soulagerait sa pauvreté, la poste, tout naturellement, transmit la lettre à Fulton Sheen. Celui-ci – qui recevait deux mille lettres par jour – fit envoyer par l'une de ses quarante secrétaires cinquante dollars au miséreux. Et ce dernier d'écrire une seconde lettre au Bon Dieu, le remerciant des cinquante dollars et ajoutant : « La prochaine fois, envoyez-moi l'argent directement sans passer par Fulton Sheen, qui en a gardé la moitié pour lui. »

Mgr Hauptmann arriva en retard, s'introduisit à table d'un grand signe de croix un peu mou. Son ton, qui était parfois méprisant dans ses comptes rendus du bureau de presse, se voulait ici plus humble. Mais il gardait son allure de chat fourré aux yeux plissés et il respirait une sorte de fausseté obsédée de prudence qui laissait incertain sur le personnage et sur ses vérités. Mgr Paul Poupard, de la secrétairerie d'État, homme enveloppé, encore jeune, paraissait plus franc du collier et plus direct, au moins quand on ne tentait pas de le faire parler de son travail, car alors il se dérobait, tout en laissant entendre, ce qui était frustrant, qu'il aurait eu beaucoup à dire. À quoi il résista, contrairement à la plupart des interlocuteurs rencontrés. Il nous interrogea sur l'École : en ce temps-là, la considération pour le titre de normalien restait forte dans ces milieux, je ne sais pas si elle y perdure. Et il voulut bien nous faire, ensuite, les honneurs des appartements pontificaux. Je l'ai revu beaucoup plus tard, au début des années 2000, à l'occasion d'un documentaire sur la laïcité auquel je m'employais avec Olivier Duhamel. Il était alors chargé de la Culture dans le gouvernement pontifical. Nous n'eûmes pas de peine à lui faire avouer qu'il rêvait d'être le premier pape français depuis trop longtemps.

Jean Guitton évoqua la Rue d'Ulm de son temps, avec attendrissement. Puis, au moment du café, dans son bureau de style Philippe II, il nous parla, comme jaillit un geyser, de ses relations avec de Gaulle, « qu'il n'aimait pas beaucoup », reconnut-il, mais à qui « il n'en envoyait pas moins tous ses livres » et dont il nous montra les lettres manuscrites de remerciement. Lui-même avait été, en captivité, durant la guerre, un zélateur continu du Maréchal. Ayant « présenté au Général », il y a peu, selon l'usage, Jacques Rueff, nouvel élu à l'Académie française, il s'était trouvé seul, un moment, avec le chef de l'État. D'où jaillit cette étrange réflexion, presque enfantine : « J'aurais pu le tuer ! » Il se dit qu'en tout cas il ne pouvait pas quitter la place sans avoir fait part à de Gaulle de ce qu'il avait sur le cœur. « Mon général, j'ai quelque chose à vous dire », et lui, « dans la posture du confesseur » : « Ah bon, je vous écoute, mon cher maître. » Alors j'ai dit : « Mon général, il faut que cesse la discrimination rétrospective, entre les purs et les impurs, ceux qui ont été lucides pendant la guerre et les pauvres diables qui n'ont rien compris… » De Gaulle eut cette réponse : « Voyez-vous, jusque 1940, j'ai eu la plus grande confiance en un homme qui était le vainqueur de Verdun, vous savez qui je veux dire. Mais, en 1940, il a fait naufrage, et beaucoup d'autres avec lui. Je n'y puis rien. Mais je vous remercie de ce que vous m'avez dit et qui m'honore. » Et Guitton commenta : « En sortant, j'avais les mains qui tremblaient. Et quelqu'un m'a dit : "Quel culot vous avez eu !" »

Les élections de Guitton à la Sorbonne et à l'Académie française vinrent ensuite dans la conversation. Au point de départ, un livre qu'il avait écrit sur la Vierge, vers 1950, et qui avait déplu à Rome. Comme il venait le défendre, il fit connaissance du futur cardinal Martini, qui, pour sa part, éprouva « une grande estime » pour son ouvrage et lui dit qu'il le défendrait au Vatican. D'où naquit une amitié qui expliquait l'appartement où nous étions reçus. Vers 1955, postulant à une chaire de la Sorbonne, Guitton hésita à inscrire le livre en question sur la liste de ses ouvrages qu'il allait fournir pour sa campagne. « Malheureux ! lui disait-on, vous êtes perdu si vous le faites. » Même le nonce de l'époque le lui déconseilla, « de sa voix rocailleuse ». Il s'agissait de Roncalli, le futur Jean XXIII. « Seul vaut l'héroïsme individuel, lui dit-il, et ici il ne s'agit pas de cela. »

Guitton atermoya longtemps, puis il décida tout à coup de mettre le livre sur la liste. Mme Guitton commenta : « Oh ! si je me souviens ! Vous avez eu une sorte d'inspiration religieuse soudaine. » Finalement, après n'avoir obtenu qu'un faible nombre de suffrages dans la section de philosophie, Guitton se trouva élu à une voix de majorité par l'assemblée de tous les professeurs. À sa femme qui s'écriait : « Ce fut un miracle ! » il répliqua gentiment : « C'est ambigu, ce que vous dites là, Marie-Louise, et point forcément flatteur pour moi, car un miracle, c'est, à proprement parler, ce qui tire quelque chose du néant. » Il y eut encore quelques remous, le doyen de la faculté des lettres, Georges Davy, ayant prié Guitton de se retirer : « Vous en sortirez grandi. » André Aymard, spécialiste du monde hellénistique, « un homme qui n'avait jamais mis les pieds dans une église, disait-il lui-même, même pour un enterrement », opina de la même façon. « Néanmoins toujours bienveillant... » Quant au ministre de l'Éducation nationale de l'époque, il demanda à la faculté un nouveau vote – mais celle-ci refusa de se déjuger, à une grosse majorité. J'observai, sachant bien de qui il s'agissait – homme politique grenoblois : « Ce devait être un ministre radical... » Guitton le confirma : « Oui... Jean Berthoin, mais je me suis toujours demandé s'il n'avait pas fait cela, au fond, pour me rendre service. »

La seconde élection avait été plus succulente encore et Jean Guitton éprouvait grand plaisir à en narrer les détails : à l'Académie, contre le duc de Gramont, qui « avait apparemment tout pour lui, son nom, les salons, sa fortune, sa femme juive – telle fut sa formule –, des lettres de Proust, une odeur de franc-maçonnerie, et jusqu'à une grave maladie de cœur... » De divers côtés on poussa Guitton, raconta-t-il, à se désister en faveur du duc. Il commença une lettre adressée à celui-ci, qui allait dans ce sens. Puis, soudain, comme inspiré à nouveau, il changea d'avis et décida de se maintenir en dépit de tout. Marie-Louise intervint : « À ce moment même, je me sentis prise d'une violente douleur au côté droit qui ne cessa pas jusqu'à l'élection. » Guitton parut un peu gêné : « Marie-Louise, si vous le voulez bien, gardons cela pour notre domaine personnel. » Le tableau final fut celui de la ruée des journalistes chez le duc de Gramont où ils trouvèrent des laquais en livrée, les bras au ciel : « Après ce qu'ils ont fait à Monsieur le duc ! » Ils eurent grand-peine à dénicher l'adresse de l'heureux élu.

Envers ce curieux personnage, je me sentais partagé. Certaines intonations, certaines réflexions étaient juvéniles, presque enfantines, et donnaient à son hospitalité sautillante une fraîcheur attachante. Mais il ne dissimulait que brièvement derrière ses sourires une vanité épanouie que nourrissaient sa position nouvelle à Paris et à Rome, les honneurs de l'Académie et du concile, le soutien du pape. Ce sentiment était entretenu visiblement par l'atmosphère que sa femme créait autour de lui : elle me parla avec une sincérité touchante des « petites faiblesses d'un grand homme » – tels Céleste Albaret évoquant Proust ou le chauffeur Albert racontant Clemenceau.

Je songeais à ce mélange de culture distanciée et de fraîcheur naïve, entre égotisme et générosité, manifesté par ce curieux personnage quand il nous fut donné, un peu plus tard, de visiter les fouilles de la tombe de Saint-Pierre, accomplies pendant la dernière guerre et où se voyait l'empilement des strates des siècles successifs. Je fus frappé par la question de la mère du colonel de Bonneval, le fidèle mamelouk de De Gaulle, qui se trouvait dans le petit groupe des visiteurs, demandant au père Hamon, notre guide : « Les restes du saint sont-ils encore là ? Je veux dire : "Est-ce qu'on peut prier ?" » et qui reçut cette réponse, formulée sur un ton très doux : « Non, madame, ils n'y sont plus. Mais quelle importance ? On peut prier partout... »

*

Des débats importants pour l'Église, lors des précédentes sessions, s'étaient déroulés – par exemple sur la formation des prêtres, la catéchèse et la liturgie, ou encore sur l'œcuménisme et les relations avec les religions non chrétiennes – et ils avaient abouti à divers textes, constitutions ou décrets, destinés à peser sur la suite de l'histoire de l'institution universelle. Mais, en ces mois de l'acte ultime, certains enjeux étaient faits pour intéresser spécialement le profane.

Le texte sur la liberté religieuse, qui passionnait les médias à juste titre, était de premier intérêt. Notable était la gêne, probablement intrinsèque à la question même, que nos interlocuteurs les plus ouverts paraissaient éprouver – les esprits intégristes n'étant soucieux que de freiner autant que possible toute évolution, forcément haïssable à leurs yeux. Ils me rappelaient la délectation avec laquelle, en classe de première, à Louis-le-Grand, notre excellent professeur d'histoire Lucien Genet, anticlérical affiché, nous enseignait les formules condamnées par Pie IX, dans le cours du fameux *Syllabus* de 1860 qui, à l'envers, énumérait les propositions intolérables à la foi. J'avais usé et abusé de ce texte dans les discussions de préau avec mes petits camarades qui allaient au « caté ». Je l'avais emporté, évidemment, avec moi à Rome. Les idées suivantes y étaient fustigées. « Il est libre à chaque homme d'embrasser et de professer la religion qu'il aura réputée vraie d'après la lumière de la raison… » « Il est faux que la liberté civile de tous les cultes et le plein pouvoir laissé à tous de manifester ouvertement et publiquement toutes leurs pensées et toutes leurs opinions jettent plus facilement les peuples dans la corruption des mœurs et de l'esprit, et propagent la peste de l'indifférentisme. » Et enfin cette dernière affirmation pourfendue : « L'Église n'a pas le droit d'employer la force ; elle n'a aucun pouvoir temporel, direct ou indirect. »

Songeant par contraste aux avantages que, sur la longue durée, notre loi de 1905 sur la laïcité avait pu apporter à la société française, et probablement au catholicisme, même si celui-ci avait mis du temps à s'en apercevoir, j'évoquai quelquefois malicieusement la brutalité de ces dénonciations devant ceux de mes interlocuteurs qui s'affichaient libéraux : je leur demandais si elles deviendraient, après le concile, décidément désuètes – d'un seul coup. L'un d'entre eux me dit, en clignant de l'œil : « Heureusement, le dogme de l'infaillibilité pontificale n'a été adopté qu'en 1870, au premier concile du Vatican. » Ce qui me parut une aimable échappatoire. La plupart de ces esprits, toujours soucieux de me convaincre qu'ils avaient modernisé les choses de fond en comble, refusaient cependant de se laisser guider vers ce qui me paraissait le fond du problème. L'Église catholique pouvait-elle désormais, en cohérence avec la certitude – consubstantielle à son être même – de posséder la Vérité, accepter de tolérer l'erreur, au risque du salut des hommes et des femmes qu'elle abandonnerait ainsi à leur destin fatal ?

Les positions prises me semblèrent ainsi entachées de beaucoup de flou. Il s'agissait, parmi diverses contorsions verbales et selon cette formule démocrate-chrétienne qui m'avait toujours agacé, de « tenir les deux bouts de la chaîne ». Je retrouve dans mes notes ce commentaire : « Non seulement l'Église, en refusant, sous la pression de la minorité conservatrice, de fonder sa déclaration au cœur même de son dogme, ne pourra pas réfuter les reproches d'opportunisme, mais, même sur le plan politique, elle s'arrête juste au seuil de ce qui serait vraiment pour elle aujourd'hui un sacrifice temporel : la volonté claire d'introduire la liberté religieuse dans les pays où elle est maîtresse. » Mes impressions ne furent guère différentes quand fut abordé, le 29 septembre, le second chapitre du schéma 13, concernant le mariage et la famille, qui devint ensuite l'encyclique *Gaudium et spes*, le pontife ayant préféré s'en saisir. Plus nettement encore se retrouvaient affrontées une gauche et une droite (même si on refusait – mais en vain – cette formulation séculière).

Dans le débat sur les finalités du mariage et de l'amour physique, une question émergeait : la procréation devait-elle rester exclusive, ou pour le moins prépondérante ? Beaucoup y tenaient farouchement, chez les conservateurs, et rien ne pouvait maintenir plus éloigné le mécréant que j'étais. Le vicaire à Alexandrie du patriarche Maximos IV, Mgr Zoghby, que j'ai déjà cité, posa le problème du divorce en évoquant le cas du conjoint abandonné : devait-on le condamner à l'héroïsme d'une chasteté injustifiée ? L'Église orientale permettait dans ce cas le remariage, en s'appuyant sur une interprétation particulière d'un passage de saint Matthieu à propos de la femme adultère. Mais Mgr Zoghby se vit rudement contré par Charles Journet, théologien suisse que Paul VI venait de faire cardinal, dans une joute dont l'écho agita le bureau de presse, en dépit du calme affiché par le chanoine Hauptmann. À cette occasion, il résuma l'attaque du contradicteur en ce latin d'Église qu'on aurait pu dire aussi, irrévérencieusement, de cuisine : « *Vehementer me elevo contra opinionem tuam*… »

Quant à la question du célibat des prêtres, destinée à opposer, là encore, de façon spectaculaire, Orient et Occident, le catholicisme était immuable sur une position qui était pourtant datée, historiquement parlant, à peu près au mitan de l'histoire du christianisme. On apprit, le 11 octobre, de la bouche de Mgr Hauptmann, que le pape avait écrit une lettre au concile pour lui enjoindre de ne pas en débattre, le sujet, trop grave, devant lui être réservé. C'était bien avant que la révélation douloureuse des affaires innombrables de pédophilie jetât une lumière nouvelle sur cette question.

Il était tentant d'interroger Mgr Gouyon sur sa propre chasteté et la façon dont il la vivait. « Avec l'aide de Dieu, dit-il, elle n'est pas impossible à supporter, je peux en témoigner… Ne croyez pas qu'il s'agisse là d'un poids perpétuel, sauf à certaines périodes, celles qu'on peut dire du démon de midi, par exemple. Pendant des jours on n'y pense pas, à condition de s'entourer de précautions, d'éviter soigneusement certains films, certaines images. Moi-même, j'ai toujours refusé de m'occuper de filles, lorsque j'étais aumônier au lycée Montaigne de Bordeaux. » (Mais alors, me demandé-je en moi-même, qui donc se chargeait de leur âme ?) Il nous raconta l'histoire d'un jeune prêtre qui, à l'occasion de diverses activités, vivait au milieu de jeunes filles, en grande liberté de langage et d'attitudes avec elles. « Je l'admirais, je m'inquiétais un peu. Il me tranquillisait d'un air assuré. Eh bien ! il a craqué… »

*

Quelle que fût la diversité de ces rencontres, elles me laissèrent sur une incertitude : le processus de décision – le rôle éventuel du Saint-Esprit échappant à ma compétence. Je dus attendre que Philippe Levillain soutînt sa première thèse sur ce sujet et en fît un ouvrage remarqué pour lever un peu le voile. Entre les prélats et les experts, entre le pape et les autres, dans ce si vaste rassemblement, comment pouvait émerger un consensus ? J'y songeais, un jour où Mgr Gouyon m'entraîna obligeamment dans l'aula, juste avant l'une des séances. Deux mille cinq cents prélats, comment en dégager une volonté générale ?

Le contraste y éclatait entre des pères en prière, immobiles à même le sol, élargissant sur les dalles leur corolle noire ou violette, devant la chapelle où était exposé le Saint-Sacrement, et l'agitation de la nef où étaient dressés les gradins verts et rouges et où cette foule entretenait une agitation multiforme dans un bruissement d'étoffes multicolores. Les habitudes étaient prises et les affinités personnelles affirmées. Mgr Gouyon m'expliqua que la diversité des langues renforçait les divisions par « nations », comme on disait au Moyen Âge. C'était une illusion de croire que le latin pourrait être un parler partagé, comme au XIXe siècle : trop peu nombreux étaient ceux qui, oralement, le maniaient suffisamment bien.

Il me montra, à distance ou de près, les grandes figures du concile, le cardinal secrétaire d'État Amleto Cicognani, le patriarche Maximos, le cardinal belge Suenens. Immobile à son banc, l'archevêque brésilien d'Olinda et Recife semblait comme dissimulé derrière un tendre sourire : Dom Helder Camara, grande figure de la lutte pour les droits de l'homme et contre la pauvreté, « qui avait l'influence, dans son pays, me dit Mgr Gouyon, d'un véritable prophète ». Je vis le cardinal Zoungrana, de Ouagadougou, et Mgr Veuillot, archevêque coadjuteur de Paris, familier de la villa Bonaparte… « Laissez-moi vous présenter, mon cher Seigneur, ce jeune normalien qui… »

Pour avoir une vue plus élevée sur l'aula, il fallait monter les gradins réservés au public d'où l'on distinguait mieux les tribunes dressées de chaque côté afin d'accueillir les experts et les observateurs des autres religions. Eux aussi s'installaient, dans la modestie de leurs habits noirs ou la majesté de leurs parures orientales, sous les hautes tapisseries Renaissance suspendues entre les piliers. Vers l'autel et sur la gauche, les cardinaux affirmaient la prédominance de leur pourpre. De l'autre côté s'alignaient les patriarches et les supérieurs d'ordres. Puis les primats, les archevêques et les évêques par ordre strict d'ancienneté. Les plus jeunes étaient relégués au fond, présents ici pour la première fois.

Une cloche annonça la messe, célébrée par un évêque laotien. Le primat de Bretagne nous conduisit jusqu'à notre place, de l'autre côté du dais du Bernin. Des cantiques très beaux, les chants et les prières qui montaient de l'aula tout entière, les mouvements unanimes des rites qui traversaient, devant nous, le groupe rouge des cardinaux, tout cela composait un ensemble plus chaleureux, moins guindé que la cérémonie d'ouverture.

Le culte achevé, le secrétaire général du concile, Mgr Felici (son *Ego Pericles* commençant ses propos était fameux…), prononça d'une voix de stentor l'« *Exeant omnes* » qui nous excluait, laïcs, des débats qui allaient suivre. On disait que, parmi cet ensemble divisé, lui-même et ses collaborateurs jouaient un rôle essentiel pour guider vers les conclusions.

La béatification d'un jésuite, le père Jacques Berthieu, qui avait été martyrisé à Madagascar à la fin du XIXe siècle, m'offrit une dernière occasion d'observer, à Saint-Pierre, les rituels de l'Église en son centre. La gloire du Bernin était en partie cachée par une peinture sulpicienne à la gloire du martyre. Nous étions dans la tribune diplomatique qui était dressée dans le chœur. Ambassadeurs en grande tenue, camériers du pape, évêques et chanoines se côtoyaient en montrant les signes d'une cordialité parfois compassée. Les cardinaux vinrent se ranger en deux files, au premier rang.

Les simples prêtres se pressaient en arrière : la plèbe de ce monde si hiérarchisé. Je confirmai une observation : en un temps où, surtout à Rome, le costume de clergyman était encore peu répandu et signalait plutôt des pasteurs protestants, les soutanes dominaient, mais elles n'assuraient pas l'uniformité. J'avais vite constaté qu'il existait bien des façons de porter une vêture qu'on aurait pu croire si neutre : la façon sale, avec des taches grises partout, la façon rabougrie des porte-serviettes, la façon virile, carrée, des prêtres américains, la façon fluette de l'abbé Laurentin… Mgr Hauptmann portait la sienne, nette et bien coupée, selon un maintien qui était tout de fermeté et d'onction mêlées.

Survint Paul VI, porté à dos d'homme sur la *sedia gestatoria*. Je ne l'avais pas encore vu d'aussi près. Son teint était bistre, son comportement aussi assuré que sa centralité y incitait – un peu automatique. Il vint s'agenouiller, à quelques pas de nous, sur le prie-Dieu blanc qu'on lui avait préparé. Se succédèrent les prières, le magnificat, l'ostentation de la Croix par l'évêque de Saint-Flour (le bienheureux était originaire du Cantal), la présentation au pape, pour qu'il les adorât, des reliques du martyr par le père Molinari et le père Arrighi, un ambitieux au bec d'aigle. Ces auxiliaires multicolores composaient autour du pontife un ballet trop bien réglé dont les flashs des photographes, incongrus aux instants de recueillement, accentuaient le caractère mécanique. Gagnant le dais d'un pas rapide, le pape lut en français un discours où ses amabilités n'oubliaient personne, jusqu'au fond du Cantal et de Madagascar. Nous finissions sur une allocution de conseil général.

*

Je ne retrouvai qu'une seule fois, autrement qu'en simple touriste, l'ambiance du Vatican : lors d'une escale que je fis à Rome, du 24 au 27 août 1978, au retour d'un voyage de conférences en Australie. Ce bref passage me valut d'assister, sur la place Saint-Pierre, à l'annonce du choix du successeur de Paul VI, qui venait de mourir : le cardinal Albino Luciani, qui prit le nom de Jean-Paul Ier et dont le pontificat ne devait durer que trente-trois jours. On sait que sa mort prématurée se prêta à toutes les rumeurs, nourries de fantasmes moyenâgeux. La place n'accueillait qu'une foule clairsemée car on n'attendait pas l'issue de sitôt. Une fumée surgit, à 18 h 45, qui parut trop grise à l'ambassadeur de France, Georges Galichon, à côté de moi, pour pouvoir être blanche et mériter qu'il restât sur place. Elle l'était pourtant et l'on vit bientôt notre vieille connaissance le cardinal protodiacre Pericle Felici annoncer de sa voix de stentor, depuis le balcon, le nom de l'élu. *Habemus papam*... Alors apparut un petit homme que la vaste tenture déployée sur la loggia fit paraître plus frêle encore. Sa voix chevrotait d'émotion et sa calotte blanche était mise de travers. Une petite sœur, à mon côté, en s'agenouillant, murmura : « *Oh poverino !* »

Le badinage, comme toujours, se mêlait aux solennités propres à la vie pontificale. Philippe Levillain, désormais romain à plein temps comme directeur d'études à l'École française, au palais Farnèse, me fit rencontrer deux fonctionnaires de la Bibliothèque vaticane. Ils nous expliquèrent, à l'occasion de la messe d'ouverture du conclave, que les agents du Vatican avaient eu droit à un mois de salaire supplémentaire à la mort de Paul VI et qu'ils espéraient bien un autre mois de gratification après l'élévation du nouveau pontife. Si celui-ci refusait de l'accorder, des esprits malveillants annonçaient qu'il risquait d'être fort agité sur sa *sedia gestatoria*, lors de sa première apparition dans la basilique, en péril de verser. Le sort de Jean-Paul Ier fut plus funeste.

Au milieu de mon séjour au concile, j'avais reçu de ma grand-mère, depuis Paris, une lettre datée du 30 septembre 1965 où elle se montrait inquiète de mes fréquentations romaines. Elle m'écrivait : « C'est un phénomène que j'ai toujours considéré comme incroyable que d'avoir fait sortir de la simplicité, de la pureté spirituelle, du dépouillement magnifique de l'enseignement du Christ cet appareil de domination des consciences et cette force matérielle d'argent et d'oppression qu'est devenue cette Église qui se croit celle qui descend de Jésus et qui a pour code l'Évangile [...]. Vu de ce point de vue, toute cette pourpre et cette bonne volonté, cela paraît illusoire, trompeur et décevant. Il reste qu'en considérant cette extraordinaire réussite mondiale on reste impressionné et artistiquement ou historiquement ému par cette réalisation humaine… » À quatre-vingt-neuf ans (elle mourut l'année suivante), elle était restée la jeune femme indignée et vibrante, nourrie de protestantisme, du temps de l'affaire Dreyfus. À mon retour, je fus heureux de la rassurer et de lui dire qu'aux yeux de son petit-fils son propos n'avait pas cessé de sonner juste.

6

Cinq mois en Asie

Le Riz et le rouge. – *Le Japon profond. – Yasuhiro Nakasone, chef de faction. – Beppu et le Kyushu. – Bunsei Sato, candidat. – L'éloquence et l'argent. – Hôtesses et geishas. – À Hong Kong : la Révolution culturelle, pour ou contre. – Le train de Pékin. – Les gardes rouges, partout. – Le centenaire de Sun Yat-sen. – Sa veuve et Chou En-lai. – Shanghai, les enfants de Mao. – Indonésie. – Sukarno, chef déchu. – Le pays des faux-semblants. – Java surpeuplée. – À Sumatra. – Le bébé buffle. – La franchise de l'ambassadeur Cheysson. – Saigon, ville blessée. – Bonne conscience américaine. – Lucidité française. – Bernard Fall. – Au Laos. – Le député et les écoles. – La passion du jeu. – Un soir sur le Mékong. – « Si on nous laissait tranquilles... » – En pays méo. – Cambodge : une grâce si fragile. – Angkor épargné. – À la frontière. – Ung Mung à Kompong Speu. – En Thaïlande. – La princesse de Nagor Svarga. – Épicure à Bangkok.*

Le XVIIIe siècle nous avait laissé la mémoire d'un rituel destiné à parfaire une éducation et que le XIXe romantique avait prolongé sous le nom de « Grand Tour ». Une fois engrangée l'agrégation, que j'obtins sans encombre en 1965, prolongée par le cadeau de « l'année supplémentaire », je ressentis cet appel du grand large. Je n'avais pas attendu ce moment pour aimer les escapades, mais les miennes avaient toujours été brèves et inscrites dans de proches frontières. J'appris que, depuis peu, la Fondation Singer-Polignac avait décidé d'accorder à quatre jeunes gens, notamment issus de grandes écoles, dont la nôtre, une bourse généreuse permettant de faire un tour du monde en un an. Je me portai candidat et je fus agréé sans concurrence. La plupart de mes camarades étaient déjà engagés sur une route universitaire et familiale bien balisée. Dans ces années soixante, les voyages planétaires étaient moins aisés et moins prompts. Plusieurs mois autour de la planète, voilà bien qui m'apparaissait comme un bonheur absolu.

J'ai raconté dans un livre – le premier que j'aie signé et que j'intitulai *Le Riz et le rouge* – une partie de ce long voyage, les cinq mois passés en Extrême-Orient, au Japon, en Chine, en Indonésie, au Vietnam, au Laos, au Cambodge, en Thaïlande. J'eus la chance que Paul Flamand, le maître prestigieux des éditions du Seuil, y ait prêté intérêt – enclin à cela parce que j'avais été le condisciple amical, à Louis-le-Grand, de son fils Jean-Marie, qui était mort prématurément, à Dakar, deux années plus tôt.

Je partageai une partie de l'aventure avec Philippe Levillain, mon complice lors de l'épisode du concile. Il me rejoignit, à partir du Vietnam, de Saigon à Phnom Penh, de Vientiane à Bangkok. Il passait une année à l'université Harvard qui se montrait fort libérale pour les absences justifiées. Rien de plus efficace qu'un binôme confiant et affectueux pour éviter le sentiment momentané de solitude et surtout pour entretenir la curiosité, pour aiguiser le regard, pour confronter, après les événements et les entretiens, les impressions et la mémoire des détails.

Naturellement, nous avions emporté dans nos bagages *De la démocratie en Amérique* et nous nous amusions à évoquer la complicité pérégrine d'Alexis de Tocqueville et de Gustave de Beaumont, en 1831, mais nous ne songions pas à une répartition définitive des rôles. Nous ne nous mouchions pas du pied : nous lûmes à haute voix la préface que l'excellent Harold Laski avait donnée à l'édition Gallimard de 1951 : « Il est clair que Tocqueville fut hautement redevable à Beaumont, dont personne ne peut lire la *Marie* – ouvrage bien meilleur que la postérité n'a bien voulu le reconnaître – sans admettre que la discussion mutuelle entre les deux voyageurs, soir après soir, pendant neuf mois, fit beaucoup pour donner aux théories de Tocqueville une clarté de contours qu'elles n'eussent peut-être pas eue si son voyage n'eût été entrepris en compagnie d'un ami intime, sur la compréhension sympathique et affectueuse de qui il put toujours compter. En vérité, il n'est que juste de dire que plus d'une lettre écrite chez lui par Beaumont eût pu facilement sortir de la plume de Tocqueville. »

Je décidai avant de partir que je publierais un récit de mon voyage, d'une partie tout au moins, par-delà le bref compte rendu d'une vingtaine de pages que nous demandait, soucieuse de ne peser en rien sur la liberté du voyageur, la Fondation qui nous accordait ce cadeau magnifique. Un peu pour honorer celle-ci, aussi pour aiguiser mes notes à mesure de l'errance, beaucoup pour me contraindre à quitter, autant que je pourrais, les sentiers battus. Non que je prétendisse offrir je ne sais quelle synthèse sur les pays si brièvement traversés. Mais j'avais lu, ce qui m'encouragea, ces réflexions d'Henri Michaux dans son précieux *Barbare en Asie*, qui remontait à 1933 : « La connaissance ne progresse pas avec le temps. On passe sur les différences, on s'en arrange. On s'entend. Mais on ne situe plus. Cette loi fatale veut que les vieux résidents en Asie et les personnes les plus mêlées aux Asiatiques ne sont pas les mieux à même d'en garder une vision centrée et qu'un passant aux yeux naïfs peut parfois mettre le doigt sur le centre. » Une citation trop opportune peut-être pour ma naïveté, mais suffisante pour fouetter mon audace.

Je posai un principe devant moi-même : ne pas me laisser enfermer dans le confort des petites communautés françaises, prêtes à accueillir avec obligeance le jeune voyageur. Comme je voulais que mon Grand Tour fût d'abord politique, je décidai qu'autant que faire se pourrait j'accompagnerais sur leurs terres des acteurs – députés ou ministres – voués à arracher l'observateur aux charmes enveloppants de la seule capitale. J'y parvins plusieurs fois.

*

C'est au Japon que commença l'aventure. À l'ambassade, où m'accueillit cordialement le conseiller culturel Bertrand Dufourcq, on m'avait peint l'impossibilité d'approcher des parlementaires.

Les universitaires m'avaient incité à laisser ceux-ci « à leur triste cuisine ». Mais j'avais rencontré une jeune femme, Takako Godo, lors d'une escale à l'aéroport de Bangkok. Catholique, elle était allée en Irlande pour rendre visite à des nonnes amies. Je fus convié chez elle, et son père me promit qu'il trouverait une solution pour répondre à mon souhait.

Il passa par le truchement de son ami Yasuhiro Nakasone, personnalité importante du parti conservateur (dit « libéral-démocrate »), ancien ministre de l'Intérieur, qui s'était fait l'ardent défenseur de l'élection du chef de gouvernement au suffrage universel et qui portait un intérêt particulier à notre référendum de 1962 (« il nous faudrait un de Gaulle », me dit-il) : par là ouvert à l'idée de m'emmener dans une tournée qu'il s'apprêtait à faire dans le Kyushu, la grande île située au sud de l'archipel. Nakasone allait y encourager les membres de la « faction » dont il était le chef – ainsi s'organisaient les luttes de pouvoir au sein d'un parti durablement dominant. Il fut plus tard, pendant cinq ans, de 1982 à 1987, un Premier ministre dynamique. Il vient de mourir, centenaire, au moment où j'écris ces lignes. Il ne s'est jamais lassé de prôner – en vain – une réforme constitutionnelle qui pourrait rendre au personnel politique de son pays un prestige qui n'a pas cessé de lui faire défaut.

Grâce à lui, je vécus ce que j'avais désiré. En marge de ses meetings où il offrait, sans démagogie, un large tour d'horizon sur la politique extérieure de son pays, il me mit en relation, dans la ville de Beppu, avec un personnage haut en couleurs. Sous les couleurs de sa faction, Bunsei Sato, vendeur d'automobiles d'occasion, travaillait à se faire élire député à la Diète – avec une énergie qui se révéla féconde. Un avantage fut pour moi qu'un chercheur américain, de l'université Columbia, était occupé, sur place, à faire sa thèse sur cette campagne électorale. Dès qu'il comprit que je n'avais aucune intention de rivaliser avec lui pour un travail concurrent, il se montra le plus généreux des cicérones, jusqu'à assurer souvent pour moi une traduction simultanée en anglais. Gerald Curtis publia plus tard son livre sous le titre *Election Campaigning : Japanese Style*, dont la traduction rencontra un grand succès dans l'archipel. Il était fin et avisé. Il est devenu depuis lors, aux États-Unis et au-delà, l'un des spécialistes les plus éminents de la vie politique japonaise. Il est populaire au Japon, la télévision aidant. Je l'ai revu souvent par la suite.

Bunsei Sato m'accueillit chez lui avec générosité. C'était un homme au visage carré, taillé à la serpe, dont les idées simples étaient portées par une formidable énergie et une éloquence bon enfant. Il nous dévoila sans barguigner tous les procédés, notamment financiers, par lesquels il faisait grandir une popularité qui devait le conduire à la victoire. Il faisait feu de tout bois et nous nous amusions à l'entendre répéter à ses auditoires que son étoile était assez brillante pour qu'une célèbre université américaine et la Sorbonne française lui aient délégué des envoyés spéciaux (« *Curtis-San* » et « *Janone-San* ») afin d'observer sa campagne – que dis-je ? pour la soutenir.

Grâce à cet intermédiaire si bienvenu, je pus observer de près une société qui vivait encore à l'écart des tensions de la capitale et d'un Japon en voie de prompte modernisation. Beppu, riche d'un thermalisme servi par les eaux chaudes qui en avaient fait une ville de plaisir, vivait encore, comme toute la région alentour, selon des traditions ancestrales, en dépit de l'influence nouvelle de la télévision. Dans certains villages, on nous dit que nous étions les premiers Occidentaux que la population eût jamais vus. En revanche, dans les villes, on rappelait volontiers, non sans fierté, que le Kyushu avait été, au XVIe siècle, la porte par laquelle le pays s'était entrouvert après que François Xavier y avait abordé, en 1549, et qu'il avait participé ensuite activement au mouvement dirigé contre le shogounat traditionnel. L'île passait pour offrir à l'étranger une hospitalité plus détendue qu'ailleurs, une politesse simplifiée, avec un tempérament plus expansif et plus joyeux : méridional ?

Bunsei Sato nous conduisit partout – auprès des notables et des diverses autorités, dans les milieux les plus divers, où fleurissait un riche réseau d'associations qu'il lui fallait séduire l'une après l'autre. Chez des particuliers, où le candidat n'omettait jamais de laisser un billet derrière le petit autel des ancêtres, et jusque dans une maison de geishas. On déplorait là que les hôtesses des bars, sans avoir ni les talents ni la rigoureuse formation des geishas, gagnent presque autant que celles-ci : détestable concurrence.

Ces bars (il en existait trois cent cinquante dans la seule cité de Beppu) constituaient les points stratégiques de l'action électorale. Une nuée de ces hôtesses y servait les hommes venus s'y reposer, hors de leur foyer, des fatigues de leur journée. On nous dit que celles-ci, en dépit de leurs marques apparentes de soumission, n'en demeuraient pas moins jalouses de faire valoir leur poids électoral, leur droit de vote acquis au temps de l'occupation américaine, du « shogounat MacArthur », après 1945.

Je ne pus pas vraiment révoquer en doute, sur place, le tableau que les intellectuels japonais (les politologues s'étaient spécialisés, pour beaucoup, dans l'étude de la corruption) offraient du personnel parlementaire. Nakasone, en chemin, démonta pour moi, sans indulgence, un système qui, non content de rejeter du Parlement beaucoup de gens de bien, faisait souvent préférer parmi les politiques les personnalités les plus molles, qui savaient durer plus qu'agir et qui laissaient le pouvoir véritable à la haute administration.

Je n'en fus pourtant pas moins sensible, scrutant les choses à travers la petite fenêtre que j'avais pu ouvrir sur le Japon « profond », à cette soif de comprendre qu'exprimaient les vastes auditoires rassemblés par les orateurs et à l'accueil chaleureux fait aux étrangers, jusque chez les plus humbles. Le contraste était frappant avec Tokyo et ses foules indifférentes. Bunsei Sato était fier, non sans motif, que sa région ait donné le jour à Fukuzawa, qui fut une sorte de Jules Ferry japonais, avocat passionné de la formation du peuple après l'ouverture définitive du pays. Cette vie politique, en dépit de tant de procédés obliques et d'un poids de l'argent caché qu'on tenta, sans grand succès, de limiter au long des décennies suivantes, tirait quelque lustre d'un didactisme sans mépris, pédagogie plutôt que démagogie.

*

J'étais impatient de rejoindre la Chine. En ces temps déjà lointains, elle n'était pas, comme aujourd'hui, dans un quasi-faubourg de Paris. Les politiques français n'avaient pas encore accoutumé, sauf exception, de venir chercher sur la Grande Muraille un brevet de lucidité internationale. Les échanges universitaires renaissaient, comme les relations commerciales, depuis que de Gaulle avait décidé, à grand bruit, en 1964, de reconnaître la Chine de Mao. Notre ambassade y étant installée depuis deux ans. Le sentiment d'étrangeté n'en demeurait pas moins fort. Le grand mouvement qu'on appelait déjà « révolution culturelle » n'était pas fait pour modérer cette impression et il aiguisait la curiosité. J'en fus le témoin, au cours du mois de novembre 1966. En surface, naturellement, mais sans que sa portée et son étrangeté radicales pussent échapper au voyageur de passage, par-delà toutes les précautions prises par le régime. Même si les principes de dissimulation rendus immortels en Russie par le prince Potemkine au temps de Catherine II se perpétuaient là, l'irruption au premier rang d'une jeunesse fanatisée ne permettait pas qu'ils fussent complètement efficaces.

À ces turbulences j'abordai par Hong Kong, en territoire britannique, et par l'intermédiaire de deux personnalités strictement contraires. Le consul général Jacques Dupuy me conduisit chez Fei Yi-ming, directeur du principal journal communiste du lieu, le *Ta Kung Pao*, et député au Congrès de Pékin au titre des communautés de l'étranger. Celui-ci arborait l'allure d'un bourgeois raffiné dont les domestiques stylés régalaient d'une chère exquise. Le contraste était saisissant avec l'hommage qu'il rendait à toutes les révoltes populaires dont il célébrait le désordre fécond. Il était admirablement francophone, ce qui justifiait un flot de paroles dont on renonçait vite à infléchir le cours.

Il proclama d'emblée, sur le ton de l'hagiographie, sa fidélité radicale à Mao Tsé-toung, illustrée par le pèlerinage qu'il venait de faire à son village natal, « aux sources douloureuses, disait-il, de son génie ». Depuis longtemps, le président Mao avait ressenti de graves inquiétudes quant à l'évolution artistique et intellectuelle du pays. À l'automne 1965, il avait déjà pris publiquement à partie une pièce de théâtre qui s'était avisée de représenter un mandarin sous des traits sympathiques. En mai, des premiers groupes de gardes rouges avaient spontanément surgi au cœur de la prestigieuse université Beida, à Pékin, et le président de la République, Liu Chao-chi, avait commis la lourde erreur d'envoyer des équipes pour canaliser ce mouvement, « croyant suivre, à tort, le modèle de ce qu'on avait fait naguère pour les paysans ». Mao l'avait blâmé et avait redressé les choses. « Distinguez bien, nous dit M. Fei, deux catégories de personnages qui sont mis en cause. Certains sont récupérables, s'ils étaient de bonne foi, après une autocritique. » D'autres étaient, à l'en croire, hélas ! indécrottables : telle la bande noire des « antipartis », tel Peng Zhen, le maire de Pékin, ce « faux extrémiste de gauche ». « Observez qu'on ne les tue pas, qu'on les envoie seulement travailler à la campagne, et comparez, par parenthèse, avec les procédés assassins du système soviétique. »

Il nous invita à apprécier, « contrairement à la plupart des observateurs occidentaux », la spontanéité du mouvement. C'est à cause d'elle que personne ne pouvait dire à quels résultats la Révolution culturelle aboutirait dans un mois ou dans un an. Mais il n'était rien de plus sain que cette incertitude : « À Pékin, tout le monde est critiqué et Chen Yi comme Chou En-lai me l'ont dit : c'est une chose très heureuse, cela maintient en état d'alacrité. Tous les dirigeants travaillent avec une pile de dazibaos virtuellement collés sur le dos. Et ils doivent toujours, sauf lorsqu'ils sont en conférence avec des visiteurs étrangers, accepter de recevoir des délégations de gardes rouges. »

« Faites bien le départ, ajouta-t-il, entre cette spontanéité et l'anarchie. Les décisions finales restent prises à la tête. Voyez par exemple le processus d'une mise en accusation. Une affiche apparaît, avec des reproches graves contre un responsable. Elle déclenche une enquête longue et approfondie des gardes rouges, qui rendent visite aux intéressés et à leurs relations, font des recoupements. J'ai une fille qui est à l'Institut des langues chinoises de Pékin, douce comme un agneau, et qui a travaillé à une enquête de ce genre. On juge ensuite les accusés, en général publiquement. Ils peuvent s'y défendre. Vous voyez les garanties. Et c'est toujours le Comité central qui tranche en dernier ressort... » Telle était, ramassée, la vulgate en cours d'élaboration.

Une chaire d'enseignement du journalisme porte aujourd'hui le nom de Fei Yi-ming à l'université de Nankin, en liaison avec l'université Johns Hopkins de Baltimore.

Il fallait connaître le point de vue opposé. Il me fut exprimé avec virulence, au rythme d'une politesse rapide et tranchante, par le docteur Li Choh-ming, ancien directeur du département d'études chinoises de Berkeley, vice-chancelier de l'université chinoise de Hong Kong. « La spontanéité retrouvée des masses ? » Il n'y voyait qu'une calembredaine : « Derrière l'écran des gardes rouges, ce trompe-l'œil, c'est le cœur organisateur qu'il faut trouver et c'est cela qui me passionne. » Il ne discernait aucun souci de politique économique ni l'illusion que la vérité pût jaillir de la base. « Ce qui me passionne, c'est le ressort politique. Je m'en tiens à l'hypothèse la plus vraisemblable : vers le milieu de l'année dernière, Mao s'est senti débordé par le Parti communiste qui commençait à se détacher de lui, à caresser un "révisionnisme" risquant d'encourager une consommation dévergondée, à l'intérieur, et à rechercher un accord avec les Américains au-dehors. Pour lui, ce fut la seule façon de réagir : faire appel aux "masses" contre le Parti en renonçant pour un temps au "centralisme démocratique" traditionnel. »

Armé par cette opposition manichéenne, par-delà toutes les lectures antérieures, je franchis la frontière en direction de Canton. On y quittait les policiers en short anglais s'effaçant devant leurs cousins en treillis à étoile rouge. Ceux-ci attendaient les visiteurs entre deux haies d'immenses pancartes de citations du président Mao. Le train vers Pékin était bourré jusqu'à la gueule de gardes rouges, tous vêtus du même treillis, qui jaillissaient aux arrêts vers les petites charrettes distribuant de l'eau chaude. Quelques compartiments seulement échappaient à leur bruyante emprise, dont le mien que je partageais avec un officier de l'Armée de libération populaire. Avant de s'endormir et de ronfler, il lut longuement le fameux *Petit Livre rouge* qui concentrait les *Pensées* de Mao (ouvrage dont je m'étais, bien sûr, procuré un exemplaire en anglais). Il remuait les lèvres comme un curé de campagne, chez nous, récitant à mi-voix son bréviaire. Le haut-parleur diffusait sa musique : *L'Orient rouge*, *L'Internationale* et surtout, inlassablement, le fameux *Timonier*.

> Les bateaux ne peuvent pas naviguer sans un timonier,
> Les choses ne peuvent pas pousser sans la lumière du soleil,
> La pluie et les gouttes de rosée nourrissent le blé et le riz,
> La pensée de Mao Tsé-toung est le guide de la Révolution.
> Les poissons doivent vivre dans l'eau,
> Et les melons pousser sur leurs plants.
> Les masses révolutionnaires doivent avoir leur parti.
> La pensée de Mao Tsé-toung est le soleil qui brille pour toujours !

Les gares étaient accablées de gardes rouges. Lorsque j'apparaissais à la fenêtre, seul Occidental dans le train, j'étonnais, je fascinais. Je sus alors quelles peuvent être les impressions du lion ou de l'ours du zoo, derrière les barreaux, sous le feu roulant des regards anonymes. Au wagon-restaurant, je me lassai vite de communiquer grâce au *Petit Livre rouge* en pointant, parmi les pensées du Grand Timonier, numéro par numéro, celles qui pouvaient permettre d'esquisser un très fruste dialogue.

À Pékin, je constatai combien peu nombreux étaient les étrangers rencontrés, après que les universités eussent été vidées de leurs étudiants et de tous leurs professeurs venus d'autres pays. La méfiance entourait ceux qui demeuraient, diplomates et journalistes surtout. L'ambassadeur Lucien Paye me mit d'entrée de jeu en prudence devant tout effort d'interprétation. Il illustra devant moi, avec une lucide modestie, l'extrême difficulté de se comprendre d'un bord à l'autre. Lors d'un dîner officiel, il avait lu sur le menu : « Patte d'ours. » Il interrogea le personnage officiel qui était à côté de lui. « C'est un nom de fantaisie, ce n'est pas vraiment une patte d'ours ? » L'autre parut fort offusqué de ce soupçon et il lui rétorqua froidement qu'une véritable patte d'ours allait en effet lui être servie. Pour détendre l'atmosphère, l'ambassadeur voulut expliquer qu'en France la poésie culinaire employait souvent des expressions de ce genre. Il chercha un exemple, désespérément. Il rejeta l'expression « nègre en chemise », n'osa pas « pet-de-nonne » puis songea enfin à la

« langue-de-chat », qu'il décrivit. Sur quoi son interlocuteur de déclarer sèchement que c'était là une tromperie de pays capitaliste et que la Chine, quant à elle, jugerait indigne de ne pas dire toujours la vérité à ses hôtes. Toujours elle appellerait un chat un chat, un ours un ours.

On rencontrait assez de témoins pour s'en entendre dire le contraste entre hier et le moment présent, dans la capitale. Pékin était jusqu'alors une ville calme, propre, presque provinciale. À présent, le tumulte dominait. Dès que je le pus, je me portai vers la place Tien An Men. C'était un jour de manifestation. Des millions d'enthousiastes amenés par des camions, tout à la fois disciplinés et tonitruants – selon des slogans indéfiniment répétés –, venaient, en longue masse glissant lentement, saluer le président Mao.

Les autres jours, un désordre animé prenait la place des défilés et les gardes rouges régnaient sur Pékin d'une façon plus incohérente et parfois nonchalante. Ils se promenaient par groupes dans toutes les directions, avançaient en ligne dans les artères du centre, bouillonnaient dans les petites rues de la vieille ville, s'étiraient en files interminables devant les arrêts de bus, s'agglutinaient à l'entrée de la Cité interdite. Ils faisaient la queue devant les vastes pissotières de paille qu'on avait dressées pour eux le long des murailles et qui ne sentaient pas la fleur des champs. Ils étaient partout, innombrables et bruissants.

Au palais d'Été, ils offraient le spectacle le plus saisissant. Ils y montaient en maîtres, avec délices, sur les grandeurs défuntes, grimpaient sur les lions de bronze, se mouchaient avec leurs doigts sous les arbres vénérables, pique-niquaient de grosses fritures, accroupis dans les coins des pagodes. Sur le fond serein du lac, où une lumière étrange se diffusait en poudroiement gris, leur va-et-vient incessant prenait je ne sais quoi d'absurde et de dérisoire. Ils s'accrochaient par grappes sur le bateau de marbre de l'impératrice Tseu Hi. Sous les porches, ils avaient barbouillé d'une pâte dentifrice blanche ou rose toutes les scènes qui pouvaient avoir figure humaine.

D'autres exemples de destructions étaient plus inquiétants. Dans le quartier des antiquaires qui étaient pour la plupart, désormais, claquemurés, les vitrines étaient recouvertes d'affiches ignominieuses. On avait brisé les pierres-bornes en forme de lions ou de chiens et je vis fort abîmées les tortues qui flanquaient un petit temple en marbre rose. On était loin du temps où les voyageurs des années cinquante admiraient, à la façon d'Étiemble, que la Révolution chinoise, à la différence de la nôtre, ait été exempte de tout vandalisme. Des dimensions de celui-ci, les observateurs européens ne pouvaient pas encore prendre la mesure. Les plus optimistes recueillaient quelques textes invitant à la modération, tel celui diffusé par la municipalité de Shanghai qui incitait à ne pas entrer dans n'importe quelle maison pour y faire des perquisitions, de ne pas détruire d'« objets culturels », de ne pas brûler les livres anciens, de ne pas déflorer les tombes. Mais comme les diplomates qui s'efforçaient de décrypter les événements ne connaissaient ces exhortations que par l'affichage des dazibaos les fustigeant, on ne pouvait qu'être sceptique sur leur efficacité.

Il fallait voir plus loin que la foule. Jacques Duhamel m'y aida. Député du Jura, président du Comité de l'exposition de Shanghai, il tirait un grand prestige d'avoir été convié à dîner par Mao en personne, deux ans auparavant, en compagnie de l'ambassadeur et de Bernard de Gaulle, neveu du Général. Il m'emmena dans diverses rencontres, me présentant comme son assistant. Il était disert et solide. Je le remerciai en rédigeant ensuite pour lui un article qu'il donna à *Paris-Match*.

Dans une usine de produits artisanaux, dont nous visitâmes les ateliers, nous apprîmes d'un directeur, parfois hésitant, qu'on allait vers la fin de toute hiérarchie et qu'on organisait le retour des chefs au travail manuel. On avait renouvelé le comité directeur « selon un processus imité de la Commune de Paris ». Sur les progrès matériels obtenus concrètement grâce à ces évolutions, les réponses demeuraient vagues et les chiffres flous. Nous fûmes surtout sensibles à l'atmosphère d'un collège qui formait des garçons de quatorze à vingt ans, « l'École secondaire numéro 2 ». Là nous recueillîmes tout ce qu'une organisation de propagande bien lissée permettait de dispenser. La passion contre l'ennemi américain dominait toutes les autres. Mao l'avait dit : « Contre l'ennemi juré de tous les peuples révolutionnaires, la guerre est certaine. » Elle était imposée par les lois de l'Histoire, voulue par les Américains qui occupaient Taïwan, indispensable pour la déconfiture de tous les impérialismes et l'établissement du communisme mondial. On lisait sur les murs : « Nous n'aurons pas peur. Nous sommes prêts dès maintenant. » Une haine presque égale se manifestait, là comme ailleurs, envers l'URSS. Il faudrait écraser le révisionnisme de ses dirigeants avant même de lutter contre l'impérialisme, dans la conviction que le peuple russe se rangeraient ensuite du côté de la vérité et du courage historique de la Chine. La responsabilité de cette génération ? Sans cesse revenaient, dans la bouche de ces adolescents, l'expression d'un devoir : « Étudier, propager, appliquer et défendre la pensée de Mao Tsé-toung » et l'affirmation d'une responsabilité particulière, avec, indéfiniment psalmodiée, la « pensée » du *Petit livre rouge* : « Vous êtes comme le soleil à huit heures ou neuf heures du matin. »

Avant de quitter Pékin, j'assistai à une cérémonie qui se voulait grandiose : le centenaire de Sun Yat-sen, célébré en grande pompe le 12 novembre. Pour quelqu'un d'attentif à l'instrumentalisation de l'Histoire par les politiques, ce moment fut riche. Dans le palais des Congrès, neuf mille personnes embrigadées étaient convoquées pour honorer la mémoire du fondateur de la Première République chinoise. N'étaient quelques formules de détail, quelques menues variations, les discours étaient rigoureusement uniformes. Je me demandai quelles nuances les plus subtils des spécialistes pourraient distinguer entre eux, au milieu de cette unanimité.

La thématique toute simple fut exprimée spécialement par Mme Ho Hsiang-ming. Elle était âgée de quatre-vingt-dix ans, jadis présidente du Comité révolutionnaire du Kuomintang, devenu l'un des petits partis « compagnons de marche » que les communistes avaient préservés. Son discours fut lu par une militante au regard perçant, cambrée jusqu'à la caricature. « Je suis vieille, mais je veux m'en consoler grâce à la fierté d'avoir suivi le docteur Sun Yat-sen à l'époque de la Révolution démocratique et le président Mao au temps de la Révolution socialiste. » De marche en marche, la Chine progressait vers le nirvana.

Chou En-lai, le Premier ministre, gagna la tribune d'un pas ferme. L'élégance de sa tunique bleu pétrole qui osait être bien coupée servait son air racé. Sous couleur de parler de l'héritage de Sun Yat-sen, il s'en prit aux Américains, puis aux Russes. « Aujourd'hui, la clique dirigeante soviétique a totalement trahi le grand Lénine et la révolution d'Octobre. Elle applique la ligne révisionniste de Khrouchtchev. Elle brade les intérêts révolutionnaires des peuples du monde. Elle soutient la domination impérialiste dans l'univers du capitalisme et elle restaure, en fait, celui-ci chez elle. Elle a dégénéré au point de constituer un groupe de complices de l'impérialisme américain… » À mi-course de ce propos, un mouvement se fit et une quinzaine de diplomates, russes en tête, mongols en queue, quittèrent la salle d'un air gourmé parmi la placidité générale. Tel était le rite. De toutes les démocraties populaires « révisionnistes », seules restaient, comme d'ordinaire, la Yougoslavie et la Roumanie qui voulaient tenir la balance égale entre la Chine et l'URSS. Chou En-lai conclut que la Révolution culturelle en cours était « la nouvelle étape de la Révolution socialiste, propre à toucher l'homme dans ce qu'il avait de plus profond ».

Je trouvai fascinante l'apparition de Mme Soong Ching-ling, la veuve de Sun Yat-sen. Elle semblait une petite souris à la peau terreuse, à la bouche tombante. Je rêvai au passé de ce bout de femme, aux photographies de nos manuels d'histoire où on la voyait en compagnie de sa sœur, celle qui régnait encore à Taïwan sous le nom de Mme Tchang Kaï-chek : deux élégantes à fourrure 1930, très riches héritières. Elle nous livra de son ancien mari – auquel l'avait pourtant liée la plus romanesque des idylles – une longue biographie où l'on aurait attendu vainement quelque émotion personnelle : une suite de *fioretti*, d'anecdotes sur l'intégrité du docteur Sun et une énumération de ses « dix échecs successifs » avant 1911, sur un ton glacé. « Ses tentatives se soldèrent par l'échec, parce que, comme en d'autres occasions, les aspects politiques de la Révolution étaient complètement négligés. Le recours exclusif aux moyens militaires conduisit inévitablement à l'échec. » Menacée un temps dans les remous des années soixante-dix, Mme Soong Ching-ling survécut aux épisodes ultérieurs. En 1981, deux semaines avant sa mort, elle fut nommée présidente honoraire de la République – la seule à jamais porter ce titre – et fut inscrite d'office, *in extremis*, au Parti communiste.

*

À Shanghai, où j'arrivai le 13 novembre, parmi une brume automnale, la visite du palais municipal des Enfants confirma ces impressions. Nous apprîmes que deux mille enfants le fréquentaient. Un garçon de dix ans, foulard rouge autour du cou, nous expliqua, les yeux brillants de fierté, sur un rythme de mitrailleuse, qu'il fallait donner aux enfants, dès leur plus jeune âge, une éducation de classe – le milieu familial étant insuffisant pour cela et même souvent dangereux. On tirait des fléchettes de papier sur un avion américain actionné au bout d'une ficelle par un gamin fier comme Artaban. Une petite fille se montra triste que j'aie refusé de renverser, avec des cercles de bois, des statuettes qui représentaient les impérialistes. Au mur, d'autres appareils peints étaient déjà en flammes et piquaient vers le sol. L'ennemi yankee était bien identifié, avec son casque verdâtre, son long nez tombant, des boutons purulents sur le corps et un air déconfit devant la vigueur glorieuse du prolétariat.

Une même ambiance régnait à la Maison de la culture. On nous dit qu'à la bibliothèque on n'avait plus accès à aucun livre traduit de l'étranger « bourgeois ». Même Zola et Maupassant, naguère populaires, avaient été retirés des rayons, au nom du principe de Mao exprimé dans les *Entretiens de Yenan sur la littérature et sur l'art* de 1942 : « Dans le monde d'aujourd'hui, toute culture, toute littérature et tout art appartiennent à des classes bien définies et sont gérés selon des lignes politiques. » Dans la salle de lecture, des gardes rouges étaient plongés dans des illustrés et des romans-photos qui exprimaient la même violence virtuelle contre l'ennemi.

La ville, où l'on dénombrait déjà six millions d'habitants, dix avec les faubourgs, me parut plus aérée et ouverte que Pékin, mais non moins marquée par l'efflorescence des gardes rouges.

Mon guide interprète, M. Shu, ne manqua pas de me montrer, du haut d'un hôtel, le quartier des concessions et de me rappeler que ses grilles avaient porté l'inscription : « Interdit aux chiens et aux Chinois. » Je songeai au *Lotus bleu* et à l'affreux Yankee Dawson châtié par la générosité de Tintin.

La commune populaire de Ma Tchao était visiblement destinée à recevoir les étrangers et protégée, pour l'heure, contre les incursions du dehors. Elle était bien tenue. On y était fier que tout le matériel fût exclusivement de production chinoise, celui qui permettait de cultiver mécaniquement 60 % de la surface : « Se suffire à soi-même, progresser par ses seules forces » : règle partout affichée, fièrement. On avait préservé un droit d'exploitation privée, concernant le dixième des terres cultivées, chacun ayant droit à un dixième de *mou*, soit 1/150e d'hectare. La visite se termina par la vision, dans l'espace, de plusieurs plans symboliques. Au bord d'un canal artificiel séchait un énorme bateau en ciment. De l'autre côté, au loin, une équipe moissonnait le riz, groupée autour d'un drapeau rouge. Plus près de nous, une petite vieille tout en noir bêchait, courbée sur sa tâche, sa parcelle personnelle. À l'hôtel, quand j'y revins, on projetait *Les Quatre Cents Coups* de François Truffaut pour les exposants de la foire commerciale qui les avait amenés là. À la porte, les serveurs, les grooms étaient agglutinés, ouvrant de grands yeux. C'était une fente minuscule dans le mur qui séparait du monde extérieur sept cents millions de Chinois.

Hang-Tchéou fut la dernière étape de mon voyage en Chine. J'y visitai une « brigade de culture du thé ». Les maisons des paysans où nous entrâmes étaient petites, sombres, propres. Une austérité digne y régnait, sans misère. On était fier d'avoir pu aplanir quatre collines qui gênaient l'exploitation, grâce à l'étude du texte fameux du président Mao : *Comment Yu Gong déplaça des montagnes*. C'était tout ce que ne comprenaient pas les Russes : M. Fan, mon guide-interprète, me dit l'avoir constaté chez eux. Là-bas on laissait trop de parcelles aux paysans et les terres communautaires y étaient, de ce fait, mal cultivées. L'éventail des salaires y était d'une ouverture insupportable. Les jeunes ne pensaient plus qu'à danser, à ouvrir des boîtes de nuit. J'évoquai par contraste cet officiel soviétique que j'avais vu à Moscou, lors d'une escale de quelques jours dans ma route vers Tokyo : « À force de se taper la tête sur le sol, m'avait-il dit, les Chinois finiront par se la briser… »

Quand je songe à ce séjour, après tant d'années écoulées, il m'apparaît que je n'avais pas pu apprécier mieux que d'autres, sur place et sur-le-champ, les innombrables crimes accomplis contre les personnes et contre l'héritage culturel. Des destructions iconoclastes des mois d'août et septembre, il n'était pas encore possible, encadrés comme l'étaient les Occidentaux, de prendre la pleine mesure : les temples bouddhiques, les monuments commémorant Confucius, les bibliothèques, les stèles funéraires, les multiples lieux de culture, les domiciles des intellectuels martyrisés. Cependant, on sentait flotter partout dans l'air une formidable violence potentielle. Celle des assauts contre les choses belles, léguées par la grandeur du passé. Celle du tranchant des mots, entre la fierté et la haine. Celle, plus encore, d'une propagande infinie, destinée à enraciner dans les consciences la « pensée de Mao », « à la fois jumelle et microscope de la Révolution » : en frappant sur un champ limité les mêmes coups sans relâche, en répétant de plus en plus fort des idées simples, selon un vocabulaire immuable.

Je notai le passage tiré des « Seize points » adoptés par le Comité central du Parti, le 8 août de cette année-là : il ne fallait pas se contenter de démasquer les contre-révolutionnaires mais se mettre aussi en garde, c'était le paragraphe 7, contre les personnes qui cherchaient à ravaler des révolutionnaires au rang de contre-révolutionnaires… Construction en abyme : on aurait pu pousser plus loin le procédé et fustiger les personnes qui cherchaient à faire prendre pour des contre-révolutionnaires ceux qui dénonçaient à juste titre des contre-révolutionnaires se dissimulant sous l'apparence de révolutionnaires. Et ainsi de suite… Il ne s'agissait plus, en somme, dans cette Chine, de blâmer des comportements, de dénoncer des débordements moraux, mais de débusquer, sous les masques de l'hypocrisie, des traits qui faisaient corps avec l'être même des méchants. La punition s'imposait dès lors contre toutes les justifications qui pouvaient être avancées par les inculpés : assassinés ou rejetés vers le nettoyage des latrines. Ce séjour me protégea, quelques mois plus tard, s'il en était besoin, contre les utopies du maoïsme agité sur le pavé parisien de Mai 68 et parmi divers cercles intellectuels.

*

En Indonésie, le communisme avait été, au contraire de la Chine, refoulé, que dis-je ? massacré, un an plutôt, à la fin du règne de Sukarno. Le sang de centaines de milliers de victimes avait coulé. Le vieux chef qui avait porté l'indépendance contre la colonisation hollandaise, à force d'énergie et de vaillance, avait été renversé par un coup de force, même s'il avait été encore maintenu fictivement dans son rôle de chef de l'État. On savait sa chute irrémédiable. Son vainqueur, Suharto, ne l'épargnait encore que pour ménager la transition. Il ne voulait pas risquer une chouannerie dans l'est et le centre de Java où le Libérateur conservait, au sein du peuple, des attachements passionnés.

Je vis celui-ci un soir, dans son pauvre rôle, lors d'une réception que donnait l'ambassade d'une démocratie populaire. Il était assis dans un fauteuil solennel, au fond d'une grande salle, protégé. Sous son calot noir, son visage était plus lourd que sur ses photographies, affaissé. Un ennui pesant semblait l'accabler. Après quelque temps de cette solitude, il se leva pesamment et il alla jusqu'à l'orchestre pour y chanter avec lui – comme il avait toujours, me dit-on, aimé à le faire. Puis il choisit d'entraîner dans son jeu un diplomate anglo-saxon : celui-ci mit à l'accompagner la résignation un peu méprisante que l'on manifeste aux fantaisies d'un vieil oncle fatigué. « Bung Karno » chantait une vieille mélopée populaire, oscillant sur lui-même comme un plantigrade. Un peu plus tard, il allait retourner dans son grand palais de l'Indépendance, qui était devenu sa prison, où il ne verrait personne sans l'autorisation du général Suharto, où il jouerait encore avec les ombres vaines de son pouvoir défunt, tandis que seraient jugés et frappés, l'un après l'autre, ses amis et collaborateurs de naguère. Déchu quelques semaines plus tard de sa fantomatique présidence, il mourrait en 1970.

J'eus le sentiment que l'Indonésie était le pays des illusions, dans une atmosphère de chagrin, de cette demi-hébétude qui suit souvent les grands chocs. Je ne rencontrai pas, en Asie, de pays où le vocabulaire fût à ce point abstrait, désincarné, où il sonnât aussi creux. La vie du gouvernement y prenait quelque chose d'onirique que les journalistes rapprochaient du *wayang*, ce théâtre d'ombres cher à la tradition javanaise. Je ne sais si le peuple indonésien avait des dispositions naturelles pour faire régner la logomachie en politique – mais il était patent que Sukarno, par caractère ou par choix, les deux peut-être, avait puissamment contribué à recouvrir d'un voile magique des réalités chaque jour plus cruelles. Ses discours, qu'on distribuait encore, étaient gonflés des vains prestiges de mots composés, forgés sans cesse pour désigner les moindres événements politiques, et jusqu'aux discours eux-mêmes, supposés entrer l'un après l'autre dans l'Histoire. Ils charriaient, dans le flot d'une inépuisable facilité, l'influence mêlée des docteurs de la foi musulmane et des socialistes européens dont lui parlaient autrefois ses professeurs hollandais. Les allusions au Coran côtoyaient les références à Jean Jaurès et à « l'exploitation de l'homme par l'homme » – évoquée en français.

Cette logorrhée cachait un univers économique désarticulé. Rien n'y était payé à son vrai prix. Avec le coût d'un café acheté au bar de l'hôtel Indonesia, le vaste établissement de luxe, tout récent, où les étrangers vivaient à grands frais, protégés comme dans un château fort du désordre environnant – car la rue n'était pas sûre –, on pouvait acheter au-dehors quarante litres d'une essence exécrable. L'électricité était presque gratuite et il fallait donc de lourds pots-de-vin pour en être pourvu. L'inflation était vertigineuse et le marché noir des devises faisait vivre une petite multitude. Quant à la circulation des marchandises, elle était entravée par un brigandage généralisé.

De cela je reçus la confirmation affligée de la bouche d'un commerçant chinois de la diaspora, M. Hau, chez qui ma bonne fortune et sa générosité me firent habiter. Il vivait, avec sa femme, sa petite-fille et deux jeunes cousins venus l'aider à son activité d'import-export, dans une villa d'un quartier périphérique, une petite forteresse défendue par deux rangs de grilles contre d'éventuels émeutiers. Une fraction des siens s'était résignée à rejoindre la Chine rouge. Il avait, pour sa part, décidé de demeurer, à tout risque, dans un pays qu'il estimait être sa vraie patrie. Les persécutions antichinoises avaient été de tout temps, bien avant l'indépendance. Les annales rapportent le grand massacre que firent, en 1740, les habitants de Batavia – Djakarta aujourd'hui –, inspiré et dirigé par les Hollandais. Mais il était clair que, si la tension devait s'aggraver jusqu'à faire disparaître la communauté chinoise et ses réseaux commerciaux, les conséquences économiques en seraient plus désastreuses encore que les conséquences politiques.

À Java, il était patent que le défi démographique dominait tous les autres. La densité de la population était l'une des plus élevées du monde. La capitale et ses misères incarnaient les désespoirs anarchiques d'une fin de règne : tant de laideurs, de saleté, de désordres… Il n'y avait aucun transport en commun. L'aéroport était encombré de détritus, de plâtres et de puanteurs. Sur la grande avenue centrale de la ville, on voyait la haute carcasse de l'immeuble que Sukarno avait commencé de faire bâtir pour célébrer de futures conférences des pays « émergents ». Elle rouillait maintenant, inachevée, sinistre. La place sur laquelle s'ouvrait le palais présidentiel n'était qu'un terrain vague où l'on avait dressé une immense statue aux bras haut levés qui devait symboliser l'indépendance – mais chacun l'interprétait comme l'image du ministre des Finances découvrant l'étendue de la gabegie.

Certes, lorsque M. Hau m'emmena jusqu'à Bandung – dont l'animation poussiéreuse n'offrait qu'un médiocre décor pour le souvenir de la célèbre conférence des pays non alignés de 1955 qui avait incarné la volonté de nouvelles libertés, de nouvelles énergies –, la route m'offrit le spectacle des cultures inondées qui était bien celui que montraient nos livres d'école. Les constructions des rizières en miroirs étagés glissaient jusque dans les moindres détails leur sereine avidité. Mais, à force de célébrer la richesse de Java et la fertilité de ses ressources nourricières, on atteignait, là aussi, une limite. Tout l'équilibre traditionnel s'en trouvait ébranlé.

L'Occident, qui avait eu barre sur ce pays et était voué à l'aider, entre générosité, mauvaise conscience et intérêt bien compris, pouvait-il efficacement tendre la main ? L'ambassadeur de France était alors Claude Cheysson. Son tempérament rugueux et déterminé autant que ses compétences (il avait été membre du cabinet de Pierre Mendès France à Matignon en 1954-1955 puis, en Algérie, avant et après l'indépendance, directeur général de l'Office d'exploitation du Sahara) le poussaient à tous les didactismes, libres de la mauvaise conscience d'un ancien colonisateur. Je l'accompagnai, une semaine durant, à Sumatra.

Là j'entendis plusieurs fois conter une vieille légende à laquelle on se montrait fort attaché. À l'époque du royaume indo-javanais de Majapahit, au XIVe siècle, les Javanais envahirent la grande île voisine. Comme la résistance était acharnée, on se mit d'accord des deux côtés pour épargner bien des vies en laissant un combat de buffles décider de l'issue. Java choisit une énorme bufflesse, terrifiante de poids et d'autorité. Voyant cela, les gens de Sumatra prirent un tout petit bébé buffle et ils attachèrent à ses jeunes cornes une larme très tranchante. Le bébé buffle affamé courut sous l'adversaire pour s'efforcer de téter, et lui taillada le ventre jusqu'à ce que mort s'ensuivît. Les envahisseurs, tout déconfits, durent se rembarquer avec armes et bagages.

Les temps avaient bien changé. Sumatra, sous-peuplée par rapport à Java, était de longue date dominée par elle, matée au surplus après une révolte qui avait été écrasée dans le sang, en 1958. Nous fûmes d'abord en pays batak, autour du lac Toba, volcanique, qui occupait le fond d'un large fossé d'effondrement, avec, en son centre, la grande île de Samosir. La légende disait que sept vierges sages, adoratrices de Vichnou, ayant été menacées par un dragon surgi d'un cratère au milieu du lac, le dieu fit rentrer celui-ci dans son trou en lui laissant tomber cet énorme bouchon sur la tête. Il était émouvant de contempler ce peuple batak, chez qui les premiers Européens n'étaient arrivés qu'un siècle auparavant et qui perpétuaient une civilisation immémoriale. Dans les villages, les maisons de bois, dont l'avant se levait plus haut que l'arrière, semblaient de grands navires point encore mâtés, posés sur leur ber de pilotis sous lesquels grouillaient les cochons noirs, entre des enclos de bambou à bananiers et à manioc. Ici les femmes exerçaient à peu près toutes les tâches, celle de l'enclos, celles de la maison, celle des champs. Le long de la route, derrière les vitres de nos vaillantes Land Rover qui peinaient sur des routes exécrables, nous les voyions courbées en deux dans la campagne, tandis qu'un peu plus loin, dans les hameaux, les hommes jouaient aux échecs ou de la guitare douce, buvaient du lait de palme en bavardant sous les auvents.

Lorsque notre caravane eut pris le cap plein sud, nous entrâmes dans le pays minangkabau. La surprise vint du contraste et bouscula quelques-unes de nos certitudes. Ces musulmans farouches étaient absolument fermés à tout prosélytisme chrétien – comme nous le dit, résigné, l'évêque missionnaire de Padang à grand barbe blanche, qui m'évoqua *Tintin au Congo*, avouant qu'il n'avait sous son autorité qu'une seule religieuse, dont la conversion avait pris la couleur d'une victoire. Mais, dans le même temps, à bonne distance de l'Islam du Proche-Orient, le système social préservait fermement ses assises matriarcales. Les femmes transmettaient le nom et l'héritage. Je revois l'étonnement de l'ambassadeur, dont la conception des relations entre les sexes était visiblement fort traditionnelle, lorsque, dans le village de Singkarak, nous entrâmes dans la somptueuse maison de bois, à toit doublement ensellé, d'une famille dirigeante : il n'y avait de chambre à coucher que pour les filles, et les garçons logeaient dehors. Au mur s'étalait, venue on ne savait d'où, une photo d'un magazine des années vingt qui montrait deux amazones, cheveux flous au vent sur fond de pampa, fonçant à cheval vers un avenir dominateur.

Tout au long de ce voyage, je trouvai intérêt à entendre Claude Cheysson haranguer ses interlocuteurs dans l'anglais parfaitement oxonien qu'il avait acquis dans un poste à Londres et qui prenait sous ces climats une saveur spécifique. C'était l'un des tout premiers énarques qui fût devenu ambassadeur. Au Quai d'Orsay, on le cataloguait à gauche. Il avait, dans sa tête, tourné la page du colonialisme mais ne s'en sentait que d'autant plus légitimé à prodiguer ses conseils, lorsqu'il évoquait l'aide que la France pourrait apporter. Son propos me parut sonner moderne

– et par moments illusoire contre tant de pesanteurs. Il s'était donné le devoir (et probablement le plaisir) de parler sans vaine précaution à tous ceux qu'il rencontrait du développement du pays, sur le thème : « Aide-toi, le ciel t'aidera et nous aussi alors, mais alors seulement. »

Son côté saint Jean Bouche d'or ne fut pas sans lui nuire, plus tard. Quand il devint, après mai 1981, ministre des Relations extérieures de François Mitterrand, cette franchise abrupte lui joua des tours : ici, dans ces circonstances, je lui trouvai, toute rêche qu'elle fût, une forme de dignité. « Nous ne croyons guère, disait-il, à la vertu des dons, et plus encore des prêts, qui ne vont pas sans quelque hypocrisie délétère, mais à la conjugaison de mesures simples, raisonnables, pratiques, d'apparence modeste. Nous pouvons, dans cette ligne, vous aider à développer dans différents domaines les possibilités exceptionnelles dont dispose le pays tout entier. » Était-il écouté ? Comment trouver des interlocuteurs sur lesquels on s'assurât que cette persuasion pouvait jouer ?

Au cours de la visite du port de Teluk Bayur, près de Padang, j'assistai à un échange topique entre lui et M. Soejijanto, responsable de la logistique. Le polytechnicien-technocrate-diplomate et le fonctionnaire équatorial étaient face à face. Nous étions sur le quai. Devant nous, nous voyions le chenal d'entrée du port bloqué par des bateaux qui y avaient été coulés pendant la guerre et qui gênaient le trafic jusqu'à l'insupportable.

Claude Cheysson tança : « Après vingt ans, comment peuvent-ils être encore là ? – Les enlever, lui répondit l'autre, ce serait une prouesse technique que nous ne pouvons pas hélas ! accomplir : la chose est trop difficile. – Trop difficile ? Allons donc ! Nous avions quatre cents navires coulés dans la rade de Toulon : elle a été complètement nettoyée en moins de dix ans. La technique est au point. Envoyez des scaphandriers. Il suffit souvent de boucher quelques trous pour renflouer l'épave et l'entraîner au loin. – Oh ! vous savez, nous voudrions bien, mais nous manquons d'argent, de roupies indonésiennes et surtout de devises étrangères. »

L'ambassadeur sursauta, comme piqué par une guêpe. « Ah non ! Ne dites pas cela non plus. Vous en avez, vous pouvez en avoir. J'ai vécu quatorze ans dans des pays sous-développés qui étaient vraiment pauvres. L'Indonésie ne l'est pas. La hausse du trafic rembourserait vite l'argent investi de la sorte. Pourquoi n'élevez-vous pas un peu les taxes, en attendant ? Quel est leur montant, quel est leur apport dans votre budget annuel ? – Il m'est impossible de vous le dire : il n'y a pas de budget séparé. Tout est décidé à l'échelon central et les droits de port sont très faibles, afin d'encourager le trafic. – Voilà bien votre folie. Découvrez le prix de la clarté et de la responsabilité. Il faut que les chiffres soient précis, les comptes distingués, afin qu'on puisse mesurer la valeur des investissements, éclairer la responsabilité des fonctionnaires locaux, les pousser toujours à l'action, surveiller l'honnêteté de leur gestion, les changer quand il le faut. La première conséquence, ce sera de faire payer à leur coût réel les services du port, chose très saine. – À leur coût ? Mais c'est un service public ! – De toute façon il faudra bien que quelqu'un paye, vous le savez bien : vous payerez par l'inflation, ce seront les contribuables et surtout les pauvres gens qui supporteront le coût de vos illusions. »

La conversation s'acheva sur un rire de M. Soejijanto, qui me parut fait pour cacher une vague confusion : « Oh oui ! je le sais bien. Seulement, ce sera indirect, donc beaucoup moins ressenti par tout le monde, beaucoup moins douloureux. Vous comprenez bien, n'est-ce pas ? Ce sont les exigences de la politique… » Entraîné jusqu'à ce point, notre ambassadeur renonça à avoir le dernier mot d'un dialogue qui s'était déroulé sur le quai du port de Taluk Bayur, aux environs de l'équateur, dans l'île de Sumatra.

*

Il fallait ensuite aborder à la péninsule indochinoise et gagner les lieux divers des drames qui s'y déroulaient. En cette fin d'année 1966, certains pouvaient croire encore que les États-Unis y imposeraient leur loi. Pourtant, la fragilité du système éclatait aux yeux. Au Vietnam du Sud, à Shanghai, on la ressentait violemment.

À l'aéroport de Saigon, où j'arrivai un soir de décembre 1966 et où me rejoignit Philippe Levillain, venu de Harvard, la guerre s'exprima déjà, brutalement. La salle d'attente était badigeonnée de chaux sale, enfumée et grasse. Des ventilateurs jaunes tournaient au plafond, en remuant un air collant et lourd, et des mouches. Par groupes autour des tables, des GI's attendaient l'avion qui les emmènerait vers l'intérieur ou vers les tristes lieux d'une débauche permissionnaire. Un immense soldat noir, au crâne tondu, jouait au Monopoly, parmi un désordre de bouteilles et de transpiration, avec deux comparses vietnamiens, très pâles. Des convalescents allaient clopin-clopant sur leurs béquilles. Des paquetages de toile grise s'entassaient dans les coins. À travers les fenêtres, sur les pistes, on voyait de grands tas de déblais, des machines indéfinissables. On butait sur des gravats dans les couloirs. Aux guichets, parmi les uniformes, s'alignaient des parents de militaires en visite, des hommes d'affaires chinois rebondis, des filles qu'on allait embarquer pour la base militaire de Danang.

La ville elle-même semblait un corps blessé aux emplâtres salis. Dans le quartier des hôtels, les jeunes Vietnamiennes en soie blanche trottinaient, menues, avec une taille qu'on aurait tenue entre deux mains, à côté de grands géants blonds, cheveux ras et paquets de muscles sous l'uniforme de toile : par eux s'exprimait le contraste physique d'une occupation. À chaque feu rouge on lisait de grandes banderoles tendues entre deux arbres : « Bienvenue à nos grands amis américains », ou encore : « 1967 sera l'année de notre victoire. » Au long des boulevards, les villas de jadis étaient déchues, avec leurs jardinets morts, leurs fenêtres aveugles, leurs grilles tordues. Les boîtes aux lettres bleues, au sigle RF mutilé, évoquaient encore – avec les taxis Renault brinquebalants – une France maintenant remplacée, niée, déjà lointaine. À l'hôtel Caravelle, on trouvait les journalistes. Leur vie était rude ; beaucoup prenaient de grands risques, les photographes surtout. Cordiaux, ils portaient lourd le poids de cette vie chargée de tant de chagrins, de douleurs rapportées. La pourriture de la ville, ils la voyaient pire que les pires des récits que leurs journaux nous en donnaient. Contre un trop d'émotion ils se défendaient avec l'ostentation d'un scepticisme goguenard et quelquefois sinistre.

L'ambassade américaine avait l'aspect d'une forteresse prête pour l'assaut : le grand immeuble blanc avançait sa pointe derrière un large espace clos de barbelés. C'est de là que s'échapperaient par hélicoptère, un lustre seulement plus tard, les derniers rescapés de la déconfiture. Pour l'heure, nous y trouvâmes des diplomates en chemisette qui nous tinrent les propos les plus lénifiants possibles sans parvenir à faire oublier l'air que, dehors, on respirait. Tandis que s'effaçait, nous expliquaient-ils, le souvenir de la France – « détestable, hélas, la courtoisie n'empêchait pas de le dire » –, les États-Unis parrainaient une marche heureuse vers la démocratie. La participation aux élections avait été satisfaisante. La nouvelle Constitution fonctionnait. Les militaires vietnamiens s'apprêtaient à céder la place aux civils qui réaliseraient la pacification des campagnes, en tache d'huile. Le jour viendrait bientôt où le grand allié pourrait retirer ses forces bienveillantes et où prospérerait le jeune régime de liberté. C'était la Bibliothèque rose de nos sept ans.

Au consulat général de France, l'atmosphère était tout autre. On y déplorait de voir les Américains utiliser, non sans quelque naïve maladresse, une gallophobie qu'ils disaient plus répandue qu'elle ne l'était comme une soupape de sûreté pour l'hostilité qu'on sentait sourdre de partout à leur endroit. Le consul, Joseph Lambroschini, était un baroudeur habitué des postes à risques. Il participa plus tard, comme ambassadeur à La Paz, aux négociations qui permirent la libération de Régis Debray, en Bolivie. Il nous parut bien plus lucide que les Américains, comme l'étaient François Pelou, chef du bureau de l'AFP, impavide, célèbre pour avoir été le premier à avoir annoncé, sur le fil de l'agence, l'assassinat de Kennedy, en novembre 1963, et aussi Bernard Fall.

Celui-ci, professeur de science politique à l'université Howard de Washington, avait été jadis le compagnon de Lambroschini dans la Résistance, en Haute-Savoie. Auteur d'un livre sur Diên Biên Phu qui venait de paraître, il avait choisi de venir assister sur place à un autre pourrissement. Dans sa bouche, la volubilité du passionné bousculait les paroles pondérées de l'expert. Deux ans après une première visite, il se disait saisi par la détérioration de la situation à Saigon. Il décrivait l'enlisement et les échecs graves que l'on dissimulait tant bien que mal. Ni stratégie ni tactique, disait-il, seulement de grands coups de massue portés à l'aveuglette. Quant à la « pacification régionale », elle revenait à un quadrillage militaire, des déportations, des camps de regroupement. Au demeurant, certains traits propres à l'Amérique renchérissaient encore sur le sombre : un esprit de croisade pour la démocratie, à bonne conscience et à mains sales, recouvrait un manque d'intérêt complet pour le pays en lui-même. Chez nous, les Français, l'Indochine avait suscité des passions, même destructrices, des amours sincères. Les nouveaux occupants vivaient plaqués sur cette nation, avec leurs petits déjeuners apportés en hélicoptère et les bars ségrégationnistes des quartiers de plaisir. Ils étaient trop calfeutrés, physiquement et moralement, pour entrevoir une âme au Vietnam, pour songer à autre chose qu'à un retour « à la maison », le plus tôt possible.

Pour Bernard Fall – que le FBI surveillait de près –, l'issue semblait encore lointaine, presque à perte de vue, parmi une multitude de décombres. Lui-même ne put pas connaître la justesse de ses sombres prévisions. Il fut tué quelques semaines plus tard, le 21 février 1967, à dix kilomètres de Hué, par une mine vietcong, alors qu'il suivait une patrouille de *marines*. Ce lucide était généreux. Hervé Gaymard lui a fait, en 2019, l'hommage d'un livre d'admiration. Les propos de Bernard Fall revinrent souvent à notre mémoire, ensuite, quand nous pûmes contempler, dans les deux pays voisins de l'ancienne Indochine française, l'ombre portée de la politique américaine en marche et de ses exécrables promesses.

*

Le petit Laos, ultime morceau de l'ancienne Indochine française, riche de trois millions d'habitants seulement, n'avait pas de frontière avec le Vietnam et il estimait que c'était une chance. On y avait accepté l'aide américaine, en opposition complète au choix qu'avait fait Sihanouk au Cambodge : les ressources internes étaient presque inexistantes par rapport au montant de l'argent étranger et la concussion rongeait le pays.

J'accompagnai, suivant ma règle, un député en campagne alors que des élections étaient toutes prochaines : ce fut Oupath Seignasith, formé par l'INSEE à Paris. Mais, en l'occurrence, cette expérience fut surtout vouée à démontrer, au cœur des villages distants de quelques dizaines de kilomètres de Vientiane, la capitale, que le jeu démocratique était plaqué sur des communautés rurales qui n'en avaient cure. Seules les écoles que nous y visitâmes nous parurent entretenir quelque confiance, quelque sérénité. La France y préservait alors ses positions culturelles. Le tableau noir portait la date dans la langue de Molière, le reste en laotien. Il fallait encore savoir le français, nous dit-on, pour espérer accéder au lycée de Vientiane – privilège des trois premiers de la classe. Un vieux manuel d'histoire s'ouvrait tout seul sur la phrase héritée du Petit Lavisse : « Enfants, aimez la France, car elle est puissante et juste et surtout elle est généreuse. » Les pages étaient jaunies.

Le Cambodge voisin existait comme une communauté vivante. Le Laos, quant à lui, n'arborait qu'une unité de façade entre trois principautés définies de longue main. Ce pays nous parut entraîné à se donner la comédie, sans cesse, à se prétendre ce qu'il n'était pas, poussé à la fois par son propre génie et par un monde extérieur qui plaquait sur lui des schémas qui lui étaient étrangers et auxquels, pour la galerie, il faisait croire qu'il savait se plier. Faux semblants, fausse nation, faux État, fausses élections, fausses économies, fausse indépendance… La passion du jeu dominait les esprits : le bridge pour le chef de gouvernement, Souvanna Phouma, qui l'installa sous nos yeux au cœur de la belle fête qu'il donna le Jour de l'an, et pour le peuple de frustes loteries hebdomadaires organisées depuis la Thaïlande et qui pompaient les économies familiales.

On jouait à la démocratie. Trois forces étaient supposées incarner, à l'occidentale, la droite, le centre et la gauche. On faisait semblant d'être autonome, alors que tous les responsables français, sur place, savaient bien que le destin de la nation se dessinerait à partir de la politique des États-Unis au Vietnam. Au pays de l'opium, tournoyait, à l'avant-scène, un bourdonnement d'illusions derrière lequel vivait un peuple moins indolent que ne le disaient les légendes coloniales, un peuple qui frémissait de se sentir menacé d'écrasement par des forces immenses qui le dépassaient de si haut. Dans l'esprit de certains seulement dominait, en concurrence avec une poignée d'aventuriers européens, l'envie de s'enrichir au plus vite, afin de s'assurer au-dehors quelque sécurité pour la suite, avant l'issue fatale. Chez les chefs du moment on discernait cette angoisse, plus encore qu'un égoïsme profiteur.

Le jeune ministre des Finances, le prince Sisouk Na Champassak, nous dit un soir – après une longue conversation, où il nous avait rappelé que l'aide américaine avait atteint, en dix ans, cent fois le montant du budget national –, en nous montrant d'un grand geste la douceur tombée sur le Mékong : « Vous voyez ce paysage de paix, cette sérénité de la nuit. Nous avons la bienveillance du climat, les facilités de la vie quotidienne dans une nature généreuse. Nous ne connaissons pas de mendiants, nous faisons des soldats incertains. Notre peuple pourrait avoir les moyens du bonheur. Si seulement le monde immense du dehors nous laissait seuls et tranquilles ! Ce privilège vaudrait, à nos yeux, le sacrifice de bien des prestiges matériels… »

En contraste, l'Amérique jouait la carte du peuple méo, un petit protectorat des montagnes auquel on n'accédait qu'en avion, et qui offrait, à force de dollars dépensés, dix mille hommes bien armés et d'esprit guerrier. Nous y fûmes le 27 décembre, leur Jour de l'an. L'armée US avait amené sur le haut plateau resserré de Samsong, où les arbres étaient rabougris, des Méos de toute la région. L'ambassadeur américain Sullivan jouait à la balle avec des jeunes filles. Elles étaient habillées d'une longue robe à col blanc qui tombait jusqu'aux pieds, égayée par une double ceinture rose et verte, un rose bonbon, un vert très acide qui aurait pu être, nous sembla-t-il, du côté de Greenwich Village, tout à fait dans le vent.

Quelques années plus tard, lorsque éclata la guerre civile qui installa à Vientiane définitivement (jusqu'aujourd'hui pour le moins) un régime communiste, les Américains n'abandonnèrent pas tous les Méos. Plusieurs dizaines de milliers de leurs enfants vivent aujourd'hui aux États-Unis, au Minnesota surtout. Pour le reste du pays, le pire était à venir, depuis les bombardements américains d'une violence extrême, jusqu'à l'instauration en 1975 du régime communiste qui est toujours en place. Les Méos résistèrent quelque temps avant que leur guérilla ne s'étiolât, faute de soutien extérieur.

*

Avec le recul du temps, les semaines que je passai au Cambodge, en janvier et février 1967, avant de quitter l'Extrême-Orient, prennent une couleur douloureuse sous la lumière du drame de l'autogénocide qui devait frapper ce pays huit ans plus tard. Nombre de ceux qui nous accueillirent avec une douceur si attentive, avec leur fragile optimisme, furent écrasés par la barbarie absolue des Khmers rouges.

Le visiteur, reçu avec grâce de tous côtés, admis sans difficulté à tout voir et à circuler partout, avait peine, affectivement sinon intellectuellement, à imaginer si proches les drames qui enserraient cette oasis de calme et de tranquillité – sauf à aller, comme nous le fîmes, aux frontières de l'Est, là où la guerre du Vietnam débordait déjà par-dessus les limites des cartes officielles. Le prince Sihanouk, alors au plus haut de son autorité et de sa popularité, était omniprésent et passionné. Il avait même imaginé un « contre-gouvernement » destiné à houspiller les ministres en place et à ne les laisser jamais en repos. Il venait de recevoir de Gaulle à Phnom Penh pour l'entendre prononcer l'impérissable discours que l'on sait, le 1er septembre précédent, où le Général avait mis en garde les Américains contre les conséquences désastreuses de leur guerre vietnamienne.

Un soir, dans la splendeur d'Angkor, sous la pleine lune, blottis parmi un cercle étroit de discrets voyageurs, devant les danses khmères de la haute tradition ressuscitée, nous éprouvâmes par contraste, douloureusement, ce qu'incarnaient à proximité ces grands guerriers d'Occident venus écraser le Vietnam et les gamins forcenés qui, en Chine, s'acharnaient à briser le passé. Paul Claudel avait bien pu parler jadis d'Angkor Vat, en incompréhension hautaine, comme du « temple du diable » qui suscitait en lui un « étrange sentiment d'oppression » et dauber sur ces « apsaras au sourire éthiopien dansant sur les ruines en une espèce de cancan sinistre ». Nous versâmes ce texte, lu le lendemain à haute voix, dans le grand déversoir des intolérances et des aveuglements.

Nous profitâmes d'une enquête de Jean Bertolino, journaliste à *La Croix* – futur prix Albert-Londres –, pour nous rendre, vers l'est, jusqu'au poste de douane de Bavet, où se lisait l'extrême fragilité de la paix. La frontière courait, sans s'appuyer sur aucune marque visible, à travers une plaine monotone de rizières jaunes. Avec des jumelles, à bonne distance, on apercevait deux files de malheureux chargés de ballots, assurant d'un côté à l'autre une contrebande tolérée qui devait enrichir les douaniers. On nous fit rencontrer les misérables victimes d'une agression américaine en décembre et découvrir le décor sinistré de leur village. Avec la vision figée d'une petite fille, de dos, immobile, à cinquante mètres devant nous et qui se retourna soudain, en montrant de grands yeux sombres. D'autres enfants s'attroupaient, nous suivaient à distance, attentifs et inquiets – ce n'était plus du tout la timidité joyeuse des petits Khmers ailleurs rencontrés.

Quand on s'approchait de ceux-ci, ils se serraient les uns contre les autres, comme s'ils cherchaient à se dissimuler, ouvrant de grands yeux pleins d'effroi et se mettant à trembler quand on voulait leur prendre la main. À peine détendus quand Bertolino leur jurait que nous n'étions pas américains... Chaque enfant avait son trou préparé, où il sauterait à la moindre alerte. On nous montra l'un d'entre eux où étaient morts deux petits garçons. Un soldat US y avait jeté une grenade en passant. Alentour pendaient de hauts roseaux qu'une rafale avait brisés en deux, à hauteur d'homme. Un peu plus loin, au milieu de débris calcinés, gisait une tôle tordue, peut-être un morceau de réservoir d'avion. Sur une plaque elle portait le nom d'une compagnie de San Francisco.

Au retour, il ne nous fallut pas longtemps pour retrouver, dans la paix du soir, le calme quotidien, les beaux visages khmers et les enfants qui riaient. Des buffles, à nouveau, soufflaient dans la boue. On s'arrêta pour photographier un paysan et sa bête contre le soleil couchant « dans un liseré d'or ». Cela aurait fait une bonne couverture pour les revues de luxe, du côté de notre monde. Le Cambodge, derrière nos vitres, criait sa fragilité d'île sous les grands assauts des tempêtes.

Il nous restait, selon ma pratique, à rejoindre un homme politique sur ses terres. Ce fut Ung Mung, ministre de l'Information, dans son fief de Kompong Speu où il venait d'être réélu avec 90 % des voix, record national – le scrutin n'apparaissant pas truqué. Le cœur de son programme ? Réformer le système de commercialisation du riz qui était alors dans les mains des négociants chinois. Ceux-ci achetaient les récoltes sur pied, forfaitairement, puis, par tout un jeu de prêts usuraires et de stockage habile, s'enrichissaient aux dépens des cultivateurs. Il ne pouvait être question d'une coercition envers les Chinois, qui eût été à l'encontre de la philosophie du régime et qui aurait fait courir le risque de désordres voués à paralyser la distribution du riz dans le pays. On avait donc choisi d'apprendre aux paysans à s'aider eux-mêmes en constituant des brigades d'assistance afin de se passer de tout intermédiaire et de conserver des liquidités pour le temps de la soudure, en évitant des emprunts écrasants. Ung Mung nous dit son optimisme : le paysan khmer, s'il détestait l'idée d'une communauté des biens à la mode marxiste, possédait très vif l'esprit d'entraide et de solidarité.

Tout au long de sa tournée, cet homme réfléchi et déterminé, dont la promotion n'avait pas entamé la simplicité, nous entraîna dans un village où il allait porter la bonne parole. Il nous présenta divers fonctionnaires, qui étaient tous, bien sûr, francophones. L'accueil y fut partout chaleureux, sans flagornerie pour le puissant ministre. Devant la robe orange des bonzes seulement on s'inclinait bas. Ung Mung dialogua longuement avec le chef du village. Puis une vieille paysanne au sampot rouge intervint et fit rire en résumant : « En somme, ce qu'il faut, c'est que nous fassions plus chinois que les Chinois. » Sur les murs se voyaient encore des affiches pâlies à l'effigie d'Ung Mung : « Patrie, religion, trône. » Démocratie, malgré tout ! Après une réunion dans un second village, la journée se finit dans une pirogue sur une rivière où le député-maire local rêvait d'installer des jeux nautiques. Il passait dans le ciel des cigognes et des canards sauvages. La pirogue glissait sur le vert foncé des plantes flottantes. Le calme était absolu et c'était un monde pour les plus exquises nonchalances. Mais si fragile…

De retour dans la capitale, on ne pouvait que se poser la question, une question dont l'ambassadeur Hubert Argod – que j'avais connu à l'ambassade de France à Alger, jadis – était un analyste lucide. Comment l'habileté de Sihanouk parviendrait-elle à sauvegarder la paix chez lui ? J'ai dit qu'il avait, dès 1963, rejeté l'aide américaine, quel qu'ait été le prix du sacrifice financier. Il avait ainsi empêché qu'une débauche de trafics multiformes ne déferlât sur son pays pour y noyer tout esprit civique et porter la corruption à un niveau dépassant toute limite « raisonnable » et « traditionnelle ».

Dès 1965, dans un *Message à la nation*, Sihanouk avait écrit : « Vous savez que je souhaite sincèrement la défaite de l'impérialisme des Américains – parce que cet impérialisme n'a sa place ni dans notre région ni dans le courant de l'Histoire qui évoluera inévitablement dans le sens du socialisme. » Et le prince ajoutait, en symétrique : « J'aime et j'admire sincèrement le socialisme, mais je refuse pour mon pays ce qu'il peut avoir d'inhumain et ma conscience le repousse en cc qu'il prive l'homme de ses droits individuels naturels et par conséquent inaliénables… »

« Demain, plus tard, écrivais-je dans mes notes, en ce début de 1967, considérera-t-on rétrospectivement le Cambodge en équilibre d'aujourd'hui comme une dernière lumière qui s'éteignait, une exception unique qui s'est prolongée un moment par miracle ou bien comme un pays pionnier qui a montré la voie ? » On sait comment la suite a répondu, dans les tonalités les plus sinistres, comment le pays a connu successivement le pire de l'intervention américaine, puis, en conséquence, la barbarie génocidaire des Khmers rouges, comment la pince hideuse s'est refermée sur ce lieu de grâce et de fragilité. Je me suis renseigné, plus tard : Ung Mung a été tué, avec tous les siens, lors de l'entrée des Khmers rouges à Phnom Penh, en avril 1975.

*

Le temps de la Thaïlande fut celui d'un repos joyeux dont tant de tensions rencontrées appelaient la récréation. Un contact avait été pris avec une personnalité étonnante, la princesse Pantip Chumbhot de Nagor Svarga qui nous prit, Philippe et moi, en amitié. Veuve depuis peu – et très joyeuse – elle avait cinquante-sept ans, la taille petite, fine encore, une ténacité et une énergie inépuisables, des yeux et un rire d'une parfaite jeunesse, une vaste fortune et la volonté éclatante d'en tirer le meilleur parti possible pour l'embellissement de son âge mûr et pour son rayonnement artistique et intellectuel. Elle décida de nous faire faire le tour de ses domaines, qui étaient nombreux. Elle nous dit de son mari : « Avant sa mort, je vivais inconnue dans son ombre, contrainte à me plier à toutes ses volontés. Il avait la fortune. » À présent, tout avait changé, elle menait sa vie à sa guise, s'occupait de banque et d'industrie, protégeait les jeunes artistes et s'aménageait sans cesse de nouvelles demeures de plaisance. Elle se découvrait des talents de jardinière et d'architecte, et se créait une forte renommée dans la capitale et dans le pays tout entier. Son palais Pakkad, à Bangkok, qui était l'un des plus vieux de la ville, est devenu aujourd'hui un musée qui fait le bonheur des touristes : au milieu de ses roses elle y avait fait bâtir un pavillon sacré où fougères et roseaux déployaient, sur fond de laque noire, leur profusion de givre doré. Sa villa de plage, à Pataya, était au contraire toute moderne, et sur le sable elle y avait aménagé savamment des rochers aux formes étranges. J'y appris le ski nautique.

Elle affichait un épicurisme paisible, exigeant et simple. Elle nous expliqua un jour, dans la grosse Land Rover qui la ramenait à Bangkok, sur quelle philosophie de fatalisme et d'optimisme conjugués elle fondait son univers quotidien : la certitude des puissances du hasard laissant peu de place aux choix véritables, peu de prix à l'idée d'éternité. Un soir, elle nous emmena chez son cousin, le prince Kukrit Pramoj, personnalité qui joua un rôle notable dans la vie publique et fut plusieurs fois Premier ministre. Il fêtait l'anniversaire de sa sœur aînée, avec quelques centaines d'invités à qui il offrit un spectacle somptueux de danses traditionnelles et de jeux d'ombres. Il n'y avait, outre nous-mêmes, qu'un tout petit nombre d'étrangers : quelques Anglais, mais d'Américains, point. À la sortie, on nous distribua le petit sac de riz qui porte bonheur.

Ce pays était le seul qui, dans cette région du monde, avait échappé à la colonisation. Son aristocratie vivait paisiblement une fête de haute culture transmise de très loin, jouissant de l'instant, sans paraître trop se soucier de la pauvreté du peuple et de ce qui pourrait menacer ses agréables privilèges. Un bref moment, cela déteignit sur nous, et nous décidâmes de l'accepter, sans trop de scrupules. Nous avions partout recherché les signes et les racines des plus cruels conflits, des plus sanglantes menaces. Notre regard fut, en Thaïlande, superficiel et nous réussîmes, j'en fais ici l'aveu rétrospectif, à ne pas nous en sentir coupables.

7

États-Unis 1967

Prison de Sing Sing, police de Newark. – Forest Lawn, cimetière heureux ? – La vision de l'ingénieur Eaton. – Mrs. Darling et les « chers disparus ». – Alexandre Kerenski. – La Russie de 1917. – La victoire de Lénine. – Kornilov et Salan. – Staline comme grand homme. – Saint-John Perse, Alexis Leger. – Poète ou diplomate ? – L'écriture contre la raison. – Les années trente, en nostalgie. – De Gaulle fascinant, haï. – Une pensée figée. – « La Chine ne compte pas. » – « Churchill ? Pas la tête politique. » – Candy, serveuse à Dallas. – Stanley Marcus au Texas. – Antigaullisme partout. – Le paquebot France, derniers feux.

La dernière étape de mon tour du monde fut aux États-Unis. J'avais tenu à reprendre pied à Paris auparavant. Afin de retrouver mon souffle mais aussi pour être présent lors des élections de 1967, qui s'annonçaient incertaines et qui ne laissèrent au pouvoir gaulliste qu'une majorité restreinte. Je n'aurais pas voulu les suivre à distance, au hasard des dépêches de l'AFP et de l'arrivée incertaine des journaux en pays lointain. Je fus content pour mon père qu'il ait été, à leur suite, maintenu, dans le nouveau gouvernement de Pompidou, au poste de ministre des Affaires sociales qu'il occupait depuis le début de l'année précédente.

Je repartis en avion pour New York en avril 1967 et j'y retrouvai Philippe Levillain, qui s'échappa à nouveau de son séjour à l'université Harvard. Nous achetâmes une voiture d'occasion qui nous mena avec vaillance d'une côte à l'autre et que nous vendîmes finalement au Mexique, où nous fîmes une brève intrusion, pour payer le billet de retour. Elle nous conduisit de Boston à Los Angeles, en passant par le Sud, La Nouvelle-Orléans, le Texas et le charme exquis de Santa Fe, qui nous retint quelques jours. Notre curiosité se déployait tous azimuts.

Il s'agissait d'être fidèle, comme en Asie, à un texte de Montaigne qui m'avait frappé, au chapitre XVII du livre premier des *Essais*, et que j'avais posé comme une épigraphe pour mon tour du monde : « J'observe en mes voyages cette pratique, pour apprendre toujours quelque chose par la communication d'autrui (qui est une des plus belles écoles qui puisse être), de ramener toujours ceux avec qui je confère aux propos des choses qu'ils savent le mieux. Car il advient le plus souvent, au rebours, que chacun choisit plutôt de discourir du métier d'un autre que du sien, estimant que c'est autant de nouvelle réputation acquise : témoin le reproche que [selon Plutarque] Archidamos fait à Périandre qu'il quittait la gloire de bon médecin pour acquérir celle de mauvais poète. »

Nous choisîmes, dans cette ligne, de prêter spécialement attention à diverses marges de la société, propres à renseigner par différence avec les conformismes *middle of the road*. En allant chercher les gens dans leur décor spécifique. Cela nous fut facilité par une donnée : dans cette démocratie, le principe d'une large ouverture aux curiosités étrangères qui se présentaient semblait nécessaire et naturel, quelles que fussent les brutalités qui pouvaient se révéler.

Nous pûmes ainsi visiter la prison fameuse de Sing Sing, située à une cinquantaine de kilomètres au nord de New York, sur les bords de l'Hudson. Le service de communication se montra fier d'une histoire qui remontait aux débuts de l'indépendance et du nombre de films qui avaient été tournés dans ces lieux. À la bibliothèque, puisque nous venions de Paris, on nous dit qu'on y avait fait travailler avec plaisir Jacques Angelvin, cet animateur de la télévision française qui avait été arrêté quelques années plus tôt et condamné pour trafic d'héroïne. Nous fûmes surtout sensibles à la brutalité d'une mécanique destinée à écraser toute personnalité. On ne nous cacha pas qu'on pratiquait encore la torture par l'eau aux dépens des individus récalcitrants. Elle ne fut supprimée que deux ans plus tard à la suite de violentes émeutes qui obligèrent le gouverneur de l'État à envoyer l'armée.

Nous sûmes aussi qu'à Newark, près de New York, la police avait lancé un programme de relations publiques et s'ouvrirait à notre curiosité. On nous permit de suivre une patrouille pendant toute une nuit à travers les quartiers noirs de la ville, accompagnés d'un journaliste de la presse locale chargé de transcrire notre admiration devant une efficacité. Mais c'est une autre impression qui domina pour nous. Le racisme ne se dissimulait ni dans la vulgarité des commentaires ni dans la brutalité des interpellations. Les revolvers étaient maniés sans précaution. On voyait que les passants noirs prenaient grand soin de ne faire aucun geste qui pût être interprété comme hostile ou simplement désinvolte. La tension d'une société se lisait à livre ouvert.

*

Aux marges aussi – par définition – les morts. Au long des rues de Los Angeles, en Californie, revenait le même éclatant panneau publicitaire. Un homme mûr en veste de tweed, cheveux en brosse grisonnant, la mâchoire forte de l'homme d'action, les yeux clairs perdus à l'horizon, l'air à la fois grave et serein. Et cette simple phrase : « *Forest Lawn just did everything beautifully.* » Sous le nom du docteur Hubert Eaton, son Memorial Park Plan, inauguré à Forest Lawn, se targuait d'avoir révolutionné le développement des cimetières à travers le monde anglo-saxon tout entier. À l'origine, une vision et deux principes. La vision : un cimetière devait cesser d'être un endroit désordonné, infiniment morne, pour devenir un lieu de sérénité et de paix heureuse – puisque la mort chrétienne n'était pas une fin, mais un commencement. Les principes : regrouper dans une même compagnie *tous* les services funéraires et, surtout, vendre avant l'heure du besoin, et avec d'importantes facilités de crédit, les emplacements de l'Éternel Repos.

La brochure que nous remit à l'entrée du parc un garde galonné chargé de contrôler les entrées résumait les séductions de Forest Lawn. Le cimetière était bâti sur les pentes des collines de

Glendale, qu'on avait revêtues tout entières de gazons anglais entre lesquels serpentait un chemin goudronné. Sous les arbres, point de pierre tombale, seulement des plaques de bronze. La carte donnait les noms des différents quartiers, Whispering Pines, Everlasting Love, Inspiration Slope, Triumphant Faith, Brotherly Love, Victory (pour les guerriers ?), Babyland enfin, et Lullabyland, réservés, comme le nom l'indiquait, aux enfants morts en bas âge. À une extrémité du parc, il existait une section maçonnique. À une autre, caché dans les arbres, le Memorial Instruction Building où l'on formait les vendeurs et les commis-voyageurs de Forest Lawn. Nous nous portâmes vers le grand mausolée qui étalait à mi-pente une lourde architecture néo-gothique.

Le public était d'abord invité au cœur du lieu pour voir le vitrail de *La Cène*. Une pénombre propice y régnait. Des rideaux recouvraient le vaste chef-d'œuvre. Un long récit enregistré était fait pour préparer les esprits et les admirations. On apprenait comment le docteur Eaton avait voulu orner son cimetière d'œuvres d'art universelles, comment il était allé en Italie à cette fin, comment il avait déploré l'état de décrépitude, à Milan, de *La Cène* originale, comment il lui était venu l'idée d'en confier la reproduction en vitrail à une artiste locale, Rosa Moretti, dernière héritière, à Pérouse, d'une longue lignée de secrets antiques de fabrication, comment il était passé par de grandes angoisses télégraphiques, la figure de Judas ayant par six fois refusé de tenir au feu, comment il vit enfin récompenser ses efforts et comment il put être dit désormais qu'à Forest Lawn seulement survivait réellement le chef-d'œuvre suprême de Léonard de Vinci. Sur quoi le rideau s'ouvrait lentement, solennellement, sur un grand machin sans âme, aux couleurs froides.

On termina la séance en nous expliquant que, sous le vitrail, on avait réservé une dizaine d'emplacements pour des personnalités qu'une commission spéciale jugerait dignes de cette immortalité. Il y avait déjà cinq ou six occupants. J'avoue que je n'en connaissais aucun. Nous nous promenâmes ensuite dans le mausolée. D'interminables couloirs de marbre étaient tapissés des plaques des urnes ou des cercueils, soulignées chacune de deux vases de bronze pour qu'on y mît les fleurs.

Il y avait de la lumière aux carrefours, des reproductions en marbre blanc d'œuvres européennes fameuses – surtout italiennes. Les plafonds portaient des voûtes à caissons. Une musique classique sortait des murs : on l'avait choisie, naturellement, sans aucune morbidité. C'était aujourd'hui le 4 Juillet, fête nationale et jour férié. Les visiteurs étaient venus en famille et ils paraissaient plus impressionnés que détendus. Il faut dire que, malgré ses exhortations à une sérénité allégée, le docteur Eaton avait beaucoup joué sur le monumental, le guindé, l'écrasant. On se retrouvait dehors avec soulagement, devant les grandes verdures du parc.

Le mausolée de la Liberté, à l'autre bout du parc, était plus petit, plus moderne mais toujours aussi chargé. Il était précédé par une statue géante de George Washington et bordé d'une suite d'enclos ombragés où les morts de plein air pouvaient trouver une intimité plus coûteuse, plus choisie, mieux protégée que sur les gazons de plein vent. Quant au mémorial lui-même, le prospectus le définissait ainsi : « Il est celui de la liberté qui nous a été léguée grâce au courage, à la sagesse et à la foi de nos pères, et il reflète notre grand héritage américain dans son marbre rare, doucement brillant, ses vitraux admirables et sa statuaire. »

À l'entrée, nous tombâmes en arrêt devant une affiche encadrée d'un liseré d'or qui accueillait le visiteur et nous nous apprêtions à en faire une lecture respectueuse lorsqu'une voix retentit à nos oreilles. « Vous vous intéressez à Forest Lawn ? » Nous fûmes ainsi interpellés, sur un ton fort aimable, par la vendeuse en charge du mémorial junior. Elle s'offrit à nous faire visiter les lieux. C'était une dame d'un âge mûr, blonde prospère, un peu grasse. Sur sa robe noire on lisait son nom sur fond blanc : Mrs. Darling. Nous l'interrogeâmes avidement sur son métier. Elle en était satisfaite, même s'il lui avait fallu passer, pour être vraiment compétente, par quelques pénibles moments. « J'ai perdu mon mari voici deux ans, puis mon fils unique dans un accident de voiture. Alors, vous comprenez, je sais ce que je fais lorsque je dis aux gens : "Je vous en prie, pour les funérailles de vos proches, pour les vôtres, prévoyez, organisez-vous en avance de l'événement fatal !" » On ne discernait rien de morose dans son ton. Il était clair que son mari et son fils trop tôt disparus servaient à son efficacité commerciale.

Mrs. Darling nous fit les honneurs, mondaine et précise. Nous parcourûmes de larges salles en marbre blanc où s'ouvraient à droite et à gauche les emplacements des urnes ou des cercueils. « Tenez, voici le grand acteur Alan Ladd et sa femme. Tout de suite en sortant, en plein air, vous trouverez Spencer Tracy. Il vient d'arriver voici quinze jours et on n'a pas encore mis d'inscription. » Mrs. Darling parlait de ses morts illustres avec l'affection simple qu'on porte à des connaissances familières et à des gloires en pantoufles qu'on a démythifiées mais dont on demeure fier. « Je me fais beaucoup d'amis. Quand les gens ont acheté leur emplacement, ils aiment à venir souvent le revoir et ils sont heureux de le montrer à leur famille et à leurs relations. Sans compter, naturellement, tous ceux qui viennent simplement visiter leurs "chers disparus". » Elle salua de son nom une vieille dame en porcelaine, menue et rose, qui arrangeait des fleurs à l'endroit où étaient déposés les restes de son fils disparu au Vietnam. Elle échangea avec celle-ci quelques considérations sur le temps qu'il faisait.

Notre aimable cicérone nous entraîna ensuite vers une tombe de démonstration dont la paroi extérieure était en verre. Sa voix se fit plus professionnelle que jamais. « L'étanchéité est parfaite, avec une atmosphère raréfiée. Garantie est assurée contre le feu. Le corps embaumé s'y conserve beaucoup plus longtemps qu'ailleurs, parfaitement à l'abri. » Soudain, elle s'arrêta, interdite un instant : une grosse mouche noire, à l'intérieur, était venue se cogner à la vitre.

Courtoisement, pour faire transition, nous l'interrogeâmes sur les prix sur lesquels elle touchait un pourcentage. « Naturellement, ce sont les deux rangées d'emplacements à la hauteur du cœur et de la tête qui sont les plus chers : environ dix-sept mille dollars pièce. Plus haut, plus bas, c'est moins cher. Quant à cette petite chapelle particulière, au fond, elle contient six places pour un total de quatre-vingt-dix-sept mille dollars – moyennant un léger supplément si vous achetez en plus ce petit banc de marbre précieux… Mais n'oubliez pas qu'à l'extérieur nous avons beaucoup d'autres endroits qui sont à meilleur marché. C'était la volonté expresse du docteur Eaton qu'il y ait à Forest Lawn une place pour toutes les bourses. »

Nous prîmes congé de cet ange noir du mausolée qui nous engagea à revenir bientôt, à revenir bien vite. Et nous finîmes notre visite par le petit musée où le fondateur avait rassemblé des objets personnels et des témoignages d'admiration. On y vendait diverses fanfreluches en forme de souvenirs et une hagiographie du docteur Eaton, qui valait son pesant de cendres[1]... Bon achat : nous en lûmes le soir même de longs passages à haute voix.

L'auteur avait choisi son sujet parce que, « quand elle avait huit ans, on lui avait interdit de porter une robe rouge aux obsèques de sa grand-mère ». Elle peignait le docteur Eaton comme un archétype d'Américain ayant associé à un idéalisme quasi mystique un sens aigu et impitoyable des affaires. La grande fortune accumulée de la sorte dans le *cemetery business* était présentée au fil des pages comme la juste récompense – presque sacrée – d'une grande œuvre qui avait aidé le monde à retrouver un christianisme de la joie. On pouvait analyser le livre entier sous cet angle de psychologie collective. Il était écrit, selon la jaquette, « afin de fournir une inspiration aux Américains », et il célébrait la dette de millions de gens à l'égard de cet homme, « *his builder's creed, his revolt against the great taboo, his commercial imagination, his business ability, his Christian fortitude* » (sa foi de constructeur, sa révolte contre le grand tabou, son imagination commerciale, sa capacité d'homme d'affaires, son courage de chrétien).

Tout avait surgi d'une vision, comme pour Claudel. Le jeune ingénieur chimiste du Missouri, après des échecs dans l'industrie minière, en était venu à s'occuper, depuis quelques années, du petit cimetière délabré de Forest Lawn. À la fin de 1916, il obtint du conseil d'administration les pleins pouvoirs dans la gestion du cimetière et d'être intéressé, financièrement, à sa prospérité. C'est dans ces conditions qu'un jour de l'an de grâce 1917 il monta sur la petite colline qui domine Forest Lawn. Un moment, il fut plongé dans une noire dépression, frappé de pensées très sombres.

1. Adela Rogers St. Johns, *First Step Up toward Heaven : Hubert Eaton and the Forest Lawn Story*, Englewood Cliffs, NJ, Prentice Hall, 1959, 296 p.

Le moment était venu, il le savait, de la décision finale. Il n'y avait plus d'échappatoire. Il eut envie d'en revenir à une vie ordinaire, très loin d'une croisade et de tout ce à quoi elle pouvait conduire. Ce fut alors que l'obscurité se dissipa soudain et qu'il eut pour la première fois la vision du Memorial Park de Forest Lawn. Maintenant, il *savait* qu'il avait été appelé, que c'était sa destinée de donner corps à son rêve, quelles que pussent être les oppositions ou les tentations de découragement. De retour dans sa chambre, il écrivit le *Credo du constructeur* qui est aujourd'hui gravé sur une vaste stèle à l'entrée du mausolée principal : « *Build a safe depositery for our beloved dead which is also a place which the living can sacredly enjoy.* » (Construisez un lieu de repos sûr pour nos morts chéris qui soit aussi un espace où les vivants puissent jouir d'un bonheur sacré.) Il avait bien écrit « *enjoy* »...

Place ensuite aux affaires. La clé de son succès, Eaton l'expliqua à un congrès de directeurs commerciaux : « Souvenez-vous, messieurs, qu'il nous a fallu vaincre soixante-six concurrents dans un seul comté. » Les six principes majeurs étaient les suivants : premièrement, vendre *before need* ; deuxièmement, se servir de l'art comme d'un *silent salesman* ; troisièmement, rassembler les différents types de funérailles (enterrement, mausolée, crémation) sous une seule direction ; quatrièmement, installer un service de pompes funèbres sur le territoire même du cimetière ; cinquièmement, vendre les services comme le terrain par l'intermédiaire de la Forest Lawn Insurance Company, créée à cet effet ; enfin, sixièmement, inventer un Forest Lawn Trust Plan, émettant des obligations à destination des gens trop âgés pour souscrire une assurance.

Tel fut Hubert Eaton, père de Forest Lawn. Ce qui lui manqua assurément le plus fut le sens de l'humour. Mais, s'il en avait disposé, aurait-il pu créer son œuvre ? Lorsqu'il lut le roman satirique *The Loved One*, où Evelyn Waugh avait peint Forest Lawn sous le pseudonyme transparent de « Whispering Glades », il s'écria que sa confiance avait été trahie. « Il a fallu des années de dur labeur, un tempérament visionnaire, l'aide de Dieu, une administration financière prudente, la main et l'intelligence de bien des hommes habiles, le génie des siècles passés, quelques miracles, l'amour de Dieu et l'amour des hommes pour bâtir le

Memorial Park de Forest Lawn. En dépit de quoi n'importe quel cynique pourra toujours jouer à ridiculiser l'œuvre entière avec deux sous d'esprit à bon marché et d'incompréhension vulgaire. »

*

Ce fut un autre pas de côté que de rendre visite, pour que nous soit offerte une plus grande profondeur de champ, deux personnages mythiques, transportés de ce côté de l'Atlantique et surgissant du passé. Tous deux résidaient alors à Washington.

Nous apprîmes la présence d'Alexandre Kerenski grâce à une interview qu'un journaliste, Philippe Ben, avait obtenue de lui pour *Le Monde*. Il y avait quelque chose de vertigineux à donner chair et vie à cette figure, cinquante ans tout juste après la Révolution russe de février 1917. Il l'avait conduite, en dirigeant quelques mois le gouvernement, jusqu'au succès des bolcheviks, en Octobre, qui l'avait contraint à un exil interminable. Son nom avait ainsi flamboyé un instant dans l'Histoire contemporaine. Il incarnait encore, un demi-siècle plus tard, pour beaucoup, la naïveté et la faiblesse des sociaux-démocrates destinés à s'offrir en marchepied pour la dictature communiste.

Kerenski, quand nous l'approchâmes, se montra tout disposé à nous recevoir. Il nous accueillit chez lui, le jeudi 11 mai 1967, à 10 heures du matin. Depuis la dernière guerre, il trouvait un gîte régulier chez une amie philanthrope, Mrs. Kenneth Simpson, dans son hôtel particulier du 109 East, 91e Rue. Une duègne orientale, ridée, nous ouvrit la porte. Le décor était de Chippendale cossu. Au mur des gravures équestres, au haut du grand escalier un salon vaste à boiseries sombres, un piano à queue, de vieux ors autour de la cheminée. Des livres s'entassaient partout. Des voix de femmes, par instants, passaient à travers la porte restée ouverte, des voix que ne suivit personne. L'air sentait la poussière, l'Angleterre, les années vingt, comme alourdi par le temps passé.

Kerenski nous accueillit à la porte et nous fit entrer d'un geste large. Un contraste nous frappa d'emblée, avant de dominer ensuite, pour nous, l'entretien : entre ce qui, en lui, s'était comme désagrégé et d'autre part ce qui frémissait de passion vivante, d'attention avide au quotidien et à l'avenir proche. À l'improviste, les éclairs de jeunesse venaient alléger le poids de son âge. Au premier coup d'œil, on ne lui aurait pas donné soixante-dix ans, alors qu'il en comptait quatre-vingt-six. Il était petit, le visage ferme autour d'un grand nez busqué, les yeux clairs derrière les grosses lunettes, les cheveux blancs relevés en brosse. Il portait une veste de tweet sombre, une chemise bleue et un pantalon gris : ses habits se défendaient contre la morosité austère que s'infligeaient, en ces temps-là, d'autres vieillards.

Soudain, dès qu'il se fut assis, l'homme sembla s'affaisser, sa main tremblant un peu en direction des cigarettes, son regard presque aveugle se perdant dans le lointain. Ses mots peinaient ou se heurtaient, son français caillouteux s'entremêlait de mots anglais. Nous ne pouvions guère diriger la conversation, seulement la laisser errer entre sa grande époque et le présent, avancer sur un rythme lent, entrecoupé de brusques élans qui touchaient. Il ne parut guère écouter ce que nous expliquions de nous pour justifier notre visite, mais au moment de prendre congé, il dit à Philippe d'un ton qui parut sincèrement désolé : « Et moi qui voulais vous faire parler du concile et de votre thèse ! Il faudra que nous nous revoyions ! J'ai tellement de plaisir à rencontrer de la jeunesse... »

Nous l'amenâmes, naturellement, vers la Russie des deux révolutions de 1917. « J'ai peine, nous dit-il, à parler de Lénine. Le hasard fait que je ne l'ai jamais rencontré. Pourtant, nous étions nés dans la même ville sur la Volga (Simbirsk, aujourd'hui Oulianovsk) et nous sortions du même milieu, une petite bourgeoisie intellectuelle. Nos parents se connaissaient, mais Lénine avait onze ans de plus que moi et il était déjà parti pour le *gymnasium* quand j'aurais pu le connaître. Nos routes, ensuite, se sont frôlées sans se toucher. » Pour Kerenski, Lénine était un « destructeur, mort tout juste à temps pour sa gloire : sa pensée était chimérique ». Notre interlocuteur flétrit l'ignorance dont souffraient tous les exilés russes quant aux réalités de l'Europe occidentale, les illusions qu'ils nourrissaient sur l'idéalisme de ses gouvernements. « J'en savais bien plus, moi qui n'y avais jamais mis les pieds, qui n'avais jamais quitté la Russie. » Après 1917, d'ailleurs, nota-t-il, on avait vu le phénomène réciproque, l'Occident surestimant largement l'idéalisme des Soviets. « Au départ, continua-t-il, Lénine avait fondé son pouvoir sur la trahison. Vous êtes des historiens. Vous savez peut-être que les Alliés se sont emparés, pendant la dernière guerre, d'une partie des archives secrètes de la Wilhelmstrasse. On les a publiées. Il y a là des documents irréfutables sur les rapports entre les Allemands et les bolcheviques pendant la guerre, l'argent que les seconds ont reçu des premiers. »

Ces propos n'étaient guère surprenants. Le jugement qu'il porta sur Staline nous étonna, au contraire. « Staline ? Je l'ai toujours défendu ici, aux États-Unis. Croyez-moi, c'était l'homme le plus intelligent de ce siècle. Voyez l'agilité intellectuelle et la bonne foi de sa fille Svetlana, qui vient de débarquer à New York. Elle tient beaucoup de lui. On cite toujours la fameuse lettre de Lénine qui conseille de se méfier de Staline après lui. Mais on la tronque et on oublie la partie où il dit plus de mal encore de Trotski. Celui-là était très dangereux : un pur aventurier. Ses écrits étaient farouchement hostiles à Lénine, encore en 1915. »

Pour Kerenski, après son grand échec d'Octobre 17, était venu le temps cruel de l'exil. Il avait vécu l'entre-deux-guerres entre Londres et Paris. Des dirigeants français qu'il connut alors, deux surtout l'avaient frappé. Painlevé d'abord, le mathématicien qui fut chef du gouvernement. « On commence à s'apercevoir, s'exclama-t-il, qu'à certains égards ce grand savant avait eu raison contre Einstein, ou avant lui. » Kerenski demeurait aussi fidèle au souvenir d'Albert Thomas. Il se sentait proche, visiblement, de ce socialiste qui avait participé au pouvoir, durant la Grande Guerre, comme ministre de l'Armement. Ce « grand homme d'État » avait fui à Genève la « coterie de Léon Blum » (le fumet d'antagonismes anciens surgit ici…) pour y fonder le Bureau international du travail. « Il est mort bien trop jeune, d'apoplexie. Hélas ! il était extrêmement gourmand, gourmand plus encore que gourmet – c'est bien comme cela que vous dites ? » Cette coquetterie de langage, son sourire rajeunirent à nouveau notre hôte.

Il glissa jusqu'à la France du moment. Pour s'écrier : « Moi, je vous le dis, je suis gaulliste ! » Il admirait surtout que de Gaulle « ait épargné à la France la guerre civile ». Et il nous proposa un rapprochement qui nous parut quelque peu narcissique. « En face de ses généraux révoltés d'Algérie emmenés par Salan, il s'est trouvé dans la position même que j'avais en face de Kornilov, général réactionnaire qui se soulevait contre moi en août 1917 et qui pavait, en fait, la voie pour Lénine. » Et d'ajouter : « Avec cette différence que je n'avais pas, malheureusement, la Méditerranée entre Kornilov et moi... » De Gaulle, il ne l'avait rencontré qu'une seule fois, vers 1941, à Londres. « Il ne doit pas s'en souvenir. Moi oui ! » Une réserve cependant : « Il faut tout de même qu'il se décide à lever le veto contre l'Angleterre. Celle-ci a beaucoup changé depuis cinq ans. Voyez le discours du Premier ministre Edward Heath, hier encore, aux Communes. » Toutes choses du monde le passionnaient toujours et c'est quand il se saisissait du présent qu'il paraissait retrouver une façon de juvénilité.

Il avait de brusques changements de ton. Sombre quand il affirma que le monde se décomposait de partout et de plus en plus vite : évoquant le Vietnam, les Noirs d'Amérique, l'invasion récente de Saint-Domingue par les États-Unis. Puis presque optimiste, comme pour rejoindre ses doctrines d'autrefois. « Tout dépendra des formules de socialisme pratique que l'on parviendra à dégager. J'ai vu que de Gaulle en a parlé dans un discours. C'est bien. Et en Allemagne, ce grand pays admirable de ressort et d'énergie, les socialistes qui se sont complètement détachés du marxisme élaborent des formes de participation des ouvriers à l'entreprise qui sont riches d'intérêt. Là réside le grand espoir. C'est la seule façon d'éviter ce que je considère comme une idiotie : une révolution prolétaire. » Devant nous, nous retrouvions, fidèle à lui-même, le social-démocrate à qui, il en était persuadé (et pourquoi pas ?), d'autres circonstances auraient permis de conduire la Russie, après la chute du tsarisme, sur les chemins d'un réformisme démocratique.

Toujours il revenait à l'Europe. Si celle-ci trouvait des voies nouvelles, elle pourrait contrebalancer un jour la force des États-Unis – cette superpuissance où lui-même ne s'était jamais senti à l'aise, s'y éprouvant plus européen que nulle part ailleurs. Il parut rêver un instant. « "L'Europe de l'Atlantique à l'Oural"… la formule du Général… Oui, un jour peut-être, mais, croyez-moi, il faudra bien longtemps, plus longtemps que beaucoup ne le pensent, pour que la Russie se libéralise, tant y est profonde la tendance à l'absolutisme. Je l'ai appris à mes dépens et, historiquement, ce fut cruel… »

Il parut las. Nous prîmes congé. On rêvait aux strates accumulées sur cet homme, à tous ces lieux où il avait erré au long d'un interminable exil. L'Histoire propose d'autres exemples de ces destins fulgurants que prolonge à l'infini la longue plage morose de la mémoire, de la frustration, de l'impuissance. On trouvait beaucoup de vide, chez Kerenski, sous l'apparence d'une sérénité touchante mais forcée, tant de désarroi chez celui qui était condamné à revivre sans cesse par la pensée ces quelques mois de fièvre, d'éloquence, d'impuissance qu'il avait vécus au premier rang du jeu. Nous songions à cette sombre année 1918 où, échappé par miracle à la Russie bolchevique, il poursuivit, à Londres et à Paris, l'ombre d'un pouvoir enfui, en se présentant comme investi d'un héritage à préserver. Alors que son nom était devenu un symbole universel, celui d'une transition vers le pire dont son impuissance aurait laissé se développer l'essor.

*

Quelques jours plus tard, le 18 mai, nous nous portâmes vers un autre personnage illustre, qui séjournait lui aussi à Washington. Au numéro 1621 de la 34e Rue, Nord-Ouest vivait Saint-John Perse – à moins, comme nous allions le constater, que ce fût plutôt Alexis Leger. La maison avait cette élégance cossue qui s'alignait tout au long d'un quartier résidentiel où les rues régulières sur des vallonnements compliqués semblaient former un échiquier qui aurait gondolé au soleil. Une fois franchis le porche de bois et le grillage de la porte, dès l'entrée, la fraîcheur était protégée. Dans le salon, la peinture claire, autour de la cheminée, faisait ressortir des meubles sombres à l'anglaise, quelques objets historiques, un portrait de jeune femme de la fin du XVIIIe siècle, du Vigée Le Brun en plus vaporeux. Le mobilier était net – un peu fluet.

Mme Leger nous accueillit, grande Américaine aux portes de la vieillesse, le sourire austère, la politesse indifférente. Elle avait averti « Alexis » de notre arrivée, et elle disparut aussitôt qu'il surgit. Une sorte de trombe descendit des escaliers et vint porter le grand homme d'un seul élan jusqu'au milieu de la pièce. Il avait la main largement tendue, deux yeux immenses qui lui dévoraient le visage. Il semblait jouer à les élargir encore, à les rendre perçants et à les braquer fixement, à tour de rôle, sur chacun de ses deux visiteurs. L'impression était immédiate : cet octogénaire juvénile posait avec agilité sa statue sans oublier jamais le personnage qu'il jouait, qu'il ne cessait pas de construire.

Il nous fit asseoir sur le divan, s'installa dans un fauteuil au bord de la cheminée, où il allongea une main étudiée qui frémissait et qui courait le long de la moulure en bois. Ses vêtements lui donnaient quelques traits d'un vieil artiste peintre, le costume beige aux larges revers désuets, la chemise molle, le nœud papillon à pois – tout cela atténué par les élégances nonchalantes d'un homme du monde qu'on surprendrait en robe de chambre. Les lèvres, surmontées du fin éventail de sa moustache, figuraient deux plateaux posés l'un sur l'autre, celui du bas légèrement avancé, avec de forts renflements vers l'intérieur. On croyait discerner en lui comme une gourmandise égocentrique, savamment intériorisée. Ses cheveux gris-blanc étaient ramenés en peigne fin sur son crâne mais s'ébouriffaient un peu vers l'arrière. Ils ajoutaient par moments, de profil, un aspect vaguement clownesque à sa silhouette, dont on se sentait mi-amusé, mi-gêné, et qui contrastait étrangement avec le style noble et le beau langage qui étaient plus proches du poète escompté. Parce que sa présence occupait puissamment la pièce, celle-ci sembla, plus encore qu'à notre arrivée, comme dépouillée d'âme. L'âme était-elle concentrée dans les étages ? L'impression était d'une sorte de radeau de fortune provisoire attendant un départ vers des eaux nouvelles. Par quoi s'accentuait cette apparence de « roi en exil » qui se fit de plus en plus prégnante à mesure que se déroulait l'entretien.

Nous avions préparé quelques sujets en vrac vers lesquels le guider doucement. Ils n'eurent, hormis celui concernant l'Amérique, que peu d'influence sur le discours qui nous fut tenu, ou joué, une heure et demie durant : celui-ci étant à peine piqué de quelques interruptions de notre part, de celles qu'on jette en avant pour exprimer la densité et la qualité d'une écoute. Jamais chez lui ne se découvraient la trace d'une fatigue ou ces silences qui songent à préparer le départ des visiteurs, tout à coup importuns. Il offrait l'apparence d'une attention aimable, quelquefois, puis revenait très vite, pour son plaisir évident, aux méandres ordonnés d'un monologue. Il manifesta seulement quelques politesses un peu trop appuyées : ainsi quand il évoqua mon grand-père « dont l'autorité morale de président était grande au Sénat » et qu'il « allait voir souvent pour consulter sa sagesse ».

Les thèmes étaient visiblement familiers et ils devinrent obsessionnels lorsque se profila l'ombre du général de Gaulle. Mais sans que l'expression se durcît jamais en expressions crispées, en modules gelés. L'épique tournait parfois au précieux, mais la langue était toujours d'abondance, souple et riche, où la formule de médaille trouvait sans nul effort la place qui paraissait spontanément choisie pour elle. Le hasard des associations d'idées ou une loi obscure de sa pensée divisèrent son propos en deux parties bien marquées, la première bâtie autour de la création poétique, toute fanfreluchée de souvenirs mondains, la seconde brusquement politique, plus révélatrice, à coup sûr, des traits profonds d'Alexis Leger tel qu'il avait vieilli sous le masque du grand écrivain.

Il évoqua d'abord l'École normale, qu'il dit, sans détours, n'avoir guère aimée. Avec l'ombre d'un mépris à peine dissimulé par la courtoisie, il nous expliqua que, de son temps, les élèves de la Rue d'Ulm voyageaient peu (« contrairement à vous deux » – esquisse d'un compliment de surface), qu'ils se distanciaient des réalités concrètes, qu'ils ratiocinaient. Notre hôte tenait à ne pas se poser, lui-même, en intellectuel : « L'humain passe toujours avant l'intellectuel. » L'humain ? On comprit qu'il s'agissait de l'écrivain. Mais de l'idée qu'il se faisait du poète, nous sûmes peu. Pudeur voulue ? Conviction que toute glose affaiblit et que l'œuvre devait parler seule ? Cela paraissait implicite.

Quoi qu'il en fût, il ne dit ici rien qui fût fort, à nos yeux. Sauf à évoquer, en proximité, les dangers d'un impérialisme de la raison. Les philosophes qui se rebellaient contre celle-ci étaient plus féconds que les autres : tels Heidegger ou encore Bergson, avec qui lui-même avait souvent parlé de choses profondes. Étaient-ils donc, à son goût, moins éloignés des poètes ?

Tirant parti d'un court silence, je tâchai de le guider vers l'image qu'il se faisait de l'Amérique d'aujourd'hui. Et voici que soudain il y eut comme une rupture, avec, en prime, l'esquisse d'une hésitation ou d'une excuse. Ainsi que le fleuve va à la mer, il mit plein cap sur la politique. Nous vîmes alors, avec quelque surprise, le discours changer de ton, le langage perdre de sa hauteur. « Vous n'êtes pas ici, dit-il d'abord, pour que nous parlions de ces choses. » Pourtant il y vint vite, avec un appétit non dissimulé. Je découvris que j'avais cru Alexis Leger moins alerte, plus glacé, plus serein aussi. Je l'imaginais ayant pris décidément, par choix personnel, la pose du poète détaché du monde et des péripéties de la politique. Mais point du tout : il la suivait dans l'extrême détail, l'habillait d'un langage vigoureux mais un peu désuet qui ramenait aux années vingt et trente, entre Rapallo et Munich, lorsqu'il avait été le collaborateur intime d'Aristide Briand au Quai d'Orsay, puis secrétaire général du ministère. Il l'éclairait tout entière, inconsciemment peut-être, à partir de la fascination négative qu'exerçaient sur lui la personne et l'action du général de Gaulle. La première fois qu'il le nomma, il libéra comme magiquement des forces brutales qu'il retenait en lui-même. Avec, une ou deux fois, des éclairs de haine pure, en diamant.

Toutes ses réflexions le ramenaient au Général, à s'en prendre à sa politique en en rabaissant jusqu'au vulgaire l'inspiration et les motifs. Muets par force, nous vîmes ainsi, avec étonnement et sans plaisir, changer la stature de celui qui nous parlait. La pensée restait vive et forte, mais l'expression s'en banalisait, s'en appauvrissait et, à la racine de ses choix et de ses jugements, l'homme tout entier se rétrécissait devant nous. Dans l'obsession de sa retraite d'après 1945, le propos changea de couleur et de style et s'éloigna à distance de l'image qu'avaient voulu en donner les écrits rassemblés dans l'*Hommage à Saint-John Perse*.

Il se montra soucieux, tout au long de son propos, de s'affirmer comme un diplomate hors de pair – professionnel. Quand Einstein passa dans la conversation, cela s'entendit vivement. Ce « mathématicien génial » était, tout passionné qu'il fût de diplomatie, naïf dans ce domaine, à ses yeux, jusqu'à la sottise. Il put en témoigner, l'ayant beaucoup fréquenté, parfois avec Painlevé, « un grand savant qui fut un si médiocre homme de gouvernement ». Ce dernier propos aurait chagriné Kerenski.

Notre hôte nous affirma qu'il voyait encore beaucoup de monde touchant de près à notre politique étrangère, Maurice Couve de Murville, au Quai d'Orsay, d'autres ministres, « trois au moins à chacun de ses passages à Paris ». Surtout, il insista sur l'écoute qu'il avait trouvée auprès des présidents successifs des États-Unis, de Roosevelt naturellement (il parla de « la politique de sécurité qu'il lui avait fait faire… ») mais aussi de Truman, d'Eisenhower, « malgré le flou de ses idées et de son action », du « malheureux Kennedy ». Il voulait se montrer comme un personnage de premier plan dans les relations entre l'Europe et l'Amérique, mais il ne réussissait pas, au fil de ses propos – pour le présent au moins –, à en convaincre. Il s'affirmait et s'affichait si français, si peu américanisé qu'on se prenait à se demander s'il n'avait pas simplement jugé qu'après la guerre il pourrait agir plus fortement depuis Washington que depuis Paris sur le destin de la France. Mais alors, dans le choix de ce canal, quel aveu de démission pour notre pays !

L'an 1958 n'avait-il pas été ressenti par Alexis Leger comme une répétition cachée de l'arrachement de 1940, dissimulée mais plus désespérante encore au seuil de son « grand âge », l'écartant définitivement de l'Histoire ? Il était patent que l'œuvre littéraire majeure qu'il avait bâtie ici, l'une des plus hautes du siècle poétique français et qui était vouée à laisser son empreinte dans le futur, les tributs qu'on lui avait apportés, tout cela n'avait rien effacé du souvenir de ces dix ans de l'avant-guerre où il se targuait d'avoir construit, par-delà les ministres de passage, la politique étrangère de la France. Cette mémoire colorait sans l'atténuer l'amertume de l'homme d'action, moins solitaire que dessaisi, qui s'exaspérait sourdement – Philippe Berthelot virant au Norpois – de ne plus mordre sur le vif, à l'âge même où l'Autre, sur le côté opposé de l'Atlantique, continuait de lui imprimer, et de quelle façon ! sa marque puissante.

La politique de De Gaulle était faite, clairement, pour l'exaspérer, d'autant plus que sa propre pensée paraissait bloquée au moment de la guerre froide, vers 1950-1953, au temps de Foster Dulles, le secrétaire d'État d'Eisenhower. C'est sur cela qu'il appuyait, dans l'essentiel de ses commentaires, son hostilité. Il blâmait la reconnaissance, par la France, de la Chine – dont il ne fit mention qu'en passant : « elle ne compte pas ». Les deux pôles américain et soviétique dominaient le monde, qu'on le voulût ou non, et de Gaulle était voué à l'échec s'il n'admettait pas cette « géopolitique » – il employa le mot plusieurs fois.

La frustration d'Alexis Leger, vingt-sept ans après qu'il avait été écarté brutalement des affaires par la défaite, se lisait dans son regard porté de haut sur les grands personnages qu'il avait croisés jadis. Il ne cita guère que ceux qu'il avait rencontrés : « J'ai passé cinq jours avec Staline... J'ai connu de près Hitler, Mussolini... Le seul que je n'ai jamais vu, c'est Franco. » Le plus souvent, on entendait la formule « Je leur ai dit », et point « Ils m'ont dit... », et, au détour d'un propos, il eut, au sujet de Churchill, cette expression condescendante : « Il n'avait pas la tête politique »...

*

Les États-Unis, lorsque je les avais visités quelques années plus tôt, étaient ceux de la côte Est, des diplomates, des universités, des intellectuels. Comme j'avais fait en Extrême-Orient, je souhaitai tout à la fois tirer le meilleur de ce réseau spontanément amical et prendre mes distances avec lui. Quant au contraste, nous fûmes servis. Cinquante ans avant Donald Trump, deux Amériques s'opposaient déjà, en termes autant sociologiques et psychologiques que politiques. Candy, serveuse au Steak House de Dallas, le 9 juin 1967, entre un hamburger et un club sandwich, montrait une blondeur ordonnée, des traits modelés avec tendresse, je ne sais quoi d'impur dans le regard. Elle nous avait d'abord présenté Maria, sa collègue mi-grecque, mi-française qui, à cinquante ans, arborait la dignité triste d'une gouvernante de grande maison tombée dans la débine. Elle avait accompagné sur ces terres un Américain qui venait de l'abandonner avec sa fille et elle ne savait pas comment payer son retour en Europe. Malgré ses diplômes français, elle ne pouvait faire mieux que de souffrir un labeur dans ce triste restaurant dont les patrons, bien que grecs eux-mêmes d'origine, l'exploitaient et la maltraitaient.

Candy avait vingt ans. Elle s'était mariée à dix-sept, en en arrachant la permission à ses parents sous la menace d'une fugue. L'époux était un électricien qui se trouvait à présent au chômage. Ils étaient accablés de difficultés financières : ils avaient eu le tort d'acheter tant de choses à crédit... Elle parla spontanément de Kennedy : elle avait vu, trois ans plus tôt, son assassinat en direct, devant son poste de télévision. Elle aimait bien ce président et elle se passionnait pour le mystère, pour les bruits multiples qui avaient couru. Une chose était certaine à ses yeux : Lyndon Johnson était mêlé à l'affaire, de près ou de loin, probablement par l'intermédiaire de sa femme. Il n'était que de voir le sourire qu'il avait dans l'avion lorsqu'il avait prêté son serment de nouveau président. On murmurait également que c'était lui qui avait dissuadé Kennedy d'utiliser sur sa voiture la capote en Plexiglas antiballes. Candy aurait bien aimé avoir un jour la clé du mystère, mais elle n'y croyait guère. Elle venait de lire qu'on avait découvert récemment que Booth, le meurtrier historique de Lincoln, était en réalité en prison le jour de l'événement. Alors... Au demeurant, elle disait elle-même son ignorance des choses de la politique, par-delà toutes ces rumeurs. Non, elle ne voterait pas l'année prochaine. Elle n'était pas assez informée, car elle ne lisait jamais les journaux. La démocratie américaine vivait avec 50 % d'abstentions.

Les yeux de Candy s'allumèrent quand elle en vint à nous interroger, non sans hésiter un peu, sur les femmes de France, et aussi les Français – « *You know, we have those sayings about them, famous lovers*... » (« Vous savez tout ce que nous disons sur eux, fameux amoureux... ») « Ici, observa-t-elle tristement, tout était trop réglé et les mâles étaient trop jaloux d'emblée, trop exclusifs dès le premier soir du *dating*. Tenez, si mon mari savait que je suis là ce soir à vous parler ainsi, *he would surely get mad*... » (« il deviendrait sûrement furieux... ») Elle marqua un intérêt sincère, spontané pour la France. Elle s'étonnait que chez nous tout le monde parlât toujours français au lieu de l'anglais – et pas seulement comme une sorte de patois de famille à la mode de La Nouvelle-Orléans. Il faut dire qu'en même temps Candy ne paraissait pas croire qu'en Angleterre même on s'exprimât en anglais. Ainsi allait l'Amérique « profonde ».

*

S'il était un sentiment qui unifiait la plupart de nos interlocuteurs, dans les milieux favorisés, c'était une hostilité au général de Gaulle, avec laquelle la hargne d'Alexis Leger était de plain-pied. Une certaine sympathie rémanente pour la France, chez ceux qui en savaient quelque chose, en tempérait seule, parfois, l'expression.

Le discours de Phnom Penh, en septembre précédent, si lucide sur l'avenir de la guerre au Vietnam, avait paru insupportable à beaucoup. On le dénonça souvent devant nous. Encore pouvait-il rejoindre les sentiments de ceux qui commençaient, en nombre croissant, à s'élever contre la folle entreprise. Mais d'autres griefs dominaient. Le retrait de la France de l'OTAN, annoncé par de Gaulle un peu plus tôt, avait révolté. Le thème fleurissait de notre ingratitude envers nos libérateurs de 1944 et il était vain de songer à rappeler que les États-Unis n'étaient intervenus, après beaucoup de complaisance de leur diplomatie envers Vichy, que lorsque leur propre salut avait été en cause. Il y eut davantage. Durant notre voyage, on apprit le célèbre épisode du Général s'écriant « Vive le Québec libre ! » au balcon de l'hôtel de ville de Montréal. Un éditorial de l'*Albuquerque Journal* du 27 juillet 1967 concluait, indigné : « De Gaulle a 76 ans, mais même la sénilité n'est pas une excuse pour les mauvaises manières. »

Dès avant la mise en garde du Général, lors de sa célèbre conférence de presse du 27 novembre, à l'égard d'Israël, engagé, à la suite de la guerre des Six Jours, dans une politique d'occupation de territoires extérieurs à ses frontières, la méfiance s'était installée. La distance prise par notre diplomatie envers Tel-Aviv, la « politique arabe » du Quai d'Orsay avaient fait surgir des indignations violentes, et pas seulement dans la « communauté juive » : ce terme admis comme une évidence et que notre esprit républicain rejetait pour la France. Dans un motel de Gallup, au Nouveau-Mexique, nous fûmes saisis de voir apparaître à l'écran une photo de notre président qui en faisait un monstre – pris d'en dessous, le visage labouré d'ombres, horrible. L'apparence physique du Général servait à transcender toute discussion de fond. La forme de sa tête attirait toutes les ironies. Chez une bonne bourgeoise de Dallas, nous eûmes la surprise de le voir représenté, grotesque, en pied de lampe. Dans la même ville, une logeuse nous refusa le gîte quand elle nous sut français. « À cause de la guerre d'Israël et de l'attitude de la France, on a détourné des avions d'Orly et cela a coûté vingt dollars à mon fils… »

C'est au Texas, celui que le feuilleton *Dallas* avec son « univers impitoyable » allait bientôt, à grand succès, caricaturer, que nous rencontrâmes le plus aigu de l'hostilité. Stanley Marcus, qui nous accueillit comme amis de David Rockefeller, régnait sur des grands magasins puissants. Il se posait fièrement en « *American Jew* » et il ne laissa pas sa courtoisie et sa curiosité des autres, qui étaient larges, atténuer la vigueur de ses philippiques. « En Amérique, nous avons accoutumé de dire : "Si vous voulez savoir ce qu'est un véritable ennemi, il suffit d'avoir la France comme alliée…" » La décision de sortir de l'OTAN lui était insupportable. Et il concluait : « La France, un jour, tout entière, sera punie de son arrogance actuelle… » La conclusion vint d'un jeune homme d'affaires de cette même ville qui dit à Philippe : « *Although you are French, you are a very interesting chap. I hope one day you could become an American* »… (« Bien que vous soyez français, vous êtes un type très intéressant. J'espère qu'un jour vous pourrez devenir un Américain »).

Le retour fut, pour nous, en apothéose. Nous rentrâmes, en quatre jours, grâce à nos ultimes dollars, sur le *France*, le dernier vaisseau transatlantique dont la concurrence de l'avion et la hausse des coûts que ce luxe impliquait n'avaient pas encore triomphé. Nous entraînions avec nous la longue traîne des rêves hollywoodiens. Mais on ne pensait pas encore au *Titanic*. Même en classe « touriste », la musique était de toute la journée, la fête de tous les soirs. On dînait en smoking. Les jeunes Américaines avides de l'Europe n'étaient pas toutes accompagnées par des pères sévères (l'un, tout de même, tapa sur la table lorsqu'un flirt s'esquissa…). On fumait des cigares en imaginant la complicité bienveillante de W.C. Fields. Les ombres de Nancy Mitford et de Victoria Ocampo nous regardaient en souriant. Et tant de stars, de tant de films… Au demeurant, moi qui aimais les contrastes, j'allais être servi, puisque le service militaire m'attendait.

8

À chacun son Mai

Sous les drapeaux. – Mourmelon, Saumur. – Au Centre de prospective des armées. – Le colonel de L'Estoile. – Les « événements » : implication, distance. – La question universitaire. – Rue Gay-Lussac, le soir et le matin. – À l'Assemblée, théâtre d'ombres. – L'Odéon, passionnant et absurde. – Edgard Pisani au Palais-Bourbon. – L'ORTF en révolte. – 24 mai : le coup manqué. – Un sonnet à Iris. – Grenelle, aux premières loges. – La fin de la fête. – La Sorbonne « clochardisée ». – Pompidou affermi, Debré en désarroi. – De Gaulle redivivus. – Champs-Élysées : incertain défilé. – Élection à Grenoble : JMJ contre PMF. – À quelques voix près. – Mon père ministre d'État.

Mai 68 me trouva à Paris, en passe d'achever mon temps sous les drapeaux. Je l'accomplissais comme sous-lieutenant. Depuis la Troisième République, les normaliens avaient la possibilité, s'ils le souhaitaient, de devenir « officiers-élèves », après trois « périodes » estivales. Le jargon de l'École parlait du « Bonvoust » pour cette formation, du nom du premier capitaine qui en avait été chargé, rue d'Ulm, avant la Grande Guerre.

J'avais vu beaucoup de mes camarades, à gauche, parce qu'ils étaient marqués par l'atmosphère de la guerre d'Algérie finissante et engagés dans une hostilité farouche au gaullisme en place, se refuser à entrer dans cette filière, selon un antimilitarisme primaire. Ils abandonnaient le « Bonvoust » à une minorité qui s'affichait à droite, ou plus loin encore, en fidélité à l'Action française. J'avais fait valoir à plusieurs de mes condisciples qui s'éprouvaient, comme moi-même, loin de ces bords, qu'il y aurait péril, pour le cas d'un conflit, à déserter le camp des officiers républicains en laissant la place aux seuls « mili », comme on disait. C'était là, à mes yeux, une désertion.

Je n'ai pas conservé un bon souvenir des deux purges successives du camp de Mourmelon, dans l'univers poussiéreux de la Champagne pouilleuse. J'y avais découvert le lourd ennui des casernes et les brimades (modérées) de quelques sous-officiers obtus : deux semaines chaque fois seulement, heureusement. J'avais au contraire trouvé intérêt à ma période de « spécialisation » à Saumur, dans la « cavalerie » – entendez l'arme blindée. Le soir, on pouvait s'échapper pour dîner, entre camarades, dans des gargotes aimables du bord de la Loire. Les jeunes capitaines qui nous entraînaient étaient ouverts à des conversations intellectuelles, tout en s'amusant visiblement d'avoir à imposer un entraînement physique assez rude à des garçons qu'ils jugeaient amollis à force de thèmes latins et de dissertations philosophiques. Ces saint-cyriens entraient dans la carrière après le traumatisme algérien et ils ne nous cachèrent pas qu'ils étaient désireux de regarder vers un autre avenir, celui d'une armée modernisée grâce aux évolutions technologiques et au prestige du nucléaire. Telle était d'ailleurs la politique menée par Pierre Messmer, ministre des Armées, pour redonner à nos soldats le sens et la fierté de leur engagement.

J'avais gardé de cette expérience de Saumur la conviction que, selon le vœu de Jean Jaurès, un devoir civique était de multiplier, en démocratie, les contacts entre les civils et les militaires. Je m'y employai, par la suite, chaque fois que l'occasion s'en présenta, notamment en accueillant les officiers qui souhaitaient venir faire de l'histoire dans nos cercles universitaires. C'est dans cet esprit aussi que, bien plus tard, je préfaçai une réédition de *L'Armée nouvelle* : ce grand livre, publié en 1911, avait porté la pensée jaurésienne dans ce domaine, essentiel pour la République, et de Gaulle lui-même avait salué, entre les deux guerres, la hauteur de ses vues.

J'avais été recruté, comme normalien et comme officier, par le colonel Hugues de L'Estoile, polytechnicien et ingénieur général de l'Armement. Il fut plus tard directeur des Affaires internationales chez Dassault, chargé des ventes d'avions de combat. Pierre Messmer, ministre des Armées depuis 1960, l'avait nommé, jeune encore, à la tête d'un organisme qu'il avait créé sous le nom de Centre de prospective et d'évaluation. On devait y réfléchir sans entraves et sans préjugés à la stratégie des forces françaises à l'époque de l'arme nucléaire : sujet le plus stimulant possible. J'ai conservé quelques écrits qu'on m'avait demandés, consacrés notamment à la Chine, sur laquelle on s'imaginait, non sans une obligeante naïveté, que mon récent voyage me donnait une compétence. Je fus surtout passionné par les travaux concernant, dès lors que la France possédait la bombe, la stratégie de dissuasion « du faible au fort », que, dans le cadre du Centre, le colonel et futur général Lucien Poirier contribuait au premier chef à développer. Je trouvai intérêt à en débattre avec lui. L'œuvre de Raymond Aron nous guidait aussi pour éclairer ces questions.

Je m'amusai à fournir à ces militaires un texte chinois qui pouvait nourrir une éventuelle méfiance envers les intellectuels. Je le fis avec un sourire – parce que je savais qu'elle ne prospérait pas en ces lieux spécifiques. Il s'agissait d'un propos des *Mémoires historiques* de Se-Ma T'sien, grand historien qui avait vécu au tournant des IIe et Ier siècles avant Jésus-Christ et dont la traduction, due à Édouard Chavannes, figurait dans la bibliothèque de sa sœur, ma grand-mère Marie. « Les gens de guerre sont ceux par lesquels l'homme saint punit les violents et les cruels, rend le calme à une époque troublée, aplanit les obstacles, secourt ceux qui sont en danger. Tout animal doué de vie personnelle et portant des cornes sur la tête, dès qu'on l'attaque, livre bataille. À combien plus forte raison cela arrive-t-il lorsqu'il s'agit de l'homme ! [...] Que dire donc de ces lettrés de notre temps qui sont aveuglés sur les grandes questions, qui [...] disent qu'il ne faut pas se servir des armes de guerre ? En mettant les choses au pire, ils amèneront la détresse et la honte et la perte du pays confié à notre garde [...] ils nous diminueront et nous affaibliront. Et cependant ils se tiennent ferme à la position qu'ils ont adoptée ! »

Le colonel de L'Estoile montrait un esprit ouvert, entre rondeur et détermination. Il était dévotement gaulliste, mais son jugement était libre. Il se passionna pour ce qui survint en ce mois de mai à Paris, tout autant que pouvaient le faire ses trois ou quatre jeunes collaborateurs issus du contingent. Il ne songea pas à nous consigner, mais il nous marqua qu'il faisait confiance à notre sagesse et à notre sens civique pour que nous ne nous mêlions pas de trop près aux manifestations. Quand bien même nous étions autorisés à circuler en civil, il nous rappela la réserve que notre état militaire nous imposait. Tout en lâchant la bride à notre curiosité, il nous appelait à nous retrouver régulièrement dans ses bureaux du boulevard Saint-Germain, une oasis de sérénité au bord de laquelle les vagues se brisaient, et d'y confronter nos impressions. Je souhaitai ne pas trahir cette confiance, tout en profitant des loisirs qu'autorisaient, de fait, de tels moments.

*

Au demeurant, cette retenue obligée ne me fit pas éprouver une grande frustration. Les notes que j'ai prises durant ces semaines me protègent contre des reconstructions *a posteriori*. J'y retrouve intactes les données et les conséquences de ma position particulière. Je vécus ce mois de mai à proximité de mon père qui était, comme ministre des Affaires sociales, au premier rang des émotions et des décisions du sommet, et je ressentis – ce qui aussi contribuait à m'imposer une prudence au-dehors – le devoir de lui marquer une solidarité, en ces journées qui furent rudes pour lui. Selon sa pratique ordinaire, il demeura fidèle, même au cœur de cette crise, à son habitude de raconter les choses, à mesure, parmi les siens. Ces informations immédiates me donnèrent le sentiment de vivre ces événements en partie double, entre le climat de la rue et l'ambiance, presque aussi heurtée, des cercles gouvernementaux.

J'ajoute que je me sentais déjà dans la ligne de ma vocation d'historien : une façon distanciée de considérer la succession d'épisodes si précipités se combinait en moi avec le désir violent d'appréhender au plus près leur dynamique et leur couleur. Je n'avais ni l'envie, ni le tempérament, ni la possibilité conjoncturelle de me laisser aller à l'exaltation, mais je fus constamment sensible à la richesse des aspirations des acteurs de la révolte et à leur générosité – tout en m'attachant à n'en être pas dupe.

« Il faut parfois se ressaisir, écrivais-je le 18 mai, secouer la brume des excitations, des étonnements, des réminiscences historiques. Enfin diantre ! Cette société de “consommation” que vitupèrent les étudiants et surtout le cortège servile de leurs tout neufs courtisans, c'est aussi la chance inédite, pour qui souhaite la saisir, pour beaucoup plus d'hommes et de femmes qui le veulent, la chance de bonheurs, de joies, de rayonnements qui furent interdits à presque tous leurs ancêtres. C'est un autre nom d'une prodigieuse conquête progressive et collective, seul vestige, mais bien vivant, des optimismes socialistes du XIXe siècle et du magnifique Front populaire. Ce régime dit de dictature molle, de paternalisme hautain, s'affirme comme la première synthèse réussie, en France, entre liberté et efficacité. Les fureurs ravageuses, altruistes, des adolescents refusant le monde tel qu'il est, avec les étroitesses hypocrites de ses mœurs, oui. Les protestations exaspérées d'étudiants contre les conservatismes béats des milieux universitaires, oui. Les critiques amères contre des ministres qui n'ont pas osé bousculer ceux-là, oui encore. Le regret douloureux d'un chemin que de Gaulle n'a pas su trouver vers la jeunesse de son pays afin de lui porter l'écho de sa grande voix, pourtant si forte (au moins au-dehors), oui, peut-être, enfin. Mais comment accepter sans haut-le-cœur cette rage de refus global qui, soudain, fait tout oublier de ce qui s'est bâti en dix ans, des drames affreux qui nous ont été épargnés, de la promesse, pour demain, d'un équilibre enfin établi au service des solidarités sociales ? La pondération, vertu si haute et, malgré les sarcasmes, si noble, c'est le devoir qui revient au citoyen de compter et de peser, de distinguer l'essentiel et le reste – faute de quoi on n'aura plus devant soi que le gâchis des libertés mortes, des chances de progrès collectifs évanouies. Celles-ci sont pareilles à l'air qu'on respire sans y songer. Mais s'il manque... »

« Eh quoi ! notais-je encore, alors que la jeunesse révoltée ne s'embrigade jamais que dans le systématisme, le gaullisme est construit d'expérience, de style, de culture qui se méritent et se gagnent lentement. La conjoncture étant ce qu'elle est, aucun enthousiasme viscéral ne peut tenir lieu de cela. » On n'échappait pas facilement, en même temps, à cette affirmation de Pierre Cot que j'entendis, le 17 mai, sur les ondes d'Europe n° 1 (ce fut la radio majeure, en ces semaines-là, sur tous les fronts) dans le cours d'un débat où il brilla avec une éloquence impitoyable : « Après dix ans, s'écria-t-il, c'est votre jeunesse dont il s'agit – et elle vous condamne. » Il ne suffisait pas de répondre, comme le fit son adversaire, Michel Habib-Deloncle, député de l'UNR gaulliste, que la responsabilité des enseignants qui se jetaient maintenant à corps perdu dans le courant était grande et d'observer que le mouvement était international, en dehors de tout gaullisme.

« L'immense regret, écrivais-je, c'est l'absence d'un grand ministre de l'Éducation nationale qui aurait pu bâtir, grâce à la stabilité conquise, en alternance de brusqueries et de caresses, l'Université nouvelle – et pas seulement ses murs –, arrimant son effort au soutien de tous ceux qui, dans nos écoles et nos facultés, sont vivants, en leur enseignant les bornes du réalisme tout en trouvant la force d'arracher les vieux crabes accrochés aux rochers de leur fief. » Le mérite posthume d'Alain Peyrefitte, qui sauvegardera son nom, est de s'être fait le Las Cases d'un de Gaulle dont il a préservé les propos, mais en l'occurrence, rue de Grenelle, il était empêtré dans trop de préoccupations personnelles et de complicités acceptées avec le conservatisme qui était au fond de sa personnalité (comme on l'avait trop vu quand il avait la télévision sous sa coupe) pour pouvoir être cet homme-là. Un dîner à la table de mes parents, où je l'approchai, n'avait pas modifié ce jugement.

Je fus frappé aussi par des propos que j'entendis Simon Nora tenir sur la question universitaire. Il habitait avenue de l'Observatoire et il en traversait souvent les jardins, avec sa femme Léone – qui, plus discrète, n'était pas moins sagace que lui –, pour venir commenter l'actualité dans notre appartement de la rue d'Assas. Ainsi fit-il le 24 mai au soir. J'appréciais son intelligence aiguë, élégante. Il avait passé de nombreuses heures à la Sorbonne, il se disait émerveillé de la jeunesse, du jaillissement des initiatives, des tolérances mêmes. Mais il s'effrayait aussi des lendemains, pour l'Université, quand on découvrirait les incompatibilités entre les différentes aspirations. Il citait, dans le cas des établissements futurs, l'autonomie, l'inamovibilité des professeurs – ou au moins des garanties strictes d'emploi – et l'équivalence des diplômes. Deux de ces intentions pouvaient peut-être se conjuguer, observait-il, mais sûrement pas les trois.

Par-delà ces préoccupations universitaires, une obsession me taraudait, celle-là tout à fait politique : que de Gaulle, au terme de son itinéraire admirable, risquât de s'en aller chassé par la rue, piteusement, lamentablement. Qu'il partît, comme Metternich en 1848, caché dans une carriole de linge sale. Toute son action antérieure en aurait été rétrospectivement dégradée dans la mémoire collective, en face du monde et en face de l'Histoire. Quand on apprit, le 18 mai, comme il venait de revenir de Roumanie, qu'il s'exprimerait le 24, peut-être plus tôt, j'écrivais : « Je crois que j'ai encore plus le trac pour lui que de crainte pour la nation. La tempête est-elle assez forte pour lui inspirer le langage nécessaire ? Pourvu qu'il ne sonne pas soudain désespérément désuet, en face des étudiants, derrière son bureau Louis XV ! » Simon Nora s'angoissait du risque que l'on fût enfermé dans une alternative meurtrière : de Gaulle finissant en Franco, sinistre horreur, et, s'il partait, renvoyé, le gaullisme gaspillé en anarchie…

On nous recommandait, militaires, la prudence. Il n'était pas question pour autant de rester confiné. À 11 heures du soir, le 11 mai, je n'y tins plus, et avec deux amis, vêtus de bons pullovers et de tweed étudiant, nous allâmes rejoindre le centre de l'émeute, à proximité de l'École normale, entre la rue Saint-Jacques et la rue Gay-Lussac. On pouvait s'y glisser sans trop de peine à partir de la rue Pierre-Nicole. On traversait d'abord un *no man's land*, quasi désert. Devant l'Institut des sourds-muets, le concierge avait installé une chaise de paille et fumait paisiblement sa pipe. Il humait l'air inouï du soir. Après l'hôtel Dagmar, une barricade était toute chevelue de feuilles vertes, bardée de pavés, alourdie de matériaux arrachés d'un chantier voisin. On arrivait, en la franchissant, au cœur du fortin, devant l'Institut d'études hispaniques du 31 rue Gay-Lussac. Là, la foule des étudiants était plus dense. Chacun sautait d'un pied sur l'autre, comme désemparé de ce qu'il ne se passât rien, faute, pour l'instant, d'adversaires.

C'est une déformation de la mémoire que de ne se concentrer que sur les moments d'affrontements brutaux. Mais je vérifiai ce que Flaubert et Victor Hugo nous ont appris : il y a beaucoup d'attente, dans ces périodes de grands mouvements collectifs, avant les paroxysmes. Par petits groupes, on dépavait, en faisant la chaîne. Je photographiai du regard une jeune fille aux longs cheveux blonds, en imperméable clair avec un foulard élégant autour du cou, alourdie de grosses lunettes rondes. Elle était penchée sur le sol, armée d'un pic de démolisseur, et semblait rêver, un instant suspendue, au pavé qu'elle allait choisir de séparer de ses frères à destination des méchants CRS à venir. En se haussant sur la pointe des pieds, on voyait la rue Gay-Lussac jusqu'au Luxembourg, noire de monde dans les sections que délimitaient plusieurs barricades. Au-delà, les casques, qu'on apercevait aussi dans la rue Le Goff, près de la rue Soufflot, brillaient en bleu sous les réverbères.

Dans ce quartier si familier et mille fois parcouru, tout cela paraissait irréel. Je ne dus pas être le seul à vivre ce sentiment de rêve éveillé. Ce mélange d'étrangeté et de familiarité : car le public rassemblé était, lui aussi, *quotidien*. Quelques marginaux, hirsutes, faisaient ostentation bruyante de leur différence, mais la masse était assurément étudiante. Peu de cols ouverts, beaucoup de cravates, aucun débraillé. Quelques-uns, élégants à coupe étroite, avaient l'apparence de fils de notaires provinciaux. En arrière du « front », de petits groupes s'agglutinaient autour des radios et, dans cette atmosphère, les nouvelles qu'ils diffusaient connurent soudain un halètement nouveau. Cohn-Bendit, qui avait surgi comme leader et comme symbole, était chez le recteur Roche. Dix intermédiaires officieux s'agitaient. Nous eûmes encore un regard vers la grande barricade qui était dressée rue Gay-Lussac, en face de la partie scientifique de notre

École, avec les matériaux de son nouveau chantier, et nous abandonnâmes la place par le chemin même que nous avions pris pour y entrer.

J'y revins le lendemain matin, vers 10 heures, après les assauts de la nuit. Dans la bruine qui avait gagné l'espace, le Quartier était sinistre. Les gaz se traînaient encore dans les décombres, entre les voitures brûlées, et mouillaient les yeux. Voisins, étudiants, badauds y marchaient lentement, comme hébétés, et très las. Je n'éprouvai pas qu'il y ait eu une victoire de l'ordre. Plutôt un affaissement d'énergie laissant place à un chagrin diffus.

Un autre jour, retournant « sur le terrain », je tombai sur deux des étudiantes américaines à qui j'enseignais, pour arrondir mes fins de mois, la « civilisation française », à Reid Hall, rue de Chevreuse. Elles passaient un an à Paris, dans le cadre du Smith College, établissement prestigieux – et socialement fort typé – de la côte Est des États-Unis. Je les avais trouvées précédemment, elles et leurs amies, dans la griserie de leur jeune liberté, portées à admirer de Gaulle, l'homme du discours de Phnom Penh, celui qui défiait leur propre gouvernement englué au Vietnam dans cette guerre qu'elles détestaient. À présent, je les découvrais au contraire fort réticentes envers le Général, entraînées par l'influence de la Sorbonne. Elles ne me cachèrent pas leur excitation à se trouver partie prenante de ces journées historiques. Les barricades : une merveille ! Plusieurs de leurs amies avaient été rapatriées d'urgence par leurs parents, épouvantés par les reportages télévisés qui leur arrivaient de Paris. En dépit de la grève des transports en France, ils avaient réussi à les faire rentrer par la Belgique. « Moi, me dit fièrement l'une de ces jeunes audacieuses, j'ai décidé de faire semblant de ne pas avoir reçu le message de mon père qui m'enjoignait de revenir au plus vite. » Sa frustration eût été trop grande de ne pas vivre ces journées qui étaient « *so exciting* ».

Le 14 mai, je me rendis à l'Assemblée pour y écouter Pompidou. Son discours était clair mais plat – la forme simplement fidèle aux idées qu'elle devait porter. Ensuite, François Mitterrand, avec son éloquence un peu automatique des mauvais jours, me parut retomber au niveau de l'exploitation politique. Puis Christian Fouchet, ministre de l'Intérieur, s'exprima, long, pâteux, maladroit. Les rires qu'il suscita contre lui faisaient osciller sa grande carcasse comme celle d'un boxeur groggy et l'effet produit par le chef du gouvernement s'en trouva effrité. Autour de moi, dans la tribune des ministres, des femmes de petits barons du régime échangeaient des observations stupéfaites. Quand l'indignation se voilait d'une apparence de compréhension pour les « enragés », c'était le pire, tant éclatait la condescendance.

Dès le 16 mai, j'appris que la conviction dominait, au gouvernement, quant à l'éventualité de l'entrée du monde ouvrier dans le jeu, que la position de la CGT, donc de Moscou, serait capitale. D'où naissaient des réflexions géopolitiques : l'URSS ne souhaiterait pas une démocratie populaire de plus à l'Ouest, grossissant le poids de la Chine ou de la Tchécoslovaquie. Krasucki, secrétaire général du syndicat, aurait signifié cela, dans un entretien semi-clandestin, à Jacques Chirac, le secrétaire d'État qui était rattaché, en principe, à mon père, mais était d'abord pompidolien. Mais même si cette analyse était avérée, les dirigeants syndicaux pouvaient néanmoins être balayés par un mouvement qui les submergerait. Alors... Je notai que, depuis quinze jours, les mouvements de cette escarpolette diabolique semblaient s'amplifier, comme nourris de leur propre énergie.

Le lendemain 17 mai, il me revint par mon père, lui-même informé par Chirac, qu'une réunion à Matignon avait été dominée par l'agitation extrême de Michel Debré, ministre des Finances, en contraste avec le calme de Pompidou. Le débat se noua autour d'une question : fallait-il demander au Général, en voyage officiel en Roumanie, de brusquer son retour ? Debré le souhaitait, impérieusement. Le Premier ministre avait fait prévaloir le principe contraire – pour l'instant. De Gaulle devrait-il donc, rentrant en catastrophe, prendre la parole, dans des conditions précaires, mal informé, d'humeur exécrable ? L'idée me vint, pour la première fois, que Pompidou pourrait n'être pas mécontent, plus ou moins consciemment, de gérer seul la crise. Qu'eût donné Michel

Debré s'il avait été encore chef du gouvernement ? Je notai que c'eût été le pire d'une crispation exaspérée.

*

L'Odéon, où je me rendis le 16 mai, offrait un spectacle qui était, à proprement parler, extraordinaire. On était sensible aussitôt à un contraste : entre le décor du théâtre à l'italienne dans lequel j'avais si souvent écouté sagement les pièces montées par la compagnie de Madeleine Renaud et Jean-Louis Barrault et la profusion désordonnée des propos enveloppés dans une bonne humeur générale. L'éloquence s'arrachait au désordre. Des mouvements de houle parcouraient l'assistance. Les orateurs improvisés, qui étaient à même de prendre la parole selon une alchimie mystérieuse, disparaissaient dans le brouhaha, tandis que d'autres imposaient quelques phrases à un bref silence : leur contenu comptait moins dans ce succès qu'un timbre de voix, le ramassé d'un slogan, le péremptoire d'une affirmation.

Un jeune garçon, âgé de dix-huit ans peut-être, se dressa soudain pour réclamer que le mouvement en marche s'enveloppât dans le drapeau tricolore – et il se trouva applaudi. Aussitôt accourut pour lui succéder un beau parleur qui noya l'effet obtenu sous un flot de paroles précipitées et obscures. On se demandait ce que cette improvisation apparente pouvait recouvrir d'habileté, aux mains d'apparatchiks cachés. On ressentait celle-ci, sans en discerner d'abord les procédés. Puis se dessinaient quelques lignes de force. Non pas que l'on pût croire que tout fût planifié en détail, comme en témoignaient les propos de quelques téméraires s'aventurant à contre-courant. Mais, quand telle nouvelle était répercutée depuis un monde extérieur ainsi soudain réfracté, on retrouvait le théâtre, comme si les lieux se réconciliaient avec les envahisseurs, la scène avec l'intrusion. Je quittai l'Odéon comme un étrange pays, attachant et absurde, qu'un souffle pourrait emporter. Je notai : « Tout calme qu'on se veuille, on se sent étourdi d'exclamations, d'analyses, de stupéfactions. Tant de salive, mêlée d'encre, et de partout, qui clapote dans les recoins sombres, au pied glissant de nos certitudes. »

Le mercredi 22 mai, je revins dans les tribunes du Palais-Bourbon. Il s'agissait cette fois de la motion de censure déposée par la gauche et destinée à être rejetée. Les rôles étaient occupés par les acteurs d'une façon qui me parut sans surprise, au gouvernement comme dans l'opposition, tandis que le sentiment se répandait que tout se jouait ailleurs. Seul le discours d'Edgard Pisani fut impressionnant. Il prit de la hauteur et je trouvai que c'était dans un ton juste. « Tout se passe, dit-il, comme si la jeunesse de tous les pays récusait en bloc tout ce que nous tentons de lui transmettre, en considérant comme artificiel le débat qui se déroule à travers le monde entre socialisme et capitalisme, entre régime communiste et régime libéral. Tout se passe enfin comme si cette jeunesse semblait considérer que nous sommes, au fond, des complices devant elle, jouant chacun notre rôle dans une comédie humaine à laquelle elle n'entend rien et ne veut rien entendre. » Et il ajouta ceci, qui me parut de bon sens et peut-être fécond : « Je voudrais vous mettre en garde contre la tentation que vous pourriez avoir de vous fonder sur l'existence de ce petit nombre d'agités pour ne vous adresser qu'à eux et pour ne pas prendre en considération le problème des autres. Entre ces agités et la masse de ceux qui manifestent, il y a une identité d'angoisse, une réelle solidarité. Votre tâche est de faire en sorte que la masse ne se sente pas nécessairement solidaire du petit nombre de ceux que vous stigmatisez. »

Je convins ensuite avec mon père que Pisani, qu'il avait écouté attentivement depuis le banc des ministres, avait pris la figure d'un recours possible à l'intérieur même du gaullisme. Sa démission du gouvernement, après les élections législatives de l'année précédente, pouvait lui être profitable. Les deux hommes, naguère, avaient sympathisé. D'un ministère à l'autre, entre Agriculture et Industrie, entre rue de Varenne et rue de Grenelle, on communiquait par une petite porte qu'ils utilisèrent souvent. Lors d'une des nuits où la menace d'un putsch militaire avait paru n'être pas de l'ordre du fantasme, Pisani avait fait appel, pour protéger l'ensemble, à des gardes forestiers à coup sûr républicains.

Il se peut bien que le personnage ait frôlé, en ces heures, la grande Histoire. Je l'avais vu de près, à la table de mon père, quelques semaines plus tôt, à la fin du mois de mars. Il avait du poids, de l'encolure, de la sueur. Il s'installait au centre de toutes les attentions, mimant ses exclamations, jouant ses évocations, martelant ses vigueurs. L'acteur avait de l'allant, de la gouaille, des trouvailles de drôlerie, un contact aisé qui, sans créer une chaleur humaine, devait pouvoir entraîner. Après le dîner, à l'entrée du salon, il avait explosé contre la lâcheté d'un gouvernement que l'on ne savait vraiment pas comment soutenir quand il n'avait pas le courage d'une politique, quand « Monsieur Edgar Faure », son successeur à l'Agriculture, allait déclarant que « toutes les petites propriétés paysannes seraient sauvegardées coûte que coûte », quand « Monsieur Pompidou », à Aurillac, rassurait sur la nouvelle loi communale en gestation, jurant qu'en définitive toutes les « chères trente-huit mille communes de France » persévéreraient dans leur être, quand « Monsieur Fouchet » écoutait et accueillait « Monsieur de Tinguy du Pouët », président des maires de France, député de la Vendée. « Monsieur de Tinguy du Pouët »... Il crachait les syllabes. Je m'étais amusé à voir les visages de l'auditoire. François Goguel le protestant était fermé, Robert Bordaz, fidèle ami de mon père depuis leurs années de faculté, ancien directeur général de la RTF, ouvertement dubitatif. Par exemple lorsque, évoquant l'Angleterre, Pisani avait fait surgir la tristesse de ses rues, « avec ces filles trop blondes, en minijupes, si courtes qu'on voit leurs culottes ». Après un temps il avait précisé : « des culottes sales »... Pisani imaginait avec délectation Couve de Murville, qu'il admirait, écrasant Pompidou dans un match présidentiel – en quoi, à vrai dire, sa passion l'égarait. On savait que Pisani et Pompidou ne s'aimaient pas, vraiment pas du tout. C'était une chose admirable, avais-je d'ailleurs pensé, que, pour tous les anciens ministres, le moment exact où le régime avait commencé de se dégrader correspondait à la date précise où ils avaient quitté le gouvernement : André Boulloche en décembre 1959, Joseph Fontanet en avril 1962,

Pierre Sudreau en octobre 1962, et Pisani lui-même, naturellement, en avril 1967.

Au sortir du Palais-Bourbon, je tombai sur Philippe Sainteny. Depuis peu journaliste à l'ORTF, il s'était engagé, après quelque hésitation, dans le « Comité de vigilance » qui venait d'être constitué. Je l'en approuvais. Rien ne pouvait moins se justifier que la mainmise étroite du gouvernement sur les ondes du service public. Brutale jusqu'à l'élection présidentielle de 1965, elle s'était un peu desserrée ensuite du côté des programmes, mais les séides d'Alain Peyrefitte continuaient d'y tenir l'information d'une main de fer. Ils avaient beau rappeler que, sous la Quatrième, on avait interdit à de Gaulle tout accès à la radio d'État, cette turpitude antérieure ne pouvait pas justifier qu'elle fût, en symétrie, prolongée. Je suivis avec intérêt et sympathie, les jours suivants, les diverses manifestations d'une protestation – ceux qui avaient accepté le joug de plus ou moins bonne grâce se portant parfois à leur tête avec une ardeur spécifique.

Nous convînmes qu'il était absurde d'interdire le retour de Daniel Cohn-Bendit en France depuis l'Allemagne : occasion fournie aux extrémistes, étudiants ou non, de faire jouer à nouveau le réflexe de solidarité de tous les autres, alors que les réalistes qui, dans les innombrables commissions, commençaient de prendre quelque poids, auraient pu – qui sait ? – les en détacher peu à peu. La seule explication (peu honorable) était que ce fût un signe de bonne volonté donné à la CGT et au Parti communiste qu'exaspérait la concurrence juvénile de « l'anarchiste allemand », comme allait dire Georges Marchais.

Pour qui se souciait au premier chef du destin du Général, le vendredi 24 mai fut un jour sombre. Il parla à la télévision pour annoncer un référendum. Je me sentis d'abord soulagé. Il n'y avait rien dans son propos qui heurtât de front le mouvement. De bonnes choses étaient dites, les grandes choses à faire étaient reconnues. Mais la déception me domina vite. Ce n'était pas un sursaut qui fût à la mesure des exigences du moment. L'homme des tempêtes affrontait la première grande crise qui n'ait pas été imposée au pays du dehors de celui-ci. Le cyclone était né sous son régime, donc il procédait de lui : cet argument ravageur allait être ressassé par ses ennemis de tout poil. N'aurait-il pas pu trouver des mots plus directs pour rallier une part de la jeunesse, qu'il aurait touchée, presque malgré elle ? Tâche surhumaine, peut-être. Je l'espérais pourtant. Aux alentours de la gare de Lyon et ailleurs, les étudiants, postes à transistor à l'oreille, scandaient joyeusement : « De Gaulle c'est fini ! »

On s'obsédait décidément, dans les eaux du pouvoir, sur la CGT et sur l'attitude de l'URSS – en ces temps où nul ne doutait que les instructions de Moscou seraient décisives. Simon Nora nous le fit observer à la veille des négociations de Grenelle, le 24 mai. « La CGT, disait-il, sait que le gouvernement est presque *obligé* de conclure. Elle peut choisir d'être modérée, à supposer qu'elle soit capable de convaincre ses troupes, pour sauver l'ordre. Plus probable : elle sera dure, exigeante, afin de provoquer une crise économique à court ou moyen terme grâce à quoi, désormais préparée, elle pourra imposer sa volonté, peut-être son pouvoir. La CFDT est assez anarchique, son leader Eugène Descamps y est discuté. Elle ne fera que compliquer les choses. »

Mon père se rassurait en sens inverse en apprenant que l'ambassade d'URSS était pendue aux basques de Maurice Couve de Murville, l'inamovible détenteur, depuis dix ans, du portefeuille des Affaires étrangères, pour encourager le gouvernement à tenir bon. Dans la rue, je tombai sur une nièce du ministre, Claude Schweisguth, qui me dit la tristesse de son oncle, éprouvant le sentiment douloureux de voir ruinée en quelques jours l'œuvre diplomatique de dix ans. Pourtant, observai-je, c'est peut-être à cette action-là que le gouvernement devait les instructions de Moscou à la CGT dans le sens de la modération.

À chacun sa géographie personnelle, dans de tels moments. Selon des contrastes violents, pour chacun, entre le calme et la tempête. Au cœur de cette tourmente, retrouver la sérénité du Centre de prospective, où les souffles étaient, comme ailleurs, suspendus, mais qui ne devait se préoccuper, par nature, que de long terme, créait un sentiment étrange d'altérité. Pour tromper l'attente du discours, nous jouâmes à quelques-uns à faire des sonnets avec des mots imposés pour les rimes. Je retrouve le mien, que je donne pour témoigner de cette curieuse juxtaposition des microclimats, en ces journées-là.

À Iris

J'ai ravi ton regard à l'aube de ce bagne
J'ai couché mon effort à l'huis de ton palais
Aux trousses de ton cor j'ai lancé mon basset
Éclabousse l'espace, immarcescible pagne !

J'use ma frénésie affleurant ta campagne
Pour ce sabbat perdu, fallait-il ce balai ?
Souffle aux vents du néant l'ombre de cet Auvray.
Glauque, il extrait des bulles au ventre de la fagne.

Goûte enfin, hydre exquise aux nobles ratatouilles,
Noie au pied blanc vengeur l'essor de ces gribouilles
Foule aux chaumes piquants le foie ému du lynx

Margoton qui frémit sourit à ses quenouilles,
Se refuse à Milliez, écarte les fripouilles.
Écoute : un cri vainqueur s'exaspère au larynx

Francis Auvray et Jean-Ursmar Milliez étaient alors mes deux camarades au Centre de prospective.

*

Les accords de Grenelle, destinés à surmonter la crise devenue désormais sociale, furent appelés d'abord « accords du Châtelet », du nom de l'hôtel où résidait le ministère des Affaires sociales. Cette rencontre s'imposa bientôt. Certains membres du gouvernement souhaitaient attendre deux ou trois jours : ils étaient plus ou moins inspirés par la vieille idée, prêtée à Henri Queuille, sous la Quatrième République, selon laquelle tout problème pourrait se trouver résolu par une absence de solution. Mon père, hostile à toute tentation d'un

« laisser-pourrir », poussa au contraire à ce que les discussions commencent sans délai.

Je fus aux premières loges, ces 25 et 26 mai, dans les coulisses. Un instant, j'espérai me glisser dans la salle même des négociations, au motif que je ferais pour mon père un compte rendu analytique. J'en aurais tiré deux belles pages dans ces *Mémoires*. Hélas ! Pompidou ne voulut laisser entrer personne d'autre que ses ministres et conseillers. Et l'on retira – mon cœur se navra – la petite table verte où ma place était déjà fixée.

Tout de même, je m'installai dans le bureau de Jean Ausseil, un conseiller de mon père, diplomate inventif et chaleureux, qui était devenu un ami et dont la fenêtre donnait sur la cour de l'hôtel du Châtelet. Je pus y guetter l'arrivée des délégations, sous les flashs des photographes. Georges Séguy, le secrétaire général de la CGT, petit, rougeaud, sans grâce, mais l'œil vif, attira toutes les attentions. Quand il se retourna vers les photographes, je vis dans son maintien quelque chose de triomphant qu'il paraissait s'efforcer, sans y parvenir, de dissimuler. Les soucis seraient pour demain. Il focalisait l'intensité de tous les regards et il ne détestait pas cela. Ni Eugène Descamps, de la CFDT, qui n'était pas sans élégance, ni André Bergeron, l'inamovible patron de Force ouvrière, qui n'était pas sans présence, ne me donnèrent le même sentiment. Quant au patronat, rassemblé en pack autour de Paul Huvelin, ses sourires étaient crispés. J'évoquai leurs prédécesseurs arrivant à la présidence du Conseil, au moment du Front populaire et des « accords Matignon », tels que les « actualités » cinématographiques les avaient fixés – fort moroses.

Pompidou se fraya à son tour un chemin à travers la petite foule des journalistes. Il affichait une lenteur qui se voulait sérénité ostensible. Quand il se retourna vers les caméras, je notai un contraste entre son teint encore bronzé par le soleil d'Afghanistan, dont il était revenu au début de la crise, et ses yeux rapetissés par les cernes de la fatigue. Chirac, secrétaire d'État, près de lui, était mince et fut bondissant. Mon père, hôte, les accueillit à l'intérieur. Il se félicita ensuite auprès de moi, au nom de l'efficacité, que le Premier ministre ait mené seul la négociation, de bout en bout et avec une carte blanche du Général. Les photographies de la salle montrent Pompidou central entre les deux camps. Pas une seule femme, pas une seule ne figure sur le cliché – même parmi les reporters d'images. « *Quantum mutatus ab illo !* » dirait, citant Virgile, un khâgneux d'autrefois.

Je recueillis à chaud les impressions de mon père lors des deux déjeuners suivants. Il souriait – un sourire sans gaieté – de l'ironie qui voulait qu'il participât, lui le théoricien des équilibres économiques, à d'aussi monstrueuses incartades imposées à celui du moment. Son optimisme se raccrochait cependant à l'espoir que la suite révélerait quelques élasticités inattendues dans le grand corps de la nation et que toutes les concessions faites sur les salaires ne se traduiraient pas immédiatement dans les prix pour une inquiétante inflation. Incorrigible professeur, il s'écriait : « En tout cas, le coût psychologique sera lourd. Sur la formation économique du peuple français, quelle triste influence ! "C'était donc possible ! dira-t-on. Que nous racontiez-vous donc sur les indispensables rigueurs ? La politique a forcé la main des experts qui, jusqu'à hier encore, enveloppaient leurs partis pris conservateurs dans des affirmations techniques et voyez qu'on pouvait le faire !" » Pour ma part, je me disais qu'il serait intéressant pour l'Histoire de considérer, une fois de plus, les noces étranges de la politique et de l'économie et qu'il n'était pas forcément mauvais que les convictions péremptoires et fragiles que les économistes affichaient pussent être bousculées par d'autres forces. Il eût été incongru, bien sûr, que je le dise à haute voix dans ces circonstances.

Le tournant de la négociation intervint tard la seconde nuit, lorsque Pompidou eut décidé de recevoir Séguy séparément, en secret : c'est alors que celui-ci accepta de renoncer à l'échelle mobile des salaires et à l'abrogation des ordonnances de 1967 sur la Sécurité sociale, moyennant quelques concessions mineures. Un journaliste qui était attaché à Matignon ayant su et publié cette rencontre, il fallut, pour l'apparence d'un équilibre, convoquer à leur tour Descamps et Bergeron dans des entretiens particuliers avant qu'ils n'aient appris le traitement de faveur réservé à leur rival. Le Premier ministre raconta en souriant à ses ministres :

« Je leur ai fait admirer le jardin… » Il avait laissé volontairement les discussions tourner en rond, pendant de longues heures, pour fatiguer tout ce monde et pour attendre l'aube. Le jeu de théâtre interdisait que l'on aboutît plus tôt. « C'est Couve de Murville qui m'a appris à négocier », dit-il ensuite à mon père.

Ce samedi 25 mai, pendant que commençaient ces échanges, au Quartier latin, que je rejoignis une fois closes les portes de Grenelle, il pleuvait sur les débris des nouvelles émeutes de la nuit, sur la foule des badauds qui filmaient et photographiaient. Disparus, les joyeux élans quarante-huitards. C'est à peine si quelques inscriptions rappelaient la fête. J'appréciai celle-ci : « Les larmes des philistins sont le nectar des Dieux. » La Sorbonne, voilà quelques jours, était bariolée ; à présent, sale à pleurer. Sur le boulevard Saint-Michel, le désordre était partout, les pavés s'enroulaient autour des cadavres des voitures calcinées. Je vis passer Maurice Duverger, nez au vent, menton haut, qui semblait humer, avec la tête d'un dromadaire chagrin, les restes des fumées lacrymogènes. Des vitres étaient brisées, des cinémas brûlés. Cependant que les vitrines des chemisiers demeuraient bien en place, avec les foulards et les chaussures à boucles et à bouts carrés.

À Matignon, Michel Debré participa, le matin du dimanche 26 mai, à un conseil interministériel. Il était, me dit mon père, « bouffi et triste ». Nul moins que lui n'était fait pour comprendre le refus de pratiques sociales enracinées dans le XIXe siècle, la liberté revendiquée des corps et de la procréation, la frustration des femmes dominées : ce n'était certainement pas dans ces domaines que se portait son esprit réformateur. Certes, son absence aux négociations lui était un nouveau drame, mais comment aurait-il pu en être ? Antoine Dupont-Fauville, son directeur de cabinet, l'accompagnait. « Celui-ci a perdu toute sa morgue », me dit mon père pour qui, au long des mois précédents, il avait incarné le pire des étroitesses de la Rue de Rivoli, « forteresse péremptoire et tatillonne ». Michel Debré, aux yeux de mon père, semblait s'être toujours entouré de la façon la plus déplorable. Ainsi de telle collaboratrice « qui n'était pas méchante, mais qui avait réussi à brouiller le cabinet à peu près avec tous les autres… »

Le lundi 27 mai, je sus qu'au Conseil des ministres on avait débattu du projet de référendum. Je vis mon père angoissé comme jamais depuis le début des événements. Le texte, élaboré on ne savait pas bien par qui, lui paraissait détestable. Il était intervenu pour proposer qu'on l'améliorât avant qu'il fût publié. Michel Debré avait opiné dans le même sens. Le premier paragraphe était filandreux, la suite définissait des buts si vagues qu'ils auraient pu être fixés à tous les gouvernements du monde, en tous les temps. On s'apprêtait donc à renforcer stupidement les accusations de plébiscite. De Gaulle, comme accablé, semblait presque indifférent, extérieur au débat. Il laissa même celui-ci, *o infandum !*, se perdre un moment dans le brouhaha, chose jamais vue en ce lieu. Mon père incita Pierre Messmer à poser la question : « Mais peut-on croire que, matériellement, ce référendum aura lieu le 16 juin ? » La réponse de Christian Fouchet, ministre de l'Intérieur, ne fut qu'à demi assurée. Au sortir du Conseil, mon père revint à la charge auprès de Pompidou qui lui dit qu'il n'avait pas eu le loisir de voir le texte. « Sans me flatter, nota le Premier ministre, je crois qu'il aurait été meilleur. » Mon père le supplia de dégager une heure pour le retravailler lui-même.

L'atmosphère n'était pas lourde à l'Élysée seulement. Accompagné de mon ami François de Combret, je me rendis une fois encore boulevard Saint-Michel. La Sorbonne virait lentement de Pékin à Calcutta. Elle se « clochardisait », aurait dit Germaine Tillion. À l'intérieur de l'Odéon, où nous entrâmes, psychodrames et borborygmes dévastaient les rangs fatigués. La fraîche spontanéité se changeait en un défoulement mécanique.

C'est dans ce climat très lourd que mon père fut chargé, le lendemain, mardi 28 mai, de se porter devant l'Assemblée pour y résumer l'accord. Pompidou lui avait suggéré de faire « long et ennuyeux » : conformément à sa propre méthode. L'orateur s'y conforma – en face d'un amphithéâtre assoupi. J'y fus. L'ambiance était irréelle. L'opposition, qui aurait voulu que le Premier ministre vînt en personne, avait quitté ses bancs. Chacun sentait bien que les choses se jouaient ailleurs et les parlementaires de gauche le constataient avec impuissance. On voyait le Général, notai-je tristement, se dissoudre peu à peu dans une brume épaisse. Au-devant de la scène s'agitaient les ambitions, jouant leur jeu propre. Elles se découvraient, avant la curée. Les plus fervents des fidèles se laissaient aller à se demander si la démission du chef de l'État ne pourrait pas être la chance ultime du gaullisme, à travers Pompidou. On a su depuis que divers personnages commençaient de pêcher dans cette eau trouble. Je ne croyais pas à une telle manœuvre : l'Histoire montrait assez que, une fois le souverain disparu, ce genre d'ultime effort au profit d'un dauphin n'avait jamais abouti – pas plus en 1848 qu'en 1870.

Sur quoi, soudain, le 30 mai, tout changea. De Gaulle revint de sa mystérieuse absence à Baden-Baden, qui avait suspendu les souffles. À 16 h 30, à la radio (qui dissimulait opportunément l'image de sa fatigue) il parla, écrivis-je pour moi, « dru comme grêle ». L'homme, qui paraissait désorienté jusqu'à l'impuissance, la résignation, l'abandon peut-être, se redressa, domina la scène et monopolisa l'attention. Il retrouva l'art intuitif du grand acteur politique. Les phrases étaient courtes. Elles étaient lues, non récitées, et le rythme y gagnait en vigueur et en surprise. Il était excellent que seule la radio marchât, sans le rituel du bureau doré et les gestes usés. Ce média « adapté par excellence à notre époque mécanisée, agglomérée et précipitée », comme le Général l'avait dit en inaugurant naguère sa « Maison », était propre à faire sortir les gens dans la rue, transistor à la main, au lieu de les faire rentrer chez eux, éparpillés. J'écoutai de Gaulle au Centre de prospective parmi un cercle d'attentions captivées. Après la dernière note de *La Marseillaise*, je sortis dans la rue, au soleil, allégé tout à coup de la tristesse qui m'avait envahi.

Je me portai ensuite vers les Champs-Élysées où se déroula la grande manifestation qui rassembla des centaines de milliers de participants. De celle-ci je conserve un souvenir mêlé. Il était opportun qu'elle eût lieu. Mais je ne m'en sentais pas vraiment partie. Je restai sur le trottoir, témoin tout à la fois passionné et distancié. J'étais heureux que de Gaulle fût ainsi rejoint, appuyé, salué. Mais je ne marchai pas dans ces rangs. Je ne vis que plus tard, comme tout le monde, aux actualités, la tête du cortège, où Michel Debré et André Malraux avaient quelque chose d'halluciné. Le second avait dit un jour que le gaullisme, c'était « le métro à 6 heures du soir ». Soit, mais, en l'occurrence, c'était plutôt la première classe que la seconde, du temps où il en existait encore. Trop de manteaux de loden et de foulards Hermès. Des îlots de mondanité incongrue se dessinaient dans la foule, avec des baisemains de cocktails. Devant moi passa une frêle jeune fille, à taille de mannequin, surgie du XVIe arrondissement, qui s'anima soudain pour crier d'une voix flûtée : « Citroën au boulot ! » – on n'était pas loin du siège de l'entreprise en grève. Certains cris de haine envers la gauche soulevaient le cœur. Je n'ai pas entendu ce « Cohn-Bendit à Dachau » que d'autres ont relevé avec effroi, mais des hurlements contre Mitterrand, Mendès France ou Defferre ne conduisaient pas très loin de cela.

Je songeai à ce que nous avait dit Simon Nora sur cette bourgeoisie qui s'était « couchée devant ses enfants, stupéfaite et attendrie », et avait ainsi contribué à l'amplitude du mouvement. « Quand on est passé à des choses plus graves, ajoutait-il, elle ne s'était pas relevée... » D'où un champ laissé libre, malgré les effrois de la province, aux émeutes en chaîne et à des combattants de jour en jour s'aguerrissant, se durcissant. Mais cette fois-ci, on s'indignait. Au Centre de prospective et d'évaluation, Hugues de L'Estoile avait évoqué ces deux étudiantes qui, à 6 heures du matin, rentrées très fatiguées des barricades dans l'appartement de leur père, Yvon Morandat, un homme politique connu, compagnon de la Libération et gaulliste de longue main, auraient réveillé un domestique pour se faire faire un chocolat chaud. Fantasme, probablement, mais incarnant bien, du côté des représentations bourgeoises, une des composantes de ce mois de Mai. Beaucoup de ceux qui, aujourd'hui, esquissent des rapprochements avec des mouvements d'étudiants actuels oublient qu'alors leurs prédécesseurs, cinq ou six fois moins nombreux, étaient en majorité les enfants des classes aisées.

Sur les Champs-Élysées, il s'agissait chez beaucoup de ceux qui défilaient d'un réveil collectif et tardif, comme en sursaut, sous l'effet de l'entrée du monde ouvrier dans le jeu. Une angoisse sociale surgissait, taraudant désormais bien des gens qui ne supportaient qu'à défaut de mieux l'homme de la Résistance, de l'indépendance nationale, de la méfiance envers le capitalisme débridé. Tous ceux qui, un an plus tard, une fois le Général renvoyé à Colombey, allaient se précipiter vers Pompidou avec soulagement et gratitude.

Décidément, je préférais l'exclamation que les bons militants de l'UDT, les étudiants « gaullistes de gauche » qui entouraient René Capitant, député du Ve arrondissement, avaient inscrite en rouge sur des murs du Quartier latin, dérisoire peut-être, mais noble, en somme, et touchante : « La Révolution avec de Gaulle ! » Dans mes notes, j'ajoutai, prenant part à cette naïveté : « Y croire, y croire encore ! »

*

Sur le mois de Mai, le rideau tomba. Mais la suite fut de longue traîne. Les élections législatives se profilant à très court terme, mon père fut sollicité de se présenter à Grenoble contre Pierre Mendès France qui y avait été élu un an plus tôt, en avril 1967. Dès ce moment-là on l'avait approché, du fait de ses attaches grenobloises, pour ce combat. Pompidou l'y poussa vivement. Mendès France avait été, je l'ai dit, le collègue de Jules Jeanneney dans le gouvernement de la Libération. J'ai raconté plus haut que mon grand-père, en 1954, au déclin de son âge, avait placé quelque espoir dans son arrivée au pouvoir. En famille nous avions suivi « l'expérience PMF » avec une chaleureuse sympathie, avant que la prompte chute du cabinet – il dura moins de huit mois – puis la nomination de Guy Mollet à la présidence du Conseil à la suite des élections du 2 janvier 1956 ne vinssent naufrager toute espérance dans cette direction.

Mon père entretenait, de surcroît, de bonnes relations personnelles avec Mendès France. J'avais aidé à organiser entre eux, rue d'Ulm, en 1965, un débat sur la politique économique du Front populaire dont le script a été conservé et qui fut de bonne tenue. Nous regrettions vivement l'un et l'autre, comme plusieurs dans la gauche gaullienne, l'attitude de « PMF », son rejet systématique, opiniâtre, du régime de la Cinquième République depuis le retour du Général. Nous nous en étonnions. Mendès France avait pu pourtant éprouver lui-même au premier chef les effets délétères du « régime d'Assemblée », et les solutions qu'il avait proposées un peu plus tôt dans un petit livre intitulé *La République moderne* paraissaient illusoires, presque jusqu'à la naïveté. L'idée sous-jacente que, sous la Quatrième, l'échec tenait moins aux institutions qu'aux hommes – qui pourraient se comporter mieux à l'avenir – et que suffirait le droit de dissolution donné au gouvernement renversé (droit si facile à contourner) me semblait une mauvaise plaisanterie. De trimestre en trimestre, constamment démenti, Mendès France avait annoncé la fin du gaullisme de gouvernement.

Il n'empêche qu'en 1967 mon père jugea (je l'en approuvai hautement) qu'il serait bon que « PMF » siégeât à la Chambre. Il opposa donc un refus au Premier ministre et ce fut d'ailleurs l'un des premiers désaccords dans leur long contentieux. À présent, la situation était autre et mon père s'était indigné que Mendès France ait pu songer « à ramasser le pouvoir dans la rue ». Sa présence – même muette – au stade Charléty, lors du dernier rassemblement des « soixante-huitards », lui avait paru incarner cela. Il consentit donc à se porter candidat.

Je jugeai que je devais l'appuyer dans cette passe difficile (il transporta les siens pour quelques semaines à Grenoble) et je sollicitai une permission à cette fin. Je fus donc à son côté. Mais je n'ai pas conservé un très bon souvenir de cette campagne, même si l'issue en a été heureuse pour mon père. Les circonstances ne portaient ni à la finesse ni à l'équanimité. En dépit de ce qu'il peut y avoir de chaleureux dans l'équipe qui mène toute campagne de ce genre, il me parut, par moments, que les passions y dépassèrent, dégradantes, les dimensions ordinaires. Deux confrontations publiques entre les deux hommes furent dignes. Un ultime meeting contradictoire devait se tenir le 28 juin, deux jours avant le second tour, dans le vaste espace de la Patinoire, mais les vociférations des deux camps furent telles qu'aucun orateur ne put finalement s'exprimer. Je revois Maurice Schumann, qui était venu en renfort de mon père, taper à toute vitesse, retrouvant ses réflexes de journaliste d'avant la guerre, sur une machine à écrire de fortune le communiqué destiné à porter l'indignation de notre camp. Il avait été le condisciple de mon père en classe de philosophie au lycée Janson-de-Sailly et ils se tutoyaient.

J'ajoute que beaucoup de garçons dits « jeunes gaullistes » que l'on vit surgir pour appuyer la campagne me rappelèrent, en mineur, les excès de mes camarades militants de la droite, rue d'Ulm. Je me souviens de la colère de mon père – d'ordinaire maître de lui – lorsque nous vîmes dans un tract électoral, surgi on ne sut d'où, une caricature ignoble de « PMF » qui renvoyait directement à l'antisémitisme d'avant-guerre. Qu'eût-ce été au temps d'Internet ? La présence ronde, chaleureuse et un peu baroque dans ce milieu de David Rousset, trotskiste fameux et « gaulliste de gauche », qui fut élu dans une circonscription voisine, me parut constamment plus réconfortante. La victoire fut acquise à quelques dizaines de voix – cent trente-deux suffrages sur plus de soixante mille exprimés. Un certain nombre de voix communistes hostiles à Mendès France avaient fait la différence, comme le montra l'analyse géographique des bureaux de vote. Nous attendîmes les résultats à la préfecture : en ces temps lointains, il apparaissait encore naturel de ne pas s'éloigner de l'apparence d'une candidature officielle. Et l'on illumina sous les lambris.

Le 21 mai 1981, à l'initiative de ma mère, mon père écrivit la missive suivante à Mendès France. « Monsieur le président, il y a treize ans, j'ai cru devoir, à mon grand regret, m'opposer à vous devant les électeurs de Grenoble, parce que j'ai estimé que, dans le choc des événements d'alors, nos conceptions de la légitimité républicaine étaient adverses. Ce soir, où nous partageons de mêmes convictions et un même espoir, je suis heureux de la joie que vous donne enfin l'accession, avec votre aide, de vos amis au pouvoir. Permettez-moi, monsieur le président, de vous l'écrire en vous priant d'agréer l'assurance de ma très haute considération. » Quelques jours plus tard, Mitterrand ayant consulté « PMF » pour savoir si une proposition à mon père d'être son « sherpa » pour le sommet d'Ottawa le heurterait, il répondit avec élégance qu'il n'y verrait nul inconvénient, qu'il venait d'ailleurs de recevoir une « belle lettre » de l'intéressé.

Quoi qu'il en fût, la conséquence directe de cette minuscule avance de quelques voix fut que mon père redevint ministre, dans le cabinet de Maurice Couve de Murville, nouveau chef du gouvernement. Il fut question un instant qu'on lui confiât l'Éducation nationale, rude défi en cette conjoncture, mais Edgar Faure, après que le sort eut balancé pendant vingt-quatre heures, fut choisi pour ce poste, ce qui devait être de grande conséquence pour l'avenir des universités. Mon père fut alors chargé, comme ministre d'État, de préparer le nouveau référendum auquel de Gaulle n'avait pas renoncé, consacré à la régionalisation et à la réforme du Sénat. Cette période lui fut, dans sa durée, passionnante et, à la fin, douloureuse lorsque le succès du « non » mit à mort le projet qu'il avait élaboré – selon une proximité avec de Gaulle qu'il n'avait jamais connue telle – et surtout parce que cette déconfiture provoqua le départ définitif de l'homme qu'il avait tant aimé servir.

9

Colombey, 30 décembre 1969

Une photographie – 27 avril : l'échec du référendum. – La douleur de Capitant. – Dernier Conseil. – Jacques Chirac rue d'Assas. – En 403 vers Colombey. – Rituel et bonne grâce. – Mme de Gaulle et sa fille. – « Alors, j'écris mes Mémoires. » – « Il me faut quatre ans. » – « Cela n'a pas été mon premier échec. » – L'avantage d'être trop grand. – « Le père Adenauer », ici même. – Robert Debré. – Jules Jeanneney. – Sur la Roumanie. – Prague : Beneš, professeur, non homme d'État. – L'Europe et les nations. – « Je souffre, je souffre. Rafistoler, rabibocher... » – Cigares : Batista et Castro. – « Vous avez vu Mao ? » – La visite de Malraux – Contre les journalistes. – Maurras et Jaurès, Blum et Clemenceau. – Le monde de la technique. – L'Irlande. – Les Anglais dans le Marché commun. – « Pompidou ? hors du coup. » – Onze mois plus tard à Colombey. – De Gaulle et la mort.

La photo est devant moi, qui fige l'instant d'un moment sans pareil. Je me souviens de l'étonnement que ma mère en ait osé la requête, du plaisir qu'elle l'ait exprimée, de l'instinct d'une fugacité. Nous allons partir. De Gaulle est debout devant le porche, sa femme à son côté. Il vient de la rappeler. « Yvonne, venez donc ! » Elle serre frileusement son châle sur ses épaules. Mon père est à gauche du cliché, moi à droite. Nous sommes dans de lourds manteaux. Heureux.

Je suis revenu dans la demeure de Colombey-les-Deux-Églises, bien plus tard, avec les miens, au début des années 2010. Il y avait le défilé des visiteurs, la voix un peu lasse de celle qui les guidait, il y avait du piétinement, de la révérence, surtout beaucoup d'absence. Et, posée sur une console, cette boîte dont le Général regretta de ne pas sortir un cigare pour me le donner après le déjeuner avec, dans le regard, comme un regret de n'être pas de la fête.

De la démission du Général, le 27 avril, sous l'effet du référendum perdu, je conserve – forcément – un souvenir violent. J'avais partagé au plus près le chagrin stoïque de mon père, qui avait été chargé de préparer, au long de l'automne et de l'hiver, le texte soumis au peuple : c'était d'abord, de l'avis de tous, sur la pérennité du pouvoir gaullien que la France s'était prononcée. En majorité, les électeurs avaient voulu tourner la page. Une consolation, pour lui, pour moi comme pour bien d'autres, était que ce grand chapitre de notre Histoire se fût refermé de la façon la plus claire, la plus noble possible. Pendant les quelques semaines qui précédèrent le succès de Georges Pompidou à l'élection présidentielle, mon père, avant de rejoindre la faculté de droit, se trouva garde des Sceaux, ministre de la Justice : le titulaire de cette charge, René Capitant, avait démissionné sur-le-champ, alors que la majorité des ministres avaient choisi de ne pas laisser les mains libres au président du Sénat, Alain Poher, qui, candidat lui-même, assurait, selon la Constitution, l'intérim jusqu'au scrutin.

J'assistai à la conversation téléphonique par laquelle mon père s'efforça de détourner son ami de sa décision. Au bout du fil, Capitant bredouillait de chagrin et de passion, avec une voix qui s'aiguisait au bout des phrases. « Rester, c'est porter un coup terrible au gaullisme. Nous sommes tous solidaires de De Gaulle. Je ne suis ministre que par lui, qu'à son appel, je ne peux pas rester un instant sous Poher. » Mon père, clair et calme, le timbre seulement un peu assombri, évoqua le précédent désastreux de 1946, la nécessité de tenir la magistrature dans les jours à venir, l'esprit aussi de la Constitution : la suivre, c'était encore être fidèle au Général. Surtout, laisser Poher constituer un gouvernement, c'était lui donner tous les leviers du pouvoir pendant la campagne électorale, lui permettre peut-être, avec un cabinet de « Cartel des non », de donner pendant un mois au pays, à force d'hypocrisie calculée, l'illusion folle qu'une pareille alliance pouvait être solide et durable. « Ce n'est pas drôle, je le sais bien, mais la position la plus confortable n'est pas la mienne... » René Capitant n'écoutait qu'à peine.

Mon père me raconta l'ultime Conseil des ministres, le vendredi 2 mai. Il jugea Poher « papelard » – qualificatif spécialement violent dans sa bouche – et « n'ayant pas même la modestie de son aventure ». Le moment fut théâtral. Le Premier ministre Couve de Murville avait toutes ses troupes derrière lui et il montrait la courtoisie méprisante et glacée de ses meilleurs jours. Il y eut un moment fort d'émotion et de tension lorsque Michel Debré, alors au Quai d'Orsay, avait lu d'une voix blanche, en guise de chronique étrangère, un hommage vibrant au général de Gaulle, évoquant la stupeur et la tristesse de la plupart des pays du monde. Poher crut bon de regretter que le ministre des Affaires étrangères n'ait pas mis plus « d'impartialité dans son exposé ». Alors Couve de Murville, égrenant les mots très, très lentement : « Monsieur le président, je ne crois pas que ce soit faire preuve de partialité que de relever cette évidence, je veux dire que le départ du général de Gaulle constitue le fait le plus important de la semaine écoulée sur la scène internationale. » Poher battit en retraite. Autour de la table, les gorges étaient serrées.

Couve parlait maintenant de l'intérimaire en disant : « Alain ». Lors de leur première rencontre, à l'Élysée, Poher lui avait affirmé qu'il avait été dans son écurie de préparation à l'Inspection des finances, avant la guerre... « C'est possible, après tout. Il est rentré peu après comme rédacteur à l'enregistrement. Je n'ai pas conservé d'Alain le moindre souvenir... » Après le Conseil, celui-ci serra les mains à la ronde. Mon père se contenta d'un froid : « Mes devoirs, monsieur le président. » Seul Edgar Faure se crut obligé de faire le pitre en s'écriant presque joyeusement : « Ah ! Mon président ! » Certains hommes sont inférieurs à certains instants.

Jacques Chirac vint dîner à la maison avec sa femme, le 7 mai, dans le même état d'esprit de résistance. Je le jugeai, dans mes notes, « nerveux, énergique, capable de beaucoup de dureté, peut-être, allant probablement droit son chemin sans jamais le luxe d'un zigzag, d'un geste fou, d'une nonchalance ». Il nous raconta comment Poher avait chassé Jacques Foccart de l'Élysée, où celui-ci était secrétaire général aux Affaires africaines. Le recevant au Sénat, le président par intérim lui avait tenu des propos vagues et, sur le pas de la porte, il lui avait déclaré qu'il allait réfléchir à son cas. Sur quoi, montant dans sa voiture, Foccart apprit de son chauffeur, informé par la radio, qu'il était mis fin à ses fonctions sur-le-champ. Dans son bureau, dans son fauteuil, il trouva installé son successeur, Daniel Pepy.

*

Sept mois passèrent avant l'invitation à Colombey. De Gaulle lui-même avait dit à mon père que, s'il souhaitait se faire accompagner par l'un de ses enfants, « pour conduire la voiture », celui-ci serait le bienvenu. En ces temps lointains, la primogéniture mâle joua : je ne m'en plaignis pas.

L'approche, qui nous fut déjà solennelle, comporta des paliers, des suspens, des immobilités d'attente. « Comme dans une marche sacrée », écrivis-je dans mes notes : nous étions ce matin-là naturellement portés à quelque grandiloquence intime. « Pour le cas de verglas », avait dit, plus prosaïquement, mon père, dont les calculs étaient toujours prudents, nous sommes partis très tôt de la maison de Rioz. Il fallut donc s'arrêter plusieurs fois en chemin.

Je sentis une morsure familière à l'estomac, celle d'autres grands moments, les premières paroles en public... Comme j'insistais sur l'émotion, ma mère me pria gaiement, et mon père avec elle, de ne pas faire naître en eux d'inutiles timidités. L'ultime étape fut précédée de quelques minutes au bas de la côte qui grimpe vers Colombey. Plusieurs voitures de gendarmes nous croisèrent. S'ils nous cherchaient pour nous guider, ils n'auraient pas eu un regard pour la vieille 403 au ventre rassurant et à la galerie posée sur son toit, faite pour les malles de grand départ familial. Le village était bien le même que celui où si souvent nous passions, sur la route des vacances, en ralentissant un peu l'allure. Le vieux curé à béret basque que les magazines avaient fait connaître immobilisa devant nous sa 2 CV au croisement où commence la rue qui menait à la Boisserie.

On nous attendait. Un homme d'âge – je crois que c'était Paul Fontenil, l'un des deux chauffeurs historiques – nous accueillit. Les gendarmes qui veillaient à côté de leur guérite nous ouvrirent le portail. La grille franchie, la voiture piqua droit vers la maison le long d'une allée bordée d'arbres ; celle-ci conduisait jusqu'au terre-plein circulaire où s'élevait l'angle droit de la demeure. L'air était blanc de givre. Le lieutenant-colonel Emmanuel Desgrées du Loû, aide de camp, se présenta, prit les manteaux. Il avait l'air triste, le nez pointu, son ruban de la Légion d'honneur était long et maigre, il portait ce léger chandail gris sous le costume qu'aiment à laisser voir, un peu raides, les militaires en civil.

Nous fûmes conduits à travers un premier salon pour parvenir dans une seconde pièce plus large, très claire. Il y avait du feu dans la cheminée. De Gaulle était entouré de sa femme, de sa fille Élisabeth et de son gendre, le général Alain de Boissieu. Dans l'accueil, dès le premier instant, un peu irréel, je ressentis déjà le contraste particulier, qui fut constant durant toute la suite, entre d'une part la rigueur de rites qu'on sentait immuables, prolongeant dans la retraite le protocole de naguère, et d'autre part la simplicité spontanée d'une atmosphère familiale. Le président, ici, avait toute sa majesté, mais le père ne pétrifiait pas. Quant à l'entourage, il paraissait franchement content de la rencontre. On se sentait en confiance et on souhaitait nous le faire sentir.

Le Général, une fois assis dans un grand fauteuil droit, près de la porte de son bureau, massif, ouvrit la conversation en priant ma mère de lui énumérer ses enfants. Mme de Gaulle marqua vivement qu'elle se rappelait bien le prénom de Natalie, dernière-née, apparue tout juste après le 13 Mai. Trois minutes s'étant ainsi écoulées, le cérémonial attendu continua de se dérouler. De Gaulle se déplia et, se tournant vers ma mère : « Eh bien ! madame, je vais vous enlever votre mari pour un moment, si vous le voulez bien. » Entraînant mon père dans son bureau voisin, il l'y garda exactement la demi-heure qui avait été, d'avance, dite. Temporalité militaire.

Entre nous qui restions sans eux – mais sans qu'ils fussent, dans les têtes, tout à fait sortis de la pièce – il fut question de la valeur comparée des diverses voitures sur le verglas, de l'instruction civique à l'armée, ardue et indispensable, des vertus du service militaire accompli avant les études supérieures, de l'état d'esprit actuel des paysans. Mme de Gaulle affirma que ceux de Colombey, lorsqu'on leur construisait des salles de bains, y entreposaient leur charbon et leurs pommes de terre – non sans se faire doucement reprendre par sa fille : « Oh maman ! Tout de même, ce n'est pas toujours ainsi. »

À gauche de la pièce, devant une fenêtre, Mme de Gaulle était solidement installée sur une petite chaise dure, les jambes écartées, les pieds bien à plat sur le sol. On rapportait qu'elle détestait les fauteuils mous, qu'elle n'aimait que la rigueur des sièges de pensionnat et des tentes de guerriers en campagne. Elle se montrait pleine de vivacité et d'animation, rajeunie par rapport à ses dernières photos, heureuse, visiblement, de cette sûre retraite parmi ses meubles, dans sa province. C'est à Chaumont, nous dit-elle, qu'elle faisait toutes ses courses. À Paris elle allait rarement, tous les deux mois environ, et sans aucune joie, pour s'occuper des œuvres auxquelles elle se dévouait encore.

Pendant que glissaient les mots de surface qui meublaient, en bonne compagnie, cet entracte, j'observais le décor. Un certain moelleux était créé par les tapis qui couvraient le carrelage blanc, par la flambée, par les rideaux que liaient des embrasses, un moelleux qui tranchait sur le froid sec et blanc qu'on devinait au-dehors et qui s'incarnait dans le réseau très fin des branches dépouillées. Mais la disposition des sièges était raide, étirait l'espace, dispersait les causeurs au lieu de les unir autour d'un foyer central. Le grand fauteuil de droite où de Gaulle était assis tout à l'heure était posé derrière une table de bridge carrée qui le séparait symboliquement du reste du monde. Lui absent, la pièce perdait son axe.

Puis l'ameublement me laissa voir ses détails. Si l'ensemble était clair et, dans son ensemble, plaisant à l'œil, les morceaux étaient neutres et souvent laids. Au-dessus du canapé en cuir où s'enfonçaient le général de Boissieu et sa femme, une grande japonaiserie en laque rouge voyante faisait toc. Sur la cheminée, un bronze vert bandant les muscles d'un tireur à l'arc témoignait de l'art solidement réaliste d'un émule de Bourdelle. Aux murs, les tableaux ne retenaient pas l'attention. À droite et à gauche, les bibliothèques étaient faites de simples casiers de bois verni. Les livres paraissaient y avoir été entassés, morts, au hasard de cadeaux divers, rarement ressuscités. Du coin de l'œil, je vis posé sur leur plat cinq gros volumes trop dorés sur un cuir trop vert publiés par un club de lecture à bon marché. J'y lus le nom de leur auteur : André Castelot – jadis correspondant de Radio-Paris, à la fin de Vichy, sur le front de l'Est. Du côté cour trônait une grosse télévision. Encastrée quelque part parmi les livres, une radio à large moulure de style 1948 paraissait en disgrâce, objet devenu vain et qu'on aurait laissé là puisque sa place était faite. Au sommet des casiers, comme coincé entre eux et le plafond, bien trop haut pour qu'on pût lire les dédicaces, s'alignaient des photos de chefs d'État, en rang d'oignons. « Au-dessus du canapé, nous signala plus tard le Général, je n'ai mis que ceux de la guerre, avec seulement les papes en plus. Parce que, pour les autres, il y en a des flottes… » Ailleurs encore, une ribambelle de lampes de mineur, rangées par taille et mal astiquées. Au-dessus d'une porte était accroché un trophée de régiment en bronze.

À suivre du regard tout ce bric-à-brac historique, je me disais qu'il composait d'avance, sans envol, le musée de Gaulle qu'on créerait un jour en ces lieux avec ses pièces souvenirs trop nombreuses, accumulées en escalier par un conservateur dévot et où la grande ombre risquerait de disparaître sous la ferraille. Ce décor était presque banal. Ni grandeur austère ni confort étudié. Il s'affirmait ici qu'une fois prises quelques dispositions de commodité, l'harmonie des objets et des meubles devait peu compter pour de Gaulle. Certaines choses paraissaient posées là par le hasard des années comme dans le cantonnement d'un militaire en bivouac. D'autres avaient sûrement une valeur sentimentale, où l'esthétisme n'intervenait guère. Elles devaient venir de gens simples dont la dévotion avait au moins touché et peut-être inspiré. Aux pieds de Mme de Gaulle, un petit tapis portait une grande croix de Lorraine rouge sur fond bleu. On l'imaginait tissé au crochet, dévotement, par quelque vieille dame confinée au fond d'une petite ville endormie d'Alsace ou de Bretagne.

Mais voici que le maître des lieux revint remplir cet univers qui ne vivait que de l'attendre. La porte du bureau s'ouvrit. Le conciliabule intime était achevé. Nous en eûmes ensuite, en famille, un récit détaillé. L'impression générale de mon père fut que l'intérêt porté par de Gaulle à la conjoncture politique était limité – ostensiblement ? « Le gouvernement de Pompidou n'existe, lui avait-il dit, que par la majorité issue des élections de 1968, mais il ne peut pas avoir une véritable consistance, parce qu'il n'a pas d'opposition. Moi, j'avais des opposants. Lui, en dehors du Parti communiste, il n'en a pas. Et aux prochaines élections, forcément, tout ça va se dissoudre. »

Mon père vit là une manière intéressante de considérer les inconvénients de cette « victoire de la peur » qu'avait marquée le scrutin du mois de juin précédent. Louis XVIII, en août 1815, s'était déjà inquiété d'avoir devant lui, sortie des urnes du suffrage censitaire, une « Chambre introuvable » où les siens dominaient d'une façon dangereusement écrasante. « Nous sommes entrés, commenta le Général – et c'était probablement inévitable –, dans une période de médiocrité. On peut penser qu'elle ne durera pas éternellement. Il peut se produire des événements tels qu'on soit bien obligé d'en sortir. Il sera bon alors que certaines choses aient continué d'être dites, par vous et par d'autres. » L'ensemble de ce propos demeurait assez vague.

Surtout, marqua de Gaulle, que mon père ne se sente pas contraint de se représenter aux élections ! Celui-ci rappela au Général avoir entendu de lui que, tel qu'il était, « il ne serait pas heureux dans ces micmacs ». Sur quoi de Gaulle eut cette phrase presque drôle : « On peut très bien mener une action politique sans être parlementaire. Moi, je n'ai jamais été parlementaire. » Le mieux était d'agir « par des déclarations ».

Mon père avait critiqué publiquement la dévaluation du franc qu'il avait convaincu le Général de ne pas réaliser en novembre 1968 et à laquelle Pompidou venait de consentir au cours du mois d'août précédent : « Vous avez bien fait, dit de Gaulle. Évidemment, Couve aurait pu intervenir. C'était à lui de le faire. Mais Couve… Alors, il fallait que quelqu'un le dise et c'est bien que vous l'ayez dit. Il est certain que ça ne servait à rien du tout de dévaluer. En novembre, vous m'aviez persuadé que c'était inutile et vous aviez raison. Et ça l'était également au mois d'août. Car le redressement avait été préparé et commencé sous le gouvernement de Couve. L'encadrement du crédit, la réduction du déficit budgétaire, tout cela avait été réalisé. Quand Giscard d'Estaing fait semblant de découvrir tout à coup qu'il y a cinq millions de rentrées fiscales supplémentaires, en réalité il bénéficie des décisions prises antérieurement. D'autant plus avec la réévaluation du mark, qui était très probable. Ce n'était donc pas nécessaire. Et c'était mauvais parce que, quoi qu'on dise, ça provoque toujours des revendications, des mécontentements, des hausses de prix. C'est un facteur de trouble. »

« Quant à moi, continua-t-il, je ne suis pas intervenu, je n'interviens pas, je n'interviendrai plus dans la conjoncture. Je ne peux pas le faire. Alors j'écris mes *Mémoires*. Je n'attache pas beaucoup d'importance à ce que mes contemporains peuvent dire de moi. Mais, en revanche, je me soucie du jugement de l'Histoire. Cela oui. Alors, bien sûr, le jugement de l'Histoire, je ne le connaîtrai pas. Mais il m'importe. Il s'agit de savoir si ce que j'ai fait a été utile à mon pays et c'est pourquoi j'écris cet ouvrage. » Après avoir donné à mon père le plan détaillé, notamment, du premier volume, il avait ajouté : « Pour cela, il faudrait que je dispose encore de quatre ans. » En attendant, il annonça qu'on allait publier tous ses discours. « Bien sûr, pas tout ce que j'avais dit ici ou là. Les vrais discours, ceux que j'avais écrits. C'est François Goguel qui s'est chargé de les rassembler. Il y aura cinq volumes. Il écrira une préface pour chacun des cinq volumes et, pour chaque discours, une petite introduction expliquant les circonstances. »

La conversation était revenue ensuite sur l'échec du référendum du 27 avril et, comme mon père observait qu'ils avaient été « victimes des intérêts menacés et des irritations accumulées », de Gaulle répliqua : « Oh ! ce qu'il y a eu surtout, c'est que nous voulions faire une réforme très profonde et qui était nécessaire. Nous l'avons expliqué, et vous en particulier mieux que personne, vous avez joué là un rôle très éminent. Et puis le peuple n'en a pas voulu. Comme toujours, il a reculé devant la profondeur des réformes. Alors, je ne pouvais que m'en aller. »

Et d'ajouter : « Vous savez, cela n'a pas été mon premier échec. J'en ai connu beaucoup, dans ma vie, des échecs. Et puisque nous étions en démocratie, et il valait probablement mieux que nous y soyons (ce fut sa formule exacte...), alors je n'avais qu'à partir. Mais les idées lancées ont marqué, malgré tout, et il est possible qu'elles resurgissent. On peut l'espérer. » Il avait conclu en demandant une absolue discrétion sur ces échanges : « Les journalistes sont à l'affût. Ce qu'il faut, c'est que ce que nous avons dit reste absolument secret. Il ne faut pas qu'on colporte : "le Général pense que... le Général dit que..." »

Ce fut ensuite, sans délai, le temps bref du porto. Élisabeth de Boissieu et son mari le servirent dans de petits verres blancs, de ceux qu'on voyait posés sur les napperons en dentelle d'autrefois. On échangea encore quelques mots. J'évoquai la publication que j'allais faire prochainement du *Journal* de Jules Jeanneney, tenu entre 1939 et 1942. « Ce sera intéressant », dit de Gaulle d'un air assez lointain. Il m'autorisa, plus tard, à extraire de ses archives la réponse que mon grand-père avait faite à sa demande d'avis sur l'avenir des institutions, en 1942.

Survint l'heure de la table. Mme de Gaulle vint donner une petite tape sur l'épaule de son mari, avec l'air, non sans malice, de signifier : « il n'y a pas que la politique, il faut aussi se nourrir », et elle lui dit affectueusement : « Eh bien, cher ami, venez-vous ? » Le Général se leva, montra le chemin à ses hôtes, me prit par le bras pour me conduire. Il fallut franchir trois portes et les franchir devant de Gaulle : cette sensation était étrange. Je crois qu'instinctivement je rentrai le cou et serrai les épaules pour me faire plus petit... La salle à manger, comme le salon, ouvrait ses fenêtres des deux côtés de la maison. De Gaulle eut un large geste des bras : « Oui, la maison s'étend comme ça, tout en longueur, du nord au sud... » Une grande cheminée décorée en carreaux de Delft bleus, le blanc de la nappe, la lumière à flot : contrairement au salon, on éprouvait ici un sentiment de fraîcheur, presque de légèreté.

De Gaulle nous répartit autour de la table : « Allez, Desgrées du Loû, mettez-vous là, au bout, vous êtes pratiquement de la famille… » Puis, une fois assis, et enchaînant sur les remarques qui concernaient sa maison : « Alors, où en êtes-vous, en Haute-Saône, pour le remembrement ? Ici, il est en cours. Ça fait bien des drames. Mais enfin, moi, je suis bien content. On va me doubler la taille de mon jardin. J'avais quelques parcelles, dispersées ici ou là, qui ne me servaient à rien. » Puis, se tournant vers moi : « Alors, cher monsieur, comment faites-vous pour aller à Nanterre, puisque vous y enseignez ? En métro et en train ? C'est bien loin. Un de mes petits-fils y est étudiant en première année de science économique. »

Comme je lui demandais s'il s'agissait de Charles (et je me surpris à éprouver une curieuse impression en faisant sonner franchement le prénom), il dit que non, que c'était Yves. « Yves, observa sa femme, c'est celui qui mesure "seulement" 1 mètre 92… » Sur quoi de Gaulle d'enchaîner, avec une ombre de mélancolie qui me parut sincère : « C'est plein d'inconvénients, d'être trop grand. On vous repère toujours de partout, on est toujours le point de mire des gens… Quand j'étais jeune et que j'allais dans la foule voir passer les souverains – à l'époque, je ne les recevais pas moi-même –, je proposais toujours aux belles dames de monter sur mes épaules pour mieux regarder le défilé. Elles avaient d'abord un mouvement de recul, elles refusaient, et puis, quand le souverain arrivait, dans l'excitation, elles finissaient toujours par monter là » (il fit un geste vers ses épaules). « Quelle belle photo cela ferait pour *Paris-Match*, s'écria Boissieu, et quel dommage qu'il soit trop tard ! » Sur quoi Mme de Gaulle, avec un regard affectueux vers son mari : « On pourrait toujours, dit-elle, faire un montage… »

Un peu plus tard, sur un blanc de la conversation, le Général se tourna à nouveau vers moi et, revenant sur ce qu'il avait dit à mon père : « Alors, vous savez, je travaille pour l'Histoire – je peux dire pour vous, en somme. J'ai déjà écrit cinq chapitres sur les sept de mon premier tome de *Mémoires*. Ça s'appellera *Le Renouveau*. Et puis il y aura *L'Effort* et puis enfin *Le Terme*. » Je l'interrogeai sur les documents qu'il utilisait. « Eh bien !

répondit-il, j'ai toutes mes archives personnelles dont je dispose, mes notes, les instructions aux ministres, mes discours. J'ai aussi les comptes rendus de tous mes entretiens avec les autres chefs d'État qui ont été établis sur-le-champ par les interprètes à partir de leurs notes de traduction. Je les relisais ensuite. J'y changeais d'ailleurs peu de chose. Il y avait presque toujours un interprète, sauf quelquefois avec Macmillan. Les Allemands en ont eu longtemps un qui était remarquable, ce pauvre X (le nom lui échappait), qui est mort depuis. Il connaissait admirablement les affaires, avec toutes leurs nuances. »

On glissa jusqu'à Adenauer. « Ah ! le père Adenauer, oui, nous l'avons reçu ici. » Il s'agissait de la fameuse visite du 14 septembre 1958 où ils se virent pour la première fois et qui donna le *la* de relations nouvelles. De Gaulle eut un geste de la tête vers sa femme. Cela était prononcé sur le ton d'une bonne familiarité bourgeoise, comme on entendrait ailleurs : « Vous vous souvenez, ma chère, quand le notaire Untel était venu ici avec sa femme, ou bien l'oncle Adhémar… » Comme je lui demandais si les Mémoires d'Adenauer pouvaient lui être utiles, il répondit avec une moue un peu condescendante : « Poh ! c'est pas inutile, mais ce sont simplement les comptes rendus de ses conversations qu'il a mis bout à bout. Ses enfants ont achevé le travail après sa mort. Vous savez, Adenauer, c'était un homme de conversation, un homme de contact. Il n'écrivait jamais. Son livre n'a aucun intérêt littéraire. » Cela était dit avec, à peine sous-entendue, la supériorité de l'homme de lettres.

D'Adenauer, en passant par le fameux prince Andronikov, interprète officiel du Quai d'Orsay, on en vint à Nikita Khrouchtchev, au souvenir de son voyage en France de mars 1960. Mon père rappela les instructions données par le Général, en Conseil, aux ministres chargés d'accompagner « Monsieur K ». « Premièrement, il faudra relever tous les écarts de langage du Premier Soviétique, deuxièmement, je ne veux aucun incident. » « Ce n'était pas commode… » Un seul survint, à Verdun, avec Louis Jacquinot (le Général ne parut pas s'en souvenir), quand celui-ci évoqua les affreuses destructions de la guerre et que Khrouchtchev voulut en vain lui faire dire qui les avait commises. « Mais dites-le, dites-le donc, de qui il s'agit… » Les ministres se succédaient pour accompagner le premier secrétaire du PC soviétique. À Lille, où était mon père, le maire socialiste Augustin Laurent se livra à une violente diatribe anticommuniste, en l'occurrence peu convenable. Khrouchtchev parla ensuite – et par prudence mon père se faisait traduire par Andronikov en simultané – et il commença avec vivacité : « Moi aussi, je vous assure, je pourrais aisément faire des exercices d'éloquence enflammée, à la manière de monsieur le maire de Lille… » – il s'arrêta un instant et continua… – « mais je ne crois pas que ce soit ni le lieu ni l'occasion »… Le reste du discours fut très sage.

Les souvenirs de De Gaulle firent cercle un moment autour de Khrouchtchev. « Quel bonhomme ! » Alain de Boissieu, évadé d'Allemagne vers l'est avant avril 1941, avait été détenu par les Soviétiques : de Gaulle, en le présentant à « Monsieur K. », lui dit avec un sourire : « Mon gendre connaît bien la Russie depuis la guerre… (un temps), il y a été en prison… » Alors Khrouchtchev – qui n'ignorait sûrement rien de l'épisode –, se retournant vers sa suite avec une indignation bien jouée si elle était feinte : « En prison ! Je ne peux pas le croire. Comment est-ce possible ? » « Vous rappelez-vous, mon père, demanda Boissieu au Général, le jour où il avait prononcé à Rambouillet un discours très anti-occidental, un peu indécent, et où il vint ensuite déjeuner à votre table ? Il était gêné en face de vous à cause du discours et il s'en tira en faisant le pitre, en exécutant des gigues dans les coins… » Sur quoi de Gaulle : « Quand je suis allé à Moscou, voici deux ans, j'ai voulu l'inviter à l'ambassade. Ils ne l'ont pas laissé venir. Mais enfin, aujourd'hui, les Russes ne zigouillent plus. » « Molotov est réapparu, observa mon père, je ne sais plus à quelle occasion. – En effet, dit de Gaulle, c'était aux obsèques de Vorochilov. Après sa disgrâce, on l'avait d'abord envoyé en Mongolie – quel est donc le nom de la capitale ?… Oulan-Bator, ah oui ! Eh bien, un jour nous l'avons vu à la télévision. Il était dans une tribune. Quand la caméra est arrivée sur lui, il s'est brusquement réveillé, déplié, gonflé… Il revivait… »

On repassa du premier plat : ris de veau, quenelles, cervelle en sauce. Nous étions servis par une femme de chambre aux cheveux gris (était-ce la fameuse Charlotte Maréchal qui vota par procuration à l'élection présidentielle quand de Gaulle était en Irlande ?) et par un maître d'hôtel jeune, blond et austère. Quand il se penchait pour passer les plats, on voyait la gourmette d'argent de son poignet, mais je ne parvins pas à lire son prénom. Le vin rouge était bon. Le Général lui faisait honneur.

Selon l'une de ces soudaines asyndètes qui marquaient sa conversation, il se tourna vers ma mère. « Vous êtes, madame, une famille très solidaire. J'en ai été toujours frappé. Déjà quand j'allais voir le président Jules Jeanneney chez lui, je me souviens, il y avait toujours quelqu'un des siens, tout proche, veillant sur lui... » De 1947 jusqu'à la mort de mon grand-père, en 1957, de Gaulle était en effet venu chaque année, je l'ai dit, avec une admirable fidélité, lui rendre visite dans l'appartement de l'avenue Mac-Mahon où il était de plus en plus confiné.

Mon père reprit la balle au bond. « Cette unité familiale, cette solidarité, c'est un grand bonheur, un grand privilège, et surtout aux moments difficiles. Il y a souvent, ajouta-t-il, de chaudes discussions mais jamais de vraies dissensions. Tous les ministres n'ont pas eu cette chance chez eux... » À propos de mon beau-frère Bernard Guy-Grand, médecin des hôpitaux, le mari de ma sœur aînée Delphine, qui était venu contribuer à la campagne électorale de Grenoble (de Gaulle demanda qu'on lui rappelle « le nom du docteur »...), on en vint à parler des problèmes hospitaliers (« Le docteur approuve la réforme ? Ah oui, bien... ») et du professeur Robert Debré qui avait été l'inspirateur de celle-ci. « Vous le voyez encore ? Il est toujours actif ? »

Mon père évoqua ses relations avec lui, au ministère des Affaires sociales, sa frénésie de puissance, son refus d'admettre jamais qu'une virgule fût changée à ses projets, ses interventions constantes dans les affaires par l'intermédiaire de son fils Michel. Il raconta l'explication qu'il eut avec lui un jour, les lettres, les pneumatiques de Robert Debré : « Merci, mon cher ami, vous m'avez fait beaucoup réfléchir » et, par la suite, son attitude parfaitement inchangée. À ma droite, Élisabeth de Boissieu s'amusa de l'évocation. De Gaulle, quant à lui, sembla apprécier en connaisseur la force de caractère et l'esprit de domination du professeur Robert Debré. On nous servit un rôti de bœuf en jardinière, cuit à point – trop – comme ceux de mon enfance. Cuisine bourgeoise ! Le Général, attentionné, se tournant vers ma mère et vers moi, demanda : « Vous avez de la moutarde ? »

Un peu plus tard, la conversation revint sur les *Mémoires de guerre*, ce mouvement spontané confirmant que l'essentiel de l'esprit de De Gaulle allait désormais vers sa tâche d'écriture. « J'y ai parlé du président votre père, à plusieurs reprises, dans le deuxième tome notamment. » Je rappelai qu'il l'avait fait dès le premier aussi, à propos de la rencontre au château de Chissey, au temps de la débâcle, le 13 juin 1940, selon une formulation que je connaissais par cœur mais que j'aurais cru incongru de citer : « M. Jeanneney, président du Sénat, [...] promenant un maintien résolu au milieu de l'agitation, invoquait l'exemple de Clemenceau dont il avait été, dans les grands moments de 1917 et 1918, le collaborateur direct et intime au sein du gouvernement. » « Ah oui, confirma de Gaulle, je me souviens bien, il était très décidé, tout à fait partisan de tenir. Herriot aussi d'ailleurs. » (Le ton voulait dire : « pour Herriot, c'est assez surprenant ».) Et il ajouta : « Le vrai responsable dans les événements, c'est Lebrun. Il n'a pas eu le caractère qu'il aurait fallu. Il l'a reconnu d'ailleurs devant moi, quand je l'ai vu à la Libération. » Je songeai au texte fameux des *Mémoires* : « Au fond, comme chef de l'État, deux choses lui avaient manqué : qu'il fût un chef et qu'il y eût un État. » « Il subissait trop de pressions, continua de Gaulle. Et puis, il y avait Weygand qui avait un grand prestige parce qu'il avait été avec Foch. Ah ! si le gouvernement était parti en Afrique du Nord, toute la suite aurait été changée... »

Un silence suivit, comme pour un bref rêve d'uchronie. La conversation était ainsi coupée, par moments, de points de suspension. Le Général la relançait en partant toujours du même niveau : celui de sa politesse à la fois lissée et légèrement mécanique, nourrie de sujets banals, pas tout à fait interchangeables parce que bien adaptés à l'interlocuteur, mais à cent lieues de rien qui comptât vraiment pour lui. Au reste, il n'y avait pas là de défense contre des propos plus lestés. Il ne tenait qu'à l'interlocuteur de ramener vers de l'essentiel à quoi l'hôte ne se dérobait nullement. La courtoisie savante ménageait des temps morts. Elle pouvait à coup sûr, dans des moments spécifiques, permettre de garder à distance les pimbêches et les importuns, mais elle ne constituait pas du tout, dans des circonstances comme celles-ci, un rempart contre un dialogue sur l'important. André Gide, reçu à la villa des Oliviers à Alger en 1943, avait analysé dans son *Journal* cette courtoisie particulière.

De Gaulle s'adressa à ma mère : « Vous avez donc été en Roumanie, madame. Êtes-vous restés à Bucarest ou bien avez-vous rayonné en province ? » Gracieuse et déférente à la fois, elle évoqua brièvement une excursion en Moldavie. Sur quoi le Général en vint à son propre voyage (sans rappeler qu'il avait eu lieu en mai 1968...), évoqua la chaleur de l'accueil reçu, l'atmosphère studieuse de l'université. « J'ai eu une très bonne impression. » Puis il parla des dirigeants. « Maurer : celui-là n'est pas un communiste, il fait semblant... Ceausescu, lui, c'est un vrai communiste. Au reste, un homme de valeur. Il a sa politique, en face des Russes. » La prescience du témoin n'alla pas jusqu'à prévoir le destin ultérieur de ce dernier.

Mon père ayant évoqué un film historique sur la résistance opposée par les Daces aux Romains, qui avait été un grand succès populaire là-bas, de Gaulle renchérit : « Oui, s'ils avaient été envahis par les Russes, récemment, les Roumains auraient opposé au moins un semblant de résistance. Ils ne seraient pas restés aussi passifs que les Tchèques. Mais la Tchécoslovaquie n'est pas une nation, c'est un hasard historique. Ils n'ont jamais résisté au moment des coups durs, pas plus en 1938-1939 qu'en 68. J'ai bien connu Beneš, à Londres. Ce n'était pas un homme d'État. C'était un professeur. » Je ne pouvais manquer de demander en souriant : « Vous pensez donc, mon Général, qu'un professeur ne peut pas être un homme d'État ? » De Gaulle, s'avisant visiblement du métier des deux invités qu'il avait en face de lui mais sans rien modérer de son sérieux, dit courtoisement : « Un professeur, naturellement, peut devenir un homme d'État. Mais hélas, Beneš au pouvoir était resté un professeur. Au moment des coups de force, il protestait toujours, mais il finissait toujours aussi par céder. En 1939 il est parti, en 1948 il s'est enfui. Ce n'était pas un homme d'État, à mes yeux, parce qu'il n'était pas vraiment capable de jouer, de prendre des risques, y compris des risques physiques personnels… »

On passa le dessert : une grande roue de flan mou sous une crème à la vanille. Pas de fromage, pas plus qu'à l'Élysée. Je dis, pour rompre un bref silence : « À Nanterre, cette année, nous traitons du sujet "Nationalismes, nationalités et internationalisme de 1848 aux accords d'Évian". » De Gaulle, aussitôt attentif, me fit répéter, puis, avec élan : « Eh bien ! si vous voulez, je vais vous dire ce que j'en pense. Il n'y a pas d'internationalisme qui vaille contre les nations. La Roumanie est une nation, la Hollande est une nation, la Tchécoslovaquie n'en est pas une. On ne peut rien là-contre. »

J'observai qu'on ne pouvait qu'être frappé, en étudiant, comme je l'avais fait récemment pour mes cours, l'histoire de la Troisième Internationale, de voir comment elle avait achoppé sur le problème des nationalités. Alors de Gaulle : « Je vous en prends à témoin, cher monsieur, c'est ce que tous nos supranationaux ne veulent pas voir quand ils réclament l'Europe. Naturellement, il faut de la coopération, mais c'est autre chose qu'une fusion. »

« À vos ycux, dcmandé-jc (sans mc scntir original, mais curieux de la formulation que notre hôte donnerait à sa réponse), qu'est-ce qui constitue une nation ? Vieux débat ! Est-elle une unité organique dépassant les individus qui la composent, avec son évolution autonome, où la langue compte surtout, selon la conception germanique ? Ou bien existe-t-elle par la volonté qu'ont les membres de la communauté de vivre ensemble ? »

Je m'attendais à voir surgir Renan et son texte fameux sur ce sujet. Sans surprise, en effet, le Général commença par dire qu'il m'y renvoyait. « Appartenir à une nation, c'est avoir vécu ensemble contre les menaces de mort venues du dehors, c'est l'avoir fait depuis des siècles. » Et comme j'observais que l'unité allemande était récente, et celle des États-Unis presque autant, il s'écria : « L'unité allemande, c'est Napoléon qui l'a faite. Elle s'est construite d'abord contre la France. Quant aux États-Unis, ils sont partis de rien. Il y avait bien les Peaux-Rouges, mais ça ne comptait pas. Oui, aujourd'hui, ils sont une nation mais vous pouvez être sûr que ses voisins n'ont aucune envie de se fondre avec eux. Le Mexique tient à rester le Mexique… »

Je revins à l'Europe. « Quand on voyage en Asie, dis-je, on prend mieux conscience, par différence, de l'existence d'une originalité européenne, tout un héritage gréco-latin et judéo-chrétien, une communauté historique qui nous distingue autant de l'Amérique que de l'Asie, en unité par-delà nos vastes différences. – Mais naturellement, s'écria de Gaulle, il y a une quantité de choses en commun. Seulement, ça ne suffit pas. Une Europe unie ne pourrait jamais se faire que dans très longtemps, contre un péril de mort venu du dehors, un danger catastrophique. Enfin, en tout cas, c'est mon avis. » Je traduisis à haute voix : « Il faut donc attendre Gengis Khan… » On aurait voulu poursuivre, approfondir, éclairer tout cela déjà bien connu, demander : « Est-ce donc que pour demain vous nous réduisez fatalement à la situation de la Hollande ? À vingt-cinq ans, auriez-vous accepté ce champ un peu dérisoire pour votre action ?… » Mais la familiarité manqua, et l'occasion.

On se leva. Avant de me faire franchir la porte, de Gaulle, que je remerciais de la lettre manuscrite qu'il m'avait écrite pour *Le Riz et le rouge*, me dit : « Ah oui, vous êtes allé en Asie, vous êtes allé en Chine… » On disait que de Gaulle songeait à se rendre, au cours des prochains mois, dans ce pays où il n'était jamais allé. La mort l'en empêcha.

Au salon, il retrouva son fauteuil derrière sa table de bridge. Mme de Boissieu servit le café, puis son mari les liqueurs. De Gaulle prit un peu de l'armagnac que proposait une bouteille ventrue. Boissieu servit à ma mère de la liqueur de sapin. De Gaulle en parut satisfait : « Ah ! madame, vous prenez quelque chose ! » À côté de son verre, sur la table, étaient posées deux boîtes à jeux. C'est là que d'ordinaire le Général faisait sa patience quotidienne, « toujours la même », précisa Mme de Gaulle. C'est là que, onze mois plus tard, il allait mourir. Sous le fauteuil, un gros chat gris était lové, bien au chaud, indifférent au grand homme qui le surmontait. Malraux a raconté un jour à la télévision, en 1975, qu'il avait interrogé le Général : « Vous aimez les chats ? », provoquant cette réponse brève : « Oui, ils n'ont pas peur de moi. »

De Gaulle avait chaussé ses grosses lunettes à hublots très puissants qui lui faisaient deux yeux tout ronds dont la régularité tranchait sur l'architecture bossuée du visage et en modifiait étrangement l'équilibre familier, entre le nez glorieux et la fuite du front. Je l'interrogeai sur l'organisation de son temps à Colombey : « Eh bien ! je vais vous dire... Le matin, je commence par lire les journaux qu'on m'apporte. Puis je me mets au travail vers 9 heures et demie. J'y reste jusque vers midi et demi. Je recommence l'après-midi de 3 heures à 5 heures, puis encore de 6 heures à 7 heures. Vous savez, quand on a écrit trois heures par jour, ça pèse, on ne peut pas faire beaucoup plus, je vous assure, "il faut le faire". Je ne parle pas du temps de réflexion, du temps de rumination, je parle du temps vraiment passé à écrire. » Il ajouta : « Je donne mon manuscrit à taper à ma fille. Comme ça, je suis sûr qu'il n'y aura pas de fuite. » Mme de Boissieu avait déjà tapé à la machine les *Mémoires de guerre*. « Avec deux doigts », dit-elle. Elle avait l'habitude. « Je tape ici, au moment des vacances, je me sens plus tranquille. » Elle reviendrait à Mardi gras pour le prochain chapitre.

« Ah ! vous savez, reprit de Gaulle, j'ai beaucoup de peine à écrire, je souffre, je souffre, je sue sang et eau et puis je corrige, je rature et puis je donne à taper et puis je recorrige encore et puis pour finir il y a les épreuves et, en fait, on n'est jamais satisfait... Quand j'écris, je veux tout démontrer – il fait le geste de marteler lourdement un clou invisible –, accumuler les arguments, alors les phrases sont beaucoup trop longues, il faut toujours les rafistoler, les rabibocher. Il se trouve aussi, ajouta-t-il, que je suis très maniaque pour la présentation. Je respecte strictement les règles. Par exemple, quand j'ouvre une virgule, il faut que je la ferme. Je ne peux pas mettre une virgule avant un "et" – sauf, je sais bien, dans des cas exceptionnels ! Je ne me permets presque jamais d'entorse. »

Le général de Boissieu offrit des cigares. J'en choisis un petit, de la Jamaïque (en gardant soigneusement, à chacun son fétichisme, la bague en papier qui était marquée « Général Charles de Gaulle »). Lui, m'apercevant : « Ah ! vous fumez cela, s'écria-t-il, ce ne sont pas les meilleurs. Les gros sont meilleurs, ceux de Cuba. Ils m'ont été envoyés par Fidel Castro. Il m'a offert tout un meuble rempli de cigares. » Le général gendre apporta un petit coffret de bois des îles d'un goût affreux dont le couvercle sculpté était orné d'une scène de la vie coloniale. De Gaulle commenta : « J'en avais reçu un autre, pendant la guerre, du dictateur de Cuba d'alors, comment s'appelait-il donc ? Ah oui, vous avez raison, Batista. La boîte était encore beaucoup plus grande ! Question de prestige ! » Soudain il se leva, contourna la table de bridge et se dirigea vers la bibliothèque qui était à la droite du canapé de cuir où j'étais assis. Il prit un petit cendrier rangé sur des livres, le posa devant moi et alla se rasseoir. J'en restai si sidéré que je ne le remerciai même pas.

« Ce voyage en Chine, me demanda-t-il, rappelez-moi donc quand vous l'avez fait ? En octobre 66 ? M. Paye y était encore ambassadeur ? Vous avez pu voir quelque chose ? » J'évoquai brièvement les gardes rouges, cinquante millions dans les trains, sur les routes, la conscience nouvelle qu'on leur donnait des dimensions de la Chine, leur orgueil... « Mais comment est-ce que c'était organisé, tout ça », demanda-t-il ? Question de militaire... « C'était l'armée qui les nourrissait ? – Pour une grande part, probablement », répondis-je à tout hasard. Alors lui : « Vous avez pu rencontrer Mao ? » Il s'arrêta, conscient de l'incongruité de la question, me concernant. Il sourit. « Malraux l'avait vu lors de son voyage. Mais c'était avant son retour aux affaires. »

Malraux entra ainsi en scène. « Oui, nous l'avons eu ici l'autre jour, à votre place. Il n'allait pas mal. Je ne sais pas très bien ce qu'il fait. J'espère qu'il écrit. Mais j'en doute un peu, malheureusement. » Mon père dit qu'il n'avait pas beaucoup aimé (il ne dit pas pourquoi) les *Antimémoires*. De Gaulle protesta : « Ah ! tout de même, il y a là d'excellentes choses. Il a vu tant de gens dans sa vie... Mais quel âge a-t-il donc ? » Une question qui paraissait lui venir spontanément, dans le souci constant du sien propre. Sa fille alla prendre le dictionnaire *Who's Who* sur une étagère. « Je vais vous le dire tout de suite. Il est né en 1901, il a près de soixante-dix ans. – Alors, c'est encore un jeune homme ! J'avais fait apporter le *Who's Who* de Paris pour savoir le prénom des hommes politiques dont je parle dans mon texte. Je ne veux pas mettre "Monsieur" et le nom seul est trop sec, alors je mets le prénom et le nom. On ne se souvient pas de tous les prénoms ! »

Un petit concours s'esquissa durant quelques instants. De Gaulle demanda : « Vous savez le prénom de Luns, vous ? » Boissieu et moi ensemble : « Joseph. » De Gaulle : « Celui de Spaak, oui, c'est facile, Paul-Henri, tout le monde le sait, mais de Strauss ? – Franz Josef. – De Werner, le Luxembourgeois ? – Pierre ! » Sur un obscur ministre des Affaires étrangères du Luxembourg, l'auditoire dut finalement s'avouer vaincu. J'interrogeai le Général sur la manière dont il procédait quand il s'agissait pour lui de dresser des portraits poussés. « Eh bien ! répondit-il, je vais vous dire. Je m'efforce toujours de les prendre par le haut et je dis comment je les ai vus, comment je crois les comprendre. Je fais tout le contraire des journalistes. Eux, ce qui les intéresse, c'est de dire que le personnage porte son mouchoir à gauche et son porte-cigarettes à droite… » Mme de Gaulle renchérit avec énergie : « Ou qu'on adore les tripes à la mode de Caen ou les pieds de cochon, même si c'est imaginaire. »

Les journalistes… L'expression d'une détestation était familière à de Gaulle. Je me souvins que mon père l'avait entendu évoquer le brillant Pierre Viansson-Ponté, du *Monde*, comme « le virtuose du dérisoire ». « Les journalistes, nous dit-il, sont au plus bas degré de toutes les activités de l'esprit. Il faut toujours qu'ils démolissent, il faut qu'ils dépiautent à l'infini sans jamais rien proposer de constructif. C'est le cas de Raymond Aron, c'est le cas du *Monde*… Autrefois il y avait des journalistes qui essayaient de construire quelque chose. Il y en a encore quelques-uns en Amérique. Il y en avait un qui est assez connu et qui essayait… » Je suggérai le nom de Walter Lippmann. « Oui, Lippmann… » J'ajoutai : « En Angleterre, Harold King peut-être ? – Non, King, ce n'est qu'un bon *rapporteur*. Je pense à ceux qui réfléchissent. Autrefois, en France, du temps de ma jeunesse, c'était différent. Maurras, par exemple, était un grand journaliste. Quoi qu'on puisse dire contre lui, il essayait de proposer quelque chose. » Avant de dire « Maurras », il hésita. Comme s'il craignait de paraître confirmer une filiation qu'on lui avait indûment attribuée, il ajouta aussitôt, peut-être pour la juste balance : « Et puis il y a aussi Jaurès, qui était un grand journaliste… » Je suggérai : « Clemenceau ? Léon Blum ? » « Oui, il y a eu Léon Blum. Clemenceau, c'était plutôt un polémiste. »

« On a assisté depuis cinquante ans, reprit-il, à un changement fondamental de la société. Autrefois, ce qui comptait avant tout, ce qui passionnait les gens, c'étaient les idées, c'étaient les doctrines. C'était vrai depuis le XVIIIe siècle et même depuis la Renaissance et ça a été vrai jusqu'à ma génération à peu près. Mais maintenant, on se passionne avant tout pour les techniques, pour le progrès scientifique. Il y a certainement là un changement capital. Alors, on voit beaucoup de gens, surtout parmi les plus jeunes, qui refusent ce monde de la technique au nom d'une idéologie. Mais c'est une attitude uniquement négative. Ils n'apportent rien, ils ne construisent rien. » Il continua : « Le christianisme, au nom d'une doctrine, a détruit l'Empire romain, tout l'équilibre du monde ancien, mais enfin… mais enfin… il apportait quelque chose. Les communistes en Russie aussi, quand ils ont démoli l'empire des tsars. Ils l'ont fait à très grands frais mais enfin ils ont construit quelque chose. Aujourd'hui, on ne trouve rien de pareil. Ça viendra peut-être un jour, on verra bien… »

Après un temps bref de silence, le Général reprit son ton de courtoisie détachée : « Vous prévoyez de prochains voyages ? » Et comme ma mère disait que Mme de Gaulle l'avait engagée à aller en Irlande : « Ah oui, c'est un beau pays, c'est sauvage, désolé. Un pays très retardataire, encore misérable. Il a été longtemps laissé par les Anglais en sous-développement systématique… Tous les postes importants étaient réservés aux Anglais. Les talents en Irlande, pendant des siècles, n'ont trouvé une voie que dans l'Église. » Et comme mon père avançait qu'il y avait des points communs avec le Canada français : « Naturellement, dit le Général, les Anglais ont procédé partout de la même façon pour imposer leur pouvoir. »

Les 3 heures allaient sonner. Pour finir, mon père ramena la conversation vers des rivages moins lointains. « J'ai vu Raymond Barre, l'autre jour. » Celui-ci était alors vice-président de la Communauté européenne. « Il m'a dit qu'à son avis, étant donné le règlement financier qui vient d'être adopté, s'il est ratifié, les Anglais ne pourront pas entrer dans le Marché commun. Il pense d'ailleurs que tous les partenaires, au fond, n'y tiennent pas tellement. » Alors de Gaulle, catégoriquement : « Mais non, il n'y aura pas d'accord qui puisse tenir. Si les Anglais veulent entrer, ils entreront. Il n'y aura plus de Marché commun. Ils le voudront probablement. Macmillan le voulait sincèrement. Harold Wilson était méfiant au début. Il a évolué. » Et il ajouta : « D'ailleurs, les autres consentiront de moins en moins de sacrifices pour l'agriculture. Les Allemands tiennent de moins en moins à l'Europe. Ils vont se retourner vers la Russie, peut-être reconnaître la RDA. Il y a en Russie un grand marché pour leurs marchandises et ils ne voudront pas s'en priver plus longtemps. Les sociaux-démocrates, Willy Brandt, feront cette politique par idéologie, leurs industriels la soutiendront par intérêt. Et l'association des Russes et des Allemands va dominer l'Europe occidentale. On va aller à une Europe germano-russe. Nous étions les seuls à pouvoir empêcher cette évolution en faisant une Europe franco-russe. Mais nous ne le voulons plus. Quand je dis "nous", je ne veux pas dire vous et moi, naturellement, je veux dire les dirigeants actuels. » Mon père, faussement ingénu, prêcha le faux pour avoir le vrai. « Il semble bien pourtant, d'après Barre qui en a parlé avec M. Pompidou, que celui-ci soit sincèrement hostile à l'entrée des Anglais dans le Marché commun… » Alors de Gaulle, sur le ton d'une certitude presque sereine : « Pompidou, de toute façon, il est complètement hors du coup. On ne peut pas résister si on n'a pas une volonté. On est ratiboisé. Ils n'auront pas l'autorité nécessaire pour tenir, ils n'auront même pas l'idée de l'avoir… »

Sur cette déclaration abrupte qui, répandue, aurait fait quelque bruit et aurait fourni de beaux titres aux gazettes, on se leva. Le Général ôta ses lunettes et, reprenant son ton solennel et de courtoisie légèrement automatique : « Nous avons été très heureux et très honorés de votre visite. » Quand il me serra la main, je le remerciai du bonheur que cette rencontre m'avait causé. « J'en suis content... » dit-il et, écartant un peu les bras du corps : « Eh bien ! je vous fais tous mes vœux pour votre avenir... » On alla vers l'entrée. Il rappela un instant mon père pour lui montrer, dans le salon intermédiaire, les portraits à l'huile de son grand-père, de son arrière-grand-père et de ses arrière-grands-oncles, l'un d'entre eux procureur au parlement de Paris. Puis il nous souhaita bonne route, m'invitant à conduire prudemment, en particulier dans la descente vers Chaumont. Une fois l'audacieuse photo prise, d'un grand geste de Gaulle indiqua la manœuvre à la voiture que je conduisais. Une dernière fois, dans le rétroviseur, je l'aperçus debout, bien encadré par les colonnes de l'entrée, agitant lentement le bras en signe d'adieu.

*

Le Général n'avait convié chez lui, dans un semblable « format », que quatre de ses anciens ministres, dont aucun n'appartenait au gouvernement de Georges Pompidou. Ce qui excluait Michel Debré, pour son chagrin, parce qu'il avait accepté le portefeuille des Armées : outre mon père, Maurice Couve de Murville, Pierre Messmer et André Malraux. En mars 1971 parut le livre que Malraux avait consacré à sa propre visite à Colombey, quelques jours avant la nôtre, le 11 décembre. On sait que le fameux entretien avec Mao de 1965, tel que raconté dans les *Antimémoires*, n'a quasiment rien à voir avec le compte rendu qu'en fit l'ambassadeur de France à Pékin, Lucien Paye. (Roger Stéphane me raconta un jour que Malraux, à qui il reprochait doucement d'avoir, dans son entretien de Chine, fait « du Malraux plus que du Mao », s'entendit répliquer : « Vous auriez préféré du Bettencourt ? ») Il est aussi curieux de comparer *Les Chênes qu'on abat*, livre inspiré où le récit se mêle inextricablement à l'imagination, avec ce qu'en dit, à Jean Mauriac, « à chaud », Jean d'Escrienne, aide de camp, qui assistait au déjeuner : « Il y fut surtout parlé de chats et de l'Irlande. » Mais qu'importe, si la vérité était plus profonde ? Ce fut l'avis de mon père : il dit plus tard, en octobre 1971, au même Jean Mauriac, qui le rapporta également dans son Journal de *L'Après-de Gaulle*, son admiration pour le livre, grâce auquel « on avait conservé quelque chose de l'état d'esprit du Général ». À l'époque, je songeai un instant, je l'avoue, à esquisser un pastiche de Malraux à partir de notre visite, mais j'eus la sagesse de m'en abstenir.

J'éprouvai la mort du général de Gaulle, qui survint le 9 novembre 1970, comme une douleur personnelle. Ainsi qu'il advient pour quelques événements primordiaux, je sais précisément où et quand je l'appris. Le souvenir de Colombey nourrissait ma peine d'un contenu spécifique, mais n'eussé-je pas eu cette expérience rare et brève de proximité immédiate, qu'elle n'aurait pas été moins vive et moins concrète.

François Perroux, l'économiste impérieux avec qui je déjeunai peu après, me cita un vers de Victor Hugo : « Quand je n'y serai plus, on verra qui j'étais. » Pour ma part, je lus à des étudiants, sans commentaire, au début d'un cours, cette page de Michelet évoquant la mort du duc d'Orléans, assassiné en 1407 par les Bourguignons. « Tout le monde pleurait, les ennemis comme les amis. Il n'y a plus d'ennemi alors. [...]. Quoi ! Si vivant naguère, et déjà passé ! [...] Hier tout cela, aujourd'hui plus rien. Rien ?... Davantage peut être. Celui qui semblait hier un simple individu, on voit qu'il avait en lui plus d'une existence, que c'était en effet un être multiple infiniment varié !... Admirable vertu de la mort ! Seule elle révèle la vie. L'homme vivant n'est vu de chacun que par un côté, selon qu'il le sert ou le gêne. Meurt-il, on le voit sous mille aspects nouveaux, on distingue tous les liens divers par lesquels il tenait au monde. »

Je suis revenu à Colombey, trois jours plus tard. De Gaulle avait voulu conférer à ses obsèques une simplicité qui était la mieux propre à susciter l'émotion et à protéger la noblesse d'un adieu. J'y fus en compagnie de Philippe Sainteny. De loin, à l'entrée de l'église, nous distinguions le petit groupe des compagnons de la Libération dont son père faisait partie et qui offrait à leur héros la meilleure garde funèbre qui fût possible. Nous vîmes passer lentement, à travers la grille que j'avais franchie onze mois auparavant, le half-track qui portait le cercueil du défunt, enveloppé dans un vaste drapeau tricolore. Des garçons du village prirent le relais, devant la petite église. Alentour était la foule : exactement telle que de Gaulle l'avait voulue. Elle disait l'interdit, en dehors de toutes les prétentions et de tous les calculs, qu'il faudrait imposer à n'importe quelle formation, groupe ou parti qui prétendrait plus que d'autres en perpétuer le message. Elle était anonyme. Elle était attentive et très digne. Elle incarnait la sérénité de l'inévitable. Elle était opportune.

De Gaulle avait tenu ce propos, en ce même lieu, vers 1948, au préfet Pierre-Henri Rix : « Ce n'est pas tout de naître, il faut mourir aussi. Dieu choisit l'heure pour chacun de nous. C'est mieux ainsi. Mais il n'est pas interdit d'avoir une préférence pour une certaine heure. Je veux dire : pour les circonstances dans lesquelles se présentera une certaine heure. » Et il ajoutait, comme pour montrer qu'il ne s'illusionnait pas sur la part de théâtre : « La dernière préoccupation, ne pas rater sa mort : serait-ce une vanité d'histrion ? » Sous le ciel clair de ce matin-là, je songeais qu'il avait réussi la sienne, que le *tempo* en avait été assez convenablement fixé par son destin. Certes, son trépas survint trop tôt pour la rédaction de ces *Mémoires d'espoir* qu'il avait tant souhaité avoir le loisir d'achever – deux ans peut-être – et qu'on aurait tellement voulu lire jusqu'à leur fin. Mais quoi ! il avait été protégé du naufrage ultime que Churchill avait connu et qu'il redoutait tellement lorsqu'il pensait à Pétain et lorsqu'il avait dit à Malraux, à en croire celui-ci, en ces lieux mêmes, quelques semaines avant notre visite : « La vieillesse est un bien autre drame que la mort. La perte de la mémoire : dans tout ce qui est oubli sur la terre, il y a un peu de la mort. »

Jamais je ne fus porté à faire de De Gaulle un saint de vitrail, une icône à révérer. Je pouvais énumérer une liste de ses actes et de ses choix qui me paraissaient malvenus, parfois coupables : l'Indochine méconnue de l'amiral d'Argenlieu, les dérives du RPF, les harkis… La dernière en date, dans l'ordre du symbolique, avait été sa visite privée à Franco, en juin 1970, au fil d'un voyage espagnol. Trop de choses multiples bougeaient en lui, au gré cyclique de ses fiertés et de ses chagrins, de ses erreurs et de ses fulgurances, pour qu'aucun homme libre pût adhérer au tout de ses actes et de ses choix. Ce m'est pourtant un étonnement que de mesurer qu'il ait tant compté dans ma vie : plus que quiconque, je crois, en dehors des miens.

J'éprouvais dès ce temps-là le sentiment d'avoir acquis, par une familiarité avec les écrits du Général, par l'analyse de ses comportements successifs, par l'attention portée, depuis douze ans, au détail de ses propos, comme une intimité, à distance, avec lui. Il me sembla appartenir à la petite cohorte de ceux qui apprennent à admirer, à se protéger contre cette tentation qui ronge le foie : la dérision posée comme système. J'aimais en lui le courage moral et physique, la précision du langage adapté à toute situation et à toute personne, la conviction que le peuple est honoré quand on lui parle selon un style noble et un riche vocabulaire, quitte à en rompre le cours par une gouaille soudaine, l'entrelacs entre le sens de l'instant décisif et la longue durée d'une culture profuse, la trace de folie bousculant les sagesses du réalisme ordinaire, quelque chose enfin d'un fatalisme obstinément attaché à échapper aux griffes de l'inévitable, mais qui savait pourtant qu'il n'y parviendrait jamais tout à fait.

Malraux lui fait dire, dans *Les Chênes qu'on abat* : « L'action ne vaut qu'en fonction de contingences qui ne se retrouvent jamais. » À mon père, en tête à tête, le 30 décembre, de Gaulle avait tenu ce propos qui peut surprendre mais qui dit sa conviction profonde quant à la puissance du hasard en toutes les circonstances : « Au cours de ma vie, ce que j'ai fait, c'est porté par l'événement. Bien sûr, je m'y étais préparé et j'y suis pour quelque chose, mais enfin j'ai été surtout un instrument. » Paradoxale conviction.

10

Nanterre, port d'attache

Un projet scientifique. – Le théâtre nanterrois. – Élans et turbulences. – « La contemporaine ». – Le plaisir d'enseigner. – René Rémond. – Libéral, généreux. – Ma reconnaissance. – Contraste avec les Annales et Braudel impérieux. – Le Journal politique de Jules Jeanneney, 1939-1942. – Emmanuel Berl au Palais-Royal. – Le choix de Juin 40 et la mort de la Troisième. – Première soutenance. – À gauche, à coup sûr. – Une bifurcation de mon père. – Partir, toujours. – Israël 1969. – Kibboutz, Cisjordanie, Gaza. – Une soirée mémorable. – Visite à David Ben Gourion. – Liban et Jordanie, 1970. – Beyrouth écartelé. – Chez Kamal Joumblatt. – Pierre Gemayel, Raymond Eddé. – Les fedayin comme défi. – Vers Amman par Damas. – Les groupes palestiniens, FDPLP, OLP. – Une monarchie exaspérée.

Les années qui séparèrent Mai 68 et l'élection de François Mitterrand à l'Élysée furent marquées pour moi par le bonheur de servir un projet intellectuel qui leur donna leur unité. L'ambition fut de travailler, avec d'autres, à un renouveau de l'histoire politique qui commença de se déployer. Il était alors de pratique courante de caricaturer les travaux des prédécesseurs, dans ce champ (élargi à l'histoire diplomatique), qu'on accablait sous l'accusation de positivisme – entendez un récit fondé sur des faits mis bout à bout sans que leur portée soit dégagée. Non sans malignité, parfois : des auteurs comme Sébastien Charléty ou Charles Seignobos étaient bien moins simplistes qu'on ne les croyait parfois sans les lire. J'ai dit que, du côté de l'histoire qu'on appelait diplomatique, les travaux de Pierre Renouvin – enrichis par la contribution de son successeur à la Sorbonne, Jean-Baptiste Duroselle – avaient déjà élargi le souci des « relations internationales » vers ce qu'ils appelaient les « forces profondes ».

Sous l'impulsion magnifique de Marc Bloch et de Lucien Febvre, l'école des Annales avait fait passer sur l'historiographie, depuis les années vingt et trente, un souffle vivifiant du point de vue de l'histoire sociale, économique et des mentalités. Mais leur ardeur avait largement négligé, avec seulement quelques exceptions, le champ du politique. L'entreprise qui fut la nôtre autour de René Rémond, et qui, dans un laps de temps assez court, changea les données du jeu, se dessina sur le fond de cette béance. Elle tira profit de l'apport neuf de l'histoire des cultures et des mentalités, c'est-à-dire des représentations, valorisées autant que les faits eux-mêmes. Nous refusions une causalité qui n'allât que des « infrastructures » vers les « superstructures ». Je choisis de m'attacher spécialement, en me plaçant à la rencontre des réalités et des mythes, au rôle des forces exogènes qui pèsent sur les décisions et les enchaînements dans la vie publique. D'un côté au poids du monde des affaires, de l'autre à celui des médias, anciens ou nouveaux.

Un cheminement bienvenu me donna la chance et les moyens de développer ce programme, selon un axe qui me fut essentiel, de l'université de Nanterre (Paris-X) à la Rue Saint-Guillaume. Ma naissance pendant la guerre ayant précédé de quelques années le *baby boom*, l'entrée à l'Université fut aisée pour ma génération de normaliens, en différence avec les années ultérieures. Ainsi René Rémond, après avoir contribué à ce qu'une conférence me fût confiée à Sciences Po, en « année préparatoire », dès la rentrée de 1968, avant même la fin de mon service militaire, appuya-t-il ma nomination comme assistant à Nanterre, un an plus tard. En l'occurrence, je pus croire arriver après la bataille. Si le fameux éclat du 22 mars y avait été le déclencheur du mouvement, la suite immédiate avait porté l'attention publique vers la Sorbonne et le centre de la capitale. Il ne fallut pas longtemps cependant pour que je vérifie que le théâtre nanterrois demeurait d'une grande vitalité. Beaucoup d'énergie s'y déployait, portant des révoltes justifiées, des aspirations brouillonnes et des violences insupportables.

À Nanterre je demeurai sept années. C'est peu de dire que le décor était sans grâce. L'indulgence exige que l'on ne cite pas le nom de l'architecte qui avait imaginé ces boîtes d'allumettes posées sur un à-plat sans verdure. Fut-ce l'effet d'une trop grande promptitude, de contraintes financières ou d'un manque, simplement, d'imagination ? Les décennies suivantes apportèrent un grand éclat à l'école d'architecture française, avec les Nouvel, Portzamparc, Perrault, Wilmotte ou Chemetov… Selon des cycles difficiles à interpréter, il existe dans ce domaine des périodes fastes et d'autres qui sont médiocres. Les années soixante et soixante-dix nous ont donné, hélas ! le campus de Nanterre. J'ajoute qu'en venant de Paris en voiture on longeait, après la Défense, les bidonvilles lamentables que la République était seulement en passe de résorber. Rien qui pût élever le civisme.

Sur ce fond de tableau morose, qui dut parfois influencer les âmes, se développèrent les agitations estudiantines des premières années de l'après-Mai, dans le climat particulier créé par la loi Edgar Faure. Celui-ci avait dit, paraît-il, qu'il allait faire « une politique PSU avec une majorité PSF » (on doit rappeler, à distance d'aujourd'hui, que le Parti social français était la formation que présidait le colonel de La Rocque avant la guerre). René Rémond a raconté, dans ses souvenirs, la haine, avec ses ressorts et ses épisodes, qu'il dut plusieurs fois affronter. Les élections dans l'université, auxquelles les étudiants prenaient part désormais, furent chaque année l'occasion d'agitations, parfois de destructions, de vandalisme sur les voitures du parking (je laissai plus d'une fois, par prudence, Ébrégésile, ma chère 2 CV, à Paris). Elles posaient en chaque occurrence la question d'un appel aux forces de l'ordre, en dépit des franchises universitaires. On constatait l'effet de loupe créé par l'attention constante que la presse écrite, parlée et télévisée portait à Nanterre, dans la suite du 22 mars où Cohn-Bendit avait brillé. Les contestataires ne pouvaient que s'en trouver stimulés.

Le département d'histoire de Nanterre, qui fut mon port d'attache durant ces années, montrait, en dépit de ce climat agité, une belle vitalité, notamment dans le groupe de « la contemporaine », autour des professeurs en titre : outre René Rémond, Philippe Vigier, chaleureux et parfois maladroit, René Girault, spécialiste des relations internationales, et, pour l'économie, Maurice Lévy-Leboyer, qui s'enveloppait dans une réserve distinguée et peut-être timide. Parmi le « cadre B », comme disait l'administration, entendez les assistants et maîtres-assistants, régnait une bonne solidarité. Jean-Jacques Becker venait de renouveler, en profondeur, dans sa thèse, la connaissance de l'entrée du pays en guerre, en août 1914. Serge Berstein achevait un travail de fond sur le radicalisme sous la Troisième République : rompant avec des recherches qui privilégiaient jusqu'alors les partis d'opposition, à l'extrême gauche et à l'extrême droite, il braquait l'attention – enfin – sur ceux de gouvernement. Philippe Levillain, avant de rejoindre la responsabilité des études contemporaines à l'École française de Rome, poursuivait ses recherches sur le Vatican et les mécanismes de ses pouvoirs. Jean-Pierre Rioux, dont la plume était belle, s'attachait alors au monde de la laïcité et des droits de l'homme avant la Grande Guerre, en témoignant d'une gourmandise charnue pour les diversités provinciales et villageoises mûries dans la longue durée. Tous ceux de cette génération sont restés, ensuite, des amis.

Malgré les turbulences qui bousculaient souvent les horaires et les examens, j'aimais à enseigner – c'est-à-dire à apprendre – et à voir chez les uns et chez les autres les curiosités se muer en compétences. Les groupes de travail réunissaient des étudiants et des étudiantes que je ne dépassais guère en âge et ils étaient plus variés, sociologiquement parlant, quel que fût le poids des arrondissements de l'Ouest parisien et des banlieues bourgeoises, que le petit monde de la Sorbonne ou, surtout, de Sciences Po. J'inaugurai une nouvelle filière, dénommée « administration économique et sociale » (AES), qui regroupait à parts égales la sociologie, l'économie, le droit et l'histoire. J'en accompagnai la première génération jusqu'à une quatrième année.

Le climat était dominé par la personnalité de René Rémond, qui s'était engagé dans cette bataille, en acceptant, à tous risques, la lourde responsabilité de la présidence ; Pierre Grappin et Paul Ricœur, avant lui, avaient été débordés. Il était porté à la fois par son amour de l'université et par l'envie de relever un défi, en intellectuel et en politique. Le livre qu'il tira plus tard de son expérience, *La Règle et le consentement*, fournit un récit. Il n'eut plus, par la suite, à diriger une grande maison ou un ministère : Valéry Giscard d'Estaing eut grand tort de lui préférer, pour l'Éducation nationale, Alice Saunier-Seïté, pasionaria de la réaction, qui d'ailleurs le haïssait. Jean-Claude Casanova, membre du cabinet de Raymond Barre à Matignon, me raconta, en septembre 1976, que, devant lui, dont les genoux tremblaient de rire, elle s'était écriée : « Rémond, je lui mords les couilles ! » Pour qui connaissait le personnage et ses pudeurs, ce propos trouvait, à vrai dire, un sel particulier.

Il continua de se mêler des choses de la République, du côté des médias (où il brilla par ses commentaires, en direct, à la télévision, des soirées électorales), des relations de l'État avec les cultes, de la gestion publique d'archives sensibles. Sa sérénité et son équanimité furent sollicitées dans les diverses instances, tels le Conseil supérieur de la magistrature ou le conseil d'administration de Radio France. Raymond Poincaré avait lancé un jour, en 1912, à un parlementaire de la droite affirmée, Charles Benoist, cette formule fameuse : « Entre vous et moi, il y a toute l'étendue de la question religieuse. » Je n'éprouvai jamais qu'entre René Rémond et moi cette distance, qui eût pu être profonde, ait été dirimante. Je me demande même si, en arrière-plan et sans qu'il n'en fût jamais rien dit, elle ne créa pas paradoxalement un lien, autour de la tolérance. Nous aurions pu nous heurter, en quelque moment. Je ne m'étonnai pas qu'il eût sur la loi de 1905 et sur les ardeurs de la laïcité, et même sur les interprétations de l'anticléricalisme, des vues qui se différenciaient des miennes. Mais lorsqu'en telle occasion, au micro de mon émission de France Culture, par exemple, en 2005, ces divergences s'esquissèrent, nous ne l'éprouvâmes jamais (et je crois pouvoir parler aussi pour lui) comme une gêne psychologique ou comme un désagrément intellectuel.

Ma reconnaissance à l'endroit de René Rémond est indéfectible. Son comportement à mon égard marqua une générosité d'âme qui me fut d'un grand prix, en termes concrets comme en termes affectifs. Je fus heureux, bien plus tard, de pouvoir la lui manifester en organisant une journée d'hommage à l'occasion du dépôt de ses archives à la Bibliothèque nationale de France, en novembre 2006 et, après sa mort survenue en avril 2007, d'en perpétuer l'expression en parrainant, en 2010, une rencontre ultérieure consacrée à sa trace, d'où sortit un ouvrage publié sous les auspices de Jean-François Sirinelli et de moi-même.

René Rémond, dirigeant mes deux thèses successives, aurait pu freiner ma marche comme trop rapide. Loin de là : il me parut en approuver le ressort et même en être content. Il ne me sembla jamais tenté par cet esprit de domination dont témoignaient à l'époque beaucoup d'attitudes mandarinales. J'ai encore dans l'oreille une conversation brève avec Robert Mandrou, qui me laissa un instant sidéré. C'était un chercheur reconnu, pionnier de l'histoire des représentations, mais il avait été adoubé docteur tardivement, il était depuis peu professeur d'histoire moderne dans notre département. Nous étions sur le quai de la gare de Nanterre, qu'on appelait encore « La Folie ». « Alors, me dit-il de but en blanc, sur le ton d'une exaspération à peine contenue, il paraît que vous allez déjà soutenir votre thèse d'État, après trois ans… Trois ans, c'est bien ça ? Décidément, dans ce monde absurde, tout devient possible… » Et il me tourna le dos.

Comme chacun, je connaissais l'histoire de Mandrou, sa carrière au sein de l'École des hautes études en sciences sociales, dans le milieu des Annales. Fernand Braudel, appuyé sur une œuvre majeure et largement saluée, y régnait, manifestant un esprit de domination capricieuse, une condescendance que se rappellent, entre frustration et résignation, ceux qui ont choisi, alors, de s'y soumettre. Il faut dire qu'en prime ils échappaient à la rude discipline de la thèse de doctorat, qui n'était pas nécessaire pour être promu directeur d'études. Mais le Loup et le Chien de la Fontaine rôdaient à proximité. Il était de notoriété publique que Robert Mandrou, après avoir fait figure, comme secrétaire des *Annales*, de disciple préféré de Lucien Febvre, qui était mort en 1956, avait été, au gré d'un arbitraire, violemment rejeté par Fernand Braudel, en 1962. Il en avait éprouvé une grande souffrance. J'y songeais en roulant de Nanterre vers la gare Saint-Lazare. C'était exactement la situation que j'avais voulu éviter en ne cherchant pas à devenir haut fonctionnaire : dépendre d'une fantaisie, d'une humeur, d'une autorité dévoyée à laquelle on devait se soumettre, sauf à se démettre, à grands frais.

Dès à présent un épisode me permit de vérifier l'ambiance clanique qui régnait boulevard Raspail, à l'EHESS. J'avais envoyé aux *Annales* un article sur la spéculation financière et sa portée politique dans l'entre-deux-guerres. C'était un test, dans mon esprit. Marc Ferro, qui en était le secrétaire, me reçut, en mars 1976 et, après divers propos embarrassés pour tâcher de justifier qu'on ne prît pas mon texte, finit par avoir cette formule que je ne manquai pas de noter le soir même : « Notre maître Braudel nous a dit un jour : "Quand je critique quelque chose, ce n'est pas forcément cela qui ne va pas, mais cela prouve qu'il y a des passages alentour qui sont maladroits." » Je me permis d'en rire. Je précise que je veillai, plus tard dans mes relations avec Marc Ferro, à dépasser cet épisode au profit de relations cordiales : son talent y incitait, tout comme sa capacité à défricher avec ardeur des champs nouveaux – du côté de la Russie comme du cinéma et de la télévision. Nous avons noué amitié, sincère.

L'idée que se faisait René Rémond de la liberté universitaire était aux antipodes de celle de Fernand Braudel. Il se réjouissait de voir briller ceux qui entraient, sous ses auspices, dans la carrière. S'il fit école, ce fut sans calcul spécifique. Mais comme il répartissait son enseignement entre Nanterre et la Rue Saint-Guillaume, il se trouva que cet axe incarna ce renouveau de l'histoire politique à laquelle nous nous attachâmes avec lui. Elle fut longtemps méprisée aux Annales, jusqu'à ce que l'on y comprît que sa vitalité s'imposait. Nous avions reçu à Sciences Po, en novembre 1981, de François Furet – ce beau talent que sa morgue diminua toujours, successeur de Braudel à la présidence de l'EHESS – une lettre que j'ai conservée. Elle figure dans le dossier que j'intitule, comme faisait jadis mon grand-père, « musée des horreurs ». Nous invitant à un colloque sur Jules

Ferry, Furet affichait « l'ambition de contribuer à la renaissance d'un des secteurs délaissés de l'historiographie française, à la fois chronologiquement et intellectuellement, et qui est l'histoire politique de la période contemporaine ». Cette naïveté signifiait simplement qu'en effet, à quelques brillantes exceptions près – Jacques Julliard, Pierre Nora… –, les Annales ne s'en étaient guère souciées.

René Rémond était capable de fermeté morale, mais il n'était pas belliqueux, peu porté aux affrontements personnels. Nous dûmes lui forcer un peu la main, plus tard, lorsqu'il parut nécessaire de faire le bilan d'un renouveau. Je suggérai, en 1988, à Serge Berstein de susciter un livre collectif sur l'histoire politique telle que nous la pratiquions. J'en rédigeai l'avant-propos, qui ne se dispensait pas d'affirmer notre fierté en face du boulevard Raspail où siégeait l'EHESS et notre peu de considération pour certaines des méthodes de domination qui y régnaient. René Rémond n'aurait pas spontanément provoqué ce manifeste, mais il en fut, au fond, satisfait et il écrivit volontiers la préface de l'ouvrage. La liste des auteurs des contributions dessine bien ce que certains ont appelé plus tard la « rémondie ». Outre Serge Berstein et moi, on y retrouve Jean-Pierre Azéma, Jean-Jacques Becker, Aline Coutrot, Philippe Levillain, Pierre Milza, Antoine Prost, Jean-Pierre Rioux, Jean-François Sirinelli et Michel Winock. Tous n'étaient pas, à proprement parler, les élèves de René Rémond, certains étaient trop âgés pour cela, mais tous reconnaissaient son influence et appréciaient son aura. Tous avaient enseigné à Sciences Po ou à Nanterre, ou dans les deux lieux à la fois.

*

Dans l'ordre professionnel, ces années-là, je vérifiai que, si la charge de l'enseignement n'était pas légère, une discipline assez simple permettait que la recherche trouve très convenablement sa place dans un emploi du temps qui, sans rien de spartiate, ne fût pas relâché. Je m'attachai à cette « thèse de troisième cycle », selon l'intitulé de l'époque, qui devait précéder l'*opus magnum* et permettait de devenir maître-assistant (on dirait aujourd'hui maître de conférences) : la publication « savante » du *Journal politique* inédit de Jules Jeanneney entre 1939 et 1942. Je concevais ce travail comme un tribut de gratitude autant que comme une contribution à un moment essentiel de notre histoire contemporaine. J'élaborai, en marge, une étude biographique, qui n'existait pas jusqu'alors. Compte tenu de ma place et du risque de subjectivité, je la voulus essentiellement factuelle.

Ce travail me valut de rencontrer Emmanuel Berl, qui s'employait à la rédaction d'un livre sur le 10 juillet 1940 dans la collection dite des « Trente journées qui ont fait la France », chez Gallimard. Je savais que c'était l'un des esprits les plus indépendants et les plus aigus de sa génération. Soucieux notamment qu'il ne déformât pas le rôle qu'avait tenu mon grand-père en présidant ce jour-là l'Assemblée nationale, je lui rendis visite, en mars 1963 et à nouveau cinq ans plus tard, lorsque parut son ouvrage. Dans son repaire, le visiteur était accueilli gaiement par Mireille, sa compagne, l'exquise chanteuse, la complice de Jean Sablon. L'appartement, étroit, chaleureux, tout encombré de livres, donnait sur les jardins du Palais-Royal encore dépouillés par l'hiver, non loin de celui que Colette avait occupé naguère. Lors de ma première visite, je trouvai Berl en robe de chambre avec, m'avait-il écrit à l'avance pour m'en avertir, « trois millions de pénicilline, un peu épuisé par cette fortune subite »... Cette vêture lui convenait bien. Elle le muait en oiseau de proie troué par des yeux profonds. Chacune des rides qui marquaient profondément son visage semblait animée par la vivacité de son intelligence.

L'obligeante souplesse de ses propos laissait intacte la force de ses arguments. Notre débat, élargi au sens et à la portée de l'abdication de la Troisième République à Vichy, s'en trouva non seulement courtois, mais le plus stimulant du monde. Berl semblait mû constamment par le double souci de mettre au jour la dimension du farfelu dans les événements les plus tragiques et de ne se plier à aucune des contraintes, notamment langagières, qu'impliquait toute idéologie. Il était l'auteur de la fameuse formule du maréchal Pétain : « La terre, elle, ne ment pas. » Le plus prestigieux des « nègres » (comme on disait encore à l'époque) s'était bientôt éloigné de ces rivages, mais cette brève connivence avec le nouveau maître issu de la défaite l'inclinait à une certaine indulgence envers les auteurs maléfiques de la conquête du pouvoir, à Vichy – sinon, certes, à l'égard de leurs infamies ultérieures. Elle le mettait en méfiance contre le péril de l'anachronisme et contre ce risque intellectuel que l'historien se doit toujours de combattre, dans son œuvre et chez les citoyens : que la connaissance de la suite des choses occulte la manière dont les événements ont pu être vécus concrètement par les contemporains – placés, pour leur part, devant la diversité des possibles qui se sont évanouis entre-temps, sauf un seul. Nous convînmes aisément que cela ne devait conduire ni à un scepticisme cynique ni à la mansuétude pour des crimes ou des méfaits commis lucidement.

Notre discussion se noua autour de l'alternative qui se définit, en juin 1940, entre armistice et capitulation, entre l'acte politique et l'acte militaire, au cœur de l'une des plus stimulantes uchronies de l'époque contemporaine. Il jugeait rétrospectivement, comme moi, que la seconde solution, qui fut finalement rejetée, aurait eu au moins l'avantage de préserver la prédominance des civils, mais il doutait que la guerre ait pu être efficacement prolongée depuis l'Afrique du Nord. Il insistait sur le fait qu'à ses yeux Paul Reynaud avait rendu la capitulation impossible pour avoir appelé Weygand à la place de Gamelin à la tête des armées alors que la défaite militaire était déjà certaine et presque consommée. Il observait surtout que Reynaud avait, chose rarement relevée, flétri la capitulation belge, ce que lui-même, Berl, avait déploré, « et même, en coulisse, tâché – en vain – d'empêcher ». Donc, m'écrivit-il, « on ne pouvait pas raisonnablement exiger de Weygand un acte qu'on venait soi-même de qualifier de félonie ». À quoi je répliquais qu'Albert Lebrun, chef de l'État, gardait les moyens, étant appuyé explicitement dans ce sens par les présidents des deux Chambres, de soutenir un départ des pouvoirs publics en Afrique du Nord, ce qui aurait forcément changé puissamment la suite des choses.

Quelles que pussent être les conclusions, toujours incertaines par nature, de ces échanges, nous étendîmes notre conversation à l'abdication du régime, le 10 juillet, à Vichy, puisque son livre devait se concentrer sur cette journée. Le *Journal* inédit de Jules Jeanneney me paraissait éclairer celle-ci de quelque lumière neuve, quant à la responsabilité des uns et des autres. J'aimai à me livrer avec Berl aux jeux de « l'histoire hypothétique », selon sa formule, à quoi de toute façon on ne peut jamais échapper dans les interprétations rétrospectives. Rien n'était plus tonique que la forme d'esprit de cet homme libre, alerte contre toutes les paresses du conformisme, par ce qu'il proposait d'original comme par l'envie qu'il faisait naître de le contredire. Ce à quoi son ardeur intellectuelle prenait un plaisir qu'il ne songeait pas à dissimuler.

La soutenance de ma thèse de « troisième cycle » eut lieu à Nanterre, le 13 novembre 1970. François de Combret m'en laissa, vu du public, un récit affectueux et assez théâtral, relevant le contraste entre le caractère policé des échanges et l'ambiance créée dans les couloirs par des êtres qu'il vit « hirsutes et dépenaillés » : on était loin, il est vrai, du feutré et des dorures du théâtre où il évoluait alors, au ministère des Finances. Nous étions habitués, pour notre part, à cette proximité, à Nanterre, entre beaucoup d'effervescence et beaucoup de sérieux, mais elle était faite pour surprendre les visiteurs d'occasion.

Dans mon jury, François Goguel et René Rémond saluèrent cette publication et la nature de l'exercice. Seul Pierre Sorlin, jeune professeur, qui avait été précisément choisi pour n'être pas du sérail, manifesta sa mauvaise humeur en face de ce travail « familial » : trop d'« entre-soi » à ses yeux. Il avait donné jadis une grosse thèse sur Waldeck-Rousseau où sa réserve instinctive envers ce « grand bourgeois » avait quelque peu entravé sa lucidité. François Goguel, paisiblement, critiqua ses critiques, démontant en particulier l'accusation d'hagiographie. À vrai dire, je constatai sans surprise l'agacement de Pierre Sorlin, qui, sûrement, ne fut pas seulement le sien. J'en comprenais bien les ressorts sociaux, sinon les conséquences intellectuelles que son irritation en tira. Sa réaction était topique et il y avait belle lurette que j'en avais provoqué de semblables dans d'autres circonstances. Mais quoi ! il sembla à beaucoup, dans le milieu des historiens amis où j'évoluais, que l'essentiel était ailleurs : l'apport à la connaissance de cette période capitale n'était pas mince et l'établissement du texte comme l'abondant appareil critique étaient solides. Les éditions scientifiques de documents inédits ne devaient pas être, c'était aussi une façon de le proclamer, réservées aux périodes anciennes.

Cette période de ma vie fut, à Nanterre, une initiation, en termes politiques, au commerce difficile qu'entretiennent, dans de telles circonstances, les élans d'une jeunesse ardente et les exigences d'un ordre républicain. La droite étant ostensiblement au pouvoir, dans ces années Pompidou, je me sentais bien plus serein que lors du Mai du Général, puisque je m'éprouvais désormais dans les rivages de l'opposition. J'eus plaisir, en fait, à me sentir libéré, intellectuellement et civiquement. Je trouvais ma pente naturelle, dessinée selon un héritage familial, une pratique de l'histoire, un tempérament. Entre les deux partis que, pour le XIXe siècle, François Goguel et d'autres avaient nommés du Mouvement et de l'Ordre établi, ce n'était pas seulement par réflexion que je m'affirmai plus que jamais du côté du premier, mais tout autant par mémoire et par sensibilité.

Pompidou n'avait réussi sa mainmise sur le pouvoir qu'au prix de cette demi-trahison qu'avait été l'affichage de sa disponibilité en cas d'échec du référendum. Comme le lui avait écrit de Gaulle avec une savante ironie : « Sans doute aurait-il mieux valu que vous n'ayez pas annoncé plusieurs semaines à l'avance [votre candidature], ce qui a fait perdre certaines voix au "oui", vous en fera perdre quelques-unes à vous-même et surtout pourra vous gêner un peu dans votre personnage si vous êtes élu… » Ajoutons que le nouveau chef de l'État installa Valéry Giscard d'Estaing aux Finances, un homme qui, nourri dans les gouvernements du général de Gaulle, n'avait pas hésité à contribuer sans vergogne à son départ en votant « non » au référendum de 1969. Un temps encore, la présence de Jacques Chaban-Delmas à Matignon put faire croire à un équilibre. Celui-ci avait appelé près de lui Simon Nora et Jacques Delors qui incarnaient, chacun à sa façon, une famille de la gauche. Mais il ne fallut pas longtemps pour que le mythe de la « Nouvelle Société », qu'il avait voulu promouvoir sans l'accord du chef de l'État, volât en éclats. Pierre Juillet et Marie-France Garaud, ces deux conseillers très droitiers dont tout le monde savait qu'ils avaient l'oreille de Pompidou, triomphèrent. Je me rappelais comment Édouard Balladur, devenu secrétaire général de l'Élysée, avait naguère, conseiller à Matignon, obstinément saboté les efforts de mon père pour servir l'ambition sociale du général de Gaulle.

En politique étrangère, il me parut déplorable qu'au service d'une prétendue *Realpolitik* Pompidou ait ouvert toute grande la porte du Marché commun à la Grande-Bretagne, inapte à en jouer sincèrement le jeu. De Gaulle nous avait dit, à Colombey, qu'il prévoyait cet abandon. J'encourageai mon père à prendre parti contre cette politique, en fidélité au Général, et surtout en lucidité sur les conséquences néfastes de ce choix pour le projet européen. Il le fit, en mai 1971, dans un long article du *Monde*, dont nous avions beaucoup débattu ensemble, avec des arguments qui me semblent sonner juste encore au moment du Brexit. Les Anglais, tels que leur histoire, leur psychologie, leur doctrine atlantique les avaient constitués, ne joueraient jamais le jeu d'une Europe politiquement autonome, indépendante par rapport aux États-Unis auxquels les reliait une connivence spécifique qu'ils espéreraient perpétuer. Ils ne voudraient jamais voir dans la prétendue Communauté qu'une zone de libre-échange. Les conséquences politiques de cette obsession économique et financière seraient délétères pour le projet collectif et l'influence originale de l'Europe dans le monde. En termes culturels, de surcroît, l'article rappelait qu'en dépit d'une certaine prépondérance du français, depuis l'origine de l'aventure collective, celui-ci « ne pouvait prétendre à devenir l'unique instrument de la diplomatie, des affaires ou des techniques ». En revanche, l'entrée de la Grande-Bretagne ferait forcément de l'anglais la langue commune, les autres se trouvant « cantonnées dans des rôles littéraires ou domestiques ». Redoutable péril : il était pourtant essentiel que les Européens réunis « expriment dans des langues qui leur soient propres leurs conceptions de la vie ». On sait, hélas ! ce qu'il en est depuis lors advenu.

À l'intérieur, toute la sensibilité de Pompidou le portait du côté du conservatisme social. Son intérêt louable pour l'art moderne – parfaitement étranger à la culture de De Gaulle – ne pouvait pas masquer des réflexes intrinsèques à sa personnalité, qu'il s'agît de la défense et de la pratique de la peine de mort, de la situation de la femme, du pouvoir des forces de l'argent, de la mémoire aussi de la France populaire : Léo Hamon, dont j'aimais la chaleureuse générosité, me raconta en janvier 1976 comment il avait plaidé en vain à l'Élysée, en 1971, pour une commémoration de la Commune qui fût digne de celle-ci. Je me souviens du haut-le-cœur que nous éprouvâmes quand Allende, au Chili, fut renversé par un coup d'État appuyé par les États-Unis : le chef de notre République marqua une froideur méprisante, en signifiant que le président poussé à la mort l'avait, en somme, bien cherché. Son ministre Alain Peyrefitte lui fit écho, en pire, quand il déclara sans plus d'indignation devant une sanglante insurrection militaire : « Le président Allende a été victime de ses propres illusions. Saluons avec respect la mémoire de cet homme courageux, mais retenons la leçon de cet apprenti sorcier. » Ce même Peyrefitte eut, il est vrai, la lucidité d'écrire, en 1976, dans son livre à succès, *Le Mal français* : « De Gaulle et Pompidou partageaient la même analyse de la fragilité de la société française. Mais la marche était, pour le premier, le seul moyen d'éviter la chute, pour le second un risque constant de tomber… » On parla, ici ou là, à propos de « l'industrialisme » de Pompidou, d'une inspiration saint-simonienne, mais c'était faire bon marché de tout ce que le père Enfantin et ses disciples avaient promu et prôné du côté de la solidarité pour les défavorisés. Je ne recueillis guère, pour ma part, alors ou plus tard, l'écho direct du milieu pompidolien que grâce à l'amitié précieuse de Malcy Ozannat : elle était la fille d'Olivier Guichard, « gaulliste historique », et sa personnalité généreuse, rayonnante, put seule me conduire – un peu, parfois – à pondérer une sévérité envers le style et les pratiques du nouveau chef de l'État et de son entourage.

Mon père et lui étaient trop différents dans leurs réflexes, leurs références, leur idée même du bonheur pour que leur relation ait jamais pu être confiante. À partir de 1969, la rupture fut consommée. On lui envoya en Haute-Saône, où il était encore pour quelque temps président du conseil général, un préfet « de combat », qui avait appartenu à la petite équipe sectaire d'Alain Peyrefitte et qui venait tout droit du secrétariat général de la présidence de la République, un nommé Jean Cérez, destiné à le mordre aux mollets et à le déstabiliser sur place. Il y parvint, avec l'aide de quelques ambitions médiocres.

Bien que mon père fût revenu à la faculté (devenue Paris-I), et qu'il y ait retrouvé ses cours sans déplaisir, il songea néanmoins à garder un rôle politique qui ne fût pas seulement de témoignage. Quittant l'UNR post-gaulliste, il chercha une structure d'accueil. Il n'envisagea pas de se rapprocher d'Edgar Faure, quelque effort que celui-ci ait déployé pour se le rallier, dans le sentiment d'une animosité partagée contre Pompidou et peut-être d'une certaine complémentarité. Ils s'étaient retrouvés à Besançon – « Edgar » était élu franc-comtois – à l'occasion du festival de musique, dans le foyer du théâtre, en septembre 1969. Mon père me rapporta la virulence des propos que son interlocuteur lui avait tenus, à très haute voix, à portée d'oreille de tout le public alentour. « Dans ma carrière d'avocat, j'ai rencontré une quantité de fripouilles – eh bien ! je vous assure que Pompidou est bien le pire !… » Et il avait ajouté : « Vers 1964 ou 1965, Pompidou m'avait invité à déjeuner et nous avions fait un pacte. Il m'avait dit : “Mon but est d'être le président de la République. Quelle sera votre attitude ?” Je lui avais répondu que je n'avais pas la même ambition, mais que je souhaitais être Premier ministre et, en attendant, ministre des Finances ou des Affaires étrangères dans son gouvernement. En 1966, il m'a offert l'Agriculture. Bon… Cette année, je l'ai soutenu avec vigueur. Et que me propose-t-il ?… Les Affaires culturelles. Vous vous rendez compte ! Il a osé me dire : “Je pensais que vous étiez très bien avec Chaban-Delmas, qu'il vous offrirait un grand portefeuille…” Et il m'a reproché d'avoir accepté l'Éducation nationale en juin 1968. Vous savez bien, vous, Jeanneney, dans quelles conditions cela s'est passé. Cela a failli nous séparer, vous et moi. Pompidou, parce qu'il est normalien, croit connaître quelque chose à l'Éducation nationale. Il n'y connaît rien du tout. Vraiment, quelle fripouille ! » Cette vision de la politique comme partage de prébendes laissait mon père quelque peu décontenancé. Quand bien même, chez « Edgar », un prodigieux égocentrisme rejoignait alors un romantisme post-gaulliste et gauchisant : « Le pauvre vieux de Gaulle, s'écria-t-il, c'était un réformateur, lui ! Mais Pompidou ! Pompidou ! Il faut tout de même être honnête, en politique. Il y a des choses qu'on ne peut pas admettre. Vous, vous êtes honnête, naturellement, mais moi aussi, *au fond !*... Nous n'acceptons pas ces choses-là ! » Et il annonça de grands éclats, au Palais-Bourbon, pour sa rentrée. Il est à noter qu'en juillet 1972, sous le même Pompidou, il entra dans le gouvernement de Pierre Messmer comme ministre d'État chargé des Affaires sociales.

Mon père choisit un autre chemin. Ce fut la seule fois, dans le cours de notre intimité intellectuelle et affective, où je ne l'approuvai pas – comme il l'a rappelé lui-même dans sa *Mémoire républicaine*. Il me parut réagir avec un esprit de géométrie plutôt que de finesse. « Puisque la proximité du jeune Parti socialiste avec les communistes m'empêche de le rallier, m'expliqua-t-il, il était logique que je rejoigne les réformateurs qui perpétuent l'esprit radical de la Troisième République et, comme leur nom l'indique, sont du côté de l'ambition de transformations généreuses. » Naturellement, Jean-Jacques Servan-Schreiber et Jean Lecanuet accueillirent à bras ouverts ce ralliement improbable, mais ce choix malvenu ne put que heurter tous ceux qui se souvenaient de la violence des attaques que l'un et l'autre avaient dirigées contre de Gaulle. Sans compter que l'esprit démocrate-chrétien était fort étranger à mon père. Je me souvenais d'un propos du Général qu'il m'avait rapporté, tenu lors d'un dîner intime à la préfecture de Lyon à l'occasion de l'inauguration de la Foire, le 24 mars 1968. Lamartine étant passé dans la conversation, quelqu'un avait demandé : « Croyez-vous, mon Général, que Lamartine aurait pu être un grand homme d'État ? » De Gaulle avait réfléchi un instant, puis il avait laissé tomber : « Non, je ne crois pas, c'était un MRP... »

Mon père se présenta sous l'étiquette des « réformateurs » aux législatives de 1973 en Haute-Saône. Il fut défait. De cette malaventure il tira la leçon en publiant son vote pour le second tour de l'élection présidentielle, une fois Chaban-Delmas éliminé au premier. Il se prononça contre Valéry Giscard d'Estaing – dont

Servan-Schreiber et Lecanuet, suivant leur pente, allaient devenir les ministres – en faveur de François Mitterrand. Je crois que je contribuai, en opposition à telle ou telle autre influence familiale (mais pas celle de ma mère, approbative), à le convaincre de le faire. On ne s'étonne pas que le premier, vainqueur de justesse, ne le lui ait jamais pardonné. Le second ne l'oublia pas non plus, en sens inverse. Quant à Jean Lecanuet, lorsque je le rencontrai, plus tard, dans sa bonne ville de Rouen, à l'occasion du Bicentenaire de la Révolution, il me fit ostensiblement grise mine. Je n'en fus pas chagrin.

*

Dans le même temps, mon intérêt pour la place de la France dans le monde ne fléchissait pas. Mon récit de voyage en Asie, *Le Riz et le rouge*, avait été bien reçu. Du même coup, d'autres perspectives s'ouvraient, d'autres portes vers de nouvelles expéditions. Je jugeais que le Proche-Orient restait pour moi trop abstrait. J'y consacrai deux voyages, durant les étés 1969 et 1970 ; en Israël d'un côté, au Liban et en Jordanie de l'autre, en compagnie de Philippe Levillain dans le premier cas, de François de Combret de l'autre.

En Israël, deux ans après la guerre des Six Jours, des Français en curiosité politique se trouvaient indéfiniment confrontés aux déclarations et à la politique du général de Gaulle sur cette partie du monde – quand bien même celui-ci venait de quitter le pouvoir. D'entretien en entretien, de visite en visite, une dominante, à quelques exceptions près, fut l'effort constant pour persuader les visiteurs français que l'installation dans les territoires occupés était un mal nécessaire, face à une menace d'anéantissement du pays.

En Cisjordanie occupée, nous vîmes les immeubles neufs construits par Israël, en toute hâte, depuis le conflit, dans un environnement où les riches bourgeois d'Amman occupaient naguère des résidences secondaires, qui portaient beau encore. Nous visitâmes un kibboutz « chaud » de la frontière palestinienne, au bord du Jourdain, servant une agriculture minutieuse qui contrastait avec la déréliction des cultures jaunies d'en face. Nous allâmes au pont Allenby, poste-frontière vers la Jordanie qui laissait passer une foule arabe chargée de colis aux formes hétéroclites, de vieilles valises, une majorité de femmes. Le soir, le pont était fermé et on se tirait dessus, d'une rive à l'autre.

Du côté arabe, nous allâmes rencontrer des réfugiés de Gaza, dans cet espace artificiel que distinguaient seuls les hasards de 1948, nullement la nature ou le paysage. En ce temps-là déjà, sous les auspices de l'ONU, ils étaient quatre cent mille, dont deux cent quatre-vingt mille entassés dans des camps. Nous vîmes aussi le mufti de Jérusalem, Sa'ad-Eddin el-Alami. Il n'envisageait pas de paix possible tant que les Israéliens occupaient la vieille ville arabe de Jérusalem et proclamaient qu'ils ne la rendraient jamais. « Comment parler, nous demanda-t-il, à des interlocuteurs qui manifestaient, par des expropriations successives et des constructions sur notre terre, la volonté de pérenniser leur occupation ? » Il nous dit grand bien du général de Gaulle, « homme de vérité et de justice », et ce propos était, dans ce pays, reposant.

Chez tous nos interlocuteurs israéliens, la chaleur de l'accueil nous frappa, avec un désir passionné de convaincre d'une bonne foi et d'une nécessité. Nous notâmes un mélange partout manifeste entre une bonne conscience généralisée, la certitude d'être dans le vrai, et un sentiment d'incompréhension de la part du monde entier. On ne pouvait que ressentir la distance installée entre une conviction et une émotion. D'un côté l'analyse de la diplomatie française, persuadée qu'à moyen terme l'occupation durable de la Cisjordanie serait un poison lent pour la démocratie et la diplomatie israéliennes, et de l'autre l'immédiateté des angoisses, sur place, la certitude qu'une nouvelle guerre se préparait et, chez beaucoup, l'espérance qu'elle refoulerait les ambitions arabes pour une ou deux générations.

Je consignai le récit d'une soirée qu'organisa pour nous, le 10 septembre 1969, David Catarivas, directeur adjoint de l'Information au ministère des Affaires étrangères. Il y avait là un journaliste de Radio Israël, Claude Feldman, le proviseur du lycée, Lucien Lazard, un médecin de la ville, le docteur Liechtenstein, et deux Français de Neuilly, le docteur Walter et sa femme, qui hésitaient à franchir le pas d'un établissement définitif en Israël, de l'*alya*. À tous, comme l'observa l'un d'eux, notre présence donna l'occasion et fournit l'aiguillon d'un débat fondamental où chacun jeta avec élan le fruit de longues réflexions, publiques ou intimes. Nous en sortîmes passionnés – et un peu ébaubis.

Les premières minutes nous plongèrent au cœur des choses, parce que l'assistance découvrit que nous ne comprenions pas l'hébreu, donc que nous ignorions encore la grande nouvelle de la nuit, le raid israélien accompli en Égypte, de l'autre côté du canal de Suez, sur plusieurs dizaines de kilomètres à l'intérieur du territoire ennemi. La joie de nous apprendre l'événement faisait briller les yeux, se chevaucher les exclamations et Catarivas nous en donna finalement le récit sur un ton calme et résolu : « Eh bien ! ce n'est qu'un début. S'ils veulent continuer à nous provoquer, nous continuerons à taper dessus. » Théâtralement, Mme Catarivas passait la tête toutes les cinq minutes pour nous rapporter par morceaux, avec l'excitation adéquate, une interview que le général Moshé Dayan était en train de donner à la télévision dont le poste récepteur était dans une autre pièce. Pour lui aussi, ce n'était qu'un début.

La bonne conscience était générale, l'alléluia sans fausse note. Nous interrogions : « Mais comme il s'agit chaque fois, dorénavant, d'agir avant le coup suivant de l'adversaire, afin de le prévenir, où peut être la limite ? » Très vite, selon un accord implicite, on en vint à la grande question : la nature même du peuple d'Israël et son avenir. Le moment le plus surprenant, quant à la forme de la discussion, survint lorsque, Philippe ayant exprimé une opinion, trois de nos interlocuteurs se disputèrent la parole pour expliquer ce qu'il avait voulu dire, sans paraître songer à le lui demander. Voilà qu'il était entouré, de son vivant, d'un cocon de gloses ! La conversation se déroulait d'ordinaire sur deux ou trois plans, deux ou trois étages à la fois, s'analysant elle-même sans cesse, s'expliquant, se justifiant en même temps qu'elle avançait. Quant au fond de la question, on distinguait aisément deux tendances. La première faisait des Juifs non sionistes qui se refusaient à venir ici des insensés, des orgueilleux, ou des aveugles. La seconde les reconnaissait comme hommes libres.

Dans le premier camp, pour le docteur Lichtenstein et le proviseur Lazard, le terme de « Peuple élu » gardait tout son prix. Non pas « dominateur », comme avait dit de Gaulle dans la formule fameuse de sa conférence de presse, puisque la tolérance était un credo, mais « plus égal que les autres » comme me traduisit en souriant le docteur Walter. Pour les Juifs, l'assimilation était impossible et le retour en Israël indispensable. « L'idée de fécondation du monde par les Juifs, dit Lazard, est une idée tardive, de consolation dans la diaspora. Israël, c'est la rencontre unique d'une terre et d'une vocation – monothéiste et universaliste. » Sur quoi brocha Liechtenstein : « Souvent dans l'Histoire les Juifs ont eu le sentiment qu'ils allaient parvenir à s'assimiler. Et puis soudain un événement leur a rappelé leur condition *objective* de Juifs. (Nous voilà loin, me dis-je, de Jean-Paul Sartre et du Juif qui n'existerait que par le regard des autres.) Un pogrom, l'affaire Dreyfus, le nazisme leur ont appris qu'ils ne pourraient jamais s'intégrer. »

À partir de quoi se dessinait, chez Liechtenstein et chez Lazard, un mélange de pitié et de ressentiment envers les Juifs qui choisissaient de ne pas venir aider à la défense d'Israël. Visiblement, on rêvait aux deux millions de Juifs de New York. S'ils arrivaient... Une caricature, après les Six Jours, montrait le petit David victorieux tendant la main au judaïsme américain, habillé en Oncle Sam. « *Thank you for your help – but why don't you join us ?* » Poussé dans ses retranchements, Liechtenstein nous déclara qu'il allait nous livrer le fond de sa pensée. Catarivas, qui le voyait venir, parut un instant mal à l'aise. « Il va vous assommer... » (Le modéré, songeai-je, est toujours gêné par celui qui présente aux autres la face abrupte d'une thèse.) Liechtenstein croyait à une prochaine judaïsation du monde et d'abord à une « re-judaïsation » du christianisme, de retour à ses sources, destiné à donner rétrospectivement à la création de l'État d'Israël une éclatante portée historique.

Le camp d'en face était celui de Catarivas. Il se dit convaincu que le peuple juif était un peuple comme les autres, touché comme les autres par le mouvement des nationalités au XIXe siècle. Il fallait en tout cas, pour son équilibre, qu'il le devînt. À long terme, il imaginait, d'une part, des Juifs assimilés tout autour du monde, disparus comme tels, avec des ribambelles de « Cohen devenus Dupont » (ce fut sa formule), et d'autre part l'État d'Israël à sa place normale dans la communauté internationale. « On pourra donc le juger comme les autres États, à la même aune ? » interrogeai-je. « Assurément » fut la réponse. À condition seulement – à condition – de constater et d'admettre l'originalité d'Israël dans le concert des nations : seul pays à ne pas avoir de lien naturel de solidarité directe avec aucun autre, ni par la religion, ni par l'Histoire, ni par la langue… Israël était dans le monde comme les Juifs jadis dans la société. Cela une fois posé, un jour viendrait, dit Catarivas, où « nous serons un pays comme les autres, où se fondront la "sémitude" et ses problèmes ». Le journaliste Feldman ajouta à cette thèse sa variante personnelle, qui semblait obsessionnelle, sur la folie qu'il y avait à parler d'Israël comme d'un bastion avancé de l'Occident en Orient : « Tant qu'il y aura un Juif dans le monde, le peuple juif sera sous mandat, colonisé… » Mais il parut peu suivi : ce thème n'était pas, ce soir-là, privilégié.

Lorsque l'heure vint de clore ce débat profus, le bouillonnement intellectuel retomba d'un seul coup et il fit place, au moment de l'au revoir, à unc politesse vaguement distante marquée par la fatigue. Je me demandai, en sortant, si notre présence, nos questions, notre dialectique courtoise et serrée n'avaient pas poussé nos interlocuteurs à forcer leur position. Quoi qu'il en fût, nous étions marqués par ces échanges lorsque nous rendîmes visite, le lendemain 10 septembre, à David Ben Gourion.

*

La maison, au numéro 17 du boulevard Keran-Kewenet, était un bloc carré, dont la façade était aveugle, anonyme et ramassée. Le factionnaire, dans sa guérite, parlait français et il parut s'étonner de notre intérêt pour le vieux monsieur historique. Il fit sortir jusqu'à nous le garde du président – façon maître-nageur de l'ombre – qui nous concéda une demi-heure d'entretien et nous introduisit dans une grande pièce sombre, accablée de livres. Un appareil de climatisation bruyant paraissait n'avoir aucun effet sur l'air humide et lourd. Il y eut un bref instant de silence : le moment théâtral où le décor attend le personnage qui va l'animer.

Alors surgit Ben Gourion. Menu hibou aux yeux ronds, gonflé d'un ventre en forme de ballon qu'il poussait devant lui sur ses jambes courtes, il portait des pantoufles, un pantalon noir et une chemisette blanche ouverte sur un cou plissé et rougi de nouveau-né. D'une bouche édentée sortait un anglais rapide et parfois obscur, charriant chuintement et rocailles étranges. Les toupets de cheveux blancs, de chaque côté de la tête, jaillissaient avec le même élan que le geste des bras qui s'agitèrent bientôt pour accompagner la pensée.

L'accueil fut d'abord bourru. « BG » nous tendit une main rapide, sèche, et alla s'asseoir derrière un bureau chargé de deux hautes piles de papiers qui encadraient son buste et son visage et qui les rapetissaient encore. Nous expliquâmes notre visite et il nous glaça un peu en nous jetant : « Eh bien ! je vous écoute », d'une façon si peu engageante que nous nous regardâmes avec quelque gêne. Mais l'inquiétude fut brève : bientôt, amadoué, il nous dit qu'il devait se défendre contre les importuns en vivant dans son kibboutz de Sdé-Boquer, aux portes du Néguev, et qu'ici, à Tel-Aviv, il ne donnait aux visiteurs qu'un seul jour par semaine. L'effet ordinaire de nos attentions soutenues et de nos questions respectueuses opéra et le vieux petit lion s'anima, s'exclama, s'élança et, toutes vannes ouvertes, engagea un long soliloque où nous le guidâmes vaille que vaille. Nous maudissions seulement le cerbère qui se montrait au fond de la pièce de quart d'heure en quart d'heure, et qui nous arracha finalement à Ben Gourion, après une heure et demie de son monologue.

Il nous parla, pour commencer, de son *Histoire du peuple juif*, qu'il avait entreprise à reculons, de crainte que ses quatre-vingt-deux ans ne lui laissent pas le loisir d'arriver jusqu'au plus contemporain. Il était parvenu, dans son écriture, aux origines mêmes du sionisme, à Montefiore et à Crémieux, et il s'enthousiasmait pour ces grands ancêtres. Il cita Moïse, Isaïe, et aussi Spinoza qui affirmait déjà que le peuple juif était destiné à se retrouver un jour sur la terre de ses pères. Nous voulûmes le pousser plus loin, l'interroger sur l'enquête qu'il avait lancée vers 1955 auprès des savants et philosophes de toutes nationalités pour tenter de définir la nature du judaïsme. Ben Gourion ne prétendit pas avoir trouvé une clé, une certitude rationnelle, un critérium sûr de définition. Lui qui était athée, qui tenait à le proclamer, considérait que la religion des ancêtres pesait d'un poids décisif pour « *faire* » un Juif, l'âme juive. Soit, mais comment s'en satisfaire ? Il voulait bien admettre que pour l'appartenance de certains au peuple élu suffisait la *volonté* d'être juif et il cita cet Allemand qui s'était converti au judaïsme : mais ce cas était unique et comment ne pas croire d'abord à des données objectives ?

Faute de pouvoir serrer les choses d'assez près, nous passâmes à plus concret : « Allons-nous vers la fin des kibboutzim, comme c'était, semblait-il, la thèse de Saul Friedländer ? » Ben Gourion sursauta, protesta, parla de la jeunesse internationale qui venait trouver au kibboutz une fraternité inconnue partout ailleurs dans le monde. Personne n'avait vraiment réussi à expatrier le système – sauf en une occurrence au Japon, tout de même : il s'y était fondé voici peu un kibboutz en état de marche. Il était cependant certain, jugeait Ben Gourion, qu'il s'était trouvé là des solutions à des questions posées depuis toujours à l'homme en société et qui avaient été agitées de longue date par les socialistes. Avant la guerre, il avait expliqué un jour le système à l'ambassadeur soviétique à Londres Maïski qui s'en était étonné et décida de venir voir lui-même, sur place, ce qu'il en était. Ben Gourion le pilota d'un kibboutz à l'autre, en dépit des frayeurs du haut-commissaire anglais qui, inquiet pour la sécurité de Maïski, fit escorter la voiture par une petite armée. Ben Gourion revoyait la scène avec amusement, il mimait l'étonnement des factionnaires anglais le regardant arriver en un tel équipage : « *Where are you going ?* » cria l'un d'entre eux à travers la fenêtre. La phrase fut reprise si brusquement dans la chaleur du souvenir que nous sursautâmes presque. « Je l'ai promené partout. Il était passionné ! Il ne voulait plus du tout rentrer avant la nuit, comme le haut-commissaire l'en avait supplié. »

Par-delà le vieux monsieur ridé dont les yeux brillaient de ce ressouvenir, je cherchai les traits rajeunis du sioniste des albums d'images, personnage dévoré par l'action, l'énergie, avançant en tourbillonnant vers le but du visionnaire. « Au retour, continua Ben Gourion fièrement, Maïski envoya à Moscou un long rapport sur les kibboutzim qui resta confidentiel, mais dont Harold Laski, qui n'était certes pas sioniste, eut connaissance. Et quand je revis Laski plus tard, à Londres, il me déclara que le rapport de Maïski avait retourné les opinions en Russie sur l'entreprise ébauchée en Palestine. »

Nous conduisîmes Ben Gourion vers de Gaulle. Il nous dit son admiration pour l'homme d'État et son rôle, sa tristesse devant les positions prises par le Général au moment de la guerre des Six Jours, bien qu'il comprît fort bien, quant à lui, que la vision de De Gaulle, préoccupé des intérêts de la France, ne pût pas être celle des dirigeants israéliens. « Mais enfin, s'écria-t-il, il demeure que ces avions "Mirages" qu'il a bloqués, nous les avons payés et qu'ils sont à nous. » Il évoqua sa visite en France en 1960, son dîner à l'Élysée en compagnie de sa très chère épouse Paula depuis disparue : à quatre avec seulement le Général et Mme de Gaulle. « Sans interprète, il n'était pas tellement facile de se comprendre. De Gaulle parlait en français et moi en anglais (quel anglais !). Mais, comme toujours, ma femme sut admirablement contribuer à créer une atmosphère heureuse. »

Derrière Ben Gourion, sur une console, parmi tout un bric-à-brac, on voyait un buste de lui, des photos dédicacées, une médiocre reproduction du *David* de Michel-Ange, une belle photo de Paula. Ce fut elle qui conseilla à son mari, après les Six Jours, d'écrire directement à de Gaulle : rappelant que le Général, à l'issue du dîner, l'avait cordialement engagé à le faire, en cas de besoin, à tout moment. « Ma femme était persuadée qu'il me répondrait. Et en effet, un mois après, l'ambassadeur de France vint me remettre lui-même la missive du Général dans mon kibboutz. C'est cette correspondance qui a été publiée, à l'initiative de l'Élysée. » La lettre est un résumé efficace, très courtois et très pesé, d'une politique française : de Gaulle y revient notamment sur son propos qui avait tant ému beaucoup de Juifs lorsqu'il avait évoqué « un peuple d'élite, sûr de lui-même et dominateur », s'étonnant que « certains affectent de tenir ce jugement pour péjoratif » alors qu'il ne saurait y avoir rien de désobligeant à souligner « le caractère grâce auquel ce peuple fort a pu survivre et rester lui-même après dix-neuf siècles passés dans des conditions inouïes ».

Au hasard des associations d'idées, d'autres souvenirs encore venaient affleurer à l'esprit de David Ben Gourion. Par exemple celui de sa rencontre, avant la guerre, avec Haj Amin el-Hussein, alors mufti de Jérusalem. Il crut apercevoir l'espoir d'un accord, malgré les divergences – un de ses interlocuteurs, un Druze, lui ayant déclaré sur le quai de la gare : « Nous n'avons pas dit notre dernier mot. » Hélas ! le lendemain les Arabes publiaient le texte déformé des conversations qu'ils avaient promises confidentielles. Et tout fut à l'eau.

Comme il nous raccompagnait, nous avisâmes un énorme globe terrestre qui occupait majestueusement un coin de la bibliothèque. « C'est un cadeau de Biddle Smith, le collaborateur d'Eisenhower. » Il nous entraîna vers le globe, au désespoir du gorille qui s'approchait à pas feutrés en espérant réussir enfin à faire manger à son illustre protégé sa soupe refroidie. « Je vais vous montrer quelque chose : Israël dans le monde. Tant de choses se font plus claires, à voir tout simplement cela. » Et il désigna avec une gourmandise joyeuse son pays minuscule accroché au bord de la Méditerranée pour le comparer, avec des gestes larges, à l'étendue de l'Irak, de l'Iran, de l'Arabie saoudite, de l'Égypte… « Comme c'est petit, Israël, comme c'est petit ! » répétait-il joyeusement. Je reculai d'un pas pour voir, en ultime image, David Ben Gourion devant son globe. Il le dépassait à peine de la tête et, pendant qu'il continuait d'y frapper avec son doigt à l'emplacement d'Israël, en agitant sa crinière blanche, son ventre dodu semblait rimer en mineur avec la rotondité de la Terre.

*

Un an plus tard, François de Combret et moi nous nous rendîmes de l'autre côté des frontières de l'hostilité, au Liban et en Jordanie – du 26 juillet au 10 août 1970. De cet Orient compliqué, nous revînmes avec des idées simples – et sombres. Au Liban, les forces de dissociation au travail étaient partout lisibles. La guerre civile devait éclater cinq ans plus tard : nous n'en fûmes guère surpris alors, tant étaient patentes, déjà, au moment de notre visite, les tensions mortifères. À Beyrouth, les esprits étaient agités par une prochaine élection présidentielle. Nous en scrutions l'enjeu, mais nous étions sensibles surtout à ce qu'en cette occasion spécifique les hargnes opposées, les haines, les rancœurs pouvaient nous dire sur les douleurs à venir. Partout se donnaient à lire les rivalités féodales entre les clans, selon les diverses variantes des deux religions monothéistes. La vie politique était dominée par des relations de serfs à seigneurs, de sujets à maîtres. Le paysan votait par tradition, par affiliation, non par libre choix. Le confessionnalisme de l'administration descendait jusqu'au plus bas de la hiérarchie. Pour être élu député, il fallait soit être millionnaire, soit descendre d'une grande famille. On entretenait le confessionnalisme, nous dit quelqu'un, pour brider une conscience de classe.

La société mondaine qui nous accueillit avec une curiosité pour les choses mythifiées de la vie parisienne ne pouvait pas, mince pellicule, masquer plus qu'un temps bref les violences souterraines et le pessimisme qui dominait, parmi nos interlocuteurs, quant à la situation du pays. Les riches Arabes de la région hésitaient à investir sur cette terre. Certes, tant qu'une main-d'œuvre bon marché immigrerait et que des Libanais émigreraient, envoyant des mandats, l'économie pouvait tenir bon, mais selon quelle fragilité !

Nous fîmes visite au domaine du leader druze Kamel Joumblatt, à Moukhtara, son château dans la montagne bâti en 1615. Ici s'illustra pour nous un système d'apparence démocratique, mais tout entier dominé par les diverses allégeances communautaires. Le chef était absent, mais son équipe nous affirma avec force une autonomie orgueilleuse par rapport à diverses prescriptions de la charia. Elle nous rappela, non sans fierté, que le maître des lieux avait étudié à la Sorbonne et à l'université Saint-Joseph de Beyrouth. Elle nous dit l'importance de son rôle spécifique comme député et comme ministre de l'Intérieur, sous les auspices de ce Parti socialiste qu'il avait créé – une gauche un peu artificielle et qui ne pouvait pas masquer la force des clans. Nous vîmes, dans ce fief austère et rugueux, les chefs de communautés paysannes qui venaient faire allégeance, selon une convivialité bien ordonnée.

À Beyrouth, les dirigeants, tel universitaire, tel urbaniste, tel avocat, manifestaient en commun, dans leur diversité même, une double angoisse. La première concernait la fragilité que créait la présence – déjà – de trois cent mille Palestiniens sur le territoire. La seconde, le poids d'Israël, universellement détesté. Pierre Gemayel, fondateur du Parti des chrétiens phalangistes, nous désigna, sur le ton d'une lassitude presque désespérée, les Palestiniens fedayin – confondant à dessein les combattants et les réfugiés –, « trois cent cinquante mille pour deux millions d'habitants », comme un chancre corrupteur. Cinq ans plus tôt, le Liban, disait-il, à en croire les statistiques de l'ONU, aurait été l'un des pays les plus prospères du monde : les commandos avaient jeté tout cela à bas. C'est en vain que les phalangistes disaient aux fedayin qu'il était incongru d'ajouter un problème libanais au problème israélien qu'il leur revenait d'affronter. Ces gens-là, qui « combinaient la comédie et la prostitution », qu'ils aillent donc, s'écriait Gemayel, se battre en Palestine – en laissant le Liban tranquille ! Il nous dit, filant une surprenante comparaison, qu'à ses yeux ils « étaient comme un prêtre qui se servirait de sa soutane pour faire des cochonneries ». Il dénonçait la complaisance, envers eux, de trop de ses compatriotes, ces « petits artisans de l'intelligence » – séduits ou soumis. « Le Libanais arabe est plus arabe que libanais, le Libanais chrétien est plus libanais que chrétien. » La formule nous frappa.

Le député Raymond Eddé, fils d'un président de l'entre-deux-guerres, chef de file du Bloc national, se montra parfait connaisseur de la politique à Paris. Il ne se lassait pas de nous représenter la chance qui était la nôtre, nous autres Français, d'avoir une armée fiable et des leaders efficaces. Lui, qui avait été naguère candidat à la présidence de la République, s'efforçait en vain de promouvoir dans son pays, sous l'égide de l'ONU, une politique qui ne fût pas confessionnelle et protégée contre une éventuelle emprise des militaires, par contrecoup. Après les débuts de la guerre civile, il devrait, plus tard, en 1977, s'exiler en France, ayant échappé à plusieurs tentatives d'assassinat. Il ne nous cacha pas plus que les autres son pessimisme. Si la paix se faisait avec Israël, la concurrence de l'État juif serait néfaste pour les affaires du Liban, Haïfa concurrençant Beyrouth. Mais si la guerre durait, les fedayin représenteraient pour son pays un danger mortel. Les Arabes, nous dit-il, « fabriquaient des petits Arabes comme des pondeuses électriques », bien plus vite que les « youpins » leurs enfants. Il ne voyait qu'une solution : les installer en Jordanie.

Les « youpins »… Ce fut bien son mot, qui nous glaça. Seule la haine d'Israël paraissait pouvoir unir nos interlocuteurs, servie par la lie des stéréotypes. Pour Pierre Gemayel, le Juif se considérait toujours, malheureusement, d'abord comme juif, avant d'être français ou anglais. « On ne pouvait pas être le fils de deux mères. » Il eut cette formule : « Le Cohen ne sait pas s'intégrer dans la communauté comme le Mohammed et le Gemayel. » Tel était à ces yeux le ressort de l'antisémitisme, « comme en France avant et après la Grande Guerre ». « Vous verrez, ajouta-t-il, le courant d'hostilité aux Juifs qui gonflera aux États-Unis quand l'Amérique s'apercevra qu'ils leur ont fait perdre leurs positions dans cette partie du monde. »

Une thèse dominait, destinée à alléger la responsabilité du système politique libanais : le crime des puissances extérieures était d'avoir soufflé sur les braises du communautarisme. Georges Corm, banquier, historien et économiste, spécialement pessimiste, y insista. Son accueil fut cordial et il commença par une analyse pondérée sur les fragilités du pays : il détestait de devoir constater que le Libanais se sentait supérieur à l'Arabe et inférieur à l'« Occidental ». Soudain il éclata dans une explosion dénonciatrice. Il haïssait les excès d'une « littérature ethnologique » qui avait « brouillé les concepts » et créé du dehors des mythologies délétères pour l'unité du pays. Il voyait dans le Liban un

« fragile mécanisme d'horlogerie » que les autres avaient déglingué. La Grande-Bretagne et la France, en concurrence depuis le début du XIXe siècle, s'étaient livrées à une escalade d'institutions « confessionnalistes ». Sans leur action pernicieuse, le Liban aurait pu maintenir, dans sa spécificité méditerranéenne, une unité paradoxale et féconde. À nous, Français, de porter le poids de ce méfait ! L'au revoir ne fut pas chaleureux. Nous nous dîmes, en nous retrouvant dans la rue, que cette manière de se défausser était un peu trop commode. Bien plus tard, en septembre 2006, j'ai invité Georges Corm à mon micro de France Culture. Il avait été entre-temps ministre des Finances, entre 1998 et 2000. Il défendit la même thèse – avec moins de passion. La guerre civile était passée par là.

*

Par la route, en traversant Damas, nous roulâmes vers Amman, en Jordanie, à travers des paysages bibliques parcourus de femmes voilées et de paysans paisibles, de half-tracks et de Mercedes, avec en arrière-plan, par moments, des portiques romains. Un socialisme balbutiant se rappelait à nous, comme plaqué sur l'immémorial, avec ces grandes publicités qui vantaient les lignes aériennes de l'Allemagne de l'Est et de l'Aeroflot de l'URSS et avec ces usines peintes en tenue léopard. Au poste-frontière de la Jordanie, à Ramtha, un vieux saule surgissait d'un désert pierreux que le soleil couchant coloriait des couleurs des fleurs de sable.

À Amman, l'immédiat, en ce mois d'août 1970, s'imposait avec violence. Nous voulions rencontrer ces Palestiniens auxquels à Beyrouth on attribuait si volontiers – en même temps qu'aux Européens – la responsabilité des déchirements intestins. Ce fut pour identifier d'autres antagonismes, non moins brutaux. Les deux organisations rivales, le Fatah et le Front démocratique pour la libération de la Palestine, bien que réunies depuis peu sous la houlette de l'OLP de Yasser Arafat, se dénigraient mutuellement, tout en détestant de concert la monarchie du « petit roi ». Cinq millions de Palestiniens vivaient en Jordanie, un million et demi à l'est du Jourdain. On se disputait la clientèle des réfugiés parqués dans les camps. Partout régnaient la logorrhée et des raisonnements aux séquences figées.

Dans les bureaux du Front démocratique populaire pour la libération de la Palestine (FDPLP), l'un des deux groupements marxistes dirigés par des chrétiens, qu'animait alors Nayef Hawatmeh (né récemment d'une scission avec celui de Georges Habache), j'eus l'impression, quelques militants français s'y affairant, d'être accueilli par des étudiants de Nanterre. On y insistait sur la lutte des classes, sous un portrait de Mao Tsé-toung. Il fallait « libérer les Juifs du sionisme comme on avait libéré les Allemands du nazisme ». « Là où nous sommes, nous fut-il dit, nous combattons à la fois, et sur le même plan, Israël et les régimes islamiques réactionnaires. » À l'OLP de Yasser Arafat, au contraire, le porte-parole se refusait à toute équivalence dans le combat. « Pourquoi voulez-vous donc, lui demanda François, faire la révolution en Israël avant de la faire en Jordanie ou dans les autres régimes réactionnaires et petits-bourgeois ? » La réponse fut que l'agression des sionistes, « Israël étant le seul État raciste du monde », passait avant l'oppression du capital. Renverser les régimes arabes ne venait qu'en seconde priorité. À courir deux lièvres à la fois, on perdrait des deux côtés. La révolution dans les pays arabes ne pouvait pas être faite par les Palestiniens, mais leur action créerait peu à peu une atmosphère révolutionnaire.

Les officiels qui nous accueillirent dans les bureaux de la monarchie bédouine ne parurent pas sensibles à cette différence dans le degré de l'hostilité éprouvée à leur endroit. L'exaspération qu'ils marquèrent envers l'activisme des Palestiniens et le risque de leur soulèvement contre le pouvoir en place n'étaient pas dissimulés. Un mois après notre passage, la répression du « Septembre noir » allait faire des milliers de morts parmi les réfugiés, tandis qu'Arafat serait contraint au départ. À l'hôtel Philadelphia, où nous logions, nous dûmes nous plaindre, auprès du responsable, qui arborait, glacé, l'air d'un majordome anglais, d'un dysfonctionnement de la tuyauterie dans la salle de bains. Comment les affaires allaient-elles ? « *How do you expect it to be ?* » Et il ajouta, à propos du robinet bouché, sur un ton d'un flegme parfaitement britannique : « *It's more than enough.* » Nous vîmes là la métaphore d'une tragédie annoncée.

11

L'argent, le pouvoir, le savoir

L'amour d'Ulla. – Quelle thèse d'État ? – Jean Monnet. – François de Wendel, maître de forges. – La confiance de Mme de Mitry. – Un labeur heureux. – L'argent et le pouvoir. – L'influence et les mythes. – Une soutenance à Nanterre. – Wilfrid Baumgartner, acteur et témoin. – Le livre au Seuil. – Alfred Sauvy. – La Banque industrielle de Chine. – Philippe Berthelot, André Malraux. – 1945 : les patrons au piquet. – Les fonds secrets. – L'affaire Rochette. – La synarchie, Georges Albertini. – Bertrand de Jouvenel. – Les chemins qu'il manqua, l'œuvre qu'il fit. – Colette et quelques autres. – Au Japon avec Ulla. – Bunsei Sato retrouvé. – Takako Doi, socialiste et féministe. – Simon Leys en Australie. – Universités américaines. – Ezra Suleiman à Princeton. – France-Angleterre à Ditchley Park. – Pierre Guillaumat, Pierre Massé. – L'aventure de L'Histoire : Michel Winock. – Jacques Millerand, fils d'Alexandre. – Une chaire à Sciences Po. – Harmonie d'un groupe. – Raoul Girardet.

Ma vie fut éclairée, à partir de 1970, par l'amour qui se noua entre Ulla Ranhall et moi. Elle était spirituelle, vive et belle. Nous fûmes mariés par mon père, en juillet 1971, à la mairie de notre village de Rioz. Suédoise, elle avait désiré élargir son horizon, attirée par les prestiges de la France. À Sciences Po, elle avait acquis avec brio la formation et les parchemins nécessaires pour qu'elle demeurât et rayonnât dans un pays qu'elle voulut désormais le sien. Sa vocation la portait vers le journalisme, qu'elle apprit d'abord dans l'hebdomadaire économique *Les Informations* avant de trouver à l'OCDE, dans la rédaction de ses publications, un champ adapté au déploiement de son talent, qui était grand, de sa culture, qui était large, et des quatre langues qu'elle pratiquait. Plusieurs années durant, nous avons partagé projets, voyages et affections, en tendresse et en harmonie. Notre histoire partagée demeure une des richesses de ma vie. Puis il advint que notre entente se dérégla. Nous n'avions pas d'enfants. D'un commun accord, nous choisîmes de nous séparer. Il n'existe guère, j'imagine, de pareille rupture qui ne soit douloureuse. La nôtre n'en fut pas moins marquée par l'absence de toute vindicte, par la loyauté, par un respect mutuel. Notre divorce intervint au printemps de 1979. Nous sommes demeurés en amitié.

*

Il me fallait trouver un sujet pour ma thèse d'État. Je songeai à l'histoire des mutineries de 1917, dans la suite de mon mémoire sur la correspondance des combattants. Mais un autre chercheur, Guy Pedroncini, déjà âgé, avait jeté son dévolu sur ce sujet et une rivalité avec lui m'eût paru malvenue. Je me tournai un temps vers l'histoire de la construction européenne (selon un tropisme auquel, plus tard, j'ai obéi d'autres façons, dans mes cours de Sciences Po). Cela me valut, avec l'intercession de Jean-Baptiste Duroselle, qui venait de succéder à Pierre Renouvin dans la chaire de relations internationales de la Sorbonne, de rendre deux visites à Jean Monnet. Celui-ci me reçut dans son bureau cossu et impersonnel de l'avenue Foch. Il le fit courtoisement mais sans chaleur. Sa fameuse capacité de séduction me parut en sommeil. Peut-être me trouvait-il trop proche, indirectement, du général de Gaulle, son vieil adversaire, à la hauteur duquel ses thuriféraires prétendaient le hisser, en face de l'Histoire.

Je trouvai que son fameux esprit *matter of fact* se muait en sécheresse. Son verbe était pauvre. Dans ses propos, dans sa façon d'être, et jusque dans sa moustache, cet homme me parut, bizarrement, avoir quelque chose de *banal*. En le quittant, dans l'escalier, je me dis qu'il fallait peut-être chercher dans cette apparence, paradoxalement, une des clés de sa réussite hors de pair, depuis les négociations commerciales de la Première Guerre mondiale ou la vente de son cognac familial, jusqu'à la Société des nations, le Plan qu'il avait dirigé et l'inspiration de l'Europe en construction. Pour unir les hommes, pour leur souffler des idées simples et fortes, il convenait de ne pas les inquiéter par l'affichage d'un brio, encore moins d'une supériorité intellectuelle et culturelle. Par nature ou par stratégie, Jean Monnet me sembla s'en être abstenu. Au demeurant, je craignis vite de m'ennuyer dans ce champ, en dépit de mon intérêt intellectuel pour le sujet et de mon adhésion à l'entreprise. Je redoutai de me perdre dans les méandres d'interminables compromis diplomatiques : une visite à Bruxelles pour y considérer les archives de la Communauté des Six me convainquit qu'il y avait là trop peu d'angles aigus. Sans compter que j'éprouvais quelque répugnance à me trouver recruté dans la petite cour qui entourait le fameux « père de l'Europe » et où dominait un antigaullisme virulent.

J'ai dit qu'au cœur d'une histoire politique renouvelée je voulais braquer mon attention sur les forces qui pesaient du dehors sur les décisions dans le monde politique : au premier rang de ces puissances, l'argent des affaires d'un côté et de l'autre le monde multiforme des médias (les liens étant évidemment nombreux, souvent intimes, entre ces deux univers). Le hasard, comme souvent, me servit, avec l'amitié. Alain Duhamel, dont je m'étais rapproché, comme je le raconterai, me raconta un jour que, dans un séminaire auquel il participait, rue Saint-Guillaume, Marie-Thérèse François-Poncet avait fait un exposé fondé sur le Journal, encore inconnu, qu'avait tenu son grand-père, le maître de forges François de Wendel. La piste qui s'ouvrait ainsi méritait d'être explorée. Je m'y employai.

Le personnage avait été assez influent, sa puissance avait été assez dénoncée, à gauche, au cœur des représentations devenues à leur tour des moteurs de l'Histoire pour qu'il m'apparût se situer au centre du champ que je souhaitais explorer. Sans compter qu'alors l'histoire intérieure de l'entre-deux-guerres, pour les années vingt surtout, n'avait guère été encore défrichée en profondeur. J'ajoute que le genre de la biographie, longtemps méprisé dans un monde universitaire qui l'abandonnait aux amateurs, aux romanciers et aux hommes politiques, me semblait devoir être arraché à ce discrédit. Il pouvait l'être dès lors qu'on considérait un destin particulier selon des interrogations spécifiques et en le rattachant à tout un monde alentour.

Je pris l'attache de Marguerite de Mitry, la fille aînée de François de Wendel, dont je compris qu'elle détenait la clé du trésor. Elle me convia à Bétange, près d'Hayange, dans le château familial : un décor de confort sans excès d'ostentation. J'ai connu, dans ma vie, peu de voyages aussi fructueux. Au cours du dîner, la conversation fut fluide. Elle me jaugea. Après quoi elle me confia plusieurs tomes du fameux Journal, qui avait été dactylographié. Je passai la plus grande partie de la nuit à parcourir des volumes de cet écrit, dont l'intérêt me parut éclatant. Au petit déjeuner, après avoir vu le jour se lever sur le beau parc à l'anglaise, j'avais la mine chiffonnée, mais ma détermination était prise. Je dis à Mme de Mitry que je souhaitais faire une histoire politique de son père : la condition unique étant que j'aie librement accès, par-delà ses carnets, à l'ensemble de ses papiers. Elle me dit qu'elle allait y réfléchir. Quelques jours plus tard, elle me donna son accord.

Parmi les siens, sa décision, je l'ai su après coup, n'alla pas sans créer des haut-le-cœur, sans provoquer beaucoup d'inquiétudes sur la fiabilité d'un auteur dont les racines étaient à gauche et dont chacun comprenait bien qu'il échappait donc tout à fait – je n'en avais pas fait mystère – à la « sensibilité » politique et sociale du personnage en question. Plusieurs années plus tard, en juin 1981, Nicole de Mitry me raconta que sa mère était entrée en conflit avec son frère et sa sœur pour imposer sa volonté de m'ouvrir les archives. L'affrontement était allé jusqu'aux larmes, plusieurs fois. « Elle avait eu, me dit-elle, presque tout de suite une entière confiance en vous. La soutenance de la thèse a été l'un des plus beaux jours de sa vie. » Mme de Mitry fit valoir aux siens que si l'on faisait fond sur ma probité intellectuelle, ce que j'écrirais aurait plus de poids que ces livres stipendiés que l'on avait accoutumé de remettre, en paternalisme, aux serviteurs de la « Maison », avec la médaille du Travail, lorsqu'ils prenaient leur retraite. Plus encore qu'à moi-même, sa confiance se porta vers son propre père dont elle se persuadait que la personnalité était assez forte pour qu'un tel risque fût assumé. Après sa mort, survenue en 1976, son époux, Emmanuel de Mitry, me confia, selon son vœu, un exemplaire des cahiers dactylographiés – qui n'ont été déposés que plus tard aux Archives nationales.

Marguerite de Mitry disparut prématurément avant que mon livre ne fût publié. Mais elle connut la thèse dactylographiée dans son entièreté. Elle avait trop d'autorité, parmi les siens, pour que l'on critiquât publiquement sa décision, mais je sus que, même après l'événement, plusieurs considérèrent qu'elle avait été dupée, que le livre charriait un regard trop peu complaisant pour le personnage dont il traitait. Elle-même ne pensa rien de tel, pas plus que la branche la plus « avancée » de la famille, du côté d'Hélène Missoffe et de la fille de celle-ci, Françoise, qui avait épousé Guy de Panafieu, un de mes bons camarades d'hypokhâgne, et dont ma thèse me rapprocha.

J'eus l'immense privilège de ne pas m'ennuyer un seul instant au cours de ce long labeur. Plus encore qu'à Vincennes, j'appréciai le bonheur brut de la recherche historique : découvrir à chaque pas ce que des papiers enfouis peuvent apprendre d'inattendu, souvent, de stupéfiant, parfois, et toujours de stimulant pour la curiosité de toute chose. Si les cahiers de mon personnage m'apportèrent une colonne vertébrale pour mon enquête, il fallait l'élargir à toutes les autres sources, aux témoignages aussi de contemporains dont beaucoup survivaient alors et qui, s'étonnant parfois de se trouver fixés dans l'historiographie, m'offraient du romanesque à foison. Il existe, j'en témoigne, une sorte d'ébriété de la liberté dans le traitement d'un sujet d'histoire.

Je m'imposai de commencer à rédiger très vite des morceaux de mon texte. J'avais su le malheur de tant d'aînés qui avaient multiplié leurs « fiches » avant d'attaquer vraiment la rédaction – et qui avaient perdu le bénéfice de la mémoire immédiate. Je suivis la ligne que j'avais fixée d'emblée : considérer le chef d'entreprise François de Wendel – une responsabilité qu'il partageait avec ses deux frères Humbert et Maurice – sous l'angle du rôle public qui lui était propre. Celui-ci avait été vaste, puisqu'il avait été député puis sénateur de 1914 à 1942, président du Comité des forges, régent de la Banque de France et patron de presse au *Journal des débats*. Il s'agissait de débusquer la réalité de son influence, au fil de moments politiques majeurs, que ce fût dans les relations de la sidérurgie avec les pouvoirs publics ou lors des querelles monétaires, de larges conséquences psychologiques et civiques, qui l'opposèrent aux gouvernements de gauche, en 1924 et en 1936. Il fallait l'accompagner jusqu'au temps de Vichy, où, contrairement à d'autres de ses pairs, il se tint assez bien. Il s'agissait simultanément de se saisir de l'image répandue dans l'opinion, autour du thème des fameuses « deux cents familles » et du « mur de l'argent », afin de faire le départ entre les mythes et les influences réelles propres à susciter, à toute époque, la vigilance des citoyens et leurs éventuelles contre-offensives. Je démontrais que l'action de Wendel s'était organisée autour de deux objectifs constants : au-dedans la conservation d'un ordre social et d'une rigueur financière, au-dehors une politique de fermeté et de méfiance indéfectible envers l'Allemagne.

La Première Guerre mondiale avait été marquée par un affrontement violent avec les grands rivaux du Creusot, sur les marches du pouvoir, à propos d'une affaire de séquestre où de gros intérêts étaient en jeu. Puis par les accusations portées contre les Wendel, lorsque leurs adversaires murmurèrent ou affirmèrent qu'ils avaient contribué à prolonger la guerre en empêchant que l'on ne bombardât leurs installations minières et sidérurgiques occupées par les Allemands en Lorraine. « Marchands de mort »... Je repris le dossier, sans préjugé, dans son détail, en particulier les témoignages produits lors de la commission d'enquête de 1919 sur ce sujet. Je me convainquis que cette accusation n'était pas fondée, pour l'essentiel.

On avait souvent pensé que les sidérurgistes, le Comité des forges, avaient joué, comme groupe de pression, un rôle décisif dans la définition de l'attitude de la France en face de l'Allemagne entre 1919 et 1924, et surtout lorsque fut décidée par Poincaré, en janvier 1923, la néfaste occupation de la Ruhr, apogée de la politique de force. C'était l'occasion d'analyser la répartition du pouvoir à l'intérieur de l'organisation, les formes et les chances de sa pesée sur l'État. Je mis en lumière le fait que, dans cette affaire, la décision de Poincaré correspondait bien au souhait de l'industriel – une politique dure envers l'Allemagne –, mais non pas aux modalités qu'il préconisait. Le gouvernement ne s'était pas déterminé, en l'occurrence, sous la pression des maîtres de forges.

La crise des changes de 1924 ouvrait une ère nouvelle : celle des difficultés financières dominantes. À François de Wendel sa position de régent de la Banque de France apporta un surcroît de pouvoir inattendu. Ce fut, jugea-t-il lui-même plus tard, « le chef-d'œuvre de sa vie publique », destiné, après coup, plus que d'autres encore, à préoccuper, pour ne pas dire indigner, les démocrates. Dans l'affrontement avec Édouard Herriot, chef du gouvernement du Cartel des gauches, marqué par la surprise des faux bilans de la Banque de France, il tint une place de premier rang. Ce fut le temps du « mur de l'argent ». Je démontrai que Wendel avait effectivement étranglé Herriot, à l'heure qu'il avait choisie, en connivence avec son ami et co-régent de la Banque, Édouard de Rothschild, en avril 1925. Toute protestation républicaine après coup était naturelle – mais à condition de reconnaître que les conjurés avaient tiré sur un lacet que le président du Conseil, faute de courage politique ou de lucidité, s'était lui-même passé autour du cou.

François de Wendel servit ensuite efficacement, parmi d'autres, la longue marche vers le cabinet de centre droit de Poincaré. Puis vint, pour lui, le temps des déceptions. La grande querelle du franc, où Wendel s'engagea passionnément au profit d'une revalorisation artificielle, le vit défait, le même Poincaré ayant choisi, sagement, le chemin de la stabilisation à un cinquième de la valeur du franc-or d'avant 1914. En continuité, je trouvai vif intérêt à regarder la place – forcément particulière – que mon personnage occupait dans son parti, la Fédération républicaine, tout près de son chef Louis Marin, un autre Lorrain, quel usage il y faisait de son argent privé et ce qu'il pouvait nous apprendre sur les finances d'un grand parti de la droite conservatrice – ressources et emplois. C'était l'occasion d'observer, du côté des ligues, quel appui il leur avait donné et, dans le champ de la presse écrite, quels sacrifices il consentit pour la sienne, notamment pour servir son emprise sur le très modéré *Journal des débats*.

Je concluais que, si les mythes avaient grandement exagéré en faisant de Wendel, dans les combats de l'époque, un « chef d'orchestre clandestin », il n'avait pas moins saisi l'occasion, grâce à sa position industrielle et sa situation de régent de la Banque de France, de jouer, aux dépens de la gauche, dans les années vingt surtout, un rôle important et jusqu'alors méconnu ; en une occurrence au moins celui-ci avait été décisif. En politique extérieure, il avait renforcé constamment, en bon Lorrain, le camp des « durs » contre l'Allemagne – sans jamais rejoindre ceux qui pensèrent que « mieux valait Hitler que Staline ».

La soutenance eut lieu à Nanterre, en mars 1975, attirant un public qui contrastait, pour une part, avec l'assistance habituelle de ce genre de cérémonies universitaires. Je revois Mme de Mitry, dans une ambiance qui n'était certes pas de son univers ordinaire, assise devant l'assistance comme la figure de proue d'un navire, déterminée et très affirmée. Quelques jours plus tôt, une âme charitable m'avait envoyé un extrait d'une lettre de Mme de Sévigné, en date du 30 mars 1672. Elle y faisait ce commentaire, à propos de la soutenance de thèse en Sorbonne de l'abbé de Grignan : « C'est aujourd'hui l'acte du pauvre abbé. Quelle folie ! On s'en va disputer contre lui, le tourmenter, le pointiller, il faut qu'il réponde à tout. Pour moi, je suis persuadée que rien n'est plus injuste que ces sortes de choses et que cela rend l'esprit d'une rudesse et d'une contrariété insupportables. »

Je n'eus pas à souffrir autant que le bon abbé, et j'obtins, de mon taureau, les oreilles et la queue. Chacun, par-delà les compliments, joua sa partie. René Rémond, qui avait composé le jury, rappela qu'il en avait proposé la présidence à Pierre Renouvin, disparu peu auparavant. Il décrivit mon travail tel que je l'avais voulu, « un cimetière de lieux communs, une nécropole d'idées reçues ». Il se dit « saisi de frissons » après cette lecture, en « se demandant ce qu'on pourrait enseigner aux étudiants », et il insista sur tout l'appareil de réflexion que je proposais quant à la dynamique des mythes et la complexité interne des organisations, vues comme unies du dehors, mais travaillées, à l'intérieur d'elles-mêmes, par toutes sortes de forces centrifuges.

Je fus sensible à l'intervention de Jean Bouvier. Ancien communiste militant, il gardait, d'un marxisme qu'il n'avait pas renié, un souci bienvenu des ressorts sociaux de la vie publique qui s'alliait chez lui, désormais, à une générosité intellectuelle et à la volonté de dépasser le mécanisme sommaire de données économiques qui modèleraient tout le reste. Pédagogue excellent, sa clarté d'esprit était grande. Il regretta que je n'aie pas lié assez intimement l'action politique de mon personnage à celle de la « maison » de Wendel tout entière, même s'il admettait que je m'en étais préoccupé dans les moments clés de son influence. C'eût été un autre ouvrage, qui échappait à mon propos, que d'en faire une étude approfondie. François de Wendel n'était, au demeurant, dans le destin de son groupe, qu'un acteur parmi d'autres. René Girault, un épigone de Jean-Baptiste Duroselle, spécialiste comme lui des relations internationales, suggéra que l'on développât à l'avenir, à partir des informations que je donnais sur tout un milieu, la cartographie des « réseaux sociaux » d'un personnage tel que le mien. Chose très souhaitable en effet.

François Goguel, ancien secrétaire général du Sénat et président de la Fondation nationale des sciences politiques, était aussi un historien reconnu de la vie des partis sous la Troisième République. Il insista sur la permanence des sensibilités, très lisible dans la droite de Wendel et la Fédération républicaine, pour constater que les intéressés eux-mêmes avaient eu conscience d'une continuité : celle qui d'ailleurs désola mon personnage en 1941 quand il écrivit dans ses cahiers que le gouvernement du maréchal Pétain, « le plus modéré que la France ait connu depuis le Seize Mai », était celui qui accomplissait tous les actes d'une collaboration qui le navrait, et discréditait par là même, pour longtemps, sa famille politique. François Goguel souligna enfin une mutation importante, d'un bord à l'autre de la Grande Guerre. Jusqu'en 1914, la vie politique avait été largement autonome par rapport à celle de la société, du côté des affaires. Donc, quand les hommes de gauche, après la victoire, avaient vu leur action se heurter à un certain nombre de réalités économiques et sociales, ils avaient éprouvé un sentiment de scandale et considéré que la politique avait perdu brusquement une liberté qu'elle aurait dû, moralement, conserver. Les réflexes d'un homme comme Herriot à l'égard du « mur de l'argent », dans ses tourbillons de papillon affolé, ne pouvaient s'expliquer qu'ainsi.

Le moins écouté ne fut pas Wilfrid Baumgartner. Tenant droit sa petite taille, il arborait une élégance un peu surannée. Il parlait mat et net. Son assurance avait été longuement confortée par la magistrature d'influence qu'il avait exercée comme mentor de l'Inspection des finances, rue de Rivoli et rue Saint-Guillaume. Il s'exprima comme témoin direct de la période que j'évoquais : il avait été, dans les années trente, un très jeune directeur du Mouvement général des fonds (la direction du Trésor d'aujourd'hui), avant de devenir, pendant plus d'une décennie, gouverneur de la Banque de France sous la Quatrième République, puis ministre des Finances, entre Pinay et Giscard d'Estaing, sous la Cinquième, et enfin président-directeur général de Rhône-Poulenc jusqu'en 1973. La salle se fit plus attentive encore, et curieuse, quand il prit la parole. René Rémond avait souhaité de longue date servir la recherche, pour la période contemporaine, par une confrontation des témoins et des historiens. Baumgartner incarna cela.

Il revint, en particulier, sur l'opposition de la Rue de Rivoli et de la Banque de France dans le débat qui aboutit au « franc Poincaré » de 1926, et sur la question de la dévaluation prônée en vain par Paul Reynaud en 1935. Il se montra soucieux de démontrer que le Trésor (de son temps !) avait joué, et non la Banque, un rôle de moteur dans la politique bienvenue de Poincaré. Quant aux affrontements divers, à travers toute la période, de la Banque et de l'État, il observa que les régents étaient des personnalités « d'une honorabilité indiscutable », mais qu'ils entendaient mal les problèmes monétaires, parce qu'ils n'avaient pas eu, dans leur temps passé, d'autres expériences que celle d'un franc solide et stable pendant un siècle. Ils n'étaient pas prêts, pas plus que les gouverneurs, au moins jusqu'à Émile Moreau, à l'adaptation nécessaire. Cependant, en dépit de ces erreurs, « il n'avait pas été inutile à certains moments que la vérité monétaire, ou ce qui semblait l'être, fût dite par un organisme autonome ». Ainsi, distribuant les éloges, sut-il les répartir en fidélité à ses propres fonctions successives.

Le lien que je tissai à cette occasion avec Wilfrid Baumgartner prospéra. Plus tard, il m'annonça qu'il allait me « léguer ses archives ». À sa mort, survenue peu après, en 1978, on m'avisa que son testament avait concrétisé cette volonté. Je crois que sa mémoire s'en est bien trouvée. Je déposai aussitôt ces papiers aux archives de Sciences Po et je me mis en quête d'un biographe qui pourrait en tirer profit et à qui j'en réserverais l'accès jusqu'à la fin de son travail. Ce fut Olivier Feiertag, qui s'accommoda fort bien de cette tâche.

Alain Duhamel rendit compte de ma thèse, le 20 juillet 1975, dans un long article, élégant et précis, qui parut en première page du *Monde* (à l'époque, c'était possible !). Cela facilita la publication de l'ouvrage – réduit à des dimensions raisonnables – aux éditions du Seuil où j'étais bien introduit depuis *Le Riz et le rouge*. Il parut, sous le titre *François de Wendel en République*, dans la jeune collection dite « L'Univers historique » que dirigeaient alors ses fondateurs, Jacques Julliard et Michel Winock. Ce qui m'avait tenu alors en ardeur ne s'est jamais asséché. L'histoire est-elle une science ? Son exercice laisse trop de place à l'imagination, dans les interstices des sources, pour qu'on revendique ce terme pour elle. Mais je vérifiai, au long de ces années de travail, qu'elle devait être une discipline. Avec de surcroît, chemin faisant, le plaisir de constater que la quête d'une forme adaptée, d'un style efficace apportait un bonheur intime.

*

En marge de mon ouvrage surgissaient un bon nombre d'idées de sujets qu'il valait la peine d'approfondir. Je publiai plusieurs articles consacrés à « l'argent caché ». J'en fis ensuite un recueil, sous ce titre, en 1981, chez Fayard. À la veille de l'élection présidentielle, Alfred Sauvy marqua son intérêt pour ces éclairages, à quoi je fus sensible, compte tenu de la dimension intellectuelle de cet homme de bien, de ce maître de la démographie. « Je suis un peu historien, m'écrivit-il, et en tout cas je m'intéresse à l'histoire de plus en plus, sous l'influence de vos ouvrages et de votre méthode. » Nous nous vîmes ensuite. Il m'invita à Montmartre à déjeuner avec des amis. J'aimai en lui la vitalité et la curiosité que l'âge n'avait pas entamées. Je le revois arpentant gaillardement la rue Lepic, en montagnard trapu, dans sa grosse veste de tweed et sous un béret noir d'où s'échappaient quelques cheveux blancs.

Je ne verserai pas au même chapitre, mais à celui, plus futile, des sourires inattendus, la découverte, au printemps 1982, d'un livre, intitulé *Les Grands Mensonges de l'histoire*, qu'un ami me signala. L'auteur, Hervé Le Goff, imaginait un personnage désireux d'attirer dans ses meubles une jeune attachée parlementaire. Celle-ci travaillait pour un député socialiste qui se documentait sur l'affaire de Briey dans la perspective des nationalisations. Le héros lui proposait de venir chez lui consulter ma thèse très épaisse et difficile à trouver en bibliothèque. Sans réussite immédiate… Je regrettai l'insuccès du personnage, contraint d'apporter le gros livre dans un bistrot impropre à ses ébats, ce qui démontrait les limites de mon influence.

Il m'était apparu qu'on exagérait généralement la cohésion intellectuelle et la cohérence sociale des puissances d'argent. Je ressuscitai, dans un article que je donnai à la *Revue historique*, en avril 1975, une belle affaire de haine entre deux puissances financières violemment antagonistes, après la Grande Guerre. La Banque industrielle de Chine était l'enfant d'André Berthelot, un normalien reconverti dans les affaires. Elle affronta violemment, en Extrême-Orient, la Banque de l'Indochine, où régnaient des inspecteurs des Finances. En face, au Quai d'Orsay, Philippe Berthelot, frère du précédent, secrétaire général du ministère, était un personnage de haute stature qui fréquenta beaucoup le monde littéraire de son temps et en avait protégé plusieurs membres contre le feu des tranchées : il les avait rassemblés, à Paris, au sein d'une Maison de la presse qui avait été la cible des clemencistes quand ceux-ci s'étaient faits les chasseurs des « embusqués ». Berthelot eut l'imprudence de signer du nom de son ministre, Aristide Briand, un message qu'il avait rédigé à destination des postes diplomatiques et où il prônait un soutien à la Banque industrielle de Chine. Cela lui valut plus tard d'être limogé par Poincaré, revenu entre-temps au pouvoir. Giraudoux, dans son roman *Bella*, a dépeint cet antagonisme, du point de vue politique et psychologique, sous des pseudonymes transparents. Mon grand-père, au Sénat, avait rapporté sur la question et il avait pris parti pour le ministère des Finances contre les agissements du Quai d'Orsay.

Rien de plus stimulant pour l'esprit que de démêler la complexité technique d'une telle affaire, en se plongeant dans une diversité d'archives publiques et privées, pour aboutir en définitive à un jugement nuancé sur les comportements : confirmation, en l'occurrence, de l'épouvantable vénalité de la presse, en ces années-là (et pas seulement financière), analyse du pouvoir de tel ou tel personnage majeur de l'univers de la Bourse (en l'occurrence le formidable Horace Finaly, patron de la Banque de Paris et des Pays-Bas), mise au jour de l'exploitation politique d'un scandale et capacité, en définitive, de la machine de l'État à préserver l'intérêt général. En prime, cet écrit me valut un ultime et bref échange avec André Malraux. Dépeignant la figure haute en couleur de l'homme de la BIC en Chine, Alexis-Joseph Pernotte, j'avançais l'hypothèse qu'il avait pu servir de modèle, plutôt qu'André Berthelot lui-même, comme on le disait d'ordinaire, au fameux Clappique de *La Condition humaine*. On y lisait tous les mécanismes du pantouflage depuis la Rue de Rivoli, au profit de la Banque de l'Indochine : « Un Fils, un Gendre et d'anciens fonctionnaires de l'Inspection des Finances et du Mouvement général des Fonds : le lien entre l'État et les Établissements était trop étroit pour que ceux-ci n'eussent pas avantage à s'attacher des fonctionnaires qui trouvaient auprès de leurs anciens collègues un accueil favorable. » Malraux, à qui j'avais envoyé mon article, m'écrivit, peu avant sa mort, le 13 octobre 1975, un mot manuscrit : « Vous voyez juste : Pernotte m'a servi – entre autres. »

J'avais sympathisé avec Jacques Legrand, qui était directeur du Travail lors des accords de Grenelle et était devenu ensuite délégué général de l'Union des industries métallurgiques et minières de la région parisienne. Il dénicha dans une armoire les archives de la Commission de représentation patronale de la Libération et me permit ainsi de restituer le moment de désarroi – bref – des dirigeants de grandes entreprises à la Libération. J'en traitai sous le titre « Le patronat au piquet ». D'un même mouvement, je me penchai sur les fameux « fonds secrets » du gouvernement, pour montrer qu'on pouvait en savoir plus qu'on ne l'imaginait spontanément – et, sans nier leur rôle, pourfendre quelques légendes sur leur efficacité ravageuse. Je restituai les débats, souvent si actuels, qui avaient entouré la création de l'impôt progressif sur le revenu avant 1914. Je m'intéressai à la fortune des parlementaires (spécifiquement celle de Joseph Caillaux) comme à la publicité qu'on avait pu songer à en faire – les tentatives dans ce sens ayant d'ailleurs, à l'époque, avorté.

On était alors dans l'ambiance de ce qu'on appela le « gaullisme immobilier » (le post-gaullisme, en vérité) qui avait mis au jour diverses fripouilleries d'envergure. Le scandale Rochette, qui avait agité l'opinion et les milieux parlementaires en profondeur peu avant la Grande Guerre, était oublié. Je me plongeai dans ses arcanes. Des décennies plus tard, j'en ai tiré une pièce de théâtre, que j'ai intitulée *L'Affaire Crochette*. Henri Rochette avait procédé comme l'a fait récemment Bernard Madoff aux États-Unis ou, dans les années vingt, l'aventurier qui a donné son nom, à Boston, à la « pyramide de Ponzi ». Il s'agit de lancer des affaires creuses sur le marché financier puis de récompenser les actionnaires qui se sont laissé séduire par des dividendes fabuleux, eux-mêmes obtenus grâce au lancement de nouvelles entreprises non moins fantomatiques. Jusqu'au jour, inévitable, où l'on s'aperçoit que le château de cartes n'est bâti que sur l'illusion : il s'avère alors difficile à l'État d'intervenir, au risque qu'on l'accuse soit de ne pas avoir été plus clairvoyant pour dénoncer une manœuvre vouée à ruiner des gogos, soit, aux yeux des plus fidèles de l'escroc, d'avoir provoqué la chute de celui que ceux-ci considéraient, jusqu'au bout, comme un bienfaiteur. Jean Jaurès avait présidé une commission d'enquête sur ce scandale, qui connut de nombreux rebondissements. Maurice Barrès en avait tiré un pamphlet ravageur, intitulé *Dans le cloaque*.

Je m'efforçais de démontrer l'ambivalence de tout scandale en démocratie : révélant, certes, un méfait, mais prouvant aussi que le système répressif, justice, police, journaux, avait été capable d'accomplir ce dévoilement qui n'aurait pas pu l'être ailleurs, dans des systèmes plus verrouillés. Selon des variables, d'une époque à l'autre : la nature structurelle de la tentation pour les fripons, la capacité d'investigation, le niveau de l'indignation collective.

Au même chapitre je me penchai, pour une longue contribution au *Monde*, sur le mythe de la « Synarchie ». Il exista bien dans les années trente un réseau de jeunes technocrates – Gabriel Le Roy Ladurie, Jacques Barnaud, Pierre Pucheu, et, à proximité, Yves Bouthillier, Jacques Benoist-Méchin ou François Lehideux – rassemblés dans la mouvance d'Hippolyte Worms, dans les eaux de la banque qui portait le nom de celui-ci. Ce réseau fit preuve de son efficacité, au plus près du pouvoir, lors de la promotion de l'amiral Darlan, après le renvoi de Laval par Pétain, en décembre 1940. Henry du Moulin de La Barthète, alors directeur du cabinet de Pétain, raconta dans ses Mémoires avoir dit à Darlan : « Mais vous nous amenez toute la banque Worms ! » et il se serait entendu répondre vertement par l'amiral : « Cela vaut mieux que les puceaux de sacristie qui vous entourent : pas de généraux, pas de séminaristes, des types jeunes, qui s'entendront bien avec les Fritz et nous feront de la bonne marmite. »

La complicité de ces jeunes ambitieux pouvait faire cible. Dans un premier temps, à partir de juin 1941, plusieurs folliculaires parisiens dénoncèrent en eux une organisation mystérieuse, cette « Synarchie » qui aurait trouvé ses origines dans le terreau trouble de l'occultisme, afin de la stigmatiser comme « la plus secrète des loges maçonniques », attachée à saboter la Révolution nationale. Le thème fut défendu dans l'entourage de Pétain par un personnage sulfureux, le docteur Henri Martin, dont Pierre Péan, plus tard, a retracé l'itinéraire en détail. Ensuite, le mythe glissa au profit de la dénonciation d'une conspiration d'extrême droite : on passa du « judéo-maçonnisme » à la « judéo-réaction ». Enfin, la Résistance le reprit dans la presse clandestine, puis officielle, du PC : un « néo-fascisme occidental au service de l'anticommunisme ». Le mythe affichait une remarquable plasticité. J'y trouvai toutes les composantes de ce « complotisme », nourri de bribes de réalités reliées par des causalités fantasmées, auquel la Toile, de nos jours, offre un terrain si fertile.

Cet article me valut, trois semaines avant le 10 mai 1981, un déjeuner avec Georges Albertini, auquel pourvut Jacques Legrand. Celui-ci, entré depuis peu lui-même chez Worms, pensa que le personnage m'intéresserait. Albertini avait approché, après coup, la plupart des personnages de cette histoire, dont quelques-uns en prison. D'origine socialiste, il avait dérivé dès avant la guerre dans une inféodation à Marcel Déat, transfuge de la SFIO – du groupe des fameux « néo » dont la dérive avait « épouvanté » Léon Blum – et fondateur du parti collaborationniste intitulé Rassemblement national. Emprisonné à la Libération (il avait refusé, me dit-il fièrement, de suivre son chef en Allemagne pour « ne pas abandonner ses troupes à la vindicte des vainqueurs » – c'était beau comme l'antique...), il avait échappé à la peine capitale et il avait vu son temps en prison raccourci, en 1949, à l'initiative d'Édouard Herriot. Derrière les barreaux, à Fresnes, il s'était lié de grande amitié, pour sa bonne fortune ultérieure, avec Hippolyte Worms, qui était un voisin de cellule.

Il s'efforçait depuis sa libération de peser, en coulisses, sur la politique française, fondant son influence souterraine, qui dura jusqu'à Pompidou, sur l'efficacité d'un anticommunisme virulent et financé par les États-Unis. Ce tout petit homme, dont un œil battait la campagne derrière d'épaisses lunettes, montrait un esprit vif et son ton sonnait sincère, même pour les souvenirs les plus scabreux. Il parlait net – avec de soudaines rougeurs sur son crâne chauve. Il se sentait visiblement en bout de course, parvenu au temps des bilans. Il devait mourir deux ans après notre rencontre.

Il était intéressant de l'entendre parler de la « Synarchie », et, plus largement, des relations entre les patrons et les ministres. Il avait des mots très sévères sur la naïveté des premiers en politique – égale, en symétrique, à celle des seconds devant le monde des affaires. Seul Ambroise Roux faisait alors, à ses yeux, exception. Sur le naufrage du bref *Temps de Paris*, subventionné contre *Le Monde* par des capitalistes puissants dont je reparlerai, il rejoignait mes analyses. Avec l'échec du *J'informe* de Joseph Fontanet, qui prétendit à son tour concurrencer *Le Monde*, à la fin de 1977, et qui ne connut que soixante-dix-sept numéros, l'Histoire avait bégayé. Fontanet avait été secrétaire d'État auprès de mon père, en 1959, et nos deux familles – nombreuses – avaient sympathisé. Albertini me raconta une visite que ce dernier fit en sa présence à Guy Taittinger, à l'époque chef de la banque Worms, quinze jours avant le lancement du nouveau quotidien. La naïveté, l'inexpérience de l'honnête Fontanet éclataient de façon si évidente que, une fois lui parti, Albertini déconseilla vivement à Taittinger de mettre quelque argent que ce fût dans l'affaire.

L'erreur des chefs d'entreprise, démesurée et constante, était, disait-il, de vouloir dissimuler leur intervention dans la presse. Il n'existait plus, malheureusement, l'équivalent du *Bulletin quotidien* animé par André François-Poncet, dans les années vingt. Quel mal, demandait Albertini, y avait-il à vouloir que prospérât un journal patronal de qualité et à le qualifier ouvertement ? Parlant des « fonds secrets » mis à la disposition du gouvernement, il affirmait que ceux-ci comptaient plus qu'autrefois, avant la guerre, quand ils étaient répartis « par abonnement » en sommes régulières au profit de tels ou tels journalistes plus ou moins faméliques. Aujourd'hui, c'était le chef du gouvernement et le ministre de l'Intérieur qui en organisaient l'usage pour « quelques gros coups ». Cela, d'après ce que j'avais pu débusquer, ne me parut pas mal vu.

Débarrassé par Hippolyte Worms de tout problème matériel, devenu proche de Boris Souvarine, apôtre notoire de l'antistalinisme, Georges Albertini avait pris la tête, dans les années cinquante, d'un Institut d'histoire sociale et de « soviétologie » et d'une revue intitulée *Est & Ouest*, financée, semble-t-il, par le Groupement des industries métallurgiques, comme deux instruments de la résistance aux « intellectuels de gauche ». Il m'expliqua avec un grand sourire : « J'ai eu cette situation rare d'avoir été profondément pétainiste et plus tard profondément gaulliste... » Je pensai : « Bigre ! » Jacques Legrand me dit, sur le trottoir, au moment où son hôte s'éloignait prestement : « Il est resté, au fond, social-démocrate jusques et y compris dans sa haine du communisme. Il est en train de prendre ses distances par rapport à ses officines – considérant la tâche achevée, puisque ses thèses sont sorties de leur ghetto et que ses amis Souvarine et Lazitch s'étalent aujourd'hui dans *L'Express*. » Je conclus de cette rencontre que, décidément, on pouvait fort bien se mettre en méfiance contre une historiographie nourrie de conjurations secrètes et en même temps porter intérêt aux personnages de coulisse : ceux dont l'influence n'était pas toujours surfaite par une renommée qu'ils ne détestaient pas d'enfler eux-mêmes en en chuchotant les effets.

*

C'est par Jacques Julliard, à la fin de janvier 1978, que j'entrai en relation avec Bertrand de Jouvenel. Il venait lui-même de faire sa connaissance, grâce la publication de son livre intitulé *Contre la politique professionnelle*. La figure du personnage suscitait ma curiosité. Cette vie de haute volée apparaissait comme coupée en deux. Avant la guerre, on connaissait ses amours littéraires avec la grande Colette, que celle-ci avait transcrites dans son roman *Le Blé en herbe*, son brio de journaliste, ses affinités allemandes, son glissement depuis le radicalisme jusqu'au parti fascisant de Jacques Doriot. Sous Vichy, il avait cédé aux tentations de la collaboration parisienne, il s'était compromis aux yeux de tous et il s'était finalement exilé en Suisse. Après la guerre, il avait entrepris une nouvelle existence, dans l'ordre de la réflexion politique, et il avait conquis un prestige intellectuel hors de pair, en France et dans le monde anglo-saxon. Son maître ouvrage, *Du pouvoir*, paru en Suisse dès février 1945, avait connu un succès international, notamment aux États-Unis, comme aussi, plus tard, ses travaux sur la défense de la nature – prémonitoires – et sur la prévision : sa revue, *Futuribles*, était reconnue.

Jouvenel avait impressionné Jacques Julliard par sa jeunesse d'esprit, sa capacité d'écoute. Il lui avait donné trois conseils. D'abord, ne jamais devenir un « néo » (au sens de Marcel Déat quittant en 1933 la SFIO, je le rappelais, avant de dériver vers l'extrême droite) : il fallait toujours critiquer la gauche de l'intérieur, pour éviter de fatales dérives, telle que celle à laquelle il s'était lui-même abandonné. Deuxièmement, il convenait de ne jamais cesser de faire du journalisme, en parallèle avec toute autre activité, car c'était le plus beau des métiers. Jacques Julliard était, comme bien l'on pense, tout prêt à approuver cela. Enfin, il était indispensable de tenir régulièrement son Journal intime, soit pour le publier un jour, soit afin d'en tirer des idées et des matériaux pour la suite.

Or, il advint qu'au début de 1980 Jouvenel publia des Mémoires intitulés *Un voyageur dans le siècle*, qui couraient de sa naissance, survenue en 1903, jusqu'à 1945 : ses quarante premières années, avant la coupure que j'ai évoquée. *Le Monde* me demanda un compte rendu, qu'il publia en première page, le 7 mai. Je reçus aussitôt ce mot manuscrit, écrit à l'encre rouge sur un papier quadrillé : « Je suis ébloui par votre générosité – et comment ne pas vous dire aussitôt, n'importe le papier, n'importe la plume, le bien que vous m'avez fait. Bertrand de Jouvenel. » Bon départ pour une rencontre…

Dans mon article j'avais cité, après lui, son Journal, à la date du 8 août 1945 : « Pourquoi donc me plaindre que la fortune, qui a peu d'égards aux désirs humains, m'ait inscrit dans le maigre contingent des guides, plutôt que dans la fière cohorte des héros ? Ce dont il me faut bien me défendre, c'est de quelque secret mouvement d'amertume contre ceux qui ont eu le rôle dont j'avais rêvé pour moi… » Il lui fallait, pour tenir debout, accorder toute sa place à la contingence. En même temps que ses souvenirs douloureux, il republia un roman qu'il avait jadis, dans son exil, donné en feuilleton à un hebdomadaire helvète, *Les Français*, où il développait ses réflexions sur la place du hasard dans les choix de ses compatriotes de l'an 40.

À la suite de cet épisode, Bertrand de Jouvenel me convia à déjeuner, plusieurs fois, dans son pied-à-terre du 11 rue

Bernard-Palissy, à proximité de Saint-Germain-des-Prés, puis, à deux reprises, en juin et juillet 1980, dans sa maison d'Anserville, dans l'Oise. C'était une belle demeure dont on attribuait l'architecture à Mansart. Il y avait des livres partout, des journaux jaunis, un désordre chaleureux. Jouvenel m'expliqua – la force du hasard, toujours, en l'occurrence néfaste pour lui – qu'il avait acheté la maison en viager, au début des années cinquante, à un chirurgien nommé… Colette. Hélas ! celui-ci vivait toujours, à plus de cent ans, et il envoyait chaque année des vœux doucement ironiques. Jouvenel craignait de devoir, dans ces conditions, se séparer de la maison, ce qui lui serait une douleur.

Il jouait d'un charme spécifique, servi par sa taille svelte, son air penché, son costume de velours attentivement négligé, ses beaux cheveux blancs, la raie de sa fine moustache et sa barbe de même couleur, savamment taillées, qui adoucissaient l'architecture du visage. Il aimait à rouler ses yeux très clairs pour arborer la figure d'un gamin pris en faute, et savourant cela même. Il avait des égoïsmes ouatés de chat en prudence. La ductilité de sa pensée était extrême, son désir de plaire infatigable. Il souffrait alors de cette forme de vieillissement qui lui faisait oublier, ce qui l'exaspérait, les noms propres, même les plus courants. Au reste, je n'imagine pas qu'il ait jamais dû être un causeur brillant aux reparties soudaines, à l'humour rapide, aux fulgurances inattendues. Son rythme était plus lent, sa séduction faite d'attentions affichées à l'autre, de curiosités concrètes, de modestie vraie et de désintéressement feint. Il manifestait une grande liberté à l'égard des vanités ordinaires, les hochets des vieillards, dont il ne se voyait pas faire partie (il avait refusé l'Institut, naguère, terrorisé par cette « collection de vieux messieurs »). Il conservait très peu la mémoire des commentaires universitaires sur son œuvre. Une seule fois cependant, en octobre 1981, il me parla avec attendrissement d'Évelyne Pisier-Kouchner, que j'évoquai parce que je devais peu après la retrouver au jury de l'agrégation de science politique. Elle avait rédigé et publié un mémoire qui était consacré à Jouvenel. « Il ne s'est rien passé de sérieux entre nous », me dit-il avec une ingénuité feinte.

« Je prends le risque, m'écrivit-il plus tard, de me montrer sous un jour moins heureux que celui sous lequel vous m'avez regardé. » Chaque fois il insista, en dépit de l'ouvrage qui nous avait rapprochés, sur le peu d'envie qu'il avait de se pencher sur son passé et sur sa douleur, parfois, de l'exercice, « jusqu'à en avoir les larmes aux yeux ». Tout à trac, il se portait vers l'avenir, disait son inquiétude quant au déclin « irrémédiable » de l'Europe. Il me montra les cahiers où il inscrivait ses réflexions devant l'actualité : notations bout à bout, sans date, citations, correspondances, coupures de presse. Pour la genèse de ses livres, il y avait dans ces carnets des éléments importants. On aimerait qu'ils soient aujourd'hui à la Bibliothèque nationale de France. Mais j'appris qu'il en avait vendu quelques-uns à celle de Lausanne, pour régler une échéance du viager.

Lors d'une de nos rencontres, il me dit qu'il avait passé la nuit à travailler sur un annuaire statistique de l'ONU qui venait de lui parvenir et qu'il avait noirci de la sorte des pages et des pages. « J'adore les chiffres. Je n'ai pas beaucoup de goût, au fond, pour les idées. » Cela était exprimé avec une coquetterie qui s'amusait d'être reconnue comme telle. Il avançait pourtant cette réflexion : « Je suis frappé de constater que les colonisations durables sont celles qui sont accomplies par la terre, et non par la mer, jouxtant le territoire de la puissance impériale. Ainsi de l'URSS, en différence avec la France ou l'Angleterre. » C'était bien vu, au moins pour l'époque. Une autre de ses remarques me frappa. « La différence majeure entre Hitler et les Russes, c'est que le Führer voulait que tout fût accompli de son projet de son vivant, persuadé qu'ensuite il serait trop tard, alors que la puissance soviétique est à présent collégiale et qu'elle se donne à elle-même tous les ressorts de la durée et de la patience. »

De Jeannie Malige, sa compagne, qui était de quarante ans sa cadette et qui l'avait aidé à rédiger *Un voyageur*..., il avait fait connaissance (précurseur là encore ?) par les petites annonces. Le voyant souffrir de sa solitude, après la mort d'Hélène, sa dernière épouse, « *uxor dilectissima* », survenue en 1974, un ami avait publié un appel dans *Le Figaro* : « Un écrivain veuf, vivant près de Paris, cherche dame avec automobile pour l'aider dans son travail. » Il avait reçu plus de cent réponses, s'était arrêté à la troisième. Ce couple vivait comme chien et chat, mais ils se donnaient beaucoup l'un à l'autre. Elle était vive, attentive, taraudée de doutes sur elle-même. Lui ne pouvait s'en passer – une femme le servant, l'encadrant – et, dans le même temps, elle l'irritait. D'une manière assez touchante, il s'attachait à faire semblant de l'aider dans les tâches matérielles et il masquait son égocentrisme sous l'apparence d'une attention ostentatoire aux soucis de sa compagne. Profitant de ce qu'elle était à la cuisine, il me parla un jour d'un manuscrit d'elle, m'affirmant que son succès était ce à quoi il tenait désormais le plus. Il s'agissait d'une série de tableautins évoquant les années que Jeannie Malige avait passées à Montbard, en Bourgogne, avec son mari, ingénieur chez Vallourec : une forme de vengeance, efficace.

Jeannie Malige prenait un plaisir manifeste et quelque peu masochiste à pousser Jouvenel sur le chapitre des femmes qu'il avait connues. Lui mettait à répondre une coquetterie faussement agacée. En me reconduisant un jour d'Anserville à la gare de Chantilly, elle me dit : « Bertrand a toujours eu un caractère faible et besoin d'être entouré de femmes qui le maternent, qui le dominent. » Dans son livre, regretta-t-elle, il n'avait pas raconté comment il s'était fait « piéger », un beau jour, pour avoir embrassé dans une cabine de bain une jeune demoiselle (qui était la fille, si je puis dire, d'une marque d'alcool de menthe bien connue). Surpris par le frère de celle-ci, il se précipita chez sa mère pour lui jurer ses grands dieux qu'il n'y avait rien là qui comptât vraiment pour lui. Il le dit si maladroitement que la dame, feignant de ne pas comprendre, put lui ouvrir grands les bras sur une poitrine généreuse : « Sur mon cœur, mon gendre ! » Il se retrouva cerné, félicité, prisonnier… Il ne s'en tira qu'en n'apparaissant pas le jour de la réception de fiançailles. Il sortait de chez Colette. Elle lui lança, depuis son balcon, un petit billet plié en quatre : « N'y allez pas ! » Jouvenel raconta à ce propos qu'un jour il avait emporté aux États-Unis deux cent cinquante lettres de Colette, par sentimentalité, et qu'il les avait, par prudence, déposées dans une consigne de gare, puis qu'il avait perdu le ticket et oublié de quelle gare il s'agissait. Elles doivent y être encore. Une autre fois, en juin 1982, il évoqua, aiguillonné par sa compagne, des morceaux de ses amours fameuses avec la même Colette. Celle-ci était la seconde femme de son père, Henry de Jouvenel, diplomate et ministre. Plus tard, dans le Midi, Colette était venue demander à Bertrand si elle pouvait donner sa place au jeune Maurice Goudeket. Ce fut oui. « Peu après, me dit-il, mes parents me marièrent à Marcelle Prat, qui était de dix ans plus âgée que moi. »

Jeannie Malige trahissait une jalousie rétrospective pour Hélène et son ombre impérieuse – et pour Colette plus encore. « Comment avez-vous pu vous attacher à elle, physiquement, cette grosse femme aux formes déjà effondrées ?... » À quoi il répliquait doucement : « Je l'aimais beaucoup. » Je songeai qu'elle devait l'aimer davantage, elle qui avait écrit un jour : « Quand on est aimé, on ne doute de rien. Quand on aime, on doute de tout. » Jouvenel me parla aussi de Martha Gellhorn, romancière et correspondante de guerre notoire, qui fut ensuite la troisième femme d'Hemingway. Il lui avait promis de divorcer pour elle. Le jour de la conciliation vint. Il y retrouva sa femme, Marcelle Prat, bavarda avec elle affectueusement. Le juge était en retard. Ils allèrent prendre un café, s'attardèrent. Quand ils revinrent, le juge était parti. Bertrand revint le soir chez Martha, pas fier, avoua l'échec. Martha fit ses valises. Ils restèrent bons amis. Il me montra deux livres d'elle : avec la photo d'une très belle femme en cheveux blancs (*The Weather in Africa*). « Allons, allons, dit Jeannie, les femmes vous ont toujours mené par le bout du nez. » Il ne le nia pas. Elle, visiblement, éprouvait à la fois la fierté de toutes ces amours passées et le plaisir de le montrer dominé, donc finalement par elle aussi.

Plus tard, toujours en voiture de la maison d'Anserville vers la gare, elle me raconta un épisode que le livre de souvenirs ne contenait pas, « décisif pourtant pour la suite ». Un jour que « Bertrand » partait pour les sports d'hiver, en janvier 1937, avec « une femme du monde », il acheta les journaux sur le quai de la gare et il y lut l'assassinat, par un sicaire de la Cagoule, de Dimitri Navachine, un banquier russe qui était son ami. Il s'en émut, hésita à rester à Paris – et puis il y renonça, « pour ne pas affliger la dame ». Et c'est pour cela qu'il ne fit pas l'enquête qu'il aurait dû faire, en journaliste et en ami, sur la réalité de ce meurtre, qu'il ignora les réalités subversives de la Cagoule et qu'il put accepter d'aller prendre la parole dans les meetings de son chef, le général Duseigneur. La fille de celui-ci était au premier rang, frémissante d'admiration pour son père. C'était Hélène… Jouvenel le confirma plus tard devant moi : « Souvent je me réveille la nuit avec deux remords virulents : n'avoir pas été assez gentil avec ma mère et n'avoir pas renoncé à mon départ pour les sports d'hiver avec une belle dame quand j'ai appris l'assassinat de mon ami Navachine, en janvier 37. Toute ma vie aurait été changée… »

Je retrouvai encore Jouvenel le 27 janvier 1981, lors d'un déjeuner que Michel Albert, alors commissaire au Plan, et sa femme Claude, hôtes très attentifs, avaient organisé en son honneur. On reparla de son itinéraire : « J'ai toujours manqué de psychologie », dit-il dans sa manière ordinaire, expliquant que c'était ainsi que Jacques Doriot et son PPF l'avaient séduit, absurdement : « par leur souci du chômage ». Pour l'heure, j'observai avec intérêt la distance qu'il prenait par rapport à Giscard, dans la perspective de la prochaine élection présidentielle. Son hostilité au président sortant avait crû et il s'affirmait à présent décidé à voter Mitterrand lors de la présidentielle prochaine. Le 9 janvier 1981, rue Bernard-Palissy, il s'était dit, devant moi, indigné par le lâchage des « amis de la France » au Tchad : il publia un bref papier, à ce sujet, dans *Le Matin de Paris*.

Le chauffeur du Plan qui nous reconduisit ce jour-là nous dit qu'il avait été stupéfait de la gentillesse de Jouvenel, quand il était allé le chercher à Anserville. « Il m'a demandé si j'aimais comme lui les sardines grillées. J'ai répondu qu'assurément oui, mais qu'habitant dans une HLM je ne pouvais pas imposer leur cuisson à mes voisins. Il m'a fait arrêter chez un poissonnier qu'il connaissait pour y acheter pour lui-même un gros sac de sardines et pour moi, le chauffeur, afin de me consoler de ne pas pouvoir griller mes sardines, une bourriche d'huîtres ! »

Jouvenel faisait à la ronde la publicité de ma *Leçon d'histoire pour une gauche au pouvoir*, consacrée au précédent du Cartel des gauches de 1924, que je publiai dans la foulée de ma thèse et que j'évoquerai plus loin. Il suscita un épisode assez piquant, dans le climat créé, à droite, par le 10 mai 1981. Il suggéra mon nom pour une conférence sur ce thème dans le cadre du Centre européen d'éducation permanente, le CEDEP, où lui-même enseignait. C'était une institution proche de l'INSEAD, à Fontainebleau. J'y fus le 2 juin 1981. Dans ce milieu très conservateur, l'ambiance me parut fraîche. À telle enseigne que, peu après, j'appris que le nommé Claude Michaud, directeur adjoint, professeur très « libéral », avait poussé vers la porte Jouvenel, qui y enseignait jusqu'alors, prenant prétexte de ce qu'il avait introduit dans la place une sorte d'homme au couteau entre les dents... C'était moi !... Je me souvins que ce personnage ondoyant et enveloppé avait insisté pour que, dès ma conférence achevée, je reparte par le premier train – de peur probablement que je ne donne la rougeole à son petit monde atlantiste. J'avais trouvé quelque soutien seulement auprès de cadres de banques nationalisées. Derrière Jeannie Malige, qui était présente, anonyme, le gros homme (ou tel de ses doubles) murmurait entre ses dents : « Fumeuses illusions... propos d'irresponsable... » Je trouvai cela piquant, d'autant plus que Jouvenel ne paraissait pas trop navré de l'aventure. Il était las, mc dit-il, de l'atmosphère de cette institution. Mon « gauchisme » avait fourni un prétexte. Ce ne dut être que la dernière goutte d'eau qui fit déborder le vase d'une indignation. Gentiment, Jeannie me dit que le professeur licencié y avait perdu six millions de francs de cachet annuel.

Il me dédicaça *Du pouvoir*, dans l'édition première, le 17 juin 1982. « Pour JNJ, ce livre qui avait été refusé par plusieurs éditeurs avant que l'inconnu Christian Bourquin vînt frapper à la porte de mon tout petit logis, à Saint-Saphorin, dans le canton de Vaud. J'éprouve quelque jalousie de ce que ce livre, si ancien, soit de loin le plus cité de mes ouvrages. Peut-être est-ce du fait que j'ai été de plus en plus soucieux d'examiner les faits. Or, combien n'ont-ils pas évolué en plus de trente-cinq ans ! Mais au lieu de parler de moi, je ferais mieux de vous dire combien j'apprécie votre discours au CEDEP qui m'en a fait chasser. »

*

Au cours de ces années, les invitations pour des missions et conférences à l'étranger se multiplièrent. En novembre 1975, je fus convié par la Japan Foundation à revenir, presque dix ans après mon premier passage, pour une quinzaine de jours dans l'archipel. Ulla m'accompagnait et son regard, d'une curiosité enthousiaste, ici plus neuf que le mien, ajouta au prix du voyage.

Après le bonheur d'une visite des prestiges miraculeux de Kyoto et de Nara, propre à relativiser toutes les péripéties électorales, nous en revînmes vite à la politique. Nous fîmes des visites contrastées au Parti communiste, étrange îlot de rêve comprimé, et à la Soka Gakkai, secte nationaliste dont était issu le parti Komeito et dont l'essor inquiétait les universitaires rencontrés. Quant à mon ami Bunsei Sato, retrouvé à Tokyo puis dans son fief de Beppu, revêtu des prestiges de ses succès électoraux successifs, il se montra plus chaleureux que jamais : sa générosité naturelle rejoignait sa satisfaction, aussi intense que possible, et quelque peu farfelue, de démontrer à nouveau par ma présence son rayonnement international. Il continuait de tirer avantage et notoriété du livre que Gerald Curtis avait consacré à son élection de 1966. Je le revis ensuite plusieurs fois en visite à Paris. Devenu ministre chargé des Transports, il racontait avec jubilation comment, lorsqu'un avion de la Japan Air Lines avait été détourné en Afrique par des pirates de l'air, il était arrivé sur les lieux après la bataille et la victoire des forces de l'ordre. Au retour, il fit fabriquer, afin de les distribuer partout dans sa circonscription, une quantité de stylos-bille en y inscrivant son nom avec la mention : « Détournement de l'avion, *100 % success !* » Son déclin survint plus tard après la mort de sa femme, qui lui fut fatale. Elle était son ange gardien. Il se remaria avec une vedette de la télévision. Il voulut se rajeunir et il se teignit les cheveux en jaune, ce dont le public se moqua. Après qu'il eut exercé sept ou huit mandats, un jeune rival de la faction Nakasone l'écarta, pour sa douleur.

Je voulus contrebalancer ces observations du côté de la gauche et je demandai d'accompagner une vedette du Parti socialiste. Takako Doi, députée depuis 1969, devint plus tard présidente du PSJ, première femme à avoir jamais dirigé un parti dans un univers politique profondément machiste. Cette juriste, dont la probité était célébrée, menait un combat valeureux pour tâcher d'améliorer la situation des femmes, assignées aux seules tâches ménagères. Elle nous ouvrit les bras, avide d'informations sur ce qu'il en était en Europe. Quelques années plus tard, elle obtint de la Diète que le Japon signât la « Convention sur l'élimination de toute discrimination envers les femmes » adoptée en 1979 par les Nations unies. Dans sa circonscription, située dans la préfecture de Hyogo, nous parcourûmes les rues de l'île Awaji située dans la mer Intérieure, depuis le minibus d'où elle haranguait les passants par haut-parleur. Nous admirâmes sa vigueur et son courage dans le meeting qu'elle tint dans la grande ville voisine de Nishinomiya, où elle démontra, devant des électeurs vaguement gênés et des électrices dont on guettait la satisfaction derrière la pudeur, ce que devrait être, selon un regard de gauche, la promotion de celles-ci dans la cité. Notre interprète, l'efficace Yasu Watanabe, sortait par moments de sa réserve pour se réjouir d'un propos dont elle rapportait l'optimisme, on le sentait, à sa propre situation familiale, auprès d'un homme d'affaires visiblement peu décidé à rien concéder de sa domination dans le foyer partagé. Elle était fière d'avoir accompagné dans le pays Claude Lévi-Strauss et Pierre Daninos dont elle devint l'amie, comme elle est restée la nôtre : mélange roboratif. Elle nous convia un jour avec eux deux, à Paris, et je me souviens d'un choc de cultures.

Les invitations, au fil des années suivantes, furent nombreuses. En mai 1977, en Tunisie à Hammamet, avec Pierre Nora, Simonne et Jean Lacouture. En Allemagne, à plusieurs reprises, en 1979 et 1980, dans divers instituts culturels, à l'Université militaire de Hambourg, à la Freie Universität de Berlin, en juin 1979, en janvier 1980 à Francfort, fin mai à Hambourg et Hanovre. À la London School of Economics aussi, en avril 1979. En Hongrie et en Autriche, en décembre 1979. Au Maroc, Tanger, Fès, Rabat et Casablanca, en mai 1980.

Claude Schopp, attaché culturel en Australie (qui se fit connaître ensuite par ses beaux travaux sur Alexandre Dumas), m'y convia, en juillet et août 1978, pour des conférences dans les universités de Sydney, Adélaïde, Melbourne, Canberra. Celles-ci paraissaient d'autant plus accueillantes et attachantes qu'elles donnaient l'impression, dans ce pays encore neuf tourné vers d'autres valeurs que la spéculation intellectuelle, d'être, quoique prospères, insulaires. J'y rencontrai la personnalité rayonnante de Simon Leys. Il était lecteur à l'Université. Ce barbu au parler très doux, habillé comme un prêtre défroqué, avait en lui quelque chose de lumineux. L'auteur des *Habits neufs du président Mao* entraînait la conviction quand il dénonçait les fanatismes et les naïvetés du « maoïsme » occidental, et on se disait à l'entendre que sa lucidité sur la Chine était vouée à triompher des vaticinations germanopratines sur les bienfaits de la Révolution culturelle. Ce fut le cas, en effet, dans la longue durée. Je regimbai en revanche quand il expliqua vouloir faire litière de l'idée de patrie, qui lui semblait en pleine décadence et vouée à laisser la place à la seule dialectique du local et de l'universel. En vain lui fis-je remarquer que bien des oppressions, pourtant, s'imposaient à portée de main.

Je me rendis à nouveau, plusieurs fois, aux États-Unis. J'eus plaisir à constater que ce que nous faisions à Sciences Po, à côté du prestige des Annales, y trouvait de l'écho. J'y fus en octobre 1980, à l'université de Pennsylvanie, puis à Harvard, où Stanley Hoffmann m'accueillit, à Columbia, où je retrouvai avec plaisir Gerald Curtis, à la New York University enfin, sous la houlette de Nicholas Wahl. Je fus convié aussi à donner une conférence à Princeton, à l'invitation d'Ezra Suleiman. Celui-ci y occupait déjà la chaire d'études françaises qu'il a illustrée pendant plus de quarante ans. J'avais sympathisé avec lui dès 1970, à l'occasion d'un congrès de science politique qui s'était tenu à Munich, mais c'est à l'occasion de cette nouvelle rencontre qu'une amitié commença de s'approfondir entre nous, qui devint bientôt intime. S'attachant – selon un mélange bienvenu de sévérité et d'affection – à l'étude de nos élites administratives, de leur recrutement, de leur sociologie, comme aussi du prix à payer pour leur efficacité, il en devint bientôt le familier. Assez proche pour y entretenir un réseau de confiance, assez distant pour échapper à toute complaisance, il prit la figure, dans sa génération, de l'un de ces intermédiaires dont les relations agitées entre les États-Unis et la France n'ont pu, depuis lors, que rendre plus précieuses la pertinence et l'influence. Il a été beaucoup consulté et j'ai pu suivre avec plaisir, d'année en année, les progrès de sa notoriété en France et l'essor de son rayonnement dans les milieux de l'Université, de la politique et des affaires. Il est le plus généreux des hommes.

J'aimais ces escapades qui me sortaient du quotidien parisien. Je participai aussi, du 22 au 24 avril 1977, dans le décor de Ditchley Park, à une session du Conseil franco-britannique qu'avaient créé Edward Heath et Georges Pompidou en 1972, dans la perspective de l'entrée du Royaume-Uni dans la Communauté européenne. Ce beau château du XVIIIe siècle, situé dans l'Oxfordshire, avait été voué par une fondation à l'accueil de diverses rencontres internationales. Il y avait là, du côté britannique, des dinosaures de la diplomatie, notamment sir Gladwyn Jebb, longtemps ambassadeur à Paris, et sir Duncan Sandys, qui avait été le gendre de Churchill et ministre des Colonies. Je notai que les hochets de ces nobles vieillards étaient leurs titres de noblesse acquise et qu'ils correspondaient chez nous aux rosettes sur canapé qui fleurissaient les boutonnières – manière assez bizarre, au fond, de pousser devant soi son mérite. On nous imposait une stricte confidentialité, mais je me dis qu'elle aurait pu être violée sans aucun inconvénient étant donné le caractère très général des propos tenus. Nous allâmes en délégation et en autobus visiter le château de Blenheim, où Churchill était né. Les séances étaient solennelles et assez creuses, parmi beaucoup de congratulations, mais, comme toujours dans ces grands « machins », les intermèdes, surtout, étaient intéressants et, comme toujours aussi, j'eus plaisir à faire parler les membres de la délégation française, glanant souvenirs et réactions.

Je saluai avec sympathie Alain Savary qui me parut solide, calme, un peu terne. Hervé Alphand, notre fameux ambassadeur à Washington au temps de Kennedy puis secrétaire général du

Quai d'Orsay, se déplaçait avec majesté ; à force de s'être fait une *poker face* sous ses bajoues gonflées, il finissait par arborer un air un peu bougon ; on célébrait souvent ses talents d'imitateur clownesque, mais à cette occasion, malheureusement, il ne les montra pas. Wilfrid Baumgartner (je crois que c'est lui qui avait suggéré que l'on me conviât, pour abaisser un peu la moyenne d'âge) répandait avec élégance des commentaires acides sur la politique française. C'est à peine s'il maîtrisait, devant des Britanniques, son langage.

Pierre Guillaumat, qui avait été le patron du pétrole français comme président d'Elf-Aquitaine, avant de l'être d'EDF, ingénieur très carré, me parut avoir plus de rigueur que d'humour. Je le fis parler de son père, éminent général qui avait eu la mission d'organiser, dans les Balkans, le front de Salonique, pendant la Première Guerre mondiale. Auparavant, en poste en Chine, il avait été chargé, lors de la révolte des Boxers, en 1900, de défendre la concession française de Tientsin. Son fils me rappela avec un sourire (il en paraissait assez avare), ce que je n'ignorais pas, qu'Adolphe Guillaumat avait été ministre de la Guerre pendant quelques semaines dans un gouvernement Briand, en 1926. Un poste que lui-même avait occupé, bien plus tard, comme ministre des Armées, entre 1958 et 1960. Quand je le ramenai vers cette période, il m'affirma qu'après son discours devant le forum d'Alger, commençant par le célèbre « Je vous ai compris », de Gaulle l'avait pris dans sa voiture vers l'aéroport de Maison-Blanche et lui avait dit que l'indépendance était inévitable : « Ces gens-là ne pourront jamais être français… » Le Général n'avait pas dû l'exprimer de la même façon, au même moment, à Michel Debré.

Pierre Massé, naguère commissaire au Plan, chargé de « l'ardente obligation » qu'avait célébrée de Gaulle, acquit aussitôt mon estime. Je notai sa finesse, sa sensibilité, son esprit de nuances, sa courtoisie attentive. Sa générosité sociale ne dissimulait ni sa fidélité au Général ni les réticences lourdes que suscitaient chez lui Giscard et les soutiens droitiers sur lesquels il appuyait son gouvernement : en termes politiques, économiques et sociaux. Il me demanda de le conseiller dans la rédaction de ses Mémoires. Je sus plus tard, après sa mort, que la sympathie avait été réciproque lorsqu'il me légua une boîte en argent où il avait rassemblé diverses lettres autographes de personnages notoires. Il n'avait pas de fils.

*

Une nouvelle aventure intellectuelle, peu après, s'offrit à moi. Le 28 octobre 1977, Michel Winock m'avisa *sub secreto*, comme on disait au Vatican (et peut-être aussi au Seuil où la tradition chrétienne était une source ardente…), d'un beau projet dont l'idée était venue à lui-même et à Michel Chodkiewicz, nouveau patron de la maison, et auquel il souhaitait m'associer : lancer une revue qui, sur le modèle de *La Recherche* dans les sciences « dures », se donnerait la mission, à distance à la fois des austères publications universitaires et des magazines de divertissement, de faire connaître à un large public les acquis de notre discipline en mouvement. Au comité de rédaction, dont je serais, figureraient notamment Jean Lacouture, Jean-Pierre Rioux et Philippe Joutard.

Je donnai mon accord, d'enthousiasme. Le modèle allemand, qui voulait alors que les professeurs d'histoire n'écrivent pratiquement que pour leurs pairs, faute de quoi ils encourraient leur mépris, me paraissait réducteur et malvenu. Outre-Rhin, l'histoire destinée au grand public était généralement abandonnée à des journalistes spécialisés. Pour ma part et depuis longtemps, je pensais qu'il eût été malsain et frustrant de nous couper d'un large public. La nation nous faisait vivre, comme fonctionnaires, à peu près convenablement. Eh bien ! la logique et notre plaisir conjugués devraient conduire à diffuser nous-mêmes l'histoire en marche, celle qui, surmontant l'anecdotique, pourrait aider les citoyens à situer dans la longue durée leur regard sur l'actualité et leurs interventions dans la nation.

Le premier numéro de *L'Histoire* parut le 8 mai 1978. Très vite, le succès vint, confirmant la pertinence du propos des fondateurs. L'écho des émissions retentissantes de Bernard Pivot, « Apostrophes », consacrées à la « Nouvelle Histoire » avait préparé le terrain. Notre mensuel était voué à s'installer solidement dans le paysage. Après quatre décennies, le projet de 1977 n'a pas épuisé sa fécondité et notre revue, surmontant diverses turbulences capitalistiques, continue d'afficher son mérite et de démontrer sa nécessité.

Dans le milieu, l'événement, quand il surgit au jour, créa une commotion. Du côté des Annales, on s'indigna qu'un tel projet pût prospérer hors de leur emprise. On y songea à faire de l'entrisme en même temps qu'à lancer une initiative rivale, dont on dit à Michel Winock, avec hauteur, que l'idée préexistait. Celui-ci a tenu la chronique de cette petite guerre dans le *Journal politique* qu'il a depuis publié. Il y parle de « la tranquille volonté de puissance » qu'exprimait « la morgue des Hautes Études ». Jacques Le Goff et François Furet se distinguèrent en rivalisant d'ironie condescendante puis d'irritation affichée. Ce fut en vain. Avouerai-je qu'à leur dépit je trouvai quelque saveur ?

Le sectarisme n'était pas de notre côté, notre accueil étant affirmé envers tous les talents, quelle que fût leur étiquette, du moment qu'ils rejoignaient le propos initial. Nous nous manifestâmes d'emblée comme ouverts à tout ce qui bougeait, avançait, inventait dans le champ de notre discipline. Dans nos colonnes se jouxtaient René Rémond et Fernand Braudel. Nous parlions de tout librement. Les déjeuners qui réunissaient le comité de rédaction après son travail étaient les plus joyeux et confiants possibles. Peu de vanité circulait, beaucoup d'imagination.

Il me fut confortable de pouvoir publier notamment, parmi diverses contributions aux colonnes de *L'Histoire*, de ces articles dont l'idée m'était venue, je l'ai dit, dans le voisinage de ma thèse sur différents aspects des relations entre l'argent et le pouvoir, et que je réunis avec ceux que j'avais donnés à des revues « scientifiques », un peu plus tard, en 1981 dans mon recueil *L'Argent caché*. Je lançai aussi, dans le numéro de décembre 1979, un appel que j'intitulai « Vive la biographie ! », en forme de plaidoyer pour un genre dont j'ai dit l'importance à mes yeux et que je croyais regrettable de concéder aux seuls auteurs de la Librairie académique Perrin. Cet article fut remarqué ici et là et il contribua, pour une petite part, je crois, à l'évolution bienvenue que je préconisais – en dédouanant les universitaires qui souhaitaient s'aventurer sur ce terrain foisonnant.

Dans la ligne de mon intérêt pour les témoins avisés du temps passé, je publiai dans *L'Histoire* un entretien avec Jacques Millerand et je fis amitié avec lui. Ce magistrat me dit avec humour qu'il avait vu son père, homme d'État important de la Troisième République, dont il avait été le président, après Paul Deschanel, entre 1920 et 1924, travailler tellement qu'il en avait été lui-même fatigué toute sa vie. Son œil n'en avait pas été moins aigu sur tout ce que la proximité de son père lui avait permis d'observer. C'est ainsi qu'il me raconta une visite officielle au Maroc où Lyautey était proconsul, en 1922 ou 1923. Il s'étonna de trouver au-dessus de son lit une photographie horrible qui montrait un beau jeune homme, magnifique, torturé par les Anglais. Le lendemain matin, très tôt, il vit Lyautey arriver dans sa chambre, en caleçon. « Cette photo a dû t'étonner, mon garçon ? C'est que d'ordinaire elle n'est pas ici mais dans la salle de bains que j'ai dû céder à ton père parce que c'est la plus belle de la résidence. J'ai pensé qu'il valait mieux ne pas y laisser ce cliché. Mais, pour ma part, j'y tiens beaucoup : elle me rappelle tous les matins, pendant que je me rase, à quel point les Anglais sont des salauds. » Peut-être n'était-ce pas, au demeurant, sa seule motivation.

C'est dans ce climat intellectuel que s'offrit à moi une position académique en vérité idéale. Je venais de refuser à Jean Bousquet, le directeur de l'École normale (à sa vive irritation, brutale), de le rejoindre rue d'Ulm comme sous-directeur, lorsque les meilleures perspectives s'ouvrirent dans le cadre de la Rue Saint-Guillaume. Sciences Po souhaitait renforcer sa situation en se voyant accorder le droit de conférer des doctorats et de créer à demeure des postes de professeur d'Université. Jean-Claude Casanova, qui suivait ces questions à Matignon, s'employa à hâter les choses, et je fus le premier, je crois, avant des dizaines au long des années, à être promu de la sorte (sous le titre, pendant deux ans, de maître de conférences, qui équivaut aujourd'hui à celui de professeur de seconde classe). René Rémond poussa à la roue de cette réforme – le directeur Jacques Chapsal étant hésitant – avec l'appui de François Goguel qui présidait, après Pierre Renouvin, la Fondation nationale des sciences politiques. J'atteignais ainsi, désormais inamovible dans cette chaire, pour toute ma vie, à la complète liberté à laquelle j'étais tellement attaché. En dehors du temps de mes excursus dans diverses fonctions publiques, j'ai enseigné rue Saint-Guillaume jusqu'en 2011 à des étudiants de qualité et toujours sur des thèmes qui m'étaient chers : histoire politique, histoire culturelle, histoire de l'Europe, histoire des médias. Ma reconnaissance est intacte envers ceux qui me le permirent.

J'éprouvai aussitôt les avantages de cette situation dans le cadre du tout jeune « Cycle d'histoire du xxe siècle ». Il régnait dans nos bureaux de la rue des Saints-Pères, parmi le petit groupe d'enseignants bientôt enrichi par plusieurs arrivées, une amitié paisible que ne connaît pas toujours la vie universitaire. Ni intrigues ni clabaudages. Que nous ayons tous, plus ou moins, des activités extérieures – édition, journalisme… – me sembla favoriser cela.

Je fus content de resserrer avec Alain-Gérard Slama des liens qui s'étaient noués au temps de la Rue d'Ulm. Je partageai mon bureau avec Serge Berstein, dès qu'il nous eut rejoints depuis Nanterre : sa probité intellectuelle et la clarté de son esprit valorisaient sa compétence inépuisable et paisible sur l'histoire politique de la France depuis deux siècles. Avec son complice Pierre Milza (ils s'étaient rencontrés jadis dans la même école normale d'instituteurs et leurs manuels sont célèbres), j'assurai le séminaire général. Ce dernier puisait dans une fidélité à son ascendance italienne l'inspiration qui le fit s'affirmer comme un maître de l'histoire du fascisme – notamment. Jean-Pierre Azéma cachait mal un cœur généreux derrière son éternelle écharpe et derrière son vocabulaire délibérément baroque une compétence sans égale sur les années de Vichy et de la Résistance : son œuvre continue d'en marquer l'historiographie en profondeur. Michel Winock, qui avait épuisé les charmes incertains de l'université de Vincennes, trouvait rue Saint-Guillaume, en complément de son activité d'éditeur au Seuil qu'il exerçait alors dans les eaux de l'*Esprit* d'Emmanuel Mounier, un public adapté à son éloquence et à sa culture : les étudiants discernaient vite ce que sa réserve naturelle laissait bientôt transparaître du désir inlassable de transmettre et de partager ses curiosités, ses élans et ses refus. Sa loyauté envers les autres et envers lui-même n'a jamais, sous mon regard affectueux, connu de défaillance.

Raoul Girardet avait fondé ce lieu d'échanges privilégiés avant de m'en passer les clés. Il y avait recruté une assistante délicate et efficace, Amélie Avenet, qui fut notre muse. On aurait pu le croire voué à se distancier de nous, ses cadets tous plus ou moins marqués à gauche. Car son combat pour la défense de l'Algérie française l'avait conduit dans les eaux de l'OAS et jusqu'en prison. Il était l'ami du groupe littéraire des fameux « hussards », en particulier Antoine Blondin et Jacques Laurent. Pourtant, aucun mur de verre ne tomba jamais entre nous. Selon un accord tacite, on ne parlait pas de ce qui pouvait heurter. Il détestait l'ennui. La gaieté nous rapprochait. Ses passions se mêlaient chez lui à un libéralisme foncier. Il aimait les bonnes choses de la vie. Une certaine nonchalance hédoniste empêchait qu'il valorisât par trop le prix de l'écriture et pourtant il laissa derrière lui des ouvrages importants, qui demeurent aujourd'hui vivants, notamment sur l'histoire des armées françaises et sur les mythologies politiques. Il intitula son livre de dialogues avec Pierre Assouline *Singulièrement libre*. Le titre était bien choisi.

12

Le goût des médias

Un livre sur Le Monde. *– Beuve-Méry de longue date. – Un déjeuner à Fontaine-sous-Bois. – Le fiasco du* Temps de Paris. *– Visite à Antoine Pinay, son parrain. – Ses leçons à Giscard – « HBM » : chronique d'une indépendance. – Une mauvaise humeur. – Jacques Julliard, coauteur et complice. – Premières armes à France Culture. – Deux documentaires : Léon Blum, De Valera. – Pierre Emmanuel à l'INA. –* Le Discours et la cravate. *– « À armes égales ». – Alain et France Duhamel. – Une histoire de la bourgeoisie ? – Un sectarisme la torpille. – L'audiovisuel, programme de recherche. – Plaidoyer pour un dépôt légal. – Mon séminaire, pépinière. – Conseiller de programmes à l'INA. –* Le Point, Les Nouvelles littéraires, Le Matin de Paris. *– Raymond Aron me ferme* L'Express. *– Au jury de l'agrégation de science politique.*

Au mitan des années soixante-dix, je partageai avec Jacques Julliard la rédaction d'un livre sur le premier quart de siècle du *Monde*, au temps où Hubert Beuve-Méry le dirigeait – de 1944 à 1969. Celui-ci sut que nous y avions songé chacun de notre côté et il nous suggéra de nous associer. Ainsi en fut-il décidé, avec le plein accord de Paul Flamand, le patron du Seuil, qui avait déjà accueilli *Le Riz et le rouge* avec la générosité que j'ai dite. La complémentarité des deux auteurs s'affirma aussitôt comme facile et, pour moi, enrichissante.

J'avais noué des liens avec *Le Monde*, à la maison, depuis mon plus jeune âge. Aujourd'hui encore, il n'appartient pas, à mes yeux, à la même catégorie que les autres journaux. Je me souviens d'avoir découpé, à l'aube de l'an 1952, et collé dans un grand cahier les articles narrant l'histoire de Kurt Carlsen, le capitaine courageux du cargo *Flying Enterprise* qui sombra dans la Manche : tenant l'opinion publique en haleine, il resta seul à bord pendant treize jours jusqu'au moment où le navire s'engloutit. Ce fut ma première adhésion au « grand quotidien du soir ». Jamais, depuis ces années lointaines, je n'ai cessé d'entretenir avec lui un commerce spécifique, qui m'a toujours rendu désagréables les jours où ses numéros m'étaient inaccessibles. Dans mes pérégrinations, avant qu'Internet ne rendît cette quête obsolète, j'ai recherché partout ses numéros : relation tissée de connivence et parfois d'irritation, d'une familiarité exigeante.

Hubert Beuve-Méry avait rencontré mon père à Grenoble, au début de la guerre, lorsqu'il était actif à l'école d'Uriage. Il accueillit plusieurs fois dans *Le Monde* des articles de lui traitant de l'économie française. Un jour qu'il était venu dîner à la maison, au début de l'été de 1954, je lui demandai une interview. Il en fut étonné (j'avais douze ans), surtout quand je lui expliquai que c'était pour le journal *Tintin*, dont j'étais alors le lecteur assidu, tout autant que de *Paris-Match*, et qui avait lancé un concours de « jeunes reporters ». Mais il s'y prêta de bonne grâce. J'ai conservé le texte, tapé par moi, qu'il me renvoya corrigé de sa main et accompagné de ses vœux pour « ma double carrière de lycéen et de journaliste ». Naturellement, ce papier ne fut pas publié. Il évoqua l'épisode, deux décennies plus tard, quand il fut question de notre livre. Il se rappelait sa surprise et son amusement.

L'époque du gaullisme renouvelé n'avait pas refroidi les relations entre mon père et lui. J'ai noté, à la date du dimanche 2 octobre 1960, le récit d'une visite familiale, à Fontaine-sous-Bois, chez les Beuve-Méry. À notre arrivée le directeur du *Monde* était en train de cueillir des fleurs, en chemisette et culotte courte de velours noir. Tout au long, pendant le déjeuner et ensuite, sur la terrasse d'où une vue s'envolait vers la Seine et la forêt de Fontainebleau, la conversation fut politique. Je le trouvai quelque peu désespérant de pessimisme. Tout semblait mû, dans la France qu'il considérait, par la seule force obscure de clans asservis au

« gros argent ». « Sirius » (c'était le pseudonyme sous lequel il commentait l'actualité dans les grandes occasions) n'était guère qu'amertume envers de Gaulle auquel il avait l'habitude de répliquer avec hauteur, à la première page de son journal, lors des conférences de presse de celui-ci. Mon père défendit, bien sûr, le gouvernement auquel il appartenait, dans la tonalité de son optimisme naturel qui me parut, par contraste, plus marqué encore que d'ordinaire.

« HBM », écologiste avant la lettre, déplora que l'on « grignotât » la forêt de Fontainebleau pour y chercher du pétrole, mon père rétorquant que les dégâts étaient infimes et les tuyaux productifs. Les décisions seraient prises une par une, affirma-t-il, avec toutes les précautions souhaitables : lui-même, amoureux des arbres, pouvait s'en porter garant. Et comme Beuve-Méry, sceptique, branlait la tête, il lui dit sur un ton affectueux : « Évidemment, je ne veux pas vous priver de l'amère jouissance, de la délectation morose que peut provoquer chez vous la conviction de cette dégradation assurée. » On disait que de Gaulle parlait de Beuve-Méry en l'appelant « Monsieur Faut-que-ça-rate ». Il nous rapporta lui-même, avec un mélange de chagrin et de fierté, le mot que le Général lui avait décoché, en citant le Méphisto du *Faust* en allemand : « *Ich bin der Geist, der stets verneint* – Je suis l'esprit qui toujours nie. »

La conversation se noua bientôt autour de la phrase par laquelle « Sirius » avait ouvert un article du 7 septembre précédent titré « Magie du verbe, résistance des faits », où il commentait la dernière conférence de presse du Général : « La France, qui n'a plus, à strictement parler, ni Constitution, ni gouvernement, ni Parlement… » Il avait ajouté : « Ces journalistes, qui reprennent en les développant à l'envi – et parfois, convenons-en, avec excès – les agitations de l'époque, manqueraient-ils de la déférence due au chef de l'État en reconnaissant en lui un de leurs maîtres dans l'art généreux et facile de reconstruire le monde tel qu'il pourrait ou devrait être, en négligeant obstacles et réalités ? » À quoi mon père répliqua en insistant sur la large latitude d'action du gouvernement en dehors du fameux « domaine réservé », sur l'utilité d'en finir avec le régime d'Assemblée et sur la solidité des nouvelles institutions. Beuve-Méry, tout en concédant qu'il lui fallait parfois « forcer le ton pour être entendu », marqua un point en rappelant que de Gaulle se serait écrié devant des visiteurs que les « constitutions vivaient ce que vivent les roses ». Mon père, naturellement, ne voyait là qu'une boutade : « Ne dites pas que la nôtre n'existe pas. Le jour pourrait venir très vite où nous aurions, devant la subversion, à nous y attacher désespérément. Et ce jour-là, nous serons du même côté... »

Après cette rencontre, j'avais noté pour moi-même que j'éprouvais envers le directeur du *Monde* des sentiments mêlés, une admiration pour sa droiture et sa rigueur, et aussi quelque compassion pour ses morosités, en évoquant ce « voile de crêpe » à travers lequel il voyait l'univers en général et la France en particulier... Je n'avais pas oublié ces impressions anciennes lorsque, une quinzaine d'années plus tard, vint le temps de notre livre. L'idée m'en était née à l'occasion d'une recherche sur le cas du *Temps de Paris* : j'avais pris plaisir à débusquer la brève histoire de ce quotidien qui avait été lancé, en avril 1956, comme un brûlot contre *Le Monde*. J'avais rédigé à ce sujet un article pour *L'Histoire*. Un groupe d'industriels, qui demeuraient frustrés devant l'évolution d'un journal considéré comme un exécrable coucou logé dans le nid du *Temps* d'avant-guerre, boulevard des Italiens, avait jeté des capitaux importants dans une entreprise destinée à échouer lamentablement : celle d'un quotidien qui se positionnerait du côté de l'« atlantisme » – par opposition à la politique de « non-alignement » entre les deux blocs dont *Le Monde* se faisait le chantre –, tout en ne se montrant pas farouche envers le monde des affaires. De l'argent américain était entré probablement dans le jeu. Beuve-Méry, pour sa part, n'en douta jamais.

Le Temps de Paris n'avait pas su choisir entre deux modèles, *Le Monde* et *France-Soir*, entre l'austérité d'un « journal de référence » et la facilité de séductions populaires. Il en était résulté un fiasco retentissant – après soixante-six numéros seulement. Son rédacteur en chef, Philippe Boegner – fils de l'éminent pasteur que j'ai évoqué plus haut –, jugeait qu'il avait été abandonné en rase campagne et en gardait de l'amertume. Il me fournit toute la documentation nécessaire, n'étant visiblement pas mécontent d'un récit qui éclairerait la malaventure où il s'était trouvé entraîné.

Cette enquête me fut l'occasion de rencontrer Antoine Pinay, qui avait été le parrain officieux de l'entreprise et dont j'étais curieux. Je trouvai un octogénaire vigoureux : il lui restait encore plus de seize ans à vivre. C'était un petit homme rose et frais. Il se mouvait avec agilité. D'une petite voix calme, sur un ton d'évidence paisible, il s'abandonnait à la pente de quelques vieux messieurs s'attachant à prouver que désormais tout se déglinguait, s'abaissait, se dégradait. C'était le cas dans le monde du journalisme, en particulier, ce qui justifiait à ses yeux, après coup, la tentative du *Temps de Paris* – même s'il n'avait jamais voulu, affirmait-il, se mêler directement d'affaires de presse : ce n'était ni son appétit ni de sa compétence. Le milieu des médias était d'ailleurs devenu déplaisant. « On n'y cherchait que le sensationnel. »

Il me fut clair que l'échec du *Temps de Paris* conduisait Pinay à réfuter toute responsabilité dans l'affaire, quand bien même le témoignage de Philippe Boegner et les documents rassemblés montraient que c'était dans cet appartement du boulevard Suchet où il me recevait que l'opération s'était organisée. Boegner se souvenait que Pinay avait rassuré son inquiétude sur le financement : « De l'argent, on en trouve toujours. » La suite avait démontré l'inanité de cette affirmation. Je voulus l'entraîner vers une réflexion sur la sociologie des milieux de presse – mais l'effort était trop abstrait pour lui. Comme je lui faisais remarquer que, dans l'entre-deux-guerres, la moralité en était bien plus dégradée, il s'écria, changeant l'éclairage : « Au moins on écrivait alors en bon français, on ne disait pas : "demander à ce que…" On n'interpellait pas un homme d'État comme le fait à la télévision cet affreux personnage qui s'appelle Yves Mourousi. "Dites-moi, Michel Debré…" Est-ce qu'on parle comme ça ? » Pinay marquait son dégoût au bout de ses lèvres, sous sa courte moustache. « Aujourd'hui, la presse est tout aussi immorale qu'avant la guerre et en plus elle écorche la langue. »

J'en profitai pour le faire parler de son récent déjeuner à l'Élysée que les journaux avaient signalé, à la table du président Giscard d'Estaing. Qu'avait-il donc dit au chef de l'État sur sa « communication » (le mot commençait de faire florès) ? Il lui avait exprimé des reproches sévères sur sa façon de gouverner et de faire expliquer sa politique par la presse. « Il met la charrue avant les bœufs et, pour le plaisir, il annonce de grandes réformes qui ne sont pas encore au point. Alors, forcément, les gens sont frappés de panique. On l'a bien vu dans l'affaire des plus-values immobilières. » Je lui demandai comment le président avait réagi à ses critiques. « Il m'a demandé ce que je ferais à sa place. J'ai répondu : "Exactement le contraire de vous. J'aurais souligné qu'il y avait un vrai scandale, celui des promoteurs immobiliers qui achètent bon marché des terrains non constructibles parce qu'ils ont eu vent de ce que l'interdiction pourrait être levée. J'aurais de la sorte circonscrit clairement mes intentions, quitte à élargir ensuite un peu mon action. Vous auriez pu, ai-je ajouté, l'expliquer très bien à la télévision. Au lieu de cela on a terrorisé les gens. J'ai vu l'autre jour, dans ma bonne ville de Saint-Chamond, un brave homme très inquiet qui m'a dit qu'il tenait sa maison de son père et, au-delà, de son grand-père, et que si on le taxait sur la plus-value de l'immeuble de 1900 par rapport à nos jours il serait écrasé ! Vous vous rendez compte ! Même chose pour la fraude fiscale. Vous avez annoncé, ai-je dit au président, qu'on allait lâcher quinze mille inspecteurs nouveaux sur la France. On a été épouvanté ! Il fallait annoncer que vous vous en preniez à quelques gros fraudeurs. C'était facile. Au besoin, je vous en aurais indiqué quelques-uns. Et tout le monde aurait compris." » Le ton de la conversation sonnait juste et j'imaginais avec amusement Valéry Giscard d'Estaing, qui avait été naguère secrétaire d'État auprès de lui, en petit garçon réprimandé et suffoqué.

Antoine Pinay, toujours à propos de la presse, se montra aussi préoccupé par sa complaisance à l'endroit de l'avance des « Soviets ». « Les Américains ne sont plus ce qu'ils étaient. Kissinger n'est qu'un politicien. L'affaire angolaise est déplorable. » Quant à lui, il avait toujours refusé de se rendre en URSS.

« J'avais pris des positions très anticommunistes. En voyage officiel, on est obligé de dire des choses aimables qu'on ne pense pas. J'aime les situations nettes. » Au téléphone, dont la sonnerie nous interrompit un instant, je l'entendis dire à Arthur Conte, président de l'ORTF : « Oh, ce ne sont pas les hommes intelligents qui nous manquent, ce sont les hommes de caractère. »

De quoi était donc fait le curieux don qui avait permis à ce personnage, dont Herriot avait dit qu'il avait eu le talent de se faire « une tête de Français moyen », de donner vie, crédit, autorité, auprès de son public, à tout ce bric-à-brac sentencieux et qui l'avait mis en position d'être élu probablement président de la République si de Gaulle avait été assassiné au Petit-Clamart en août 1962 ? Sur le pas de la porte, il me rappela avec coquetterie qu'il avait quatre-vingt-quatre ans. Je n'ai pas dit : « L'âge de Pétain lorsque vous lui avez voté les pleins pouvoirs à Vichy ! » Je me suis toujours efforcé de garder de bonnes manières.

J'en reviens au *Monde*. Jacques Julliard et moi nous nous devions de raconter l'histoire d'une indépendance, et parfois d'une morgue. Au-dehors, le livre fut reçu généralement comme un hommage à l'originalité du journal et à la manière dont celui-ci avait surmonté les multiples embûches de la jalousie et les crises de l'intérieur. Mais nous n'y mîmes pas plus de complaisance que d'acrimonie.

Nous éclairâmes, dans la vie de « HBM », le poids initial, au temps de la naissance du journal, en décembre 1944, de la tradition démocrate-chrétienne représentée par le MRP et les efforts de quelques-uns, ensuite, pour la perpétuer. Riches des archives du directeur, nous donnâmes par ailleurs la parole à René Courtin qui avait laissé, à sa mort, de précieux souvenirs inédits que sa veuve me confia. Ce professeur d'économie politique, grand résistant (plus tôt que Beuve-Méry…), avait été installé, à l'origine, en compagnie d'un troisième homme évanescent, Christian Funck-Brentano, à la tête du journal, en triumvirat. Il avait donné une tonalité très libérale aux pages économiques, dont il avait vocation à s'occuper spécialement. Il avait désapprouvé la campagne du journal en faveur du « neutralisme » entre États-Unis et URSS.

Courtin avait finalement été défait lors d'une crise violente survenue en 1951, dont nous racontions les épisodes, romanesques. Nous rappelions, ce qui agaça Beuve-Méry, que de Gaulle avait pesé, au moment décisif, par l'intermédiaire de Funck-Brentano, pour son maintien en place contre les ambitions d'un MRP qu'il détestait. Nous ne tûmes pas telle ou telle défaillance, comme la publication en 1952 d'un faux rapport américain, prétendument signé par un amiral nommé Fechteler, dont le contenu servait trop la doctrine du journal pour que celui-ci n'ait pas dû se méfier davantage : il y était annoncé qu'une guerre avec l'URSS était inévitable d'ici à 1960 et que la défense de l'Europe occidentale serait pratiquement impossible contre l'assaut des Soviets.

Tout cela n'altérait pas, au demeurant, la tonalité générale de notre livre, la considération affichée pour l'autorité de son chef et pour une probité dont il faisait un étendard, en contraste avec les dérives méphitiques de l'entre-deux-guerres que j'avais décrites ailleurs, pour une indépendance sourcilleuse à l'égard des pouvoirs. Celle-ci ne suffisait pas à assurer la pertinence de tous les choix, mais elle en garantissait l'honnêteté. Seulement, Hubert Beuve-Méry avait rêvé, sans le dire, à une sorte de « biographie officielle » que nous aurions soumise à sa relecture, ce que nous ne fîmes pas. Sa première réaction fut irritée, et il nous manifesta ses réserves dans une longue missive : comme il est naturel à la plupart, tous les hommages lui paraissaient naturels, toutes les réserves injustifiées. La parole donnée à René Courtin, à titre posthume, lui fut pénible. Il aurait voulu, au fond, comme Jacques Julliard le lui dit dans une lettre envoyée, le 6 avril 1979, en notre nom à tous deux, après que nous en avions débattu, à la fois qu'on pût louer notre impartialité, à bonne distance entre l'apologétique et la polémique, et que rien n'eût heurté l'image qu'il s'était forgée de lui-même, la vision sanctifiée de son aventure. « Mais pourquoi, bon Dieu [*sic*], écrivit Jacques Julliard, *Le Monde* n'est-il pas un sujet comme un autre, sinon parce qu'on a rarement, dans le domaine de l'opinion, allié autant de puissance à autant de susceptibilité ? » Peut-être – ce fut notre seule concession – « avons-nous été trop exclusivement historiens (des faits, des idées) et pas assez anthropologues. Il est vrai qu'il n'est pas toujours facile de se tenir à bonne distance de cette culture politique qu'a sécrétée *Le Monde*, et dont nous sommes tous les fils, à la fois reconnaissants et révoltés ». Quelque temps plus tard, Beuve-Méry reconnut vaguement qu'il avait pensé, peut-être à tort, être associé de plus près à la rédaction du livre – mais resta grognon.

Je n'ai pas connu d'autre expérience d'une étude historique concernant une personnalité vivante. Nous en apprîmes la difficulté. J'en ai parlé, depuis, à Jean Lacouture, qui pratiqua plusieurs fois ce genre : Mauriac, Mendès France, Malraux. En face des grands hommes défunts, sa plume, toujours brillante, fut plus libre et, en définitive, peut-être plus pertinente. Quoi qu'il en soit, l'accueil de la critique comme des journalistes de la maison, qui fut en gros favorable à la personne de Beuve-Méry, rasséréna quelque peu celui-ci. J'ajoute qu'un épilogue que nous avions rajouté et qui évoquait certaines dérives survenues sous le règne de son successeur Jacques Fauvet n'était pas fait pour le heurter. Il l'avait élu lui-même, mais il n'avait pas fallu longtemps pour qu'il répandît, en privé, depuis le cinquième étage où il avait gardé un bureau avec sa vieille secrétaire et qui était devenu un lieu d'accueil pour toutes les plaintes, ses critiques acerbes à l'endroit de son dauphin. Les empereurs romains, au temps des Antonins, désignaient ceux qui régneraient après eux. Mais ce ne devait être qu'une fois leur mort survenue. Ainsi, qu'ils aient été sages ou fous dans ce choix personnel, étaient-ils protégés contre toute acrimonie. Pour ma part, j'ai continué d'entretenir par la suite avec *Le Monde* des relations harmonieuses. Je raconterai, le moment venu, comment je refusai, en 1987, à André Fontaine, alors directeur du journal, de l'y rejoindre en coadjuteur avec vocation – en principe – à lui succéder bientôt.

En prime, au cours de ce travail partagé, j'approfondis l'amitié de Jacques Julliard. Elle n'a jamais fléchi depuis lors. Nos lectures croisées de nos écrits ont toujours été attentives. Nous nous sommes sus très vite à la fois différents et complémentaires. Sa foi chrétienne, intense – une foi de converti –, aurait pu l'installer à bonne distance de moi, jusqu'à l'incompréhension. Mais il n'en fut rien. Un jour, nous avons comparé les deux lignes de crête de nos admirations littéraires majeures. Pour lui, parmi l'obsession de l'argent délétère, Pascal, Péguy, Bernanos, Claudel, Simone Weil. Pour moi, Montaigne, La Fontaine, Diderot, Stendhal, Hugo, Proust, Valéry… Lorsque Suzanne Julliard, plus tard, publiera ses belles anthologies de la poésie et de la prose françaises, l'occasion resurgira de marquer ces différences affectueuses. Je n'ai pas partagé aussi uniment, je le dirai, sa dilection pour la personne et l'action de Michel Rocard. Mais notre entente civique et intellectuelle n'a pas cessé, durant près de six décennies, de se ressourcer dans une certaine idée de la République : forte seulement si elle s'ancre dans les longs combats de la générosité sociale et d'une laïcité inébranlable.

*

Mon intérêt pour les médias fut accru, dans le cours de ces années soixante-dix, par la prise de conscience d'une évidence, qui n'était pas seulement mienne, mais qui, ignorée souvent par nos prédécesseurs, se renforçait dans mon esprit. Elle m'a accompagné tout au long de mon chemin. L'Histoire alimente l'Histoire, telle qu'elle est connue, rêvée, enseignée, instrumentalisée. Il ne faut ni s'en étonner ni s'en indigner, mais au contraire participer à cette influence en fournissant des réflexions, en profondeur de champ, sur les permanences et sur les rebonds. À condition de refuser l'absurdité de toute croyance en une répétition à l'identique, car chaque moment est singulier et l'imagination des événements est sans limites. À condition aussi de considérer – la vie de François de Wendel en fournissait la démonstration – chaque conjoncture spécifique, avec ce qu'elle offrait de liberté aux acteurs, toujours limitée mais souvent large, comme définie à la rencontre de temporalités multiples, du souffle le plus court au rythme le plus long.

Depuis plus de vingt ans, j'ai pu porter cette conviction, à compter de 1999, sur les antennes de France Culture, sous l'intitulé « Concordance des temps ». Si Laure Adler, alors directrice de la chaîne, eut l'idée, pour moi heureuse et dont je lui ai su gré, de m'y appeler, ce fut dans la suite non seulement des feuilletons que j'avais publiés sous ce même titre dans *Le Monde*, à l'été de 1987, après mon éviction de la présidence de Radio France, mais aussi de mes premières expériences de radio, à France Culture déjà. Celles-ci s'offrirent sous le titre tout simple d'« Actualité de l'histoire ». J'y fus convié, à partir de 1976, par deux complices, Claude Durand et Jacques Fayet, dans le cadre de leurs « Matinales » sous la forme de brefs entretiens préparés. Les archives conservées par l'INA pourraient témoigner d'une continuité, quant à la présence du passé au présent. J'y parlai, en particulier, de l'histoire de la construction européenne et de la crise de 1929.

C'était là une bonne façon, pour un homme qui n'avait aucune vocation monastique, de compenser les austérités de l'écriture solitaire. Je le fis aussi du côté de la télévision. Pierre Miquel m'en fournit l'occasion. Il avait été mon collègue à Nanterre, énergique et truculent. Il dissimulait une sensibilité que je n'avais pas eu trop de peine à mettre au jour. Il souffrait d'être considéré à l'université comme dilettante. Généraliste, on l'accusait, en coulisses, d'être polygraphe. Du coup, il s'enveloppait de cynisme pour dissimuler sa souffrance des écorchures subies. Il s'affichait devant moi « conteur aux idées claires » plutôt que chercheur. Mais, avec cela, entreprenant et capable de générosité. Il avait été chargé par Arthur Conte, le premier président du jeune ORTF, de veiller aux émissions d'histoire pour la première chaîne. Il me proposa un documentaire consacré à Léon Blum. Je fus heureux de cette expérience, à la découverte d'un monde nouveau, comme de pouvoir parler de cet homme-là, qu'il était particulièrement plaisant de faire resurgir dans l'ambiance pompidolienne du moment.

Un bon réalisateur, Claude Fayard, talentueux et cordial, me fut associé. L'entourage de Léon Blum se montra d'abord méfiant à l'annonce de mon nom, mais il ne me fut pas difficile de désarmer les inquiétudes, auprès de Robert et Renée Blum, d'abord, de Daniel Mayer ensuite, l'héritier de cœur. Non sans que resurgissent les querelles entre les entourages des deux dernières épouses. Georges Monnet, qui avait participé, comme jeune ministre de l'Agriculture, au gouvernement du Front populaire, était, avec Thérèse, dans la voiture de Léon Blum le 13 février 1936, le jour où il fut, boulevard Saint-Germain, au coin de la rue de l'Université, assailli et blessé par des militants d'extrême droite qui suivaient le cortège funèbre de Jacques Bainville, l'une des figures majeures de l'Action française. Je le ramenai sur les lieux pour l'y filmer et il en profita pour me dire son chagrin d'avoir été écarté – jusque dans les *Œuvres complètes* –, lui, l'ami fidèle de Thérèse, la deuxième femme, par le « clan » de « Janot » Reichenbach, qui avait été la dernière.

Ces bisbilles ne comptaient guère. J'admirais bien des aspects de l'œuvre et de l'action de Léon Blum. Je savais la sympathie agissante qui l'avait rapproché de mon grand-père dont il avait souhaité qu'il fût porté à la tête du gouvernement, en clemenciste, au début de la guerre. Je rappelai cela à la ronde, et je rassurai sans trop de peine. Le *Journal* publié plus tard par Arthur Conte, que Pierre Miquel tenait au courant des choses et qui avait été lui-même député socialiste avant de glisser à droite, rapporte qu'il avait été content, en politique matois, de pouvoir ainsi se couvrir sur sa gauche.

Nous transportâmes nos caméras à Jouy-en-Josas, où « Janot », qui l'avait accompagné jusque dans sa prison de Buchenwald, nous fit les honneurs de son ultime demeure et nous laissa filmer son lit de mort. Nous nous rendîmes aussi du côté de Narbonne, dont Léon Blum avait été l'élu en 1928 après un échec à Paris, afin de donner de la profondeur de champ. Réfractée dans cette ambiance méridionale, éloignée du Parisien intrinsèque qu'il était, sa personnalité prenait un relief nouveau. Le documentaire trouva de l'écho – dans cette ambiance spécifique et oubliée que créait la concentration du public sur trois seules chaînes, une unique diffusion en « flux » et sans accès au « stock », une fois les images envolées. J'obtins cependant, plus tard, qu'une cassette « VHS » en fût fabriquée et commercialisée.

Je n'ai pas cessé de fréquenter, au fil de mes cours et de mes écrits, la trace de Léon Blum. Dans un rapport destiné à un colloque sur ses conceptions de l'État, qui se tint en juin 1973, l'occasion me fut donnée, que je saisis avec plaisir et intérêt, de retracer l'évolution de ses vues constitutionnelles au cours de ses dernières années. Bien plus tard, me risquant au théâtre, je l'ai imaginé en dialogue avec Georges Mandel, son compagnon de captivité à Buchenwald, dans la première de mes pièces, sous le titre *L'Un de nous deux*, qui fut portée à la scène, durant plusieurs mois, pour mon bonheur. Ainsi jouent des continuités.

L'expérience ayant été positive, Pierre Miquel me suggéra de la réitérer. Je lui proposai de m'attacher à la personnalité d'Eamon De Valera, incarnation de la longue lutte de l'Irlande pour son indépendance. L'intérêt du public français serait moindre, mais on aurait plus à lui apprendre. Avec le même Claude Fayard, nous partîmes pour Dublin. Nous ne pûmes filmer notre grand homme qu'à distance, car l'âge avait rongé son intelligence et son entourage le protégeait, à juste titre. Mais nous pûmes regrouper des combattants des Pâques sanglantes de 1916, dans les lieux mêmes où ils avaient mené, au cœur de la Grande Guerre, un ultime et fameux combat de refus, provisoirement écrasé par le colonisateur anglais mais fécond pour l'avenir. De Valera n'avait échappé alors à la mort que parce qu'il possédait la nationalité américaine.

L'actualité, là encore, n'était pas éloignée. Le tournage fut handicapé par une grève des techniciens : informés depuis Paris, ils mirent, sur place, l'arme au pied et ils nous empêchèrent d'aller tourner à Belfast. La chance en passa et il ne fut pas question ensuite que fussent dégagés les moyens qui pouvaient nous permettre d'y retourner. Le résultat ne fut pas pour autant déshonorant. Je passai de longues heures dans la salle de montage où Claude Fayard m'initia à ses tours et détours. Loin de l'informatique d'aujourd'hui, on devait encore accrocher les morceaux de *rushs* dans un « chutier » et prendre garde, avant le collage, de ne pas donner de coup de ciseaux malencontreux. Notre film fut diffusé à l'improviste, le héros étant mort le 29 août 1975, ce qui le priva quelque peu d'une presse qui l'aurait annoncé à l'avance.

La grève dont j'ai parlé surgit dans le cadre de la loi de 1975 qui, selon la volonté de Valéry Giscard d'Estaing, brisa l'ORTF, après dix ans seulement d'existence, en constituant des sociétés séparées. Un de ses aspects positifs – avec l'indépendance de Radio France – fut la naissance de l'Institut national de l'audiovisuel, chargé tout à la fois de conduire dans ce secteur des recherches sociologiques et techniques, de conserver autant que faire se pouvait les archives sonores et filmées, et enfin de produire des œuvres originales. Pierre Schaeffer, l'animateur du fameux « Service de la recherche » qui avait lancé tant d'idées neuves dans ce secteur, rêva de présider cette jeune institution dont il s'agissait, la glaise étant encore molle, de définir de plus près le rôle et la place dans l'ensemble du système. Giscard lui préféra Pierre Emmanuel, académicien et poète catholique reconnu dans la Résistance.

Celui-ci avait apprécié *Léon Blum ou la Fidélité*. Il me fit venir et me proposa de bâtir pour lui un film qui évoquerait l'histoire de la présence des hommes politiques sur le petit écran, depuis l'origine. Il souhaitait non pas l'offrir aux chaînes, mais le montrer prioritairement au Sénat : manière pour lui de marquer une gratitude à la Haute Assemblée, car c'est au palais du Luxembourg qu'avait surgi l'amendement qui donna naissance à l'INA. Il m'associa à Monique Sauvage, qui appartenait au Service de la recherche de la maison : début d'une longue et féconde collaboration avec sa personnalité généreuse. Il ne s'agissait ici que d'un montage, mais l'occasion fut précieuse d'un survol d'un grand nombre d'images qui m'inspirèrent par la suite. Le résultat fut instructif et souvent joyeux. Dominique Paladilhe, historien et « illustrateur sonore », nous choisit des musiques bienvenues qui rehaussèrent la démonstration. Nous intitulâmes ce montage *Le Discours et la cravate* et il parut, en cette préhistoire d'un média, intéresser, amuser aussi le public auquel le destinait Pierre Emmanuel : en particulier quand nous le montrâmes au Sénat. Je n'en possède plus qu'une médiocre copie, car l'original, ai-je appris par la suite, fut détruit, semble-t-il, par la jalousie d'une collaboratrice de la maison qui enragea de ne pas en avoir été chargée. Ainsi vont les médiocrités de l'ombre.

Il faut dire que j'avais pu suivre de près, depuis quelque temps, le sujet en mouvement, grâce à l'amitié d'Alain Duhamel. Jacques Chaban-Delmas, Premier ministre, avait choisi de confier à Pierre Desgraupes, homme d'autorité et de liberté, la direction de l'information de la première chaîne. Celui-ci proposa à Alain Duhamel, à peine trentenaire, dont le talent commençait à s'imposer, de monter, avec Michel Bassi, une nouvelle émission qui marquât l'ouverture des écrans, après les années gaulliennes, à des débats enfin équilibrés. Cette production s'intitula « À armes égales ». Elle opposait, comme son nom l'indiquait, en un temps où la vie politique était binaire, des personnalités des deux camps. J'étais convié à y assister dans le public, apprenant à voir fonctionner l'instrument, avec ses règles fixées et ses épisodes imprévus. Mon père s'y affronta – très courtoisement – à Gaston Defferre. On demandait aux deux protagonistes de préparer un petit film qui serait montré avant le débat. J'étais là le jour où Maurice Clavel, mettant en cause une coupure imposée dans le sien, quitta la scène sur un tonitruant « Messieurs les censeurs, bonsoir ! ». Nous comprîmes sur-le-champ que l'épisode compterait, au moins symboliquement, dans l'histoire des relations tourmentées des gouvernements successifs avec l'audiovisuel public. Je savais gré à Alain Duhamel de m'offrir ces occasions.

Au début de nos relations, il me sembla que, comme on le disait de Jules Ferry, ses « roses poussaient en dedans ». Nul n'était plus rétif à manifester, même en petit comité, des sentiments forts, mais il savait se revancher par ses écrits et par ses gestes. On discernait mal parfois, en privé, ce que sa réserve devait à sa timidité, mais dès qu'il était question de la politique, pour laquelle il ressentait une passion inextinguible, son intelligence bousculait les barrières et libérait sa parole – ce qui lui valut un long succès d'intervieweur et d'analyste. De surcroît, il avait élu et mérité une femme dont le tendre franc-parler lui épargnait les révérences tout en lui assurant les soutiens. France Boeswillwald était marquée par le protestantisme des siens; mais sa joie de vivre, tout en respectant la noblesse de l'héritage, en faisait éclater les étroitesses. En rejoignant, par elle, l'esprit huguenot, Alain Duhamel y trouva un cadre qui était fait pour accueillir ses pudeurs et ses rigueurs. Tous deux devinrent des amis sûrs et précieux.

J'ai été le « parrain civil » de leur fille Valérie – aujourd'hui productrice de documentaires de qualité. Je divergeai plusieurs fois, dans l'ordre du politique, par rapport à ses réactions : il me parut, au fil des ans, par trop insensible à la grandeur de De Gaulle, trop séduit, quelque temps, par le surgissement tonitruant, à droite, d'un Giscard ou d'un Sarkozy, trop indulgent pour les ambiguïtés du centrisme. Mais je ne cessai pas pour autant de saluer la permanence et l'acuité de son talent. Il est l'un des meilleurs portraitistes du personnel politique. Son refus de toute complicité moite, son respect du « off » et, pour tout dire, sa stricte morale professionnelle ont garanti le crédit de ses interventions. Sa plume est sûre et élégante. La confiance que lui ont témoignée plusieurs des acteurs politiques majeurs de notre temps résulte de cela.

L'appétit des chaînes pour l'histoire s'accroissant, parce que le public en était friand, les projets fleurissaient, nombreux. Daisy de Galard, qui avait mérité attention et considération avec son émission féminine « Dim Dam Dom », travaillait pour Gaumont. Elle me proposa, en octobre 1977, de m'atteler à une vaste histoire de la bourgeoisie, en six volets. Les archives de la firme illustreraient cela à merveille. J'y travaillai tout un été. Le directeur général de FR3 (c'était alors le nom de la troisième chaîne), Maurice Cazeneuve, accueillit avec chaleur une idée qui semblait destinée à prospérer. Hélas, tout s'écroula soudain, à mon irritation et au vif déplaisir de Daisy de Galard. Cet épisode illustra pour moi la sottise et la mesquinerie d'un certain sectarisme de droite auquel, comme d'autres, je me suis trouvé quelques fois, dans ma vie, confronté.

Le président de la chaîne était Claude Contamine, un suppôt de Peyrefitte, que les événements de Mai, une épouvantable mise en cause, à ses yeux, de toutes les valeurs de l'ordre moral, avaient définitivement traumatisé. J'avais eu la malchance de l'approcher, un soir, le 11 janvier 1977, à la table d'amis accueillants et de contredire avec quelque vigueur son plaidoyer enflammé pour la peine de mort. Par quoi j'imagine qu'il m'avait classé comme un dangereux anarchiste. J'avais aggravé mon cas lorsque l'on s'était étonné, dans ce cercle, que le Parti communiste ait délégué à la télévision, dans un débat des « Dossiers de l'écran » sur le fameux film *L'Aveu* de Costa-Gavras, un stalinien aussi endurci que Jean Kanapa pour dire « que c'était affreux mais qu'on ne savait pas ». J'observai que le même processus, au fond, avait conduit de Gaulle à demander à Michel Debré, celui du *Courrier de la colère*, son accord et son appui pour faire la paix en Algérie contre toutes ses positions antérieures. « Il y a, s'écria Contamine, outré, des comparaisons que, même dans un dîner mondain, on n'a pas le droit de faire… »

Toute vie est décidément jonchée de ces contingences – mais je ne m'en afflige pas, tant j'en ai bénéficié bien plus souvent en sens inverse. Si j'avais été grippé ce soir-là, le beau projet serait allé à son terme. En effet, quand Claude Contamine le vit arriver, peu après, bien ficelé par son directeur général, tout beau, tout mûr, sur son bureau, il eut un haut-le-cœur. Il déclara qu'il n'était pas question de confier à un historien aussi peu sûr un projet aussi inflammable et il le jeta au panier. L'homme n'était plus en place que pour peu de temps, mais encore à même de cracher ce venin. J'ajoute que c'est en vain que Daisy de Galard tenta, après mai 1981 et le changement de direction à TF1, d'en faire renaître l'idée. Le nouveau maître des documentaires, André Harris, soucieux de favoriser ses réseaux, déclara que c'était « vieux jeu ». Sur la longue durée, il m'a été donné d'être l'auteur d'une bonne vingtaine de documentaires historiques : j'observe qu'il s'est agi bien plus souvent de commandes venues des chaînes, au gré incertain des préférences des successifs décideurs, plutôt que d'idées nées dans mon cerveau.

*

Quoi qu'il en fût, c'est à ce moment-là que je me persuadai que, décidément, il était urgent que l'histoire contemporaine se saisît de l'audiovisuel et que je décidai d'y consacrer une partie de mon activité scientifique. Par quoi, sans que je l'aie du tout calculé, j'ai pu contribuer à la surprise de ma nomination ultérieure à la tête de Radio France. Jacques Le Goff et Pierre Nora venaient de publier chez Gallimard, sous le titre *Faire de l'histoire*, trois volumes consacrés à un état des lieux de l'historiographie. L'un d'entre eux dénombrait « les nouveaux objets » vers lesquels la jeune génération tournait sa curiosité. Le cinéma y figurait en bonne place, sous la plume de Marc Ferro, qui était en passe d'en intégrer la richesse, par-delà les recueils de nomenclature, dans le monde des représentations – destiné à renouveler l'histoire politique. Mais de la radio et de la télévision, point trace, quelle que fût l'évidence de leur importance, désormais, dans la vie collective. Les recherches étaient abandonnées aux sociologues, notamment américains. L'historiographie était squelettique.

Ce désintérêt me parut résulter, notamment, de l'attitude ambivalente de l'Université et des enseignants de toutes sortes envers la télévision en plein essor : entre fascination et détestation. Jean Sainteny, ministre des Anciens Combattants, avait bien pu, en 1964, recruter Pierre Renouvin et Henri Michel, personnalités reconnues de l'histoire savante, pour parrainer un montage d'archives intitulé « Trente ans d'histoire », auquel Marc Ferro contribua efficacement : c'était demeuré, pratiquement, un hapax. À l'école, les maîtres s'inquiétaient des yeux cernés des enfants demeurés tard devant l'écran, et parfois de la concurrence. Au lycée et à l'Université, on dénigrait l'offre de la radio – « La tribune de l'Histoire » – ou de la télévision – « La caméra explore le temps » –, comme charriant une vision désuète et populaire du passé. Le fossé paraissait infranchissable. Alain Decaux, qui a fait aimer l'histoire à un si large public, m'a souvent rappelé, par la suite, que j'avais été le premier à lui faire franchir, en l'invitant dans mon séminaire, les portes d'un établissement universitaire. Lointain était encore le temps où il rejoindrait symboliquement Fernand Braudel à l'Académie française. J'ai dirigé plus tard la thèse d'Isabelle Veyrat-Masson qui jeta une lumière neuve sur les relations, très riches, entre la télévision et l'histoire. Le grand écho qu'avait rencontré peu auparavant le fameux film de Marcel Ophuls, *Le Chagrin et la pitié*, aussi discutables qu'en fussent les affirmations péremptoires et les ressorts cachés, venait d'illustrer bruyamment cette problématique.

Dès que je fus assuré, grâce à mon poste de professeur à Sciences Po, de ma pleine indépendance, je décidai d'inaugurer, dans le cadre du « Cycle d'histoire du XXe siècle » qu'animait alors Raoul Girardet, un séminaire consacré à ce sujet. Non que j'aie eu l'intention de m'y engloutir. Je ne cessai pas d'enseigner l'histoire politique générale, française et européenne, en mettant notamment et naturellement l'accent sur le rôle des forces de l'argent dans la marche des décisions. Mais je consacrai beaucoup de soin et d'attention à ce nouvel esquif, en valorisant mon amitié pour l'INA. Monique Sauvage dirigea avec moi ces rencontres au nom de l'Institut et nous nous réunîmes régulièrement dans les tours de Bagnolet où il avait alors des emprises. Des étudiants de bon talent et de juvénile curiosité affluèrent vite et, lorsque j'en revois la liste, pour ces premières années, je mesure avec le recul combien utilement ces fidèles purent ensuite irriguer ce domaine. Jérôme Bourdon, Pascal Breton, Nathalie Carré de Malberg, Hélène Eck, Christine Manigand, Caroline Mauriat, Denis Maréchal, Bernard Paqueteau, Isabelle Veyrat-Masson : la plupart prospérèrent depuis lors, à des titres divers, comme chercheurs ou comme acteurs, dans l'univers des médias ou alentour. D'autres talents, non moins prometteurs, nous rejoignirent par la suite. Un livre collectif que nous organisâmes après quelque temps, Monique Sauvage et moi, et qui parut au Seuil, en 1982, sous le titre *Télévision, nouvelle mémoire*, autour du cas particulier des magazines de grand reportage des années soixante (notamment « Cinq colonnes à la une » de Pierre Lazareff, Pierre Desgraupes, Pierre Dumayet et Igor Barrère), prit figure de manifeste collectif et suscita de nouvelles vocations. Le séminaire était destiné à durer, en connaissant des avatars divers, jusqu'à mon départ de Sciences Po, en 2011.

D'emblée, des pistes diverses furent dessinées, en forme de programme de travail pour le long terme. On se devrait d'abord de considérer les archives de la radio et de la télévision comme des sources importantes informant sur l'époque qu'elles concernaient. Cela exigeait qu'on leur appliquât les règles de méthode dont on usait depuis toujours dans le champ de l'écrit, en étudiant, de façon exogène, les circonstances de leur fabrication et les intentions de qui les avaient produites et, de l'intérieur, leur contenu même, la forme et le fond. On appréhenderait, autant que faire se pourrait, leur réception, autrement dit la façon dont elles pouvaient, produits de l'Histoire, peser sur elle à leur tour en influençant les auditeurs et les téléspectateurs selon les divers rythmes de la durée, des émotions immédiates aux évolutions les plus lentes des mentalités. On s'attacherait à multiplier les monographies – acteurs, émissions, épisodes majeurs et incidents mineurs, les uns et les autres étant révélateurs des profondeurs. On éclairerait les relations de cet univers avec les autres pouvoirs, le politique au premier chef, mais aussi bien le judiciaire, l'économique ou le culturel. On décrirait les divers organismes, publics ou privés, dans leur vie concrète, les entreprises (en les prenant parfois comme des microcosmes de la nation tout entière), les chaînes, les autorités de régulation. On dresserait des prosopographies, pas seulement celle des journalistes et des producteurs, mais aussi les musiciens, les ingénieurs, les techniciens, les syndicalistes, les administratifs… Ce programme était vaste, donc infiniment stimulant. Deux décennies plus tard, en 2001, j'ai pu fixer un premier bilan en organisant et en publiant, sous le titre *L'Écho du siècle*, un dictionnaire de l'audiovisuel en France. Je ne mobilisai pour ce faire que les plumes des anciens participants à nos rencontres.

Naturellement il fallait aussi, et nous nous y attachâmes, comparer les réalités françaises avec les idiosyncrasies, dans ce champ, d'autres démocraties. Avec les États-Unis, qui avaient, dès l'entre-deux-guerres, affirmé que la mission de la radio était de répondre respectueusement – servilement ? – aux goûts préétablis du public tels que les reflétaient les premiers « gallups ». Avec la Grande-Bretagne, qui avait affirmé dès son origine, en sens contraire, qu'il revenait à la jeune BBC d'imposer aux auditeurs des émissions de haute tenue dont ils ne pouvaient pas savoir à l'avance qu'ils les aimeraient, puisqu'ils ne les connaissaient pas encore. Avec l'Italie non moins, qui se distinguait alors par une répartition distributive des chaînes selon les divers partis politiques (la fameuse *lottizzazione*) : une rencontre avec des responsables et des chercheurs de la péninsule nous valut un aimable séjour au bord du lac de Garde, en septembre 1980. Au Canada, le service public conservait alors une vitalité qui tranchait avec la situation des États-Unis. Je nouai amitié, à cette époque, avec

Denise Bombardier, une journaliste dont l'énergique franchise trouvait, à Montréal, un grand succès sur le petit écran. Amoureuse – exigeante – de la France, elle s'y était fait une place. Elle parlait avec éloquence des combats que l'esprit de liberté et de création, porté par le service public, avait à conduire dans son pays (notamment pour la défense de la langue française) contre les séductions des chaînes commerciales qui enracinaient leurs ambitions et leurs ressources au sud de la frontière, dans le réservoir américain.

Nous pûmes visionner, à l'appui de nos travaux, sans difficulté, sans formalité, les archives de la télévision que nous souhaitions, car nous ne nous rencontrions guère, alors, de concurrence. Pourtant, j'éprouvai vite que notre succès provoquerait d'autres demandes et que l'on ne pourrait pas longtemps fonctionner sur le mode de cette aimable improvisation. Pas seulement dans le champ de la recherche sur la radio et la télévision, mais aussi chez tous ceux qui ne pourraient pas ignorer la dimension audiovisuelle d'une enquête d'histoire contemporaine. C'était évident, notamment, dans le cas des biographies. Je souhaitai donc plaider pour que fût institué un dépôt légal de l'audiovisuel, garantissant la pérennité de ces richesses et permettant qu'y accèdent chercheurs et citoyens, comme cela se faisait pour les imprimés depuis François Ier. Un appel que je publiai dans *Le Monde* à cette fin, le 2 avril 1982, sous le titre « Pour une mémoire collective », trouva quelque écho et me valut d'être auditionné, le 30 avril suivant, par le rapporteur, au Sénat, dans le cadre de la commission des Affaires culturelles, de la loi que le gouvernement Mauroy consacra à l'audiovisuel. Il s'agissait de Charles Pasqua. Celui-ci m'écouta et il déposa un amendement dans le sens souhaité. Le principe en fut rejeté sans réflexion par le ministre de la Communication, Georges Fillioud, *in odium auctoris*, comme on disait chez les Romains. Les temps n'étaient pas mûrs. Onze ans plus tard il me revint, je le raconterai, étant son lointain successeur, de porter au Parlement la loi que j'avais rêvé de voir promouvoir en 1982. Et le même Georges Fillioud, devenu entre-temps président de l'INA, appuya ma démarche. L'Histoire a de ces malices.

Je fus aussi nommé membre du Haut Conseil de l'audiovisuel à l'initiative de Véronique Cayla, jeune collaboratrice du ministre de la Culture Jean-Philippe Lecat. J'avais sympathisé avec elle, parce qu'elle n'était pas sectaire mais ouverte et rapide. Cette instance de réflexion collective venait d'être créée et installée. Le gendre du président Giscard d'Estaing, Gérard Montassier, en était le secrétaire général et j'y produisis un rapport consacré aux effets de la télématique sur le secteur : un texte que je ne relis pas sans amusement, à la fois désuet et prémonitoire. Il ne contient pas que des sottises. Denis Freyd, amène et sensé, en fut le rapporteur à mes côtés, contribuant à le concevoir et à le rédiger. Je fus aussi associé brièvement au travail du Fonds de création audiovisuelle créé par Lecat peu avant 1981.

Une autre expérience alla dans le même sens. Il s'agissait encore de l'INA. Gabriel de Broglie, un conseiller d'État, ancien directeur général de Radio France sous l'autorité de sa présidente Jacqueline Baudrier, fut nommé en 1979 à la succession de Pierre Emmanuel. Je l'avais croisé naguère car il avait contribué, au cabinet de mon père, à l'élaboration du texte qui fut rejeté par le malheureux référendum d'avril 1969. Il me demanda si j'accepterais de travailler avec lui, à temps très partiel, comme conseiller de programmes pour la production « non fictionnelle » de l'INA. J'assurai cette tâche pendant quelque temps.

J'y vis l'occasion d'incarner plusieurs idées d'émissions qui m'étaient venues et je fis, en particulier, « mettre en boîte » des « archives volontaires », entendez de longs entretiens avec des personnalités, au service de productions futures. Il s'agissait d'en charger non pas des journalistes, mais des universitaires impitoyablement compétents. Je demandai ainsi à Serge Berstein, dont la thèse sur le radicalisme faisait autorité, d'interviewer Edgar Faure qui, placé devant le sérieux impeccable et la science de son interlocuteur, fut étincelant. Furent aussi interrogés Jean Cassou, Gaston Palewski, Eugène Descamps, secrétaire général de la CFDT. J'espère que ces précieuses images n'ont pas été égarées par quelques mains malveillantes ou quelques agents désinvoltes, mais je ne les ai plus vues surgir par la suite. Je projetai aussi de faire filmer des interviews de personnalités diverses choisissant et commentant des images dans le champ de leur compétence : Maurice Grimaud pour les policiers, Benigno Cacérès pour les ouvriers, le général Méry pour les militaires, Léon Schwartzenberg pour les médecins. Julien Gracq, que je sollicitai, car je l'admirais, m'écrivit son refus avec bonne grâce. Ces idées prospérèrent, pour une bonne part.

Gabriel de Broglie n'était encombré par aucune chaleur humaine. Il était inquiet de tout ce qui pouvait bousculer les convenances. Mais il était assez avisé pour comprendre que l'INA avait une carte à jouer du côté des programmes, puisque la législation lui accordait une petite place sur une chaîne majeure – FR3 – pour la diffusion de ses créations. Il n'en avait pas moins, parfois, peur de son ombre. Jean Collet, un homme de bien, qui était chargé d'un rôle symétrique du mien comme conseiller pour la fiction, s'était engagé auprès de Marguerite Duras pour mettre en images l'un de ses textes, jusqu'à ce que le président s'aperçût – horreur ! – qu'on y parlait d'inceste. Il fit savoir qu'il n'était pas question d'évoquer à la télévision, sous son autorité, un thème aussi repoussant.

Je n'eus pas, dans mon secteur, à affronter de telles sottises. Broglie était réaliste et il voyait avantage à ce que je l'aide à sortir des cercles de cette droite orléaniste où sa lignée l'inscrivait, où il était à l'aise et sur laquelle il prévoyait de signer des livres. Notre contrat n'impliquait pas pour moi, naturellement, la moindre subordination. Pour la première fois, je pus voir fonctionner de l'intérieur une entreprise de l'audiovisuel et ce ne me fut pas inutile pour la suite. Cette brève collaboration avec Gabriel de Broglie aura d'ailleurs, en 1982, des conséquences sur lesquelles je reviendrai – en attendant la suite.

*

Dans le même temps, l'ouvrage sur *« Le Monde » de Beuve-Méry* et un autre que j'intitulai *Leçon d'histoire pour une gauche au pouvoir* – j'en reparlerai – firent inscrire mon nom dans les carnets des journalistes quand il s'agissait de commenter l'actualité sous la lumière de la longue durée. En dehors de ma collaboration régulière à France Culture sur l'actualité de l'histoire, Europe n° 1, alors en pleine gloire, m'appela à ses micros à l'initiative de Roland Sadoun.

Je n'en gardai pas moins pour la presse écrite une dilection particulière. *Le Monde* de Jacques Fauvet, en dépit de diverses critiques énoncées dans notre livre, ne m'était pas fermé. Je collaborai plusieurs fois, par de longs articles, au supplément du dimanche qui était confié à Jean Planchais. Jean-Marie Borzeix, qui avait repris la responsabilité des *Nouvelles littéraires*, m'y invita : naissance d'une sympathie qui me le fera nommer, quelques années plus tard, à la tête de France Culture. Je collaborai au tout jeune *Matin de Paris* de Claude Perdriel, que ce fût pour des chroniques historiques ou des comptes rendus de livres. *Le Point*, surtout, m'offrit ses colonnes. J'y nouai des liens cordiaux, au service politique, avec deux journalistes de bonne culture et de solide rigueur, André Chambraud et Claude Sales.

L'Express aussi se manifesta. Quand Max Gallo y quitta la responsabilité d'une chronique régulière, Janick Jossin, qui était de l'équipe dirigeante de cet hebdomadaire, m'approcha, peu après l'avènement de Mitterrand à l'Élysée, à l'automne de 1981, pour me demander si cette succession m'intéresserait. Sur quoi, peu après, et sans que nous soyons allés plus avant, elle dut m'annoncer que Raymond Aron, qui était l'éditorialiste officiel de l'hebdomadaire, s'opposait à cette éventualité. Mon chagrin n'en fut pas grand, mais mon irritation, oui. Je demandai donc à Aron de me recevoir, pour qu'il sache que je le savais, mais aussi en curiosité d'approcher dans ces circonstances ce contemporain important, dont les écrits stratégiques, en particulier, m'avaient enrichi et que jusqu'alors je n'avais fait que croiser. Je le vis, un matin de novembre, dans son appartement du boulevard Saint-Michel.

Je le trouvai en pantoufles et en arrogance. Il était tout nappé de vanité. J'exprimai à sa mauvaise humeur ostensible mon étonnement qu'il m'ait reproché, selon ce qu'on m'avait rapporté, d'avoir fait une démarche pour briguer une charge dont il considérait qu'elle ne devait pas exister – alors que je m'étais contenté de montrer un intérêt de principe pour une proposition qui m'était faite et que je n'avais en rien suscitée. Il ne me cacha pas, sur un ton bougon et quelque peu condescendant, qu'il n'y avait pas place à *L'Express* pour deux éditorialistes, puisqu'il y écrivait, et il me signifia que j'avais eu bien de l'audace de croire, même un instant, que je pusse être le second à côté de lui. Raymond Aron fit mine ensuite de m'interroger sur la conjoncture. « Puisque vous êtes là... » À peine m'écouta-t-il : ce fut pour faire aussitôt le procès de la gauche au pouvoir. Son hostilité ne fut pas de hasard : j'avais su, du côté du journal, qu'une amie proche de sa fille avait transmis par celle-ci la conviction de mon opportunisme révoltant et de celui de mon père, prônant la gauche aux dépens tout à la fois des valeurs conservatrices que lui-même pouvait incarner et d'un gaullisme assimilé, sur ces bords, à la droite en place. J'aurais aimé que la vie me permît de rencontrer Raymond Aron à une autre hauteur.

Heureusement, son œuvre pouvait y pourvoir et j'aimais à la citer dans mes cours sur la construction européenne. Je la retrouvai aussi dans le fil d'une autre expérience, qui m'enrichit. Ma participation, du 26 avril au 19 juin 1982, au jury de l'agrégation de science politique, qui se tenait à des intervalles irréguliers depuis 1973 (c'était la quatrième occurrence seulement) et qui était destinée à pourvoir cinq postes de professeurs dans les universités, me procura l'agrément de fréquenter des collègues de cette discipline. J'avais pu apprécier naguère la grande proximité de celle-ci avec la nôtre lorsque, dans les années soixante, nous avions la chance d'assister aux colloques nombreux qui, à Sciences Po, réunissaient aux historiens des juristes tournés vers la longue durée – tels Georges Vedel, Maurice Duverger, Léo Hamon ou François Goguel. Au cours de la décennie suivante, la *Revue française de science politique* qui reflétait si bien cela (et m'avait accueilli pour un article consacré à la vénalité du journalisme entre les deux guerres) avait évolué, sous la direction de Georges Lavau et sous l'influence des spécialistes américains, vers des efforts d'abstraction qu'il m'était arrivé de trouver peu productifs. Mais dans le champ des sondages d'opinion et des études électorales, comme dans le domaine des études consacrées aux aires géographiques, nous demeurions en connivence, et l'histoire des cultures politiques – que j'ai beaucoup enseignée par la suite en amphithéâtre – continuait d'exercer un attrait qui nous rapprochait.

Bien que venu d'ailleurs, je me trouvai de plain-pied avec la petite cohorte de quadragénaires qui, sous la houlette d'Albert Mabileau, professeur à Bordeaux, constituaient ce jury : Frédéric Bon, Philippe Braud, Jacques Chevallier, Jacques Lagroye et Évelyne Pisier-Kouchner. Nous y prîmes gentiment le pouvoir, en marginalisant le président, selon une complicité de génération, dans une atmosphère qui combinait chaleur et rigueur. Je me trouvai enrichi par le commerce des uns et des autres comme par la lecture des travaux présentés sur lesquels il fallait faire rapport.

Je fus frappé par la prépondérance des candidats parisiens sur les « provinciaux » (le mot n'était pas encore tout à fait interdit). La leçon dite « libre », dont la préparation s'étalait sur vingt-quatre heures avec l'aide d'une équipe, épreuve reine depuis toujours dans les facultés de droit, avait le mérite de révéler des qualités d'endurance et d'organisation, mais elle avait l'inconvénient d'accentuer, pour diverses raisons matérielles et sociologiques, l'inégalité que j'ai dite. La probité du jury ne pouvait pas introduire cette variable dans ses choix, pour la corriger. Mais cela renseignait sur le centralisme de notre France. Nous eûmes à élire cinq lauréats parmi vingt-deux postulants. Sept professeurs consacrant bien des semaines à choisir cette poignée d'heureux élus : c'était un hommage à la méritocratie républicaine. Furent promus, dans l'ordre, Daniel Gaxie, Luc Ferry, Érik Neveu, Pascal Perrineau et Bertrand Badie.

13

Rue de Bièvre

Le hasard d'un voisinage. – L'amitié Burguburu. – Le 10 mai 1981. – François Mitterrand victorieux – Chez lui, en famille, ce soir-là. – Leçon d'histoire pour une gauche au pouvoir. – *Michel Rocard à la Rivière. – François de Combret et Valéry Giscard d'Estaing. – Nouvelles du pouvoir. – Un dîner CFDT. – Edmond Maire, Jacques Chérèque. – Le patronat et l'élection. – À la Bastille, pour la fête. – La rue de Bièvre en mouvement. – Gens de droite à Genève. – Michèle Cotta et la Haute Autorité. – Mon nom pour Radio France ? – À l'Élysée : examen de passage. – Le gouvernement, la gauche et l'information. – « Vous n'êtes pas socialiste, mais... » – Le président à nouveau. – Discrète rencontre à la tour Montparnasse. – Au pied du mur : à suivre...*

J'en vins à habiter, par une décision partagée avec Ulla, rue de Bièvre, en 1976. Nous étions, ce fut un hasard, en proximité immédiate de la maison où François Mitterrand logeait, au numéro 22, avec les siens, depuis plusieurs années. Nous n'en étions séparés que par un petit square – celui-là même qui porte aujourd'hui, de façon bienvenue, le nom de « Danielle-Mitterrand ». Nous nous liâmes d'amitié avec Danièle et Jean-Marie Burguburu qui acquirent, à peu près au même moment que nous, un appartement au-dessus du nôtre. Ils étaient tous deux jeunes avocats. Ils se trouvaient proches, affectivement et politiquement, de nos voisins du 22, et leur confiance me donna souvent une bonne idée de ce qui se passait d'important à proximité.

C'est ainsi que je me trouvai le témoin, à 2 heures 30 du matin, le 11 mai 1981, des premiers moments de François Mitterrand revenu chez lui après sa victoire. Danièle Burguburu m'aperçut sur le trottoir, alors que je humais, de retour des festivités de la Bastille, l'air de cette soirée rare. Le bruit des motards m'avait fait descendre dans la rue. Me prenant par le bras avec autorité, elle m'entraîna dans l'espace que je n'avais jusque-là qu'aperçu, parfois, lorsque le portail se trouvait ouvert.

Je n'avais vu jusqu'alors François Mitterrand en personne qu'à distance, en orateur de meeting ou en passant épisodique sous nos fenêtres. Je ne me fis pas prier. Le nouveau président se tenait debout près du puits qui est au centre de la petite cour autour de laquelle s'organise la demeure. Il s'était coiffé d'une étrange casquette de marin, bleue. Il m'identifia, me serra la main, sans chaleur, mais courtoisement. Son maintien était d'impassibilité. Lorsque je le saluai en l'appelant, avec une ostentation légèrement amusée, « monsieur le président de la République », il sourit à peine. Je vis seulement ses yeux papillonner et ce fut comme si c'était la seule concession qu'il ait faite, malgré qu'il en eût, à des émotions dont je ne parvenais pas à imaginer qu'elles ne bouillonnaient pas en lui. Je me demandai ce qui, dans cette impassibilité d'un maintien, relevait d'une seconde nature que les temps du combat avaient imposée à sa sensibilité. À moins qu'il n'en jouât l'expression pour marquer à son entourage, à lui-même peut-être, que cette victoire relevait d'une évidence qui n'appelait donc pas d'expressions de joie.

Il avait eu la même attitude, déjà, la veille au soir dans le cours d'un dîner, au Clos des Bernardins, que m'avaient raconté, tout chaud, en en sortant, mes amis Burguburu. Il y était parmi les siens – sa femme, son beau-frère et sa belle-sœur, Roger Hanin et Christine Gouze-Rénal, avec aussi André Rousselet. Il y avait affiché la certitude, un peu étrange, qu'en 1974 des trucages l'avaient privé d'une victoire qui lui revenait. Mais cette fois le succès lui semblait certain. La conversation avait porté, à la fin, sur la mort. Il avait dit qu'il s'attendait à être assassiné – « deux balles dans la peau ». Et finalement il s'était écrié, goguenard :

« Il va falloir quand même que je fasse quelques réformes. » On discernait son obsession, toujours, de n'être lié par rien – même par ses propres engagements.

À présent, il était devant moi. Il s'éloigna un peu. Je m'appuyai sur la margelle du puits et je le regardai. Il se trouvait entouré par deux jeunes femmes admiratives que je n'identifiai pas et dont les hommages constituaient autour de lui une sorte de frou-frou affectif. Il accueillait ceux-ci sans déplaisir, avec une attention un peu condescendante. Cette courette aux pavés disjoints constituait un étrange îlot de calme, à distance de tout ce qui palpitait dans le pays. Comme Danièle Burguburu, dans sa bonne grâce, nous avait rapprochés, m'interpellant sur je ne sais quel point d'histoire récente, il s'arrêta tout net. « Oui, oui, c'est grâce à de Gaulle que ce qui arrive est sans précédent, par une de ces ironies dont l'Histoire est tissée. » Souvent, plus tard, à la table du Conseil des ministres et ailleurs, je le verrais comme obsédé par le souci de ne pas se définir par rapport à celui qu'il avait défié en 1965 et à son image écrasante.

On entra à l'intérieur de la petite salle à manger, pour boire du champagne. Mitterrand s'assit à la table, décachetant, sans y prêter grande attention, quelques enveloppes d'une pile de télégrammes. Sa femme me parut contente, mais en retrait. Christine Gouze-Rénal le couvait d'un regard attentif, presque amoureux, et quand il dit qu'il ressentait un léger mal de gorge, elle se précipita pour lui faire une tisane à la gelée royale. Le miel manquait, elle s'en montra navrée et quasiment coupable. Une ambiance de famille régnait, presque paisible, dont, étrangement, moi qui n'en avais jamais été, je ne sentis pas qu'on m'excluait. Le tout neuf président annonça que le lendemain matin il irait sur la tombe de Georges Dayan, l'ami cher trop tôt disparu. Lorsque je pris congé, il me salua avec une cordialité distante. Derrière ce masque si contrôlé, que se jouait-il ? J'y rêvai longtemps avant de trouver le sommeil.

Les événements suivirent leur cours, au miroir de ma curiosité. Le lendemain, l'agitation avait triomphé du calme de la rue et de la scène dont j'avais été témoin. La foule des curieux était déjà envahissante. La première personne que je rencontrai fut notre gardienne. Elle était originaire de la démocratie populaire de Bulgarie, exilée. Elle m'arrêta devant sa loge. Elle avait les yeux rouges. Elle n'avait pas dormi de la nuit. « Les communistes… Je connais cela, vous savez. Cela commence doucement… » Contrairement à elle, je me sentis heureux, avec le sentiment double que les choses allaient être fort intéressantes et que la gauche était enfin au pied du mur. C'était le moment de citer le mot fameux de l'ami de Léon Blum, l'helléniste Bracke-Desrousseaux, après les élections de 1936 : « Enfin les difficultés commencent… » Mais il n'était pas question de laisser je ne sais quel scepticisme distancié diminuer le plaisir. J'avais, comme bien d'autres, mon 10 Mai à moi.

*

Je m'étais inscrit par deux fois, en 1974 et en 1981, sur la liste de soutien au candidat de la gauche réformiste. Giscard d'Estaing pouvait bien souhaiter, selon le titre de l'un de ses livres, réunir au centre « deux Français sur trois ». Je savais (et ce fut un rappel utile lors du « moment Macron » de 2017) que cela ne pouvait se faire que dans telle ou telle conjoncture spécifique et toujours provisoirement. Le président en place était trop profondément enraciné à droite, sociologiquement, psychologiquement, pour qu'il y eût la moindre chance qu'il y parvînt. J'eus plusieurs fois l'occasion d'y insister dans la presse. Ce qui me valut un jour (le 29 mars 1978) une lettre d'Alfred Fabre-Luce, où il s'indignait que j'aie pu faire une comparaison entre André Tardieu et Valéry Giscard d'Estaing. « J'ai connu les deux hommes. Ils s'opposaient à peu près exactement sur tout : cynisme, autoritarisme brutal, surenchère perpétuelle de nationalisme, chez l'un, respect de l'interlocuteur, recherche de l'ouverture, libéralisme sincère chez l'autre… » Je réservai courtoisement mon accord, en répliquant ironiquement que l'on aurait aimé qu'en matière sociale, je ne dis pas sociétale, on ait pu citer, dans le cas de Giscard, englué dans son milieu, le mot fameux que le « Mirobolant » (c'était le surnom, bien trouvé, de Tardieu) avait adressé à la gauche : « Ne tirez pas sur moi, je porte vos enfants dans mes bras. »

En janvier 1981, j'eus à décevoir un obligeant solliciteur. Joël Le Theule, ministre de la Défense, « gaulliste » en délicatesse avec Chirac, venait de mourir soudainement, à cinquante ans. Je l'avais croisé deux ou trois fois. Pierre Emmanuel me l'avait fait rencontrer autour de notre film de l'INA, puis Stanley Hoffmann, qui était son ami, m'avait fait convier à dîner par lui, à l'hôtel de Brienne, quelques semaines avant sa disparition prématurée, le 25 novembre 1980. Il était agrégé de géographie, élu de la Sarthe à l'Assemblée nationale. Nous avions parlé notamment, à partir de mon expérience du Centre de prospective de son ministère, de la difficulté d'une pensée stratégique libre s'épanouissant parmi la hiérarchie de l'armée. Après les obsèques de Le Theule, je reçus un appel téléphonique du docteur René Pailler, son suppléant au Palais-Bourbon, qui avait été du dîner de novembre. De but en blanc, il me proposa la succession du disparu dans sa circonscription de Sablé. « Joël, s'écria-t-il, y aurait sûrement songé. Il y a un tel vide, ici ! » Je dus décevoir mon interlocuteur en lui disant – courtoisement – que son camp n'était pas le mien. Avec le recul, il m'amuse de songer que, s'il en avait été autrement, j'aurais pu entraver la marche de François Fillon, attaché parlementaire de Joël Le Theule, qui obtint de remplir le vide en question.

À la veille du 10 mai 1981, je donnai dans *Le Point* mon point de vue d'historien engagé. « La plus ferme réalité de la droite et de la gauche est peut-être subjective puisqu'elles sont vécues intensément par les acteurs petits et grands. Veut-on résumer quelques-uns des contenus que, depuis bientôt deux siècles, on y met ? On opposera le mouvement, à gauche et la tradition, à droite, les enthousiasmes de la raison et les certitudes de la foi, la passion de la justice et l'obsession de l'ordre, la recherche obstinée de l'égalité et l'organisation attentive des hiérarchies, la croyance dans le bon sens des peuples et l'appel à la sagesse des élites, la confiance dans la bonté naturelle de l'homme dont il faut libérer l'énergie et le pessimisme sur sa perversité foncière dont il s'agit de brider les effets. » J'ajoutais : « Appliquez ces schémas classiques à nos deux candidats du 10 mai et aux troupes qui les soutiennent : tout en apportant à chaque pas bien des nuances et de multiples objections, il me semble possible qu'à bien considérer vous n'hésiterez pas à décider de quel côté de la ligne de démarcation chacun d'entre eux va tomber… »

Pourquoi n'ai-je pas choisi de m'inscrire au Parti socialiste ? Pas seulement parce que je répugnais à tout embrigadement. L'idée d'une « rupture avec le capitalisme », qui était affichée, me paraissait absurde, puisque nul autre système ne s'était montré capable d'échapper aux dérives d'une oligarchie, au mieux, et du totalitarisme, au pis. Rien donc de plus urgent qu'une réflexion sur les moyens d'en brider les dévergondages, les violences, les extravagances : quelque chose comme une social-démocratie élargie, de Saint-Simon à Jaurès, de Fourier à Clemenceau, de Proudhon à Léon Blum. J'ajoute que le projet, affiché par le PS, de rompre avec le principe de la dissuasion nucléaire me paraissait absurde, suicidaire, compte tenu de l'histoire de l'humanité.

Un instant, je crus devoir chercher une solution intermédiaire. Je songeai même à me présenter à la candidature en Haute-Saône, en 1978, sous l'étiquette de radical de gauche. Mais à cette demi-mesure je renonçai aussitôt. La victoire de la gauche, autour du « programme commun de gouvernement », semblant, selon l'opinion générale, vraisemblable, sinon probable lors de ces législatives, je décidai de jouer ma partie en contribuant à une réflexion sur la suite. Il m'apparut que si le Front populaire, avec sa grandeur et ses échecs, était constamment évoqué, le moment du Cartel des gauches, en 1924, qui avait, en son temps, suscité de belles espérances bientôt flétries et était oublié, méritait d'être ressuscité au service d'une sagesse, d'une pertinence de gouvernement. Dans la marge de ma thèse, je rédigeai un essai que j'intitulai *Leçon d'histoire pour une gauche au pouvoir* et qui parut en 1977.

J'y évoquai notamment la généalogie et la pérennité des deux familles opposées, « parti du mouvement » et « parti de l'ordre établi », telles qu'elles se manifestaient spécialement lors d'une victoire des gauches, la nécessité d'agir vite dès les premiers temps du pouvoir, la dialectique des annonces et du concret, la complexité des oppositions, qu'il avait été néfaste au gouvernement de 1924-1925 de simplifier, les périls d'un *spoil system* parmi les hauts fonctionnaires, les risques d'un angélisme humanitaire en diplomatie, le prix de la lucidité et le danger des paroles creuses, la puissance du symbolique et la résistance des « forces profondes ». René Rémond contribua à la diffusion de ce livre d'intervention, en le promouvant à la première page du *Monde*. Bertrand de Jouvenel et Alfred Sauvy, notamment, s'en firent les propagandistes. On sait qu'après la déception de 1978 il fallut attendre trois ans de plus pour que la victoire attendue se concrétisât. Cette attente, je la vécus dans un milieu d'amitiés qui, tout travaillé qu'il fût par des tensions diverses, l'escomptait dans sa grande majorité. Je l'éprouvai, en concentré, dans le climat d'avant le 10 Mai.

*

Je rencontrai quelques fois Michel Rocard, notamment à La Rivière, une belle demeure du début du XIXe siècle proche de Fontainebleau qui s'appuie sur un versant boisé et qui ouvre, par-delà la Seine, sur le vaste panorama de l'autre berge, dans un calme protégé contre les turbulences du temps. Les péniches y passaient. Le maître des lieux était Alfred Fabre-Luce, un des plus curieux personnages qui aient parcouru le siècle, non sans tribulations politiques. Je trouvai intérêt à le rencontrer, tout en éprouvant, devant la particularité de son tempérament, une certaine gêne. Son intelligence au scalpel avait quelque chose de glacé. À force de travailler (était-ce un effort calculé ou une pente naturelle, je ne sais) à brider sa sensibilité et à restreindre celle des autres, ses analyses avaient été souvent dévoyées par son insensibilité aux affects et à la force des engagements simples, notamment au temps de l'Occupation. À sa table, à La Rivière ou à Paris, il organisait la conversation selon un plan rigoureux qui ne laissait place ni à l'humour comme liant ni à l'inattendu comme surprise. Il était stimulant, attentif et insaisissable.

Dans ce lieu, la chaleur de sa fille Françoise et la délicatesse des attentions qu'élaborait son amitié contrastaient avec ce que le tempérament singulier de ce père, très aimé d'elle, affichait. En complicité avec son mari, Tony Dreyfus, avocat et militant rocardien, elle régnait déjà par intervalles sur La Rivière, qu'elle était vouée à recevoir plus tard en héritage pour en perpétuer, à sa manière généreuse, la séduction – selon la meilleure tradition des salons du XVIIIe siècle. Ils étaient tous deux proches de Michel Rocard. Je ne songeai pas, contrairement à plusieurs de mes amis, dont je scrutais et respectais le choix, à m'enrôler sous la bannière de celui-ci. Non pas seulement parce que je n'avais pas envie d'accoler à mon nom un adjectif signifiant une allégeance personnelle, mais parce que quelque chose comme une absence de lest en lui me frappa.

Sa parole n'en était pas moins libre et rafraîchissante. Je dirai plus tard le soutien décisif qu'il m'apporta, comme Premier ministre, au début de ma Mission du bicentenaire, en avril 1988, pour me permettre de préserver ma latitude d'action : motif pour moi d'une gratitude inaltérée. Je le vis quelquefois, notamment un soir de juin 1979, à la table de Michel Gentot, qui venait d'arriver, pour la satisfaction de tous, à la direction de Sciences Po. Rocard y raconta gaiement qu'il prenait bien garde, après un récent accident de ski, de ne pas se faire photographier avec ses béquilles : il croyait y être parvenu jusqu'à présent. Je m'enquis de ce qu'il avait lu pour profiter de son immobilité forcée. Le *Louis XI* de Kendall, me répondit-il (comme Giscard !), des ouvrages de René Girard aussi. Je lui demandai si c'était, compte tenu de l'un des thèmes notoires de cet auteur, pour éviter d'être jamais bouc émissaire.

La conversation rebondit sur mon livre traitant de l'échec du Cartel des gauches. « J'en ai assez, dit Rocard, de ces louanges sans réserve adressées à Jaurès et à Blum, qui oublient que, pendant qu'ils s'exprimaient si bien, des apparatchiks tenaient le parti – Jules Guesde avant 14 ou Paul Faure au temps du Front populaire – et l'entraînaient sur de mauvais chemins. » Comme on évoquait, à propos d'Herriot en 1924, la question de la lucidité et de la pédagogie en démocratie, il affirma, selon un optimisme revigorant, que « parler vrai » aux siens serait finalement payant à terme, pour lui. « Toute ma vie politique est orientée selon cette ligne, mais nous ne sommes pas nombreux... »

À La Rivière, où je le retrouvai le 26 mai 1980, il se montrait plus en confiance encore. Jacques et Suzanne Julliard, dont il savait la fidélité, étaient présents. On y évoqua le congrès socialiste de Metz, où il avait été défait rudement, en avril 1979, par Mitterrand et les siens. Rocard se montra soucieux de sembler préoccupé moins de la campagne présidentielle à venir que de se préparer à gouverner, au cas où… « Naguère encore, il apparaissait que je n'avais aucune chance. Aujourd'hui elle existe, même en *epsilon.* » Il insista sur son réseau d'amitiés dans la IIe Internationale, en Europe, parlant de la forte personnalité de l'Autrichien Kreisky, un peu du Suédois Olof Palme.

Il était cordial, sans jactance, quelquefois attentif, mais sans chaleur profonde. À La Rivière, nous jouâmes au scrabble (et je gagnai !). Il gardait, du côté des sciences de l'homme comme de la littérature, quelque chose d'un autodidacte. Il avait profité de son accident de ski pour préciser sa pensée et approfondir sa doctrine dans les domaines de la défense nationale et de l'enseignement. Je gardai dans l'œil, en partant, dans mon rétroviseur, l'image de ce petit homme, sur le gravier de la maison, dans sa gauche vêture de week-end, avec son foulard au cou, sa chemise trop étroite, ses chaussures de tennis, le grand sac qu'il portait. Je me demandai s'il aurait un destin : une interrogation où il me sembla que je rejoignais sa propre incertitude.

Sa femme d'alors, Michèle, était très présente. Elle était maître-assistant (on ne féminisait pas encore les intitulés) en sociologie à Sciences Po, ce qui nous rapprochait. Je me souvenais qu'un an plus tôt, le 1er mai 1979, elle m'avait obligeamment ramené en voiture d'une précédente invitation à La Rivière. Je l'avais fait parler de son mari – sans peine, car c'était son sujet favori. Elle devait compter, plus tard, entre 1988 et 1991, à Matignon, avant que leur couple ne se rompît. Elle avait des yeux très clairs, beaucoup de volonté et, par moments, semblait faire écho aux dessins de Claire Bretécher – comme lorsqu'elle décrivait, sans l'ombre d'une tendresse ou d'une compréhension, les épouses « provinciales et petites-bourgeoises » des militants socialistes. Elle avait évoqué les rapports difficiles de son mari avec son père, le grand physicien Yves Rocard, « une sorte d'anarchiste de droite ». À peine recommençaient-ils à se parler – un peu – depuis quelques années. Il y avait un mur entre eux. Je l'avais poussée vers le sujet de Mitterrand. Elle m'avait raconté un déjeuner de celui-ci à Conflans-Sainte-Honorine, la ville de Rocard. Les deux hommes, jusque-là, s'étaient rarement vus en tête à tête. Mitterrand avait passé une heure à expliquer à son hôte, en monologue, que tout ce qu'il incarnait dans le parti lui serait à handicap : protestantisme, utopies et appel à la décentralisation des pouvoirs. À la fin d'avril 1981, Jacques Julliard lui-même, tout attaché qu'il fût à Rocard, me dit qu'il avait été un peu déçu par lui, qu'il avait vu à Princeton : manquant de hauteur, préoccupé surtout de gagner des fédérations, dépourvu de culture générale. Il me rapporta un mot de Mitterrand à son propos : « Il a craqué contre moi, qu'eût-ce été devant Giscard ? »

Je rendis visite aussi à Jacques Delors, le 24 septembre 1976, dans son bureau de l'université de Dauphine. Il me frappa par son attention au socialisme scandinave (Ulla venait de publier un petit livre pertinent sur le sujet) et la sagesse didactique de son regard sur la temporalité de l'action et la promptitude nécessaire, en cas de victoire. Je fréquentai à quelques reprises son club « Échanges et projets ». Ses exposés personnels retenaient l'attention par leur clarté et leur détermination, comme par leur liberté de ton, mais les débats me parurent trop chronophages, à un niveau de généralités un peu molles, pour que je continue à les fréquenter assidûment. Je retrouverais Delors plus tard, peu avant son renoncement de 1995 à la candidature présidentielle.

*

J'avais quelques lumières, simultanément, à distance, par l'entremise d'une amitié forte, sur les arcanes du pouvoir en place. François de Combret servit Valéry Giscard d'Estaing au long des années soixante-dix, conseiller puis, les derniers temps, secrétaire général adjoint de l'Élysée. Par lui, assuré qu'il était de ma complète discrétion – j'étais, avec son frère, son « seul confident » –, je connus et j'enregistrai, jusqu'après la défaite de son patron, ses actions, ses observations, ses fidélités, ses doutes et ses colères. Je souhaite qu'il les raconte un jour en détail, sous une forme ou sous une autre. Ce serait une précieuse contribution à l'histoire d'une présidence. Mais peut-être ne le voudra-t-il jamais, par dignité.

Dès les premiers mois, je le vis enfermé dans une contradiction que seuls lui permirent de surmonter son ardeur au travail, où il lui arrivait de s'ensevelir, son noble orgueil devant les critiques venues de la gauche et de la presse, et en définitive son espoir, sourdement entretenu, de faire bouger, malgré tout, quelques lignes au service des moins favorisés, aux dépens de la richesse et des privilèges installés. Il multipliait les notes et les projets dans ce sens, qu'il me donna plusieurs fois à lire, et je pus suivre, de mois en mois, la chronique de ses déceptions. J'étais frappé, chez lui, par un mélange entre une belle rigueur morale et un scepticisme sur les hommes – que la pratique du pouvoir semblait intensifier.

Il me nourrissait en riches notations d'atmosphère sur l'air de la Cour, les courbettes des flatteurs, les sentines policières, les intrigues de proximité. Celles-ci furent illustrées par un épisode qui survint au mois de février 1976. Jacques Delors, avec qui François entretenait des relations confiantes, lui avait téléphoné pour lui dire qu'il était filé par des policiers en civil, ainsi que sa femme, et que cela était, à la longue, proprement insupportable. François en avait dit un mot à Giscard qui s'était récrié : « Ce pauvre Delors, qu'est-ce qu'il s'imagine, c'est ridicule… » Et trois jours plus tard : « J'en ai parlé au ministre de l'Intérieur, il m'a confirmé qu'il n'y avait pas la moindre filature… » Le lendemain, pourtant, Delors avait appelé François : « Enfin, je suis débarrassé des pandores ! Merci beaucoup ! »

François se montrait attentif à ne pas se laisser griser par les ors du Palais, heureux quand le garde de la porte pouvait lui dire, avec un respect souriant : « Le vélo de Monsieur est avancé. » Dès avril 1976, il déplorait de devoir admettre que Giscard « avait choisi la droite » et il ne cessa guère de me dire qu'à cet égard il craignait d'avoir « perdu son pari ». « Peut-être va-t-il falloir admettre, disait-il dans ses jours de chagrin, qu'une politique que, sous de Gaulle, nous avons connue à une certaine hauteur nous a rendus en même temps trop exigeants, que par conséquent nous ne pouvons pas nous adapter à la médiocrité nouvelle qui est peut-être, après tout, la norme européenne de demain. Mais alors, ajoutait-il, il faut en tirer les conséquences, renoncer à ce primat de l'ambition politique pour laquelle, toi comme moi, au fond, nous avons vécu jusqu'ici et décider de faire de grandes choses ailleurs. »

Avec cela il ne manquait pas d'espérer, malgré tout, un changement de cap. Notamment lorsqu'en décembre 1978, après l'échec de la gauche aux élections législatives, il accepta d'être nommé secrétaire général adjoint. C'est alors surtout qu'il rêva à une alliance des centres qui irait jusqu'à Rocard et rejetterait sur la droite le nouveau RPR de Chirac se raidissant dans l'hostilité à l'Europe. Nous pourrions nous retrouver enfin dans le même camp, me disait-il affectueusement, comme au temps du « gaullisme de gauche » et de notre rejet de Pompidou et des siens. Il rêvait à l'utopie d'une « Troisième Force » telle que l'avait pratiquée la Quatrième République – mais transposée dans les institutions solides de la Cinquième. À ses yeux, une alliance entre Giscard et Rocard aurait pu concrétiser cela. De la famille du PSU à celle des « indépendants » et paysans… Il me dit un jour que Giscard ne serait pas opposé, au contraire, à un gouvernement du type de celui, socialiste homogène, de Soares au Portugal. Je pensai qu'il prenait ses désirs pour des réalités.

Je lui marquais que cette perspective ne pourrait être concevable et, pour moi, admissible que si le fléau de la balance s'inclinait fortement vers la gauche. C'était déjà, au fond, quarante ans à l'avance, l'opération Macron de 2017. Mais à cela, à l'époque, tout s'opposait. L'antagonisme atavique entre la gauche et la droite était renforcé par la jeune vigueur du Parti socialiste renouvelé, Mitterrand choisissant l'alliance avec les communistes. D'autre part, la personnalité du chef de l'État, tel qu'il se présentait à l'opinion, et son comportement privé, tel que le dessinaient les confidences de François, rendaient en soi l'idée impossible : son héritage familial, le snobisme, parfois enfantin, de son nom d'emprunt, ses réflexes de classe, ses fréquentations mondaines et, à la fin surtout, son raidissement dans une position de monarque gourmand de tous les éloges, attaché à tous les plaisirs, sourd à toutes les critiques. François se montra blessé, après l'attentat qui frappa la synagogue de la rue Copernic, en octobre 1980, par les réactions de Giscard et de Barre : entre désinvolture et antisémitisme latent. En janvier 1981, à la fin du règne, Mme Fontanet (dont le mari venait d'être assassiné dans des conditions mystérieuses) me cita un mot de Giscard à celui-ci : « Oh vous, vous êtes une conscience, cela a sa vertu, cela a aussi ses limites… » Je constatai la déception de François envers celui qu'il avait servi si loyalement, son détachement affectif. Il finissait par attendre avec quelque impatience le bout du tunnel.

Un dîner qu'il me demanda de faire organiser incarna cependant pour moi la générosité de ses espérances dans les limites de son pouvoir. Au moins utilisait-il la latitude, même étroite, qui lui était laissée. Il s'agissait de rencontrer discrètement Edmond Maire, secrétaire général de la CFDT, dont l'autorité et le rayonnement étaient reconnus dans l'opinion de gauche. L'hospitalité de Suzanne et Jacques Julliard s'y prêta, dans leur maison de Bourg-la-Reine, le 31 mars 1979. Jacques Chérèque, numéro deux du syndicat, se joignit à la rencontre. Dans le salon chaleureux, égayé au début par la présence des enfants, la conversation s'enclencha avec simplicité, de quelque retenue que fût d'abord marquée l'atmosphère.

Edmond Maire battait un peu des paupières. Était-ce le signe d'une timidité surmontée ? Il portait une chemise verte, une veste de tweed, des chaussettes noires et des souliers de séminariste. Jacques Chérèque était vêtu de velours, son visage rond dominé par des bacchantes de cycliste 1900, les yeux sombres et rapides. Les épouses étaient présentes. Jacques Julliard me dit ensuite que c'était une chose rare dans ce monde. Lui-même, tout militant qu'il ait été à la CFDT, ne rencontrait que pour la seconde fois Raymonde Maire, dont l'élégance était austère. Il ne connaissait pas jusqu'à présent Élisabeth Chérèque. Les épouses, dans cet univers, bien qu'elles fussent militantes elles-mêmes, ne sortaient guère avec leur mari, gardaient la maison, les enfants, et cela, naturellement, sans aucune des aides matérielles qui concrétisaient, dans d'autres milieux, une réussite sociale. La vie était dure pour elles, qui surveillaient la rigueur doctrinale de leurs compagnons. L'absence de ceux-ci créait souvent des tensions, surmontées d'ordinaire par la force du moralisme ambiant : les hommes, me dit Jacques, « cavalaient peu ».

Ces deux femmes, ce soir-là, furent presque continûment muettes. Pourtant, à mi-chemin du dîner, je les ai senties se détendre, comme si leur méfiance originelle laissait place à un sentiment, sinon de confiance, du moins de sympathie maîtrisée. La qualité du ton que Jacques et Suzanne donnèrent à la soirée joua son rôle. La chère était bonne. Seule concession à d'autres rites, le café fut servi à table. François n'avait pas toujours des antennes sur l'instantané d'une atmosphère mais, en l'occurrence, sa sincérité fut si forte que ceci balaya cela. Pour ma part, je parlai peu, je jouai les intermédiaires. Je déçus François quand il essaya de me faire dire que Raymond Barre était un chaleureux, très ouvert : je laissai tomber la balle à terre.

On partit de l'actualité, d'une récente déclaration de Giscard sur la nécessité d'interdire les manifestations dans le cœur des villes, sauf « sécurité absolue ». Ce propos avait provoqué une réaction collective des syndicats. À 20 heures, avant de venir, j'avais vu Edmond Maire lire à la télévision une déclaration commune de protestation. « Je crois qu'il faut, dit Chérèque à François, comme s'adressant à un élève quelque peu égaré par son environnement social, que vous mesuriez bien la puissance, dans la culture ouvrière, de l'attachement à la manifestation comme un droit sacré. » Et il ajouta en souriant, me regardant : « C'est l'équivalent de la pétition dans *Le Monde* pour les intellectuels. »

La vigueur d'un anticommunisme me frappa, chez Maire comme chez Chérèque. On lut à haute voix, après le dîner, la vive réplique du premier aux attaques du PCF que donnait *Le Monde* du même soir. On se raconta avec ironie le mot de Georges Marchais disant, furieux, à Armand Jammot dont l'émission « Les dossiers de l'écran » était empêchée par une grève, ce qui avait privé le secrétaire général d'une apparition : « Cette grève est dirigée personnellement contre moi, parce qu'on savait que je serais meilleur que les autres. Une grève, ça se mate ! »

En mai prochain aurait lieu le congrès de Brest de la CFDT. Edmond Maire rappela qu'il n'avait été élu à la direction actuelle qu'avec 60 % des suffrages, la dernière fois. « Je ne sais pas, dit-il, si un succès dans les négociations actuelles de la sidérurgie peut nous aider, mais je suis sûr qu'un échec nous nuirait grandement. » On parla à ce propos de Robert Boulin, alors ministre du Travail – quelques mois avant son suicide. L'homme était apprécié des deux leaders de la CFDT : il avait compris son rôle, limité mais important, consistant à mettre en contact efficacement les interlocuteurs, à faciliter les discussions avec le patronat. Jacques Chérèque parla avec un beau pouvoir d'évocation de ses négociations avec Claude Etchegaray, le nouveau patron d'Usinor. Un « homme bien », qui « maigrissait à vue d'œil, pris entre les bonnes volontés dont il s'était entouré et d'autre part les collaborateurs venus de l'ancienne équipe et en lien avec un gouvernement qui ne voulait pas lâcher un sou ». Beaucoup d'argent avait été perdu depuis cinq ans, de par la « folie » des anciennes équipes dirigeantes (« Quelle différence avec l'Allemagne ! ») embauchant encore à partir de 1974 et engloutissant « des sommes folles ».

François mit en avant à plusieurs reprises (sans me convaincre) l'admiration que le président aurait portée à l'œuvre de la CFDT, à son effort de revendications qualitatives, à son sens des réalités globales. Sans que les points eussent été mis sur les *i*, on se comprit. La CFDT attribuait unc grande importance à une refonte de la loi sur les conventions collectives. On parla de la maîtrise, généralement affiliée à la CGC. Edmond Maire dit que, dans les temps calmes, le patronat se montrait prêt à améliorer la qualité de ces adjudants-là et à parler directement avec les ouvriers. Mais dès que les difficultés économiques survenaient, le front se reformait immédiatement avec les petits chefs. Or, ceux-ci étaient farouchement hostiles à tout aménagement des modalités du travail à la chaîne qui restituerait une certaine autonomie aux travailleurs : atteinte directe à leur pouvoir, matériel et psychologique.

Edmond Maire, jusqu'alors, n'avait vu Giscard que deux fois (ce qui me sembla extraordinaire), la dernière, récemment, en compagnie d'un syndicaliste allemand. Le président aurait dit que Maire lui avait fait une assez pauvre impression, « dominé par la puissance du Teuton ». Pour sa part, symétriquement, Maire avait trouvé Giscard gêné, regardant toujours à côté. Je songeai à Pirandello : *À chacun sa vérité*. Tout au long de cette rencontre, je fus sensible, chez ces syndicalistes, autant qu'à leur valeur intellectuelle, à l'importance primordiale de la revendication de dignité. Dans les propos des deux dirigeants, pour eux-mêmes et pour ceux qu'ils représentaient, le contact humain était fondamental – difficile avec la plupart des énarques bourgeois parisiens, de droite et de gauche.

C'était une remarquable machinerie, comme me le dit Jacques Julliard, ensuite, au téléphone, que celle qui avait fait émerger deux dirigeants d'une telle qualité. Comment ne pas souhaiter les aider ? Après leur départ, dans le vestibule, il nous raconta qu'en 1974, quand ils avaient rallié le Parti socialiste, il avait participé lui-même à une délégation conduite par Edmond Maire. Après un exposé élevé de celui-ci, François Mitterrand aurait répliqué : « Bon, alors, concrètement, combien de postes revendiquez-vous au bureau politique ? » Les relations de Mitterrand avec Edmond Maire étaient, selon Jacques, aussi exécrables que celles qu'il entretenait avec Rocard. « C'est pour cela, probablement, me dit-il ensuite, que, quant à moi, j'ai refusé de faire de la politique... » Quelque chose de rare, dans ce milieu du syndicalisme CFDT, me parut protéger les acteurs contre les corruptions multiformes donc ils auraient pu être menacés au cours de leur rapide ascension.

Jacques me marqua que, de son côté, il avait été frappé, d'emblée, par la qualité humaine de François de Combret qui tranchait sur « l'attitude gourmée et suffisante » des énarques ordinaires. Je lui dis que notre amitié se nourrissait de cela. Ajoutons que celui-ci avait affiché, à diverses reprises, une connaissance des dossiers, y compris des données chiffrées, à laquelle ses interlocuteurs avaient paru sensibles. J'évoquai cette rencontre avec Edmond Maire lui-même, bien des années plus tard, à l'occasion d'une interview filmée que je lui prenais pour un documentaire sur Jean Jaurès. Il en avait la mémoire. Il sourit : « Oui, on nous a approchés, à cette époque, mais dans l'ambiguïté. Il aurait fallu que la porte fût ouverte ou fermée… » Le 1er avril, dimanche soir, François me téléphona pour me dire qu'il avait longuement narré le dîner au président qui s'était montré, paraît-il, intéressé. Un peu plus tard, il me raconta que Giscard, à la suite de son compte rendu, avait convoqué Raymond Barre pour lui enjoindre, dans l'affaire d'Usinor, d'inciter à des concessions : « la moitié du chemin ». Un accord fut ainsi conclu.

*

Les sondages, durant les jours qui précédèrent l'élection présidentielle, allaient tous dans le même sens. Jean-Marc Lech, un professionnel, s'écria devant moi : « Si Giscard l'emporte, je serai demain sur le marché du travail ! » Le 10 au soir, *Le Point*, cet hebdomadaire auquel je collaborais régulièrement, avait organisé une soirée où l'on connut le résultat dès 18 h 30 et cela fut un curieux spectacle d'y voir les deux camps face à face.

J'aperçus un homme effondré dans un fauteuil. Il était pâle, il avait les bras ballants, le regard vague. On me dit que c'était un chef d'entreprise. Je crus voir en lui, incarnées, la désolation de la majorité du patronat et aussi sa stupéfaction. L'homme resta là plusieurs minutes et puis il se leva lourdement et, fixant sombrement le tapis sous ses pas, il marcha vers la sortie. J'allais le perdre des yeux quand je vis sa démarche se raffermir, son dos se redresser et, à l'instant où un mur allait me le cacher, il me parut soudain, le choc dominé, tout empli d'une résolution nouvelle. Quelques jours plus tard, comme le magazine allemand *Stern* m'avait demandé un article sur le patronat replacé dans la longue durée, je proposai ce personnage-là, dont je n'ai jamais su le nom, comme un archétype.

Sur la surprise des milieux d'affaires, aucun doute. J'entendis un collaborateur du CNPF, ce même dimanche soir, me faire l'analyse que voici. Au moment des élections législatives de 1978, la gauche paraissait avoir le vent en poupe, et cela depuis plusieurs années. Malgré la rupture survenue entre les communistes et les socialistes, en septembre 1977, le risque d'une défaite de la majorité de droite paraissait grand au patronat. Donc il s'était mobilisé de longue main et il avait mis tout son arsenal en batterie. En revanche, il avait été pris cette fois-ci à contrepied. D'une part, il n'aimait guère, dans son ensemble, Valéry Giscard d'Estaing : les entreprises petites et moyennes, en particulier, étaient séduites par la personnalité de Jacques Chirac, candidat d'une droite plus populaire, badigeonnée d'un libéralisme économique « reagano-thatchérien ». D'autre part, les patrons étaient tous plus ou moins persuadés que ce même Giscard serait à nouveau vainqueur. Leur action avait été par conséquent molle et inefficace.

Je confirmai cette impression, après coup, en marge d'un dialogue que j'eus avec Jacques Ferry, à France Culture, le 24 novembre 1981, au micro de Roger Pillaudin, sur le thème de l'influence des milieux d'affaires sur la politique. Ferry venait de quitter son poste de président de la Chambre syndicale de la sidérurgie – l'ancien Comité des forges. Il avait été le lointain successeur de François de Wendel dans cette fonction. Hors micro, il me confirma sans ambages ce qu'avaient été les comportements, les expectatives, les illusions, les surprises des patrons, ceux au moins qu'il fréquentait de plus près : nulle clairvoyance.

Avec Philippe Sainteny, je rejoignis la Bastille où nous vîmes passer Louis Aragon, arborant un grand chapeau noir, appuyé sur le bras d'un jeune homme. Nous nous récitâmes le fameux poème – heureusement dépassé : « Feu sur Léon Blum [...] / Feu sur les ours savants de la social-démocratie [...] / Sous la conduite du Parti communiste... » La foule était joyeuse, sans délire. Nous retrouvâmes des amis. Il y avait surtout des *teenagers*, peu de ces trentenaires et quadragénaires dont au micro fut saluée l'accession aux responsabilités. À la brasserie Bofinger, *Les Nouvelles littéraires* avaient réuni des fidèles.

Il flottait dans l'air quelque chose de léger, de rare. Edgar Faure, que mon père avait rencontré à l'Élysée, ne lui dit-il pas, quelques jours plus tard, le 24 mai : « Je n'y suis pour rien, mais je suis tout de même content » ? Dans les milieux où j'évoluais, la satisfaction fut assez générale. À *L'Histoire* notamment – même si plusieurs, tel Michel Winock, comme en témoigne son Journal, demeuraient assez résolument « rocardiens », chiffonnés de l'échec de leur favori. Encore ne leur rapportai-je pas ce qu'avait manifesté en privé Mitterrand la veille de son triomphe et que m'avaient transmis Danièle et Jean-Marie Burguburu : plus qu'une hostilité, une sorte de haine, annonçant que Rocard n'aurait pas de portefeuille. On sait qu'il en fut autrement : ministre d'État, mais sans emprise réelle sur les choses.

Mes contacts étaient assez divers pour que je pusse mesurer la violence des antagonismes. François Furet, présent lors du déjeuner que Michel Albert avait donné pour Bertrand de Jouvenel en janvier 1981 et que j'ai évoqué, nous avait affirmé, péremptoire, qu'on ne pouvait pas croire à une victoire de Mitterrand et que si, par malheur, celle-ci survenait, la gauche au pouvoir « mettrait l'économie par terre en un an ».

La rue de Bièvre changea d'aspect. J'étais fort content, décidément, du hasard de cette proximité géographique. Depuis ma fenêtre, je ne voyais pas le portail désormais historique du numéro 22, mais la petite foule des photographes qui étaient agglutinés en face. Leur troupe frémissait au gré de la personnalité des visiteurs. J'évoquais la caverne de Platon, le reflet de l'essentiel sur le mur. Le soir, en ce début de printemps, les familles défilaient lentement, comme au paseo. Tous les gens du voisinage, il est vrai, n'éprouvaient pas les mêmes sentiments. J'y rencontrai Andrée Jaigu, qui était la petite-nièce de François de Wendel et qui y habitait. Son mari dirigeait France Culture. Je le retrouvai plus tard en place à Radio France et je le protégeai un long moment contre les sectarismes, jusqu'à ce qu'il s'exclue lui-même du jeu. Andrée Jaigu, pour sa part, m'avait écrit de la façon la plus cordiale possible, après ma thèse. À présent, rien ne pouvait l'arracher à son chagrin. « Ma vie est gâchée, me dit-elle, par l'élection de Mitterrand. Ce que j'aime tant, dans cette rue de Bièvre que nous habitons, c'est un calme provincial, un côté perdu, hors du monde. À présent, les policiers pullulent, les journalistes, les badauds… »

Il faut dire que son frère, Ernest-Antoine Seillière, le futur patron du Medef, un homme d'esprit, leur causa une frayeur sous l'effet d'un canular que Georgette Elgey me raconta plus tard et qu'il m'a lui-même, depuis lors, confirmé. Un soir que l'enfant de la maison, Charles, âgé d'une dizaine d'années, y était seul, son oncle, déguisant sa voix, appela de la part de l'Élysée pour annoncer que le nouveau président, souhaitant élargir ses emprises dans la rue, réquisitionnait l'appartement des Jaigu, situé presque en face de notre propre immeuble. Comme Mitterrand ne voulait pas être brutal, il leur laissait, généreusement, quinze jours pour vider les lieux. Il y eut un temps d'angoisse et de fureur, avant que l'absurdité n'éclatât, parmi quelques rires. À droite, des fantasmes régnaient en quantité.

Pour compléter ma réflexion sur l'événement, il fallait prendre la température des vaincus. La possibilité m'en fut donnée, à Genève, dès le surlendemain. Un débat sur Pétain, à la télévision suisse, autour d'un exposé d'Henri Guillemin, me donna l'occasion de rencontrer Jacques Isorni, Jean-Raymond Tournoux et Henri Amouroux. Comme ils avaient en commun de manquer radicalement d'humour, donc de recul, leur mauvaise humeur informait. Le premier, avocat du Maréchal en 1945 et défenseur, plus récemment, des assassins de l'OAS, avait vécu trop d'affrontements avec Giscard pour ne pas se réjouir de sa déconfiture, mais il éprouvait trop d'hostilité envers la gauche pour ne pas s'inquiéter de l'événement qui l'avait provoquée. Le deuxième tempérait son chagrin en songeant aux livres qu'il pourrait trousser et il insistait sur l'intensité de la haine qui prospérait entre Giscard et Chirac. Le troisième, dont les écrits à succès sur Vichy manifestaient pour Pétain toutes les indulgences possibles et dont le grand homme était Raymond Barre, se montrait autant désolé.

Leur pronostic, en tout cas, était commun. L'expérience durerait un an et il faudrait une décennie pour que la France se relève – même avec Barre aux manettes. Au retour, j'eus peine à réfréner un fou rire quand je retrouvai le même Amouroux, à l'aéroport, tout déconfit. On venait de lui infliger une fouille au corps pour vérifier qu'il ne transportait pas de francs suisses. Il s'agissait des instructions du même Premier ministre. Je regrettai, potache, qu'on ne l'ait pas mis tout nu, quand bien même le spectacle eût été sans charme spécifique.

*

Dans le jeu des forces qui me firent accéder, seize mois après la victoire de Mitterrand et en un âge encore tendre, à une responsabilité importante, la contingence, une fois de plus, eut une bonne place. Je m'étais beaucoup intéressé à la prise de décision en République. Voici donc les ressorts de celle-ci, qui me concerna. Depuis que Radio France existait, créée en 1974, elle n'avait jamais été dirigée que par des journalistes ou des hauts fonctionnaires sélectionnés antérieurement par le concours de l'École nationale d'administration. Je fus l'un des deux seuls (avec Mathieu Gallet, bien plus tard, entre 2014 et 2018), sur une population de onze présidents, à venir d'un autre rivage, le seul universitaire. Il y fallut donc qu'une logique spécifique fût au travail. À moyen terme, ma notoriété naissante dans le champ des médias et de leur histoire – études scientifiques, production, conseil – comme mon inscription dans la famille de la gauche non partisane purent certes permettre que l'attention fût attirée sur moi. Mais à court terme, dans ces moments brefs où le sort hésite, les détails peuvent intéresser car on y retrouve les caprices de la Fortune.

Je ne compte pas pour rien, en premier lieu, la rencontre du 22 rue de Bièvre, le 10 mai dans la nuit. D'abord parce que, dans l'esprit du nouveau prince, j'ai cessé alors, dans le court instant où il put me prêter attention, d'être abstrait, mais surtout parce qu'il concrétisa l'effet d'une affection, celle de la jeune femme qui me prit par la main pour me conduire dans la courette désormais présidentielle. Une autre incarna le destin. Ce fut Michèle Cotta. « Ah ! la rue de Bièvre ! » s'écria-t-elle un jour, devant moi, en tête à tête – au moment même où son projet de me nommer était en voie d'aboutir. Elle me dit que c'était à Latche, la fameuse demeure landaise du nouveau président, que Mitterrand l'avait interrogée sur ma personnalité, après que Danièle Burguburu lui avait parlé de moi en termes chaleureux. Telles furent, en cette occurrence, mes deux bonnes fées. Sans bien nous connaître encore, Michèle Cotta et moi, nous nous étions souvent croisés. À Sciences Po, notamment, où elle avait fait des recherches remarquées sur les acteurs de la collaboration, au côté de Nicole Racine, avant de choisir le chemin du journalisme politique sous la houlette de Françoise Giroud. La sympathie, entre nous, était spontanée mais distante encore. J'avais observé avec considération, au cours des derniers mois, sa gestion de Radio France lorsque la faveur du président de la République l'avait portée à la tête de celle-ci. Elle y avait dû affronter les temps difficiles d'un sectarisme symétrique de celui qui l'avait précédé. À présent, il lui revenait, toujours par le choix de Mitterrand, de présider la toute neuve Haute Autorité de la communication audiovisuelle, destinée à inaugurer des temps nouveaux. Je l'y verrais pendant quatre ans témoigner, seule femme régnant sur huit hommes, de sa générosité spontanée et de son habileté de proximité. Pour l'heure, dès lors qu'elle me voulut son candidat, elle me fit profiter de l'une et de l'autre.

Ma chance fut aussi que Gabriel de Broglie, informé que mon nom commençait d'être évoqué, et averti que le Parti communiste briguait la présidence de Radio France, songeât que je pourrais constituer un contre-feu et à me promouvoir à cette fin. Divers contacts m'aidèrent à suivre l'affaire. Danièle Burguburu, selon sa discrète élégance, continua de se faire mon soutien à l'Élysée, ou plutôt rue de Bièvre. À Matignon, Marie-Ange Laumonier, selon une autre sympathie récemment suscitée, me renseigna. Elle était l'adjointe de Jérôme Clément, chargé des questions de la culture et de l'audiovisuel auprès du Premier ministre Pierre Mauroy. Elle me tint au courant de ce qui s'envisageait dans cet autre lieu de pouvoir et dans quel sens y soufflait le vent. Ce n'était pas là que le sort se fixait, mais ce pouvait être une caisse de résonance. Je sus, sans m'en étonner, que les réactions hostiles se concentraient sur ma jeunesse et mon inexpérience d'un côté, sur une incertitude quant à l'orthodoxie socialiste de mes convictions, de l'autre. Ainsi dus-je affronter plusieurs examens : on en passe toute sa vie.

Le principe affiché par la nouvelle loi sur l'audiovisuel était celui de l'indépendance absolue de la nouvelle Haute Autorité dans ses choix pour la présidence des chaînes. Mais la politique demeurant ce qu'elle était, je ne me trouvai pas étonné (Michèle Cotta non plus, visiblement) que le chef de l'État se fût donné le droit d'exercer son veto en passant par l'intermédiaire des proches qu'il avait nommés dans « l'instance de régulation », notamment Paul Guimard, son fidèle. Le « sas » fonctionna cependant et les nominations dans l'audiovisuel auraient été différentes si elles avaient été directement le fait du prince. Il est certain que, sans l'institution neuve de la Haute Autorité, je n'aurais pas été nommé là où je le fus. Je montrerai, le moment venu, que ma liberté d'action à la tête de Radio France s'en trouva élargie. Il n'empêche qu'en attendant il fallait avoir le feu vert du président. Ainsi fus-je convoqué à l'Élysée par François Mitterrand, à deux reprises.

Il me reçut une première fois le 3 août 1982, trois quarts d'heure, en fin de matinée. Dans la cour, j'aperçus son chauffeur Pierre Marlier qui marchait à grandes enjambées. Cet homme avait pris du poids, symboliquement, mais il constitua pour moi, en cet instant, le petit personnage du tableau qui me renvoya à la rue de Bièvre d'avant Mai 81, en rappel discret. Je trouvai François Mitterrand plus détendu qu'à la télévision. Il avait un peu maigri, me sembla-t-il, et son costume bleu bien coupé était seyant, en différence avec ce velours beige et amolli qu'il aimait arborer naguère.

Tout en me surveillant moi-même, je me sentis, de son fait, à l'aise. Il me donna même, je dois dire, l'impression de se mettre en frais. Je fus frappé par le goût qu'il avait d'un langage riche et choisi. Il en savourait les volutes – en contraste avec le calme un peu forcé du ton, selon cette sérénité construite qui devait lui être le moyen le plus efficace de maîtriser le flot de ses émotions et sa sensibilité, comme de défendre ses mystères. Sur ce terrain, je le rencontrais aisément – mais ce n'était, je m'en persuadai, que la première couche d'un caractère, la plus visible.

D'entrée de jeu, il m'expliqua qu'il avait souhaité faire ma connaissance, m'interroger sur mon itinéraire et sur mon activité actuelle : je répondis brièvement. À sa demande je lui dis aussi comment j'avais été conduit à m'intéresser à l'audiovisuel – à partir de l'histoire : j'évoquai mon film sur Léon Blum. « Je me trouve avoir, me dit-il de but en blanc, un certain nombre de postes à pourvoir » (il y incluait donc spontanément, songeai-je, ceux qui dépendaient désormais de la Haute Autorité...). Sans avoir, pour l'heure, aucune proposition précise à me faire, il désirait savoir si j'envisagerais d'assumer une activité directement publique. Je lui répondis que j'avais toujours considéré que la situation de l'homme au bord du fleuve qui regarde les autres s'agiter dans le courant en commentant leur brasse ou leur nage papillon était certainement confortable, mais que je ne doutais pas qu'un jour je me jetterais à l'eau : ma réponse de principe était donc positive – quitte à considérer les choses au cas par cas, sans engagement d'avance à tout accepter. « Mais bien sûr ! » fut la réponse. J'ajoutai : « Et en mesurant les conséquences sur ma vie quotidienne. – Ça, c'est votre affaire ! » répliqua-t-il vivement. J'en convins. Il me demanda mon âge.

Il concentrait sa frustration sur l'information. « Elle ne sert pas assez notre dessein. Nous avons toute la presse écrite contre nous. » Je souris intérieurement, en songeant que dans ses *Mémoires* de Gaulle avait formulé la même observation rageuse et désolée. En l'occurrence, fallait-il donc tenir pour rien le soutien d'ensemble de *Libération*, de *L'Humanité*, du *Monde*, du *Matin de Paris*, du *Provençal* ? J'avoue que je ne cherchai pas à le contredire – tout en évitant d'approuver. Il est d'observation constante que pour tout gouvernant la louange est de simple objectivité, la critique le fruit de la malignité. L'affirmation prenait plus de force d'être posée sur le ton de l'évidence et d'une sérénité affichée.

Sans désemparer, il en vint à l'audiovisuel. L'information y était, à ses yeux, tout à fait déficiente. Il y voyait un des motifs pour lesquels l'appareil d'État et les moyens de gouvernement, insuffisamment encouragés, ne répondaient pas assez à ses impulsions. « L'autre jour, dit-il, j'ai constaté que toute une série d'arrêtés du ministère de l'Agriculture, publiés il y a un an, n'avaient pas abouti, de par l'inertie des bureaux. Même chose aux Finances chez Fabius – et pourtant c'est un bon ministre. La police ne nous donne rien d'intéressant : je ne parle pas de la gendarmerie » (il venait de faire confier sa sécurité personnelle au Groupement d'intervention de cette même gendarmerie). « À Paris, la police est très proche de l'Hôtel de Ville, très choyée par le maire. » Il s'agissait de Jacques Chirac.

Le président commença par évoquer Europe n° 1. « J'ai de l'estime pour les nouveaux nommés, Pierre Barret et Jacques Abergel. Mais, après tout, l'État qui est actionnaire majoritaire pourrait y être mieux compris... » Il cita le journaliste de l'économie Jean Boissonnat : le PS faisait une fixation sur lui, visiblement. « Un homme de qualité, honnête assurément, mais enfin, hein ! qui nous critique tous les matins. Je ne demande pas qu'on le prive de son micro, mais seulement que quelqu'un d'autre, au moins, puisse faire entendre un son de cloche différent, par exemple le soir, je ne sais pas, quoi ! Et Catherine Nay, ses liens avec le RPR sont bien connus. Elle est toujours en place, elle aussi... »

Sans faire chorus, je lui dis que, dans l'audiovisuel, le meilleur chemin n'était pas, à mes yeux, si on souhaitait que la politique du gouvernement fût bien expliquée au pays, de rechercher des journalistes affichant leur allégeance. Il valait mieux se donner comme but de recruter les meilleurs du milieu, des gens rassis, quinquagénaires pour les chefs, jouant leur réputation de bons professionnels parmi leurs pairs, bref sortir du système des « minets ». François Mitterrand m'arrêta. « Des minets ? » Cet homme devait détester sembler ne pas connaître quelque chose. « Des "minets" ? » Je précisai qu'il s'agissait de jeunes gens qui débutaient et qui étaient promus très vite : on avait employé l'expression, à la radio, à propos de l'équipe de Jacqueline Baudrier, avant Mai 81. « Il faut, ajoutai-je, sortir du système qui fait qu'ils accèdent à l'écran par servilité et qu'ensuite ils persiflent pour se le faire pardonner par leur milieu professionnel. »

Un peu plus tard, je dis que, selon ma pente d'historien, je comparais la loi sur la communication audiovisuelle promulguée l'année précédente à celle de juillet 1881. Celle-ci avait constitué une avancée juridique considérable, elle avait permis à de nombreux talents de s'épanouir – mais elle avait aussi donné le branle à une vénalité éhontée et cette évolution avait fini par peser lourd sur le destin de la Troisième République et de la démocratie en général. On saurait dans dix ans si la loi sur l'audiovisuel qui portait le nom du ministre Georges Fillioud et venait d'être adoptée ne serait, à cet égard, que positive. Mais la corruption n'était pas seulement politique ou financière. Il fallait se méfier du climat délétère créé rue Cognacq-Jay par la nuée des attachées de presse qui avaient la seule fonction d'arracher sur les ondes une minute d'allusion à leurs commanditaires. Quant à ces fausses vedettes se faisant payer dix mille francs sous la table pour arbitrer un débat à la chambre de commerce d'Amiens… Il convenait de bien rétribuer les journalistes mais aussi, comme dans d'autres pays, d'exiger l'exclusivité de leur activité.

Sur la médiocrité de l'information, le président semblait intarissable : « Il suffit qu'un immigré lève le poing quelque part pour qu'on envoie une caméra… » Je fis remarquer – frappé là encore, *in petto*, par une permanence des comportements – qu'on rencontrait le problème de ce que dans notre jargon d'historien nous appelions un « abus de représentativité » accordé à un document, mais qu'il était toujours difficile à des journalistes de ne pas porter l'attention sur le rare, l'exceptionnel, sinon le saugrenu. Et comme il avait signifié que sa situation personnelle était meilleure, devant l'opinion publique française, après tout, que celle de la plupart de ses collègues occidentaux chez eux, je lui dis qu'en somme une bonne information devait être celle qui était capable, en dépit des tumultes de l'actualité, de resituer systématiquement les épisodes de l'instant par rapport aux autres pays et à l'intérieur d'une continuité historique. « Oh ! me répondit-il, rares sont aussi les hommes politiques qui sont capables de penser autrement qu'à très court terme, de se situer dans la perspective des dix années à venir. » Il s'excluait visiblement du lot. J'ajoutai benoîtement : « … et dans la suite des dix ans écoulés » – ce qu'il approuva.

Soudain, par un revirement de sa pensée, il parut souhaiter signifier qu'il ne pensait pas que ces médias hostiles, tout irritants qu'ils fussent, eussent la maîtrise des choses. « Bon, nous allons passer, à cause de la crise internationale, une ou deux années difficiles. Nous allons être en position de *punching ball* pour l'opposition. Mais ça ne durera pas toujours. La politique, c'est comme les arts de combat orientaux : il faut utiliser la force de l'autre. Dans la boxe, le vainqueur ce n'est pas celui qui frappe comme un sourd, car alors le choc est pour lui aussi rude que pour l'adversaire. Quelquefois, un geste minuscule du petit doigt (il fit le geste sur sa joue) suffit à faire basculer l'opposant. Regardez Mme Thatcher. Elle perdait toutes les élections partielles. Il y a eu la guerre des Malouines, une malheureuse affaire, certes, mais vous voyez le regain immédiat de sa popularité. »

Revenant à l'audiovisuel, j'observai que la préoccupation d'un meilleur fonctionnement concernait aussi la télévision « de création » : on constatait une extension du nombre des petits chefs qui se sentaient frustrés par rapport aux producteurs et leur faisaient payer cher leur accès à l'écran. Sans compter le corporatisme. Il y avait un grand effort à faire pour ouvrir ce monde à de plus larges milieux intellectuels. Mais je notai que ce chapitre intéressait beaucoup moins le président de la République que les problèmes de l'information. Il était d'ailleurs, à cet égard, représentatif du personnel parlementaire dans son ensemble. Quand j'eus l'occasion, par la suite, de lui parler de Radio France, il marqua toujours qu'il entendait spontanément la seule chaîne France Inter et, plus étroitement encore, l'information matinale. De cette donnée il me reviendrait de tenir compte, plus tard, dans le gouvernement de cette maison et mes relations avec les pouvoirs politiques.

François Mitterrand marqua aussi que cela pouvait être un handicap pour l'action que de ne pas bien connaître le milieu où l'on s'engageait : on risquait de ne pas apercevoir les embûches. Je répliquai qu'on pouvait au contraire soutenir que c'était un avantage de n'être lié à aucun clan préétabli, à aucun réseau. Et que, dans bien des rôles de direction, de même qu'au gouvernement, il était loisible de préférer à un spécialiste arrivant en place avec des idées préconçues un « généraliste » attentif et déterminé. À la fin de l'entretien, comme nous revenions sur l'éventualité d'une tâche qui me serait confiée (« j'aimerais bien vous utiliser », ce fut sa formule), je signifiai sans détour que je souhaiterais, de toute façon, être en première ligne de responsabilité, même si le champ était limité, et pouvoir choisir mon équipe en pleine liberté. J'hésitai un instant et j'ajoutai : « Comme vous-même, à un autre niveau, votre Premier ministre. » Il leva un sourcil, se demanda un instant comment il devait le prendre, puis sourit. Je continuai : « Il y a toujours beaucoup de coups à recevoir lorsqu'on veut changer les choses et, à cette fin, il est crucial d'avoir autour de soi un entourage lié par la confiance intellectuelle et même par l'affection. » Je fis une brève allusion (si rapide qu'il ne la saisit peut-être pas) à Marcel Jullian. Lui-même avait évoqué dans son livre *Ici et maintenant* le regret rétrospectif de ce président d'Antenne 2 de s'être laissé imposer ses collaborateurs par l'Élysée, en 1974, après sa nomination par Valéry Giscard d'Estaing.

Le président me dit alors : « Je sais que vous n'êtes pas socialiste, mais ce n'est nullement un obstacle à mes yeux. Il y a bien des gens ici qui n'ont pas leur carte, la majorité, je crois bien. Cela ne veut pas dire que je brime pour autant systématiquement les socialistes… » Et il m'exprima aimablement qu'il regrettait de devoir me quitter si vite – pour recevoir le ministre des Affaires étrangères d'Égypte, et ensuite pour aller à Crépy-en-Valois aux obsèques de quarante malheureux enfants qui avaient été tués sur l'autoroute. Mais il me reverrait, si je le voulais bien, plus longuement, à la fin d'août ou en septembre. Enfin, debout, il m'exprima l'estime qu'il avait pour mon père. « Un adversaire politique de longue date, naturellement… (j'ai regretté de ne pas avoir rappelé qu'il avait voté pour lui en 1974, au second tour, ce qui lui avait valu la hargne rancunière de Giscard d'Estaing), mais un vrai caractère, et un homme de bien. » J'ai dit que nous avions, mon père et moi, dans nos différences mêmes, beaucoup d'intimité intellectuelle.

J'ai souvent repensé à cette première conversation avec François Mitterrand et je l'éprouvai en moi-même comme un contrat passé avec lui. Mais pas pour agréer une vision partisane de l'information. Je m'étais gardé de tout engagement à cet égard.

Je pensai déjà, en sortant de son bureau, que, s'il me revenait d'être fidèle à l'esprit de la loi qu'il venait d'avoir le courage de faire voter (« la communication audiovisuelle est libre »), je devrais affirmer souvent cette fidélité, sous la protection de la Haute Autorité, contre ses proches et peut-être contre lui-même. Mais cela impliquait qu'au jour des tempêtes je défende à tous risques contre la réaction (au sens propre du mot) ce que cette générosité pouvait avoir de meilleur, dans l'esprit de la gauche au plus constant d'elle-même. On verra, dans le deuxième tome de ces *Mémoires*, comment diverses irritations, dans le camp présidentiel, ont pu scander mon histoire à Radio France et comment il fallut la séquence qui suivit la défaite de 1986 pour que le chef de l'État me signifiât qu'il était passé, envers moi, d'une mauvaise humeur à quelque considération.

Que Georges Fillioud, ministre de la Communication, fût voué à incarner une défiance à mon égard (avant d'en revenir, bien plus tard, en honnête homme), voilà ce qui m'apparut sans tarder. La veille de mon second entretien à l'Élysée, le 9 septembre, il me pria de venir le voir, en me demandant grand secret : il me fit entrer non pas par la rue Saint-Dominique, sur laquelle s'ouvraient ses bureaux, mais en me faisant passer à l'arrière, par la rue Las-Cases. Il voulait visiblement se faire une idée de ce personnage dont le nom avait surgi soudain de l'imagination débridée de la Haute Autorité. Il se montra surtout soucieux de m'interroger sur mon positionnement politique qui inquiétait visiblement le militant qu'il était. Il voulut me faire dire que mon âge encore tendre et mon absence d'expérience devraient me faire préférer me trouver commandant en second. Je ne lui laissai pas d'incertitude sur ce point : il n'en était pas question.

*

Lorsque je revis François Mitterrand, comme annoncé, dans son bureau, le vendredi 10 septembre, sa curiosité sur moi étant probablement assouvie, l'ambiance fut moins chaleureuse. Il parla la plupart du temps. Apprenant de ma bouche que Michèle Cotta ne m'avait pas encore précisé les choses, mais donné seulement un coup de téléphone « sibyllin » (mot qui le surprit et sembla même l'agacer un instant), il me parut ne pas vouloir, par délicatesse pour celle-ci, me fournir de précision. Il me dit qu'après les conversations qu'il avait eues avec ses « amis de la Haute Autorité », il ne restait pour les postes à pourvoir qu'un petit nombre de noms, une « petite sarabande » (la formule me frappa) dans laquelle je figurais. Il ajouta qu'il avait songé un instant à moi pour organiser les services de la Haute Autorité, mais qu'il s'était dit rapidement qu'au point où j'en étais de ma vie je ne souhaiterais pas être en position subordonnée par rapport à neuf autres personnes. Je lui dis que je le remerciais en effet de ne pas me l'avoir proposé.

Il évoqua les membres nommés de la Haute Autorité. « Un seul est membre du Parti socialiste, cela vous étonnera peut-être : Stéphane Hessel – selon une appartenance très ancienne. Pour le Parti communiste, ajouta-t-il, j'ai demandé une liste, j'ai eu une dizaine de noms, j'ai refusé André Stil, j'ai choisi Daniel Karlin. Du côté des membres nommés par le président du Sénat, il ne s'agit pas non plus de gens très partisans, sauf peut-être Gabriel de Broglie, qui est proche des giscardiens. »

Il reprit ensuite son thème du mois d'août. « J'ai besoin, dans la tâche difficile qui est la mienne, d'être protégé. Or, on n'explique pas assez au pays les succès de notre politique, les chiffres de nos succès, l'inflation diminuée, le chômage stabilisé, le courage et l'efficacité du blocage des prix et des salaires, le déficit budgétaire inférieur à celui de nos voisins. Seul le commerce extérieur est préoccupant. Il est vrai qu'en relançant la consommation populaire nous avons provoqué des achats à l'étranger, notre appareil industriel ne pouvant y répondre. La baisse des investissements ! Pompidou avait été assez actif dans ce champ, mais mon prédécesseur n'avait rien fait. M. Gandois, démissionnaire de Rhône-Poulenc, oublie de dire l'accroissement des subventions de l'État à son entreprise. Et comment ignorer la hausse du produit agricole pour la première fois depuis dix ans ? Mme Cresson peut bien l'expliquer, dans sa fonction ministérielle – et elle le fait de très bonne façon –, cela est noyé dans le flot des critiques. Alors, on comptabilise les temps de passage des membres du gouvernement à l'antenne. Mais ce n'est pas l'essentiel. Il faudrait expliquer, expliquer, expliquer. Les temps sont difficiles. Les Américains attaquent notre fortune. Je ne crois pas au complot, mais il n'y a pas de sympathie pour nous chez les cambistes. » J'évoquai alors, pour dire tout de même mon mot, le « franc électoral » de 1924.

Il passa les chaînes en revue. « Je me suis interdit toute pression directe. Il n'y a pas eu un seul coup de téléphone de ma part. On a beaucoup exagéré les interventions d'André Rousselet – seulement en faveur de tel ou tel individu qui s'était trouvé brimé. Je ne souhaite la mort de personne. Mais enfin on ne peut pas attendre de M. Michel Bassi ou de M. Patrice Duhamel qu'ils se fassent les pédagogues de notre entreprise ! » Il évoqua aussi, comme la dernière fois, le nom de Jean Boissonnat : sa bête noire, décidément.

« TF1 n'a pas trouvé le ton. Antenne 2 marche mieux mais s'est un peu durcie et repliée sur soi. À FR3, on a voulu redresser les choses, mais du coup on est allé trop loin dans l'autre sens. Radio France, ça va assez convenablement. » Je songeai qu'il ne pouvait pas dire moins, pour cause de Michèle Cotta. « Partout, ajouta-t-il, les recrutements sont médiocres : partout on a choisi des gens qui prétendent indûment qu'ils avaient été défavorisés auparavant. » Et moi d'approuver platement : « C'est en effet la grande chance, classiquement, de tous les exclus pour médiocrité... »

Finalement, il me redit qu'il souhaitait me voir employé et que si rien ne se dessinait pour moi, ces jours-ci, il me proposerait autre chose, qu'il me reverrait alors dans un mois. Je répondis que, si j'étais appelé à une tâche de ce genre, il pourrait compter sur ma loyauté. Et lui, paisiblement : « Oui, je le crois. – Cette tâche, dis-je, je l'accepterai tel que je suis, avec mon tempérament, à la rencontre d'un itinéraire personnel, d'un milieu affectif, d'une réflexion politique. » Probablement n'avais-je pas à expliciter cela plus avant et en savait-il assez sur moi ? Il agréa vaguement : « Oui, à peu près. » Et sur le pas de sa porte, je l'entendis me dire : « Je ne crois pas qu'il convienne que vous vous consacriez exclusivement à vos enseignements. »

La suite me confirma que les vents étaient favorables. Le dimanche 12 septembre, je vis Michèle Cotta chez elle et lui racontai ce second entretien. « Je me suis exprimée trop vite en ta faveur après Gabriel de Broglie, pour Radio France, quand celui-ci a lancé ton nom, me dit-elle. Il m'avait affirmé, pourtant, au téléphone, que par habileté il ne parlerait pas le premier. J'ai sauté trop joyeusement sur l'occasion. Cela a créé quelque inquiétude chez Paul Guimard, et a suscité l'hostilité de Daniel Karlin, qui voudrait un président communiste. Mais bon, j'espère en faire mon affaire. »

Il me restait à affronter une dernière épreuve : une présentation à la Haute Autorité elle-même. Plus tard, l'habitude se prendrait de publier des candidatures et l'audition des concernés : non sans inconvénient pour la souplesse des recrutements, parce que ceux qui étaient déjà en place dans telle ou telle entreprise hésiteraient à y laisser connaître leur ambition extérieure, dans le cas d'un échec. Pour l'heure, la jeune instance avait choisi, à bon escient, la confidentialité. Le contact, pour moi, eut lieu discrètement dans le bureau de Jean Autain, l'un des membres nommés par le Sénat, à la tour Montparnasse. Outre la présidente, participaient aussi Paul Guimard et Daniel Karlin, qui avait exigé d'en être. Le propos fut général. Comme souvent, je me fondai sur l'Histoire, commode pour éviter des questions trop précises sur la gestion. À Jean Autain, qui s'inquiétait de mon inexpérience à cet égard, je dis qu'il me semblait qu'avec de bons collaborateurs il était plus facile de se familiariser vite avec ces arcanes que d'acquérir une compétence générale sur les médias, dans leur ensemble et dans la durée. Karlin fut glacial, mais me sembla isolé. Michèle Cotta, dont l'affection me couvait avec quelque inquiétude, me parut, à la sortie, soulagée.

Le jeudi 16 septembre, j'étais à Birmingham pour un exposé, prévu de longue date, dans le cadre d'un colloque consacré à l'histoire contemporaine de la France. À l'heure du déjeuner, Michèle me téléphona pour me dire que j'allais lui succéder à la présidence de Radio France. Je revins vendredi à Paris, par avion. Sur mon répondeur téléphonique, le chiffre d'une centaine d'appels était inscrit. Une aventure commençait.

Index des noms de personnes

G

M

N

T

Table

DU MÊME AUTEUR

Le Riz et le Rouge
Cinq mois en Extrême-Orient
Seuil, 1969

Le Journal politique de Jules Jeanneney
(septembre 1939-juillet 1942)
(édition critique)
Armand Colin, 1972

François de Wendel en République
L'argent et le pouvoir (1914-1940)
Seuil, « L'Univers historique », 1976
nouvelle édition revue, Perrin, 2004
nouvelle édition, CNRS éditions, coll. « Biblis », 2019

Leçon d'Histoire pour une gauche au pouvoir
La faillite du Cartel (1924-1926)
Seuil, « L'Histoire immédiate », 1977
et « Points Histoire », 1982
rééd. suivie d'une postface, « XXe siècle », 2003

« Le Monde » de Beuve-Méry ou le métier d'Alceste
(avec Jacques Julliard)
Seuil, 1979

L'Argent caché
Milieux d'affaires et pouvoirs politiques dans la France du XXe siècle
Fayard, 1981
Seuil, « Points Histoire », 1984

Télévision nouvelle mémoire
Les magazines de grand reportage (1959-1968)
(avec Monique Sauvage et al.*)*
Seuil, « L'Histoire immédiate », 1982

Charles Rist : une saison gâtée
Journal de la guerre et de l'Occupation (1939-1945)
(édition critique)
Fayard, 1983
(traduction américaine, 2016)

Échec à Panurge
L'audiovisuel public au service de la différence
Seuil, 1986

Concordances des temps
Chroniques sur l'actualité du passé
Seuil, « XXe siècle », 1987
et « Points Histoire », éd. augmentée, 1991

Le Bicentenaire de la Révolution française
Rapport au président de la République
La Documentation française, 1990

George Mandel
L'homme qu'on attendait
Seuil, 1991
et Tallandier, « Texto », 2009
rééd. avec une postface, Seuil, 2014

Jean Jaurès : « L'Armée nouvelle »
(édition critique)
Imprimerie nationale, 1992

L'avenir vient de loin
Essai sur la gauche
Seuil, 1994
et « Points Politique », 2002

Georges Clemenceau : « Le Grand Pan »
(édition critique)
Imprimerie nationale, 1995

Une histoire des médias des origines à nos jours
Seuil, 1996
et « Points Histoire », 2000, 2001, 2011, 2015
(traductions en chinois, grec, italien, portugais, roumain, turc)

Le Passé dans le prétoire
L'historien, le juge et le journaliste
Seuil, 1998

L'Écho du siècle
Dictionnaire historique de la radio et de la télévision en France
Hachette Littératures / Arte Éditions / La Cinquième Édition, 1999
rééd. coll. « Pluriel », 2001

Une idée fausse est un fait vrai
Les stéréotypes nationaux en Europe
(dir.)
Odile Jacob, 2000

La République a besoin d'histoire
Interventions
Seuil, 2000

L'Histoire va-t-elle plus vite ?
Variations sur un vertige
Gallimard, 2001

Jaurès
Nathan, « Photo poche Histoire », n° 6, 2002

Présidentielles, les surprises de l'histoire
(1965-1995)
(avec Olivier Duhamel)
Seuil, 2002

Victor Hugo et la République
Gallimard, 2002

Du bon usage des grands hommes en Europe
(dir. avec Philippe Joutard)
Perrin, 2003

Le Duel, une passion française
1789-1914
Seuil, 2004
et Perrin, « Tempus », n° 411, 2011
(traductions en italien et en roumain)

La Cicatrice
Berlin est-ouest, 1988-2004
(photographies de Patrick Tourneboeuf)
Les Éditions du huitième jour, 2005

George Clemenceau
Portrait d'un homme libre
Mengès, 2005, 2013

Concordance des temps
t. 1. Dialogues radiophoniques
Nouveau Monde éditions, 2005

Quand Google défie l'Europe
Plaidoyer pour un sursaut
Mille et Une Nuits, 2005, 2006,
édition augmentée, 2010
(traductions en albanais, allemand, anglais (États-Unis), arabe, bulgare, chinois, espagnol, grec, italien, japonais, portugais (Brésil), roumain, russe, serbo-croate et turc)

La Provende et l'étamine
Lectures historiques et politiques (1976-2007)
Tallandier, 2007

Lettre aux personnels de la Bibliothèque nationale de France
au moment de leur dire adieu
Éditions de la BNF, 2007

La Guerre dans tous ses états
Concordance des temps
t. 2. Dialogues radiophoniques
Nouveau Monde éditions, 2008

George Clemenceau : correspondance
1858-1929
(éd. avec Sylvie Brodziak)
Robert Laffont, « Bouquins », 2008

L'un de nous deux
(théâtre)
Portaparole, 2009
(traduction en italien)

La République a besoin d'histoire
2. Interventions, 2000-2010
CNRS Éditions, 2010

L'État blessé
Flammarion, 2012

Au regard de l'histoire
L'actualité vue par les historiens
Du printemps arabe à l'élection présidentielle
(dir.)
Autrement / France-Culture / Le Monde éditions, 2012

L'Histoire, la liberté, l'action
Œuvres, 1977-2013
Seuil, « Opus », 2013

La Grande Guerre, si loin, si proche
Réflexions sur un centenaire
Seuil, 2013

Les Grandes Heures de la presse
qui ont fait l'histoire
Flammarion, 2013

L'Actualité au regard de l'histoire
De l'affaire Merah à l'élection du pape François
(dir.)
Autrement / France Culture / Le Monde Éditions, 2013

Jours de guerre (1914-1918)
Les trésors des archives photographiques du journal Excelsior
Les Arènes, 2013

Les Rebelles
Une anthologie
(avec Grégoire Kauffmann)
CNRS Éditions, 2014

René Rémond historien
(dir. avec Jean-François Sirinelli)
Presses de Sciences Po, 2014

Les Chevaux de Marine Oussedik
Actes Sud, 2015

Clemenceau
Dernières nouvelles du Tigre
CNRS éditions, 2016

Simon Nora
Moderniser la France
(dir. avec Robert Frank et Éric Roussel)
CNRS éditions, 2016

L'Histoire de France vue d'ailleurs
(dir. avec Jeanne Guérout)
Les Arènes, 2016
Seuil, « Points Histoire », 2018

Un attentat
Petit-Clamart, 22 août 1962
Seuil, 2017, « Points Histoire », 2018

Le Récit national, une querelle française
Concordance des temps
Fayard / France Culture, 2017

L'Affaire Crochette
(théâtre)
Portaparole, 2017
(traduction en italien)

Le Moment Macron
Un président et l'Histoire
Seuil, 2017

Il savait que je gardais tout
(entretiens avec Anne Pingeot)
Gallimard, 2018

Le Panda
ou les caprices du secret
(théâtre)
Portaparole, 2019

La République a besoin d'histoire
Interventions
t. 3 (2010-2019)
CNRS Éditions, 2019

Virus ennemi
Discours de crise, histoire de guerres
Gallimard, « Tracts », 2020

RÉALISATION : NORD COMPO À VILLENEUVE-D'ASCQ
IMPRESSION : NORMANDIE ROTO IMPRESSION S.A.S À LONRAI
DÉPÔT LÉGAL : AOÛT 2020. N° 146151 (2003494)
Imprimé en France